DiferencialCompetitivo

JOHN L. NESHEIM

DiferencialCompetitivo

Tradução
Adriana Rieche

BestSeller

CIP-Brasil. Catalogação-na-fonte
Sindicato Nacional dos Editores de Livros, RJ.

N372d
Nesheim, John, L., 1942-
    Diferencial competitivo/John Nesheim; tradução Adriana Rieche. – Rio de Janeiro: Best*Seller*, 2007.

    Tradução de: The power of unfair advantage
    ISBN 978-85-7684-054-1

    1. Empresas novas – administração. 2. Planejamento empresarial. I. Título.

06-4472   CDD – 658.11
                                                 CDU – 65.016

Título original norte-americano
THE POWER OF UNFAIR ADVANTAGE
Copyright © 2005 by John Nesheim
Copyright da tradução © 2006 by Editora Best Seller Ltda.

Publicado mediante acordo com Free Press,
uma divisão da Simon & Schuster, Inc.

Capa: Folio Design
Editoração eletrônica: DFL

Todos os direitos reservados. Proibida a reprodução,
no todo ou em parte, sem autorização prévia por escrito da editora,
sejam quais forem os meios empregados.

Direitos exclusivos de publicação em língua portuguesa para o Brasil
adquiridos pela
EDITORA BEST SELLER LTDA.
Rua Argentina, 171, parte, São Cristóvão
Rio de Janeiro, RJ — CEP 20921-380,
que se reserva a propriedade literária desta tradução.

Impresso no Brasil

ISBN 978-85-7684-054-1

SUMÁRIO

Prefácio 7
Introdução 9

PARTE I: O QUE É DIFERENCIAL COMPETITIVO 13
1. O que é diferencial competitivo? 15
2. Quais são os elementos do diferencial competitivo? 66

PARTE II: COMO CRIAR DIFERENCIAL COMPETITIVO 87
3. Como elaborar planos de negócios com diferencial competitivo 89
4. Como desenvolver o diferencial competitivo 103
5. Começo: o sumário executivo 113
6. Necessidade dos clientes e oportunidade de negócios 117
7. A atitude estratégica do novo empreendimento 127
8. Foco: concentração de recursos 137
9. Tipos de estratégias 141
10. Marketing 161
11. Vendas 182
12. Desenvolvimento comercial 187
13. Parceiros estratégicos 190
14. Suporte ao cliente 196
15. Engenharia e tecnologia 199
16. Aspectos jurídicos e propriedade intelectual 216

17 Fabricação, terceirização e operações de Internet 221
18 Serviços de informação 227
19 Gerência e principais funcionários 230
20 Instalações e administração 239
21 Plano financeiro 242
22 Avaliação e propriedade 250

PARTE III: COMO APLICAR DIFERENCIAL COMPETITIVO 259

23 Surfe nas ondas da tecnologia inovadora 261
24 Como alcançar a classe mundial 279
25 Por que as gigantes não conseguem acabar com as novas empresas 288
26 Investidores de risco aplicam diferencial competitivo 295
27 As empresas gigantes aplicam diferencial competitivo 306
28 Escolas de MBA aplicam diferencial competitivo 314
29 Como os países aplicam diferencial competitivo 323
30 Como identificar pontos fracos e acrescentar pontos fortes 333
31 Observações finais e desafios 341

APÊNDICES 349

A   Estrutura do plano de negócios 351
B   Planilha de avaliação do plano de negócios escrito 356
C   Folha de avaliação para a apresentação do plano de negócios 361
D   Tabelas de avaliação 365
E   Diferencial competitivo em um comunicado à imprensa 370
F   Necessidade e oportunidade da DataMed 374
G   Guerras de marketing famosas: exemplos estratégicos 380
H   Marketing comparado com vendas 389

Bibliografia 395

Índice 397

Agradecimentos 415

PREFÁCIO

Meu livro anterior, *High Tech Start Up*, enfocava o processo de converter uma idéia em um negócio de classe mundial. Embora trate de todos os aspectos que um novo negócio enfrenta ao longo de seu ciclo de vida completo, os comentários que recebi dos leitores mostraram que os empresários queriam mais — informações mais aprofundadas sobre os motivos que levam novos empreendimentos ao sucesso ou ao fracasso. Muitos aprenderam do modo mais difícil como é penoso conseguir financiamento para uma idéia. Até mesmo os bem-sucedidos nesse aspecto rapidamente descobriram como é difícil alcançar êxito em um novo empreendimento. Eles queriam aprender com suas dolorosas lições.

Quando os empreendedores me procuravam, descobri que estavam determinados em sua missão: descobrir onde haviam errado e o que os faria "ganhar dinheiro" da próxima vez. Os engenheiros buscavam a fórmula secreta. O pessoal de marketing queria uma idéia "arrasadora". Todos desejavam, desesperadamente, descobrir o que levara outras empresas às manchetes e a uma oferta pública inicial de ações (IPO). Queriam encontrar o elixir mágico que faltava, a fórmula secreta. Este livro trata de todas essas questões. No Vale do Silício, este é um segredo público bem guardado.

Chama-se *diferencial competitivo*. Esse elemento consiste no que faltava em muitas empresas pontocom.

Pergunte a Bill Gates e Michael Dell. Eles se tornaram gigantes de peso porque sabiam algo que os outros desconheciam. O mesmo vale para Google, Amazon.com e Cisco. E Jeff Hawkins, inventor do Palm Pilot.

Empreendedores seriais vivem do diferencial competitivo. É atrás dele que os investidores de risco percorrem o mundo. Ele consiste no que as pessoas talentosas buscam em uma empresa. E também o que os repórteres buscam. Produtos, empresas, universidades, governos e países de sucesso o têm, assim como indivíduos talentosos. O diferencial competitivo deve ser parte integrante das start-ups para que elas possam entrar no jogo. O problema é que, onde quer que procure, vejo basicamente vantagens inexpressivas ou inexistentes nos planos de novos empreendimentos. Quando assessoro clientes de start-ups ou dou aulas, procuro mostrar que é preciso começar os planos enfocando a criação do diferencial competitivo, pois é isso que fará o empreendimento florescer. É isso que atrai os principais funcionários, capta o interesse da mídia e o capital dos investidores.

Empresários de primeira viagem e inexperientes investidores de risco às vezes menosprezam a elaboração de um plano de negócios detalhado. Eles diminuem a importância desse processo, considerando-o uma tarefa exclusiva de gerentes inferiores. Vêem a elaboração de um plano de negócios detalhado apenas como um requisito quase estatutário, realizado no último minuto para fechar uma rodada de financiamentos. Nada poderia estar mais longe da verdade. Quem desenvolve o melhor plano recebe o dinheiro. Seus roteiros são recheados de desigualdades competitivas fascinantes. É assim que recomendo que um plano de negócios seja desenvolvido: como uma empolgante narrativa sobre seu diferencial de competitividade.

Por que isso é tão raro? Porque o diferencial competitivo é um segredo guardado a sete chaves. Por isso, o título escolhido para este livro foi *Diferencial competitivo: O segredo para alcançar melhores resultados e vencer a concorrência.*

INTRODUÇÃO

Arnold Schwarzenegger entende o que é o diferencial competitivo: "Aprendi que você precisa se estabelecer em uma área onde não exista mais ninguém", ele disse em uma entrevista. "Em seguida, você precisa criar necessidades em relação à sua pessoa e construir sua imagem. Enquanto o império deles avança, lentamente, sem que percebam, construa sua própria pequena fortaleza. E, de repente, será tarde demais para quem quiser atingi-lo."[1] O império de Schwarzenegger evoluiu do fisiculturismo em uma cidadezinha na Áustria para filmes em Hollywood e cadeias de restaurantes em todo o mundo. Patrocinou eventos de caridade e ajudou o ator a se tornar governador do estado norte-americano da Califórnia, com uma economia do tamanho da francesa.

Você tem uma idéia para um novo empreendimento. Sua meta é tornar-se senhor de um novo território. Você se concentra em um novo segmento de mercado que ninguém enxergou ainda. Você chega ao topo antes da concorrência porque tem a vantagem. Essa vantagem é tão forte que os concorrentes reclamam que é desigual.

O diferencial competitivo é o Santo Graal. Os modismos empresariais vêm e vão, mas ele chegou para ficar. Sempre foi e sempre será assim.

Todos precisam de diferencial competitivo. Grandes empresas, universidades e organizações sem fins lucrativos, nações, governos, partidos políticos e militares precisam dele, assim como empreendedores e empresas de capital de risco. Repórteres, estudantes e até mesmo você precisa dele. Nosso mundo é intensamente competitivo.

---
[1] *San Jose Mercury News*, 6 de julho de 2003, referindo-se a uma entrevista para a *Playboy*, em janeiro de 1988.

A melhor maneira de aprender sobre diferencial competitivo é analisar os novos empreendimentos. Eles revelaram o segredo para criar, desenvolver e usar o diferencial, visando aos melhores resultados.

Neste livro, o termo *novo empreendimento* refere-se a qualquer organização que esteja iniciando algo do zero. Pode começar dentro de uma empresa gigante ou em uma organização sem fins lucrativos. Pode ser uma start-up industrial de alta tecnologia ou uma nova família de produtos de consumo em uma dada divisão. Incluí muitos exemplos de empresas financiadas por capital de risco porque são as grandes vencedoras na competição por novos mercados.

Uma boa idéia para um novo negócio pode fazer sentido para organizações de qualquer porte. Um bom investimento para um investidor de risco é um bom produto para qualquer empresa lançar. E o oposto também é verdadeiro. Se a idéia não faz sentido algum para o investidor, por que faria para a General Electric, por exemplo?

CONTEÚDO

O que é o diferencial competitivo? Este livro explica o conceito e como desenvolvê-lo, dando exemplos de como usá-lo para criar novos negócios de classe mundial. Vou demonstrar que as idéias que se tornaram marcas reverenciadas e padrões da indústria mundial foram impulsionadas para o sucesso pela força da competição diferencial. Era o elemento que faltava nos planos dos novos empreendimentos que fracassaram.

As histórias de muitas pessoas corajosas estão incluídas neste livro. Em respeito às suas identidades, com vistas à preservação do sigilo, alguns dados foram adaptados.

ESTRUTURA DO LIVRO

O livro é dividido em três partes:

- Parte I: Os capítulos 1 e 2 explicam o que é o diferencial competitivo e descrevem seus elementos.

- Parte II: Os capítulos 3 a 22 mostram como criar e desenvolver um diferencial competitivo.

- Parte III: Os capítulos 23 a 31 aplicam o princípio do diferencial competitivo.

  — O Capítulo 23 aborda as flutuações geradas no mercado pelas tecnologias inovadoras e explica como usar o diferencial competitivo em cada fase das diferentes ondas.

  — O Capítulo 24 apresenta as diretrizes sobre como um novo empreendimento local pode tornar-se de classe mundial recorrendo ao diferencial competitivo.

  — O Capítulo 25 discute os motivos pelos quais as grandes empresas raramente destroem novos empreendimentos que criam novos mercados.

  — O Capítulo 26 revela como as empresas de capital de risco exploram o diferencial competitivo na luta pelos melhores negócios.

  — O Capítulo 27 mostra como as grandes empresas usam o diferencial competitivo para se transformar em potências.

  — O Capítulo 28 analisa como as escolas de MBA utilizam o diferencial para se posicionar em mercados altamente competitivos e saturados.

  — O Capítulo 29 demonstra como os países utilizam o diferencial competitivo.

  — O Capítulo 30 usa listas de verificação para identificar pontos fracos e oportunidades no que aparentemente são boas idéias para novos empreendimentos.

  — O Capítulo 31 apresenta conclusões e desafios.

  — Os Apêndices contêm listas de diferenciais competitivos e outras informações práticas.

PARTE I
O QUE É DIFERENCIAL COMPETITIVO

1

O QUE É DIFERENCIAL COMPETITIVO?

Comparo o diferencial competitivo a um diamante. Em tese, trata-se de uma pedra bruta, sem atrativo e suja, escondida abaixo da superfície terrestre, em locais de difícil acesso e às vezes perigosos. Geólogos e mineradores se empenham em encontrar diamantes, pois, após a lapidação, seu valor é inestimável.

Depois de encontrar um diamante, os comerciantes examinam a pedra bruta e decidem o que pode ser feito para torná-la uma pedra preciosa. Seu plano envolve cortar e lapidar a pedra de modo especial, até que ela brilhe tão intensamente que atraia a atenção de todos. Os especialistas sabem que cada pedra é única e que há uma maneira especial de revelar seu segredo oculto. Para isso, o lapidador cortará minúsculas faces, chamadas facetas, em cada lado da pedra. O brilho da pedra preciosa poderá ser visto de qualquer ângulo.

É assim que funciona a mineração pelo diferencial competitivo. Há um processo especial para sua descoberta, extração, planejamento e lapidação. Depois que você aprende o processo, tem condições de seguir os passos dos empreendedores seriais e tornar-se um minerador do diferencial competitivo de classe mundial.

O diferencial competitivo impele os novos empreendimentos ao sucesso. Sem isso, eles morrem, mais cedo ou mais tarde — na maioria das vezes, mais cedo do que se espera. Minha pesquisa demonstra que menos de seis idéias em um milhão chegam a uma oferta pública inicial de ações (IPO). A grande maioria não tem diferencial competitivo a seu favor. Ele expirou enquanto tentavam transformar a idéia em um empreendimento de classe mundial.

O diferencial competitivo atrai investimentos. Os melhores investidores não financiarão apenas uma idéia bruta. A concorrência por financiamento é acirrada. Menos de seis em mil idéias conseguem captar recursos para financiamento. A grande maioria não consegue atrair a atenção dos investidores. Não possui diferencial competitivo.

Essa espécie de diferencial permite que as empresas se tornem ícones, como a Genentech, a Dell, a Cisco, a eBay, a Amazon e a Google. Elas começaram como uma idéia que se desenvolveu e mudou ao longo dos anos. Seu diferencial competitivo inicial continuou avançando e se fortalecendo. A concorrência não conseguiu superá-lo.

O diferencial competitivo fortalece o novo empreendimento e, ao mesmo tempo, concentra-se em alcançar seu objetivo principal: tornar-se líder em uma nova categoria de mercado. Este é um objetivo singular com um propósito claro e é a principal orientação para todos os stakeholders* da nova organização. Cada funcionário sabe que a empresa precisa de um diferencial competitivo para alcançar o objetivo almejado. Todos se envolvem em sua criação, fortalecimento e impulso. Toda a organização está centrada nisso.

Todos os concorrentes reclamam do diferencial competitivo do líder de mercado porque ele é difícil de superar. Pergunte a Bill Gates qual o poder do diferencial competitivo: ele é faixa preta nesse quesito.

Para ampliar sua perspectiva sobre o tema, vamos analisar o que ajudou uma empresa real a deixar de ser um pequeno empreendimento para se transformar em um ícone de classe mundial.

CISCO

"Não consigo entender!", exclamou Bill, diretor-executivo de uma respeitada empresa de Wall Street. Ele se levantou e continuou reclamando: "A Cisco tornou-se a empresa mais valiosa do mundo com a simples invenção de um computador pessoal básico. Era só isso que a empresa tinha. Eu a conheci antes que ficasse famosa. Mas, no final das contas, ela realmente tinha algo especial. Só que eu não percebi o que era. Eu e mui-

---

* Stakeholders são uma pessoa ou um grupo de pessoas que têm um investimento ou interesses envolvidos em algo, seja uma empresa, um negócio ou um segmento de mercado. (N. do. E)

tos outros. É preciso reconhecer — a Cisco e seus investidores realmente conseguiram montar um negócio e tanto!"

Decidi pedir a Don Valentine, diretor da Sequoia Capital, que refletisse comigo sobre o que levou a Cisco ao sucesso. Como membro do Conselho de Administração da empresa e seu principal investidor, Valentine havia acompanhado a história desde o primeiro dia. Eu queria que ele me dissesse se o sucesso da Cisco poderia ser atribuído a algum fator especial. "Seria uma espécie de segredo?", perguntei. "Talvez uma habilidade especial, ou simplesmente sorte? Ou seria algo mais?"

Exemplo 1-1 Diferencial competitivo: Cisco

Nesheim: Como você descreveria o diferencial competitivo na Cisco atualmente?

Valentine: Ele pode ser diferente da percepção que o público tem. Por exemplo, a Intel descobriu como se tornar praticamente a única empresa capaz de financiar as multibilionárias fábricas de semicondutores. Só agora a vantagem da Cisco está começando a ser percebida. A Cisco criou uma enorme presença de vendas e marketing no mundo todo. Isso dificulta muito a concorrência com a empresa.

Nesheim: Como a Cisco desenvolveu a idéia original para se tornar um negócio de sucesso?

Valentine: Encontramos a Cisco na forma de dois funcionários da Universidade de Stanford que administravam o centro de dados. A universidade tinha um grave problema com os dados que precisava ser resolvido. Eles estavam diante do problema concreto das tempestades de dados — todos aqueles pacotes de dados circulando e colidindo entre si. Acabaram chegando a uma solução incipiente que veio a se tornar o roteador.

Para identificar os problemas a serem resolvidos, liguei para a Hewlett-Packard e outros potenciais clientes. Fui informado de que a regra dos 80-20 era aplicável, ou seja, 20 por cento dos clientes saberiam como implementar um roteador e os 80 por cento restantes, não. O desafio para iniciar a empresa era encontrar esses 20 por cento. Um novo empreendimento não tem tempo nem força de trabalho suficientes para ajudar os demais 80 por cento no início. Portanto, queríamos alguém com conhecimento de vendas para administrar a empresa. A força de vendas é o maior problema que as start-ups enfrentam. Isso vale para todas elas.

Financiamos a Cisco a partir do pressuposto de que os fundadores forneceriam suporte científico; entraríamos com o dinheiro, a contratação dos gerentes, a criação de um processo gerencial e a equipe. Durante algum tempo, a Sequoia foi a gerência.

Nesheim: Como o modelo de negócios da Cisco fortaleceu sua vantagem competitiva?

Valentine: Os novos empreendimentos devem primeiro determinar os principais problemas e, em seguida, desenvolver um novo modelo de negócios para abordar esses problemas. Mais cedo ou mais tarde, todo modelo de negócios deve ser modificado. A concorrência está constantemente trabalhando para tornar seu modelo obsoleto.

As pessoas nos perguntam: "Como nossos gerentes inexperientes podem lidar com as complexidades de administrar um novo negócio?" Nossa resposta é: simplificando os processos. Só façam aquilo em que conseguem ser realmente bons. Foi isso que dissemos a Steve Jobs quando ajudamos a implementar a Apple. Com que tipos de ativos você conta? Na Yahoo, começamos com dois jovens candidatos a Ph.D. que relaxavam navegando pela Internet com uma forma bruta do que se tornou um mecanismo de busca. Nós contribuímos com o pessoal que o transformou em um produto.

No princípio, a Cisco tomou a decisão de que não precisava investir em fábricas, por isso terceirizou tudo que podia. Decidiu, então, que tinha de ser boa em apenas dois aspectos: vendas e engenharia. Isso levou a empresa a um sucesso fiscal sem precedentes. Hoje em dia, a Cisco tem mais recursos do que os recursos combinados de todos os seus concorrentes, livres de dívidas. No início, o compromisso conceitual da Cisco era eliminar do negócio central tudo que não fosse uma característica diferenciada. A excepcional produtividade por funcionário resultante surgiu dessa decisão de não produzir o que não fosse distinguível.

O QUE É DIFERENCIAL COMPETITIVO?

Em seus primeiros dias, a Cisco codificou o conceito de ponta a ponta. Convenceu os clientes de que forneceria uma solução de rede única. Para atender aos clientes, a empresa sabia que não poderia fabricar todos os produtos e serviços na Cisco, por isso encontrou um modo de estabelecer parcerias e investir em empresas prestadoras de serviços. Na época, empresas prestadoras de serviços surgiam como prolongamento das empresas de contabilidade. Como a Cisco não queria ser proprietária e administradora dessas empresas, investiu nelas e levou-as aos clientes. A Cisco terceirizou os serviços de que precisava para fornecer soluções de ponta a ponta.

Nesheim: Quais são alguns dos elementos que diferenciaram a Cisco?

Valentine: São vários fatores que se unem para diferenciar uma empresa. Isso envolve mais do que as pessoas. As questões comerciais determinarão seu foco. Tentamos eliminar áreas que não podem ser diferenciadas e depois nos concentramos nas poucas áreas que permitem a diferenciação.

Procuramos deter propriedade intelectual de peso, porque isso permite obter altas margens brutas. Com altas margens brutas, os jovens presidentes podem cometer erros — e os erros não são tão graves assim. Almejamos margens brutas na faixa de 70 por cento. É isso que a Cisco faz.

No começo, éramos a gerência. Considero que somos o empreendedor por trás do empreendedor. Ajudamos a contratar funcionários para formar a gerência. Nossas opções para presidente eram líderes de vendas. John Morgridge, da Cisco, é um exemplo.

A cultura da empresa é importante para os recém-contratados. A gerência precisa acreditar nela. A cultura deve refletir os valores do presidente e como a empresa obtém lucro. Como resultado, algumas pessoas adaptam-se bem a uma empresa, mas não a outras.

Em última análise, é preciso avaliar se as vantagens são diferenciadas ou não.

Depois de ler a entrevista sobre a Cisco, Kim Cushing, uma crítica do Vale do Silício, afirmou: "Acho que, desde o início, o diálogo demonstra que não há um único elemento específico que forma o diferencial competitivo ou que torna uma empresa bem-sucedida, como a maioria das pessoas parece acreditar. Em vez disso, é esse processo de invenção e crescimento — muito semelhante ao modo como as pessoas se desenvolvem — ao longo do tempo. Concentrar-se no diferencial competitivo permite que a empresa administre esse crescimento."

Agora, vamos definir esse termo novo e analisar alguns dos elementos usados para construir o diferencial competitivo.

O NOVO TERMO

Diferencial competitivo é como uma coleção exclusiva de recursos utilizada para fornecer tanto apelo aos clientes que eles correm para comprar os seus produtos enquanto a concorrência se exaure tentando superar sua liderança no novo mercado. A competição desigual impele seu novo empreendimento para a posição de liderança de uma nova categoria de mercado.

Exemplo 1-2 Definição: diferencial competitivo

> O diferencial competitivo é uma característica exclusiva; consiste nos atributos de um produto ou serviço que surge a partir da defasagem de capacidade de determinada empresa, com base na entrega de valor superior durante um longo período ao cliente.[1]

É exclusivo de cada empresa

Se outra empresa também tiver, então não se trata de diferencial competitivo. Ele precisa ser exclusivo. Nenhuma outra organização pode tê-lo. Seu diferencial competitivo tem de ser nitidamente diferente. As pessoas devem ser capazes de reconhecer a diferença imediatamente, consi-

---

[1] Com base no pensamento pioneiro de Kevin Coyne, "Sustainable Competitive Advantage — What It Is, What It Isn't", *Business Horizons*, janeiro-fevereiro de 1986.

derando-a exclusiva, e não apenas uma pequena diferença. A exclusividade é obrigatória. Assim que um experiente candidato a emprego em start-up sentir que sua história não é exclusiva, essa pessoa não estará mais interessada em você e em sua empresa. O mesmo se aplica aos repórteres e investidores.

Tem de ser difícil de copiar

Não deve ser fácil para outro empreendedor dizer: "Eu também sei fazer isso — e mais barato (ou mais rápido ou, ainda, melhor)!" Você precisa ter uma resposta pronta para o crítico que perguntar: "Por que sua idéia não pode ser copiada em dois minutos?" Pode ter certeza de que, se sua idéia for surpreendente e indicar o caminho para um novo e lucrativo mercado, uma manada em fúria correrá atrás dela para copiá-la. Uma idéia fascinante que seja fácil de copiar só consegue atrair hordas de novos empreendimentos imitadores — nenhum com força competitiva significativa em relação aos concorrentes. Você não vai querer que alguém faça o mesmo que você com pouco esforço, porque, nesse caso, a idéia se tornará uma *commodity*, um produto que os usuários não conseguem diferenciar. É muito difícil lucrar vendendo *commodities*.

Deve ser diferenciado

Os investidores querem ver diferenciação clara em um novo empreendimento — aquele conjunto de apenas alguns elementos que fazem com que sua idéia se destaque claramente na multidão. Se a idéia for muito semelhante a outras, você terá de se empenhar para desenvolver a competição desigual. Um bom lugar para dar início à diferenciação é perguntando a clientes potenciais até que ponto seu produto é atraente em comparação aos dos concorrentes. Nesses diálogos, concentre-se em encontrar apenas alguns elementos que os clientes percebam como especialmente valiosos. Isso o ajudará a decidir que atributos e serviços especiais devem ser oferecidos. Por exemplo, você talvez considere melhor dizer aos clientes: "Nosso atendimento deixa o paciente mais confortável" Ou: "Nossa solução acaba com o medo que as crianças sentem quando são vacinadas com agulha." Talvez você descubra uma oportunidade para seu novo negócio se tornar o concorrente mais reverenciado, em razão do atendimento excepcional que oferece. A fornecedora de equipamentos semicondutores Applied Materials usou atendimento superior para se tornar uma gigante no mercado mundial. A Dell Computer utilizou seu serviço de atendimento superior, via chamada central telefônica e on-line, para vencer os muitos concorrentes imitadores que tentaram superar o novo empreendimento. Ou você talvez prefira ficar conhecido como a empresa que oferece o melhor sistema de pedidos do mercado. A Amazon utilizou seu recurso de pedidos com um simples clique para ficar à frente da concorrência. Escolher os atributos e os serviços mais atraentes é uma alternativa preciosa para pôr seu negócio em destaque, que deve ser usada para criar o diferencial competitivo.

É relativo, especialmente comparado com a concorrência

Haverá muitos termos de comparação: a concorrência, outros em seu setor da indústria, a tecnologia, o tamanho de mercado etc. O diferencial competitivo é sempre relativo; nunca é absoluto. Que outras empresas são como a sua, de capital aberto ou não, regionais ou com filiais em outras cidades e países? Qual a peculiaridade de sua equipe gerencial? O que torna sua estratégia mais significativa do que as demais em sua indústria? Suas respostas devem ser relativas — sempre relativas. Consulte as outras organizações e suas vantagens competitivas. Pratique e seja especialmente habilidoso ao comparar seu comportamento e o de sua equipe, e sua idéia. Os investidores procuram concorrentes diretos e indiretos; por isso, tenha em mãos listas e análises prontas. É preciso conhecer bem a concorrência, porque novos empreendimentos com novas idéias enfrentam fortes concorrentes. Na era da Internet, a informação nova viaja pelo mundo em segundos, e novas empresas são criadas a cada minuto em todo o globo.

Novos empreendimentos sempre têm concorrentes

Existe sempre um concorrente, mesmo que não seja direto. O pessoal de vendas sabe que o *status quo* é um forte concorrente. As pessoas não gostam de mudar sua forma de trabalhar e viver porque a mudança envolve risco e perigo, em níveis pessoal e profissional. As pessoas precisam estar convencidas de que mudar é melhor. Alguns chamam esse concorrente de MID — medo, incerteza e dúvida; juntos, representam uma ameaçadora combinação competitiva. Use os concorrentes em seu benefício. Aprenda a tratar da concorrência em cada conversa sobre o diferencial competitivo. Quanto mais você souber sobre os concorrentes, mais os importantes stakeholders, como o repórter de negócios, por exemplo, vão acreditar que você é o verdadeiro líder desse novo mercado. Pensar constantemente na concorrência o ajudará a ficar de sobreaviso, sempre à frente nas batalhas do mercado. Os empreendedores em série dirão que a única forma de competir é prestando atenção aos concorrentes.

É muito raro

Não é fácil encontrar novos empreendimentos com diferencial competitivo nem nos Estados Unidos nem em qualquer outra parte do mundo. Vários investidores de risco veteranos no Vale do Silício já me disseram que acreditam que só existem cerca de 30, talvez até 40, grandes start-ups que mereçam investimento durante um ano; e isso em nível mundial. Todo o resto obterá sucessos modestos ou simplesmente fracassará. Os melhores novos empreendimentos são muito raros. Aqueles com desigualdade competitiva são difíceis de encontrar mesmo em centros com experiência em start-ups, como o Vale do Silício. Ainda assim, é verdade que algumas cidades são famosas por produzir muitos grandes novos empreendimentos com base em seu sólido diferencial competitivo, ano após ano. Nesses locais, as pessoas tornaram-se hábeis em procurar e desenvolver diferenciais competitivos. Tornaram-se mineradores experientes da competição diferencial. Não são pessoas do tipo "fazemos pela metade do preço". Sabem que as idéias são raras para novos negócios com competição diferencial, mas que valem o tempo e o esforço consideráveis necessários para encontrá-las.

Uma defasagem de capacidade surge das pessoas que formam sua companhia

A palavra *companhia* significa reunião de pessoas para um fim comum. É muito mais do que um termo jurídico ou organizacional. Uma companhia, ou empresa, é uma combinação de seres humanos que andam e falam. Está viva. A palavra começa com o prefixo latino *co(m)-*, que é o prefixo para "contigüidade". A segunda parte da palavra é *panhia*, derivada da palavra latina *panis*, que significa "pão". Combinados, os elementos significam pessoas reunidas para comer pão. A palavra *companheiro(a)* tem a mesma origem latina. Juntos, os elementos *com + panhia* formam a palavra *companhia*, que significa "pessoas que trabalham juntas".

Os novos empreendimentos são organizações com um grande número de pessoas cujo frágil futuro depende das habilidades e da força de seus funcionários. Alguns observadores consideram que a escolha das melhores pessoas é a principal tarefa do CEO — mais importante do que levantar fundos para a empresa. Os empreendedores em série afirmam, repetidas vezes, que a tarefa gerencial mais importante é reunir a melhor equipe central que for possível encontrar: pessoas experientes capazes de fornecer atributos e serviços excepcionais que levarão clientes empolgados a correr para comprar seus primeiros produtos. Quando Pen Ong chegou à IPO com a Interwoven, afirmou: "Minha tarefa mais difícil foi meu compromisso em contratar apenas os melhores profissionais que conseguisse encontrar para a nossa empresa — somente pessoas excepcionais. Os demais cometem muitos erros."

Funcionários excepcionais criam recursos excepcionais nas empresas, recursos tão incríveis que há uma grande defasagem entre você e a concorrência. Para aumentar essa defasagem, seu pessoal concentrará esforços, tempo e trabalho criativo no desenvolvimento do diferencial competitivo da empresa. Por exemplo, se sua vantagem se baseia em vendas superiores, você deve desenvolver a vantagem centrada nessa capacidade essencial. O pessoal da Oracle criou uma grande defasagem de vendas que levou a quase 50 por cento de participação no mercado de software de banco de dados. No entanto, se você se concentrar na vantagem tecnológica, seu pessoal a desenvolverá com base em sua tecnologia proprietária. Os funcionários da Genentech enfocaram a aplicação da ciência da divisão genética e se tornaram líderes de um novo setor: engenharia genética.

Empresas gigantes usam o termo *competências essenciais* para ajudar os funcionários a permanecerem focados no desenvolvimento dos poucos elementos que mais contribuem para o diferencial competitivo de cada empresa. C. K. Prahalad, da Escola de Administração da Universidade de Michigan, tornou essa expressão famosa. Por meio de sua pesquisa, ele descobriu que retornar para as competências essenciais e concentrar-se nelas era algo crítico para as organizações que haviam perdido o senso de direção e constatado que tinham se transformado em concorrentes imitadores. Com o foco da competência essencial claro, os funcionários poderiam mais uma vez começar a construir o diferencial competitivo.

Quer você comece um novo empreendimento como uma nova linha de produtos dentro de uma empresa de capital aberto gigante ou como uma start-up financiada por capital de risco, ele rapidamente será classificado e rotulado (ou denominado) de acordo com o nível de talento das principais pessoas, principalmente de seus fundadores. Esses rótulos baseiam-se nas percepções de terceiros acerca do que seu pessoal, especialmente o CEO, é capaz de fazer bem. Essas percepções são passadas para a mídia e divulgadas pelo mundo. Por exemplo, a Oracle é chamada de empresa com uma força de venda intensiva impulsionada pelo fundador Larry Ellison. A Intel chegou ao topo sob o rótulo de empresa orientada pela tecnologia, dirigida pelo fundador Andy Grove, um mestre em estratégia gerencial. A Advanced Micro Devices está focada em vender mais do que a Intel e é reconhecida como um concorrente agressivo, inspirado pelo espírito entusiasmado de seu fundador, Jerry Sanders. As empresas se destacam com base nas capacidades de seus líderes em relação à concorrência. Líderes excepcionais são a fonte das habilidades que desenvolvem defasagens competitivas favoráveis e marcam o diferencial de uma organização.

Realização é fazer o que foi planejado

Os veteranos de novos empreendimentos chamam isso de *execução*. Significa colocar seu plano em ação no mundo real. Existem inúmeros princípios e velhos ditados sobre a execução, como, por exemplo: "Planeje seu trabalho e trabalhe seu plano." Um indivíduo com presença de espírito gracejou: "As empresas devem executar bem ou serão executadas." Esses são princípios que batem na mesma tecla: inúmeros grandes planos foram mal executados e acabaram levando à ruína um novo empreendimento promissor.

A execução é muitas vezes vital para um novo empreendimento. Conheci muitos investidores de risco que consideram a execução o aspecto mais importante ao investir em um novo empreendimento. Consideram como pode ser difícil e como a gerência precisa ser qualificada para gerar os resultados planejados. Outros stakeholders, como os funcionários e a mídia, também querem saber quais são as habilidades de execução e a experiência da empresa na hora de decidir se entram para a empresa ou se escrevem uma história sobre ela. Ao observar empreendedores em série experientes, verifiquei que eles ajustam suas decisões gerenciais com base na superioridade apresentada pela equipe gerencial em executar planos de negócios nas empresas em que trabalharam antes. Se a equipe de administração central for composta por gerentes inexperientes, o CEO é mais cauteloso em cada etapa do desenvolvimento da empresa. Ele espera os resultados antes de passar para o estágio seguinte e modifica o diferencial competitivo posteriormente, dependendo dos resultados da etapa anterior. No entanto, se os principais funcionários estiverem em sua segunda ou terceira start-up, as decisões são tomadas mais rapidamente, muitas vezes às pressas. Essa empresa emerge mais cedo com um diferencial competitivo claro. Apresenta um ímpeto que logo deixa os concorrentes para trás. Nesse caso, o processo de construir o diferencial competitivo é descrito com esta expressão: "É como construir uma bicicleta enquanto se anda nela."

Se você está com a impressão de que a equipe fundadora de líderes deve ser uma parte especialmente importante do diferencial competitivo, está captando bem a mensagem. Alguns na comunidade do novo empreendimento acreditam que o núcleo do diferencial competitivo reside em uma ou duas pessoas, e que se expande no máximo até seis. Essas pessoas criarão e desenvolverão o diferencial competitivo. O restante da empresa irá acompanhá-las. O grau de desigualdade vai depender dos primeiros sucessos ou fracassos desse pequeno grupo inicial. Esse é outro motivo pelo qual o diferencial competitivo é descrito como algo vivo.

Execução também significa que sua idéia deve ser prática e exeqüível. Deve ter sido tirada do laboratório e estar na fase de pré-produção. A ciência não-comprovada pode ser promissora e empolgante, mas tem poucas chances de apoiar o diferencial competitivo. Por exemplo, um novo empreendimento baseado em uma descoberta científica de um pesquisador médico tem de ser mais do que um sonho. Tem de ser prático. A descoberta deve ser sustentada por um plano plausível de converter a idéia em um medicamento farmacêutico útil. Isso incluirá anos de ensaios clínicos demorados e arriscados. Para ser financiada, a descoberta deve estar próxima à "capacidade de produção". No campo da comunicação sem fio e em outras formas de tecnologia de informação, as idéias iniciantes devem estar praticamente prontas para que os engenheiros comecem a trabalhar em um protótipo. Os investidores não querem esperar que cientistas de jaleco branco em laboratórios de telecomunicações testem um produto pioneiro antes que a equipe de engenharia comece a construir o primeiro da série. A ciência deve permanecer nas universidades. As idéias sobre produtos devem ser levadas para os novos empreendimentos.

Exemplo 1-3 Despreparado para a "capacidade de produção": Varagenics

A start-up de biotecnologia Varagenics, de Cambridge, em Massachusetts, era um novo empreendimento promissor que trabalhava em novas tecnologias para a criação de novos medicamentos. A equipe central incluía biólogos de renome que haviam sido bem financiados. Tiveram um início promissor com o avanço da era da Internet. Em meados de novembro de 2002, a empresa foi adquirida pela Hyseq, outra empresa de biotecnologia. Mesmo com 61 milhões de dólares depositados no banco, a Varagenics foi vendida por 56 milhões. Quando a bolha da Internet estourou, o financiamento de novas empresas de biotecnologia também afundou. As grandes empresas farmacêuticas pararam de investir em novas empresas centradas em fornecer tecnologias, em vez de medicamentos. Isso forçou empresas como a Varagenics a mudarem, a fim de encontrarem um modo de desenvolver os próprios produtos. Poucas novas empresas pequenas encontraram esse caminho, incluindo a Varagenics. Um dos motivos foi que o financiamento de ensaios clínicos é caro e arriscado. Os ensaios seriam necessários a fim de comprovar para os fabricantes de medicamentos que a nova tecnologia levaria a novas drogas de ótima qualidade. Sem essa comprovação, não haveria vendas nem recursos. O resultado foi o fim de muitos novos empreendimentos promissores centrados em fornecer tecnologias e não produtos.[2]

---

[2] "A Terrible Panic Among Private Companies", *Business Week*, 13 de janeiro de 2003.

Em seguida, vem a entrega de valor superior

Valor não é uma palavra que signifique "o produto mais barato do mercado". Nem significa o mais "rápido". Tampouco significa "o melhor". Em vez disso, é o que o cliente percebe como o mais valioso de sua oferta. É o que faz com que o cliente potencial fique empolgado o suficiente para comprar seu produto, e não o da concorrência. É preciso criar valor superior em comparação com a concorrência.

Para criar valor superior, deve ficar claro qual é a oferta de valor. Ao usar seu produto, o cliente conseguirá colocar produtos no mercado nove meses antes? Ou será que o valor superior está em duplicar as vendas por funcionário quando seu produto for instalado no local de trabalho do cliente? Ou será que reside na economia de combustível de cinco vezes, ou na segurança e na confiabilidade quadruplicadas?

O próximo passo é testar até que ponto sua oferta de valor é superior. É necessário conquistar o respeito de seus clientes. Deve ser rotulada de "superior" por seu cliente potencial, superior quando comparada aos produtos concorrentes. Trata-se de um elemento psicológico. Também faz uso intensivo de marketing e é a essência do posicionamento dos produtos (esse tópico será abordado em detalhes mais adiante). É onde suas habilidades superiores de marketing poderão criar uma grande vantagem competitiva.

Observe como a criação de valor está focada em seus clientes e em sua percepção de valor do que você está oferecendo, especialmente os aspectos psicológicos. Todo diferencial competitivo que você batalhou tanto para construir e os muitos elementos que contribuíram para a sua receita de desigualdade competitiva devem animar o cliente; caso contrário, todo o esforço terá sido inútil. Se a proposição de valor que você fornecer não fizer com que o cliente se sinta disposto a comprar seu produto, você não conseguirá fechar o negócio. Pior ainda: o novo empreendimento provavelmente terá dificuldade em conseguir financiamento. E você não será convidado a participar de painéis nas feiras de negócios, de *talk shows* ou artigos de revistas. Seus produtos não serão divulgados para os trabalhadores qualificados que você precisa contratar. Simplesmente, você não vai a lugar algum. Mas, se o cliente potencial se animar, uma boa proposição de valor acionará o motor do diferencial competitivo. Esse é um dos motivos pelos quais é muito importante conhecer seu cliente muito bem. O bom conhecimento dos clientes é um modo de se destacar nesse intensamente competitivo mundo. É por isso que os investidores experientes querem ter contato com os clientes potenciais antes de investir seus recursos. Eles insistem em confirmar se a proposição de valor empolga muitos clientes ou não.

Sobrevive ao tempo

O diferencial competitivo da empresa deve durar entre três a cinco anos para os novos empreendimentos baseados em ciência da informação. O tempo deve ser dobrado para start-ups ligadas às ciências da vida. É assim que os investidores de longo prazo se envolvem no processo antes de obter os resultados líquidos. A liquidez pode ser a IPO ou a venda da empresa para uma de capital aberto gigante. É raro haver um evento de liquidez antes de três anos. Isso ocorre apenas em uma pequena parte da onda de flutuações do mercado. A maior parte das start-ups requer cinco anos para emergir como líder de uma nova categoria e com valor suficiente para recompensar os investidores pelos altos riscos assumidos.

É preciso planejar a criação e o desenvolvimento de um diferencial competitivo que possa durar mais de meia década. Isso pode parecer muito tempo. O pessoal das start-ups está com pressa e não gosta de pensar em décadas. Prefere o sucesso rápido com vendas (aumentos nas vendas) e investidores ávidos financiando o crescimento até o momento maior, a oferta pública inicial de ações. Para o empreendedor de primeira viagem, o sucesso está logo ali, do outro lado da esquina. Mas a história tem mostrado que é preciso mais de meia década para desenvolver um novo negócio em um empreendimento grande o suficiente para abrir o capital. Para conseguir uma IPO na Nasdaq, sua empresa deve valer pelo menos 100 milhões de dólares. Você precisa de uma grande empresa para que ela se torne tão valiosa assim. Isso implica grandes vendas. E são necessários anos para se conseguir isso. As estatísticas mostram que o tempo médio da start-up até a IPO ultrapassa cinco anos (consulte a Tabela 1-1). Trata-se de um fato. É o tempo que a start-up deve ser capaz de sustentar o diferencial competitivo.

Tabela 1-1 Número de anos até a IPO

Número médio de anos desde a data de financiamento da empresa até a IPO para novos empreendimentos financiados por capital de risco

Ano	Idade média (em anos) até a IPO
1995	7,4
1996	6,6
1997	7,2
1998	5,9
1999	4,5
2000	5,1
2001	5,6
2002	7,4
2003	7,8
2004	7,1*
MÉDIA	**6,5**

* Até 10 de dezembro de 2004.
FONTE: Thomson Venture Economics

Os MBAs se referem ao diferencial competitivo ao adotar a expressão "vantagem competitiva sustentável". Embora a expressão seja longa, estúpida e insípida, os MBAs acertaram em cheio: sua vantagem deve ser sustentável. Não pode sobreviver como uma vantagem única (uma patente ou um produto inicial a ser entregue no novo mercado). Trata-se de um momento efêmero; não uma vantagem que possa ser desenvolvida ou seja duradoura. Em vez disso, deve ser capaz de sustentar a diferenciação e a vantagem enfrentando muitos anos de concorrência acirrada.

Pode ser desenvolvido

O diferencial competitivo está vivo; ele está crescendo, mudando, movimentando-se, avançando e se fortalecendo dia após dia. Pense nele como se fosse uma receita diariamente aprimorada pelo *chef*. Não se trata simplesmente de uma fórmula fixa. Como o Borg da ficção científica, viaja pelo tempo e pelo espaço, assimilando os melhores elementos e descartando os inúteis. Temido pelos concorrentes, trata-se da estrela da morte do universo dos novos empreendimentos: é temida pelos gigantes mais lentos e pelos impérios indolentes. O diferencial competitivo deve ser desenvolvido diariamente, tornando-se maior e melhor a cada momento. Um sucesso instantâneo que não é sustentável pode levar o novo empreendimento à ruína. Por exemplo, o tamanho do mercado não pode ser tão pequeno a ponto de seus primeiros produtos o saturarem em um ano e depois ficarem limitados a crescer somente no ritmo da taxa de crescimento populacional.

A eMachines é um bom exemplo. Em seu primeiro ano de venda de computadores pessoais, essa pioneira que oferecia PCs a menos de 600 dólares registrou um espetacular recorde de vendas de 1 bilhão que acabou a levando a uma IPO. Seu núcleo gerencial especializado em vendas e seu modelo de negócios incomum (quase todas as funções departamentais eram terceirizadas) contribuíram para o rápido sucesso em vendas e para os custos reduzidos. No entanto, diante da concorrência acirrada, o diferencial competitivo inicial não conseguiu se sustentar. A empresa passou por graves problemas operacionais e de marketing que resultaram em sua derrocada final. Se não for possível desenvolver diferencial competitivo, você de fato não o tem.

Pode ser ampliado

Para ser sustentável na hora de enfrentar a imitação por parte da concorrência, o diferencial competitivo tem de ser passível de ampliação: é preciso ter condições de aumentar seu tamanho, volume, quantidade e escopo. Você precisa ter condições de ampliá-lo, fortalecê-lo todos os dias e ser capaz de modificá-lo. Ele deve ser desenvolvido. Como o camaleão, você precisa modificar o diferencial competitivo em antecipação e em reação à chegada do perigo. Pense em sua vantagem inicial como uma pequena bola de neve no topo da montanha: à medida que se desloca, a bola se torna cada vez maior, mais e mais poderosa, até se tornar uma incrível avalanche, descendo com muito barulho e aterrorizando os concorrentes, que enfrentam a fúria e não conseguem se desviar a tempo. Quando isso acontece, você está recebendo pedidos, em vez de vender. É uma condição empolgante que Geoffrey Moore chama de "estar no olho do furacão".[3] Um diferencial competitivo expandido impulsionou a Cisco e a Nokia para o estágio de crescimento do furacão. Vantagens competitivas em expansão transformaram-nas em "gorilas" que dominam suas fatias de mercado.[4] "Em expansão" também significa que investidores e funcionários ávidos desejam ver pilhas de mercados novos e sem dono, prontos para serem convertidos em vendas ao longo de cinco anos.

Seu primeiro produto não pode ser o melhor nem o último. Deve ser o começo de uma família de produtos que desça a montanha e ganhe impulso no processo. Os veteranos do Vale do Silício chamam essa família de produtos de *modelo de pino de boliche*. Outros descrevem como dominós de produtos. Qualquer que seja o nome, você precisa identificar com clareza produtos subseqüentes para vender em mercados relacionados ao primeiro produto. O primeiro mercado deve levar você aos dois produtos seguintes. Esses dois devem se tornar quatro, a fim de lhe possibilitar atingir o estágio do furacão.

Empreendedores experientes planejam muitas vantagens em suas projeções de vendas, com vários mercados adicionais que seguirão o primeiro. Esses mercados relacionados serão a fonte de vendas futuras cada vez maiores e ajudarão sua empresa a manter o domínio da nova fatia de mercado. O truque é escolher o primeiro pino de boliche e seus sucessores de modo que gerem uma onda de venda que, por sua vez, aumente as eficiências operacionais cada vez mais rapidamente, à medida que se ganha ímpeto e o furacão começa a elevar a empresa rumo ao domínio de mercado. Isso significa escalonar. Se você escolher a seqüência de pinos de boliche errada, seu sucesso inicial e a energia despendida serão desperdiçados. Você lutará para atingir os dois pinos seguintes. Você perderá o ímpeto e não cruzará o abismo. Permanecerá a lacuna entre o mercado inicial e os seguintes, em que é necessário alcançar grandes volumes de vendas.

---
[3] Geoffrey A. Moore. *Dentro do furacão*. São Paulo: Futura, 1996.
[4] Moore. *The Gorilla Game*. Nova York: Harper Business, 1999.

É dinâmico

Com o diferencial competitivo inicial trabalhando a seu favor, a empresa começará a vender o primeiro produto, abrindo um novo mercado, a categoria nova que você pretende dominar. No entanto, a concorrência reagirá, o mercado mudará e você também terá de reagir. Os lances planejados são chamados de *estratégia dinâmica* e integram o diferencial competitivo. Trata-se de um plano estratégico com muitos lances. O movimento torna cada vez mais difícil para a concorrência encontrar uma alternativa para vencer sua empresa. Por exemplo, depois da onda do primeiro produto, você lança os grupos seguintes de produtos. Enquanto isso, está trabalhando em uma segunda nova tecnologia a ser adotada, a fim de desenvolver produtos para a próxima onda de vendas em outro pino de boliche de mercado. Você planeja adicionar um novo nível de atendimento ao cliente de alto nível. E assim por diante. O diferencial competitivo está mudando dinamicamente. Você avança e responde às mudanças de mercado. Você se torna um alvo móvel, cada vez mais difícil para a concorrência atingir e tirar do trono da liderança. Quando há desigualdade competitiva, você está pronto para responder a perguntas provocativas da imprensa como, por exemplo: "Acordamos esta manhã e descobrimos que a Microsoft acaba de anunciar um produto praticamente igual ao seu! E agora?" Quando consegue responder à altura a perguntas difíceis como estas, você está começando a entender o que é diferencial competitivo. É algo muito dinâmico.

Muda constantemente ao longo do tempo

O diferencial competitivo não envolve sonhar com a idéia maravilhosa e inalcançável e levá-la até a gloriosa IPO. A história demonstra justamente o contrário. Sim, uma idéia arrasadora é importante; é o ponto de partida para trilhar o caminho do sucesso. No entanto, seria ingenuidade acreditar que é possível vencer defendendo uma única inovação durante anos de ataques consecutivos da concorrência. Não é uma patente que protege você, nem um negócio com um sócio estratégico gigante que domina sua base de negócios. Você não está obtendo recursos de uma famosa empresa de investimentos de risco. É muito mais do que isso. Se o diferencial competitivo não mudar, mais cedo ou mais tarde (mais cedo é melhor) a concorrência encontrará um ponto fraco e destruirá suas defesas. Então, você estará acabado, ou seja, fará parte da história. A concorrência pelo novo empreendimento não é um jogo de lance único. A longa e tortuosa marcha ao longo da trilha da start-up vai expô-lo a batalhas competitivas agressivas, com novos rivais e respostas duras por parte de empresas estabelecidas. Ao reagir, você mudará o diferencial competitivo e se empenhará para reduzir os pontos fracos e inovar para aumentar os pontos fortes. Em poucos anos, você não reconhecerá o diferencial competitivo mais recente quando comparado ao primeiro. Esse é um dos motivos pelos quais os investidores de risco ficam tão ávidos para encontrar líderes experientes em empresas iniciantes: procuram pessoas que possam administrar as mudanças necessárias para desenvolver diferencial competitivo. Sabem como é difícil enfrentar os ataques da concorrência. Sabem que precisam estar prontos para surpresas que aparecem ao longo do caminho de uma start-up. Esperam que você continue mudando o diferencial competitivo.

Apela a muitos clientes potenciais

Para empreendedores novatos, parece óbvio dizer que um grande mercado potencial está à espera de ser conquistado. Em suas apresentações aos investidores, eles normalmente dizem: "Confiem em nós! Milhões de pessoas comprarão nossos produtos. Invistam em nós e vamos provar que estamos certos." Mas os investidores em novos empreendimentos desejam ver provas concretas de que suas alegações são verdadeiras *antes* de investir. Querem saber o que é tão atraente aos primeiros compradores sobre o produto de estréia. Querem que você faça pesquisa de mercado e gere números que revelem quantos clientes potenciais estão dispostos a pagar o preço que você está pedindo pelo produto ou serviço. Os investidores também querem que você forneça números de telefone e endereços de e-mail de uma seleta lista de pessoas reais, clientes reais, com quem possam conversar. Em outras palavras, você vai precisar se empenhar muito para sustentar suas alegações otimistas sobre o grande tamanho do mercado-alvo. É por isso que um engenheiro não consegue chamar a atenção de investidores experientes confiando apenas na tecnologia de ponta. O que o cliente pensa é mais importante para os stakeholders do que aquilo que o tecnólogo pode pensar. É por isso que os empreendedores experientes nunca concluem seus planos de negócios sem minuciosas pesquisas junto a clientes potenciais.

PERGUNTAS SOBRE DIFERENCIAL COMPETITIVO

Como saber quando você tem diferencial competitivo? Você pode começar a testar facilmente a idéia inicial fazendo três perguntas simples:

1. Que outra idéia é parecida com esta?
2. Ela pode ser facilmente copiada?
3. Até que ponto é fácil manipulá-la?

Teste estas perguntas em empresas reais que você conhece. Por exemplo, tente uma empresa com muitas patentes, como a Xerox. Em seus melhores dias, dizia-se que a Xerox tinha mais de 700 patentes relacionadas a copiadoras. Parece ser impossível de superar, mas a concorrência encontrou uma forma de contornar as patentes. O mercado provou ser enorme. A concorrência brigou por ele e descobriu como conseguir uma fatia para si, embora a Xerox tivesse os melhores advogados especializados em patentes do mundo trabalhando para defender sua crescente carteira de propriedade intelectual. O diferencial competitivo representa muito mais do que segredos comerciais protegidos por patentes.

A pergunta 2 é diferente da pergunta 3. Para copiar a Xerox, é preciso produzir uma cópia praticamente idêntica de seus produtos, usando uma tecnologia quase igual. Se a Xerox não tivesse patentes, seria possível copiar seus produtos. No entanto, para competir com um novo empreendimento patenteado, você precisa superar a barreira da propriedade intelectual. Na maioria dos países desenvolvidos, a cópia seria considerada roubo de produtos de propriedade intelectual e é uma prática proibida por lei. Para contornar as patentes da Xerox sem infringir a lei, seria preciso inventar uma tecnologia diferente para produzir cópias em papel e, portanto, usar tecnologia proprietária. Foi isso que a concorrência fez.

Você pode aprender a testar o diferencial competitivo jogando com amigos. Ao ler sobre novas empresas em revistas, recorra às três perguntas para testar sua vantagem. Examine a força do diferencial competitivo e discuta como seria possível desenvolver outras idéias, melhores. Pratique até chegar a conclusões rápidas e definitivas sobre o diferencial competitivo. Esse é o melhor tipo de treinamento para aprender a criar um diferencial para o próprio empreendimento novo.

EXEMPLOS DE EMPRESAS COM DIFERENCIAL COMPETITIVO

Agora, vamos examinar algumas organizações que conquistaram diferencial competitivo e continuaram desenvolvendo-o até se tornarem marcas de classe mundial. Você ficará surpreso ao ver escolas e até mesmo países na lista, mas cada organização tem seu diferencial específico.

Exemplo 1-4 Diferencial competitivo

- **BMW:** Essa empresa alemã produz carros esportivos direcionados a jovens profissionais, com carreiras em ascensão.
- **Mercedes-Benz Chrysler:** Esta empresa alemã produz sedãs de luxo para pessoas mais maduras, com estilos de vida estabelecidos.
- **Alemanha:** Esse país cria produtos de desempenho superior criados com engenharia mecânica alemã altamente respeitada.
- **Japão:** Esse país fabrica produtos de consumo e industriais renomados por sua qualidade superior.
- **MIT:** Essa é uma escola para pessoas com resultados excepcionais em matemática e ciências.
- **Universidade de Cornell:** Esta instituição é a maior universidade da Ivy Leagy e um dos maiores centros de pesquisa do mundo.
- **Dolby Laboratories:** A Dolby é o nome dominante em sistemas superiores de som eletrônico industrial e de consumo, devido à paixão, às habilidades e ao foco de seu fundador, Ray Dolby.
- **Microsoft:** A maior empresa de computadores do mundo foi fundada com base nas habilidades estratégicas de Bill Gates, que levou a empresa praticamente ao monopólio dos sistemas operacionais de computadores pessoais.
- **Cisco:** Essa empresa, apoiada por sólido financiamento da veterana empresa de capital de risco Sequoia Capital, criou uma gigante máquina

de vendas mundial, liderada por uma seqüência de extraordinárias pessoas de vendas no comando, na condição de CEOs.
- **Nokia:** A visão dos fundadores sobre o mundo em constante mudança das telecomunicações transformou a empresa finlandesa de madeira e pneus na maior fornecedora de telefonia móvel do mundo. A oportunidade inovadora foi impulsionada pela tecnologia inventada na Noruega e nos Estados Unidos. A determinação e a qualificação dos principais membros da equipe de líderes da Nokia resultaram na brilhante execução da visao original.

FONTE: Nesheim Group.

DIFERENCIAÇÃO

Diferenciação é o título de uma lição vital a ser aprendida pelos empreendedores inexperientes. A maioria aprende da forma mais difícil. Vejo que quase todos os neófitos começam com idéias para negócios por imitação. Esses novos empreendimentos — "mais rápidos, eficientes e baratos" — são especialmente significativos em países em desenvolvimento na Ásia e, mais recentemente, na China. Começam como fontes de produtos de baixo custo produzidos por mão-de-obra relativamente mais barata. No começo, eles dão certo. Mas, depois de alguns anos de sucesso, os custos sobem e uma nova safra de concorrentes surge na forma de empresas que imitam a original, oferecendo os mesmos produtos a preços ainda menores. Logo, surge a concorrência de muitos outros novos países emergentes, e a empresa original procura proteção comercial por parte de seu governo. Esse tipo de pensamento inicial tem lugar até mesmo em centros de alta tecnologia como o Vale do Silício, onde jovens engenheiros estão convencidos de que podem começar a operar a um custo menor e, mais tarde, descobrem como transformar seu pequeno e modesto negócio em uma grande empresa. Em vez disso, quase todos esses empreendimentos vão à falência. Não tinham diferenciação suficiente e nenhum valor agregado superior. Falta-lhes diferencial competitivo. Tenho visto isso acontecer reiteradas vezes nas três últimas décadas.

Exemplo 1-5 Empresas imitadoras sofrem: a China assume a liderança

A dramática debandada dos negócios manufatureiros para a China já está forçando os ex-tigres da manufatura de baixo custo do Sudeste Asiático a aprenderem uma dura lição. Depois do ano 2000, a China assumiu a liderança do mercado de fabricação leve e de baixo custo, anteriormente dominado por Hong Kong, Taiwan, Cingapura, Coréia e demais tigres asiáticos (Malásia, Tailândia, Filipinas e Indonésia). A Índia não conseguia atingir suas taxas de crescimento de PIB, ficando ainda mais para trás. O dragão estava vencendo os tigres, de qualquer porte. O sucesso econômico inflacionou os salários nos países asiáticos de sucesso. O diferencial competitivo original (produzir bens nos países em desenvolvimento do Sudeste Asiático, e não nos Estados Unidos ou na Europa) foi reduzido e, finalmente, se transformou em uma desvantagem que não poderia ser superada com melhorias de tecnologia e produtividade. Negócios inteiros tiveram de ser transferidos para a China, a fim de garantir a própria sobrevivência. Infelizmente, o rebanho se deslocou unido em uma corrida desesperada para tentar alcançar vantagens de fabricação de baixo custo. A diferenciação entre as empresas não mudou muito com a transferência de seus países natais para a China. Poucas emergiram com vantagem competitiva significativa, baseada em produtos e serviços nitidamente diferenciados.

Para superar esse tipo de desvantagem competitiva, as empresas que operam nos atualmente caros países do Sudeste Asiáticos foram forçadas a inovar para agregar valor suficiente e criar produtos diferenciados. Antes, elas produziam *commodities* de baixo custo, como camisetas e placas de computador, fabricadas por contrato. Agora, precisam agregar mais valor a fim de justificar os custos de produção mais elevados. A transformação para mais valor agregado poderia ocorrer se as empresas entendessem como uma saia pode ser convertida em artigo de moda direcionado a mercados de consumidores específicos e emergir como uma marca em pé de igualdade com os melhores produtos no mercado internacional. A chave para essa transformação reside em entender como criar diferencial competitivo — que seja nitidamente exclusivo.

Formas especiais de diferencial competitivo nos países podem chegar a um fim abrupto, deixando os empreendedores com muitos problemas.

Isso fica especialmente claro quando os governos se modernizam e começam a cumprir as leis de proteção à propriedade intelectual. Uma empresa presa nesse dilema é a Dr. Reddy's Laboratories, situada na Índia. Conforme reportado no *Far Eastern Economic Review*, em 2002, essa fabricante de medicamentos imitadora de produtos estrangeiros via chegar ao fim a era em que burlava as patentes de empresas farmacêuticas globais.[5] Já percebia a força do compromisso do governo indiano no sentido de começar a respeitar as patentes de produtos até 2005. O repórter perguntou ao CEO, C. V. Prasad, o que a empresa faria e ele respondeu que o caminho mais rápido para se tornar um jogador global é pela inovação, investindo na descoberta de novas drogas. A patente de um medicamento novo pode ser o início de um diferencial competitivo. A partir daí, o empreendedor pode estabelecer distinção e evoluir para o diferencial competitivo.

A BUSCA PELO DIFERENCIAL COMPETITIVO

A busca é uma batalha inevitável que integra a construção do diferencial competitivo. Envolve muito trabalho. Sorte nada tem a ver com isso. Existem muitos elementos desconhecidos no processo. Não é óbvio o ponto por onde começar, nem está claro como prosseguir com a idéia original. É preciso encontrar o diferencial competitivo. Como um minerador que está à cata de diamantes, os empreendedores procuram diariamente o algo a mais, o elemento inovador que pode representar o início de uma grande idéia e um fator de desigualdade poderoso. Qualquer investidor disposto a investir em novos empreendimentos está constantemente buscando por isso. Os empreendedores seriais estão atrás disso. Os funcionários da start-up Wannabe estão em campo procurando. Os repórteres estão sondando. Todos buscam encontrá-lo em seus sonhos, quando comem, fazem exercícios, durante as férias e no trabalho. É sua paixão. É parte do que são. É uma luta para encontrá-lo, como um tesouro enterrado, e a luta vale a pena. Essa é a parte promissora do diferencial competitivo ("existem recompensas ocultas, sei que estão ali e sei que

---

[5] "A Global Pill Factory", *Far Eastern Economic Review*, 26 de setembro de 2006.

posso encontrá-las"). Está bem enterrado no fundo da mina. É difícil de encontrar. É ainda mais difícil de extrair e converter em riqueza. Mas, depois de encontrá-lo, você pode ficar rico, muito rico (de outras maneiras, além da riqueza material), como eu descobri observando uma reunião de líderes da Nokia Venture Partners.

Exemplo 1-6 Investidor de risco sobre diferencial competitivo: BlueRun Ventures

> Após uma apresentação feita pela equipe de uma start-up, John Malloy, um dos fundadores da BlueRun Ventures, explicou como fora o dia para a empresa: "Na reunião da manhã, com todos os sócios, discutimos uma lista de acordos para novos empreendimentos nos quais estamos muito interessados. Examinamos cada start-up em detalhes. Falamos sobre qual era o diferencial competitivo das pessoas, de suas idéias e planos para o negócio."

NOSSO PRINCIPAL OBJETIVO E O DIFERENCIAL COMPETITIVO

Agora, vamos correlacionar o diferencial competitivo a três importantes ferramentas de negócios: o objetivo, a tarefa e a meta do novo empreendimento.

- O principal *objetivo* do novo empreendimento é *liderar uma nova categoria de mercado.*
- A principal *tarefa* do novo empreendimento é *criar e explorar o diferencial competitivo, para que a empresa domine a nova categoria de mercado almejada.*
- A principal *meta* é *alcançar o objetivo principal e concluir a principal tarefa dentro de cinco anos.*

O exemplo a seguir, baseado em meus estudos com uma empresa muito bem-sucedida, a Research in Motion (RIM), aplica os termos *objetivo*, *tarefa* e *meta*, e explica como tudo isso se relaciona com o diferencial competitivo. Observe especialmente o método que a empresa adotou para criar diferencial competitivo novo. Após a onda de sucesso como um novo empreendimento, a empresa viu-se sem vantagens e em uma situação comercial difícil.

Exemplo 1-7 Idéia Inicial: RIM E-mail para profissionais móveis

> A empresa canadense Research in Motion (RIM) foi fundada em 1984 para criar, fabricar e vender produtos e serviços de *pager*. Nos dez anos seguintes, a RIM viu os *pagers* se transformarem em mercadorias baratas e os serviços de *pager* se tornarem famosos por preços muito baixos. O desenvolvimento do negócio de *pagers* da RIM se tornara complicado, muito competitivo e especialmente difícil de diferenciar. Os telefones celulares agregavam mais valor, e suas vendas cresciam, enquanto as vendas de *pagers* caíam. A RIM procurou uma alternativa para superar essa dificuldade. Os funcionários foram desafiados a responder — e eles o fizeram. Mentes inovadoras desenvolveram uma idéia nova: criar um negócio com base em um dispositivo de comunicação portátil sem fio e especializado que poderia usar a tecnologia de *pager* da RIM para receber e enviar e-mails. Esse foi o início do que se tornou o amplamente bem-sucedido negócio BlackBerry. Mas, até que outros elementos fossem adicionados à idéia original, não havia diferencial competitivo para a RIM.

O principal objetivo da nova empresa é tornar-se líder de uma nova categoria de mercado. Nesse momento da história, a categoria para a idéia da RIM ainda não existia.

Exemplo 1-8 Principal objetivo: a RIM planeja liderar uma nova categoria de mercado

> A RIM continuou com a idéia inicial e logo desenvolveu um protótipo. Provou ser economicamente viável usar a tecnologia de *pager* para enviar e receber e-mails em um dispositivo portátil especializado. Sua cor preta e seu teclado peculiar levaram ao nome em inglês *BlackBerry* (amora-preta). Era vendido como parte de um serviço aos consumidores, que pagavam por mês. Logo, tornou-se muito popular, especialmente nas grandes empresas. "Você tem

que ter um!", tornou-se o mantra de funcionários ansiosos. Em 2002, o BlackBerry da RIM tinha-se tornado líder de "wireless e-mail", ou o uso de e-mail via tecnologia sem fio, uma categoria de mercado inteiramente nova.

Nos primeiros dias de existência desse mercado, várias empresas estavam tentando oferecer serviços de e-mail móvel, usando diferentes tecnologias, mas ninguém havia dominado nenhum dos segmentos de clientes relacionados quando a RIM entrou no páreo. A RIM não foi pioneira, mas foi a primeira a acertar. Reuniu um conjunto de elementos cuidadosamente selecionados em uma combinação exclusiva que se tornou sua receita para o diferencial competitivo. Conseguiu acertar. Ganhou a medalha de ouro. Alcançou seu principal objetivo.

A principal tarefa desse novo empreendimento é criar e explorar o diferencial competitivo para dominar a nova categoria de mercado almejada. A RIM pôs em prática sua empolgante idéia.

Exemplo 1-9 Executando o plano: a RIM constrói e explora diferencial competitivo

A RIM estava convencida de que poderia criar um ótimo diferencial competitivo. Na época, já era fornecedora de telecomunicações por *pager* com uma ampla infra-estrutura de *paging* instalada e em funcionamento na América do Norte. Seus engenheiros haviam criado uma tecnologia que poderia (1) transferir e-mails de servidores e redes de computadores pessoais corporativos (2) para a rede de *pagers* da RIM e, depois, (3) para um aparelho digital pessoal especial e proprietário que permitiria que os usuários lessem, exibissem e enviassem e-mails. Os profissionais móveis teriam condições de se comunicar via e-mail sem estar presos a um computador pessoal. Poderiam enviar e receber mensagens em aeroportos, hotéis, carros alugados, corredores e salas de reunião.

O novo mercado estava aberto, sem líder ainda estabelecido. A tecnologia de *pager* era mais barata de instalar e operar do que a tecnologia de telefonia celular. A RIM já tinha contratos para serviços de *paging* com grandes empresas, as quais seriam os clientes ideais para o serviço de e-mail móvel. A RIM tinha capacidade de fabricação que estava produzindo *pagers*. Seus engenheiros estavam ávidos por projetar um dispositivo BlackBerry arrojado.

A gerência tinha boas relações com os líderes do setor de computadores pessoais, incluindo a Intel e a Microsoft.

Esses eram alguns dos elementos que a RIM usou para construir diferencial competitivo. Manteve o plano em segredo até o dia em que anunciou o serviço BlackBerry. O comunicado à imprensa surpreendeu o mundo, e a RIM estava a pleno vapor. Os concorrentes ficaram paralisados na linha de partida.

Nossa meta é alcançar o principal objetivo e concluir a principal tarefa dentro de cinco anos. De fato, a RIM partiu em busca de sua IPO.

Exemplo 1-10 Como alcançar a meta: a RIM domina no prazo de cinco anos

A RIM anunciou o serviço de e-mail móvel BlackBerry em 1998. Em dois anos, chegou à liderança do novo mercado. Os serviços concorrentes definharam. A RIM se concentrou em fornecer apenas e-mail; os anexos teriam de ser lidos no escritório. A RIM não se desviou do foco, acrescentando sininhos e apitos — esses inúmeros novos recursos que complicam o novo produto. Permaneceu focada, empenhando-se em captar a maior fatia do novo mercado, da forma mais rápida possível. Conseguiu. Em 2002, o serviço BlackBerry se tornara líder inquestionável do território de e-mails por tecnologia sem fio. Seus parceiros estratégicos incluíam os melhores nomes do ramo da computação e redes. A base de clientes corporativos era de primeira linha. O BlackBerry tornou-se tão popular que reuniões de gerentes eram abertas com o anúncio: "Esta é uma reunião com BlackBerry." Com isso, queriam dizer que era possível enviar ou receber e-mails durante a reunião (nos respectivos dispositivos BlackBerry). O dispositivo tornara-se símbolo de status e um modo de mostrar estilo, ao mesmo tempo em que era um grande estímulo à produtividade. Em cinco anos, a RIM havia alcançado sua principal meta.

Agora que você entende melhor o que é diferencial competitivo, vamos falar sobre como apresentar esse conceito a alguns dos principais stakeholders: um investidor, um futuro funcionário ou a mídia.

CONVERSA DE ELEVADOR: COMO COMUNICAR RAPIDAMENTE O DIFERENCIAL COMPETITIVO

Uma conversa de elevador é uma explicação sucinta e muito entusiasmada sobre diferencial competitivo. É uma mensagem tão contundente que o público fica querendo mais imediatamente. Quando você tiver elaborado a própria conversa de elevador, descobrirá que o diferencial competitivo é enganosamente simples. Pode ser explicado em apenas algumas frases. A parte difícil é encurtar uma longa história sem perder o apelo. Escrever um conto curto é mais difícil do que escrever um longo.

Quando tiver criado o diferencial competitivo cuidadosamente, poderá apresentá-lo rapidamente ao investidor. Não leva nem uma hora para apresentá-lo. Não exige 30 slides de PowerPoint ou explicações tecnológicas complexas. Não há necessidade de performances especialmente dramáticas. Somente algumas palavras são necessárias. Na verdade, você pode proferi-las em menos de 30 segundos. Esse é o tempo que você tem antes que a pessoa que você encontra no elevador desça.

Aqui está um exemplo baseado em episódios reais descritos por um importante investidor de risco e alguns dos participantes.

Exemplo 1-11 Conversa de elevador: Kim e DT no elevador

> Ao sair de um restaurante coreano, Kim parou, virou-se e decidiu ir direto ao Grand Hotel. Fora um dia de decepções: nenhuma resposta aos inúmeros e-mails enviados e nenhuma chamada retornada às inúmeras feitas a investidores de risco. Kim sabia que suas economias pessoais só durariam alguns meses mais. "Depois volto à escravidão do salário!", repetia para si mesmo.
>
> "Talvez uma voltinha no saguão do Grand Hotel possa me animar um pouco", pensou Kim. "Afinal de contas, é o local em que os investidores de risco e os banqueiros de investimento se encontram para conversar sobre IPOs e acordos quentes de start-ups."
>
> Ao sair da porta giratória, pensou: "Pertenço a este lugar! Agora é minha hora. Ah, dinheiro, onde está você?"
>
> O *lobby* era imponente. As altas colunas de mármore diminuíam a estatura do porteiro uniformizado, que o saudou com um entusiasmado "Bem-vindo ao Grand Hotel, senhor!". Isso fez Kim sorrir. "Já me sinto melhor!", ele pensou.

O QUE É DIFERENCIAL COMPETITIVO? 45

Ao caminhar lentamente pelo amplo saguão, repleto de homens de negócios em ternos escuros, viu-se diante do hall dos elevadores. De repente, reconheceu um rosto familiar! Será que era ele, será que... sim, era ele. Era DT, o reverenciado investidor de risco do Vale do Silício, fundador da Plitheron Ventures, com um inigualável legado de start-ups! Era bom demais para ser verdade.

"Que sorte! Hoje pode ser meu dia!" Kim estava radiante. Sentiu uma onda de adrenalina invadir-lhe o corpo e sua coragem aumentou. "Terei coragem de me aproximar de DT? Será que ele vai me dispensar? Ouvi dizer que, quando está de mau humor come empreendedores no café-da-manhã!"

DT não parecia perceber Kim próximo a ele. DT apertou o botão para subir. As portas do elevador se abriram. Dois passageiros desceram, e DT entrou. Kim hesitou por uma fração de segundo, reuniu toda a coragem e acompanhou DT no elevador, com os joelhos trêmulos. Ninguém mais entrou. A porta se fechou com um baque surdo.

DT não parecia perceber a presença de Kim e apertou o botão para o 15º andar. Kim sentiu o elevador começar a subir suavemente. A breve viagem havia começado. *A hora é essa!*, disse uma vozinha dentro de Kim. Quando o elevador passava pelo segundo andar, Kim inspirou fundo e começou:

— DT, meu nome é Kim Lee. Sou engenheiro de biotecnologia da Cornell, com seis anos de experiência, mais recentemente administrando uma equipe de produtos para a NutroCellonics Corporation. Lançamos o OPTI-3000X, o primeiro sintetizador de proteínas imunes gerado por engenharia genética que permite alteração óptica, recentemente divulgado pela mídia. Você talvez tenha ouvido falar dele — pode reduzir pela metade o tempo de comercialização de um produto farmacêutico. Dois colegas de trabalho e eu desenvolvemos uma idéia nova que pode se transformar em uma ótima start-up. Nós a chamados de Nice2Kids. Acredito que poderia ser atraente a um investidor de risco como você. Gostaria de falar sobre isso em mais detalhes, seria possível?

DT lentamente virou a cabeça, encarou Kim e, com uma voz quase suave, respondeu:

— Claro, por que não? Estou à disposição até chegar a meu andar. Pode falar. O tempo é todo seu.

Kim sabia que o tempo era muito curto. Antes que o elevador chegasse ao andar de DT, ele teria de apresentar todos os pontos positivos de sua idéia para o novo empreendimento. Ele ficou imaginando se o elevador estava acelerando.

Era a apresentação mais rápida que Kim já fizera. Sem slides. Sem preparação. Sem *coaching*. Simplesmente Kim e sua idéia. Tudo que ele pudesse reunir em poucos segundos, antes que o elevador acelerado chegasse ao andar de DT. Kim despejou tudo mais rápido do que conseguia pensar, quase mais rápido do que conseguia falar. Ele tentou controlar o ritmo, mas não surtiu efeito. Suas palavras saíam como água de uma mangueira de incêndio.

DT não disse nada.

O elevador desacelerou e parou. As portas se abriram lentamente e Kim parou de falar.

DT desceu calado, virou-se para Kim ainda em pé no elevador e, após o que parecia ser a mais longa pausa de sua vida, disse:

— Rapaz, desça comigo e me fale mais. Qual é seu nome?

Kim mal conseguia acreditar no que ouvia. Incrível!!!

De repente, ele se lembrou do que tinha de fazer: descer do elevador. Quando as portas começaram a fechar, ele passou apressado e ficou diante do investidor de risco.

Olhando para DT, Kim pensou ter percebido um ligeiro sorriso. *Será que ele me viu tropeçar ou se diverte vendo as pessoas passarem por situações ridículas?*, refletiu. Seu coração estava batendo tão forte que era quase certo que DT pudesse ouvi-lo. Foi quando se lembrou do colega Bryan. O veterano de start-ups conhecera Kim na semana anterior em seu restaurante favorito e disse: "Kim, nunca se esqueça — depois da conversa de elevador, se o investidor disser 'Fale mais', este é o código para 'Você conseguiu minha atenção para começar de novo. Você tem três minutos desta vez'. Significa que você conseguiu deixá-lo interessado na isca, por isso vá em frente!"

E foi isso que Kim fez. Dessa vez, ele fez pausas entre os pontos e continuou de forma mais lenta e decidida. As palavras saíram mais relaxadas, mais confiantes. Ele podia sentir que estava contando a história da forma que queria, pois vinha de sua alma. Ele falava mais lentamente, mas ainda estava animado. Ele gostou do que disse. Achou que estava bom — muito bom.

Em cerca de três minutos, Kim já havia terminado. Ele parou de falar e esperou pela resposta.

DT não se moveu. Seus olhos encaravam Kim. Kim sentia que estava sendo examinado. Obviamente, DT apreciou esse momento.

O tempo parecia ter parado. Kim pensou que precisava ir ao banheiro logo.

Em seguida, DT disse calmamente:

— Por que você não me apresenta essa idéia em meu escritório? Você pode estar lá na próxima terça-feira, às nove da manhã?

Kim pensou que seu coração parara de bater! Ele sabia que esse disputado investidor estava ocupado pelos dois próximos anos. Ninguém nunca cosnseguira passar direto pelo assessor administrativo de DT. Kim imaginou o estacionamento de DT cheio de esqueletos de empresários que tentaram marcar uma reunião.

Incrível!, Kim gritou para si. *Ele acaba de me convidar para uma reunião na semana que vem!* Com o coração batendo tão rápido que parecia saltar do peito, Kim respondeu:

— Claro.

Ele conseguira! Finalmente, dera o grande passo. Ele havia passado pela porta impossível. Fizera algo mais difícil do que passar ao último nível de um jogo de computador. *O grande DT quer me ouvir! Uau!*

Sem perder a compostura e tentando diminuir o tom de voz, Kim disse:

— Vou ligar para o seu escritório hoje à tarde. Muito obrigado.

Kim apertou a mão de DT e cada um seguiu seu caminho sem trocar mais uma palavra sequer.

Kim apertou o botão do elevador, que chegou rapidamente. Ao entrar, virou-se e olhou. DT havia sumido. Em seguida, as portas se fecharam. O elevador desceu lentamente até o saguão do hotel.

Kim não se lembra de como voltou para casa — talvez com uma espécie de teletransporte. Ao sair de sua euforia, percebeu que estava com sede e abriu a geladeira para pegar um refrigerante. Em seguida, lembrou-se de outra frase de Bryan: "Quando o investidor marca uma reunião depois de uma conversa de elevador, significa que ele está pensando: 'Talvez este seja o próximo Google!'"

Kim sentia-se ótimo. "O poder das palavras é surpreendente", pensou.

Quanto mais breve, melhor

É assim que as coisas funcionam no mundo real das start-ups: de forma breve e eficiente. As conversas de elevador são o teste final de uma boa idéia. Exigem que você fique apenas com os ingredientes essenciais, apresentando somente as partes relevantes ao sucesso de uma história muito curta. Assim, a essência pode ser apresentada em 30 segundos. A idéia será emocionalmente interessante sem precisar contar com a interpretação de grandes atores. A história atrairá os recursos essenciais: fundos, funcionários talentosos e repórteres engajados.

Kim e DT representam personagens reais em situações de conversas de elevador (disfarçados aqui). Felizmente para Kim, tudo deu certo. Exigiu coragem e preparação anterior. Kim conhecia a fundo as idéias em que vinha trabalhando durante anos. Sim, eu disse *anos*. Ele passou por uma longa preparação antes de encontrar DT no elevador.

O atleta estreante não espera ganhar a medalha de ouro olímpica somente com base em sua urgência emocional espontânea no dia da grande corrida. Vencer exige sacrifício e anos de preparação. Mas as corridas olímpicas são medidas em segundos. Assim como as conversas de elevador.

Quanto mais curto, mais difícil. Dizem que o humorista e romancista norte-americano Mark Twain escreveu esta frase de introdução em uma carta para um amigo: "Não tive tempo de escrever uma carta curta, por isso escrevi uma longa." Se quiser que um orador profissional fale durante uma hora, ele vai pensar em algo a dizer quando estiver entrando no estacionamento. Se pedir que faça uma breve apresentação de seis minutos, o orador precisará de seis semanas para se preparar. Quanto mais curto, mais difícil. Os empreendedores seriais respeitam isso.

Elementos de uma conversa de elevador

Então, quais são os elementos de uma conversa de elevador? Com que se parecem? A seguir, está um bom exemplo de uma conversa de três minutos preparada com base em um plano de negócios real. É um pouco longa para a meta desejada de 30 segundos, mas é muito melhor do que a versão muito mais comum de dez minutos, que faz o ouvinte ficar disperso. Kim usou essa conversa de elevador com grande êxito. Com alguma prática, ele poderia tê-la encurtado para os 30 segundos almejados. Depois de lê-la, tente revisar a conversa de Kim para que você possa apresentá-la em, no máximo, 30 segundos.

Exemplo 1-12 Conversa de elevador: Nice2Kids

A Nice2Kids foi fundada para desenvolver vacinas que podem ser administradas a crianças com menos de dez anos por um novo método não-invasivo.

Chega de agulhas. A vacina é desenvolvida em plantas comestíveis. As crianças comem o alimento especial feito das plantas e ficam vacinadas. Cultivar, comer, vacinar e pronto!

É nossa meta reclamar uma parcela significativa desse novo segmento de mercado bilionário em rápida expansão. Ninguém tem nada igual no mercado para crianças. Não há nenhum outro produto assim nesse segmento. Nossa visão é comercializar e produzir vacinas comestíveis acessíveis, com o objetivo de evitar doenças debilitantes, oferecendo, ao mesmo tempo, um novo nível de conforto ao paciente. Os produtos serão de baixíssimo custo e se expandirão para o mercado mundial.

A tecnologia é comprovada e está pronta para aplicações comerciais. Nossa principal equipe de cientistas trabalhou nisso durante três anos no laboratório do Dr. Peter Jones, professor de pesquisa em uma das grandes universidades do mundo. Os primeiros ensaios terão início em três anos. Começaremos o processo de aprovação da FDA (Food and Drug Administration) daqui a dois anos.

A Nice2Kids pretende levantar 4 milhões de dólares em sua rodada inicial de financiamento de capital de risco para concluir a prova de conceito; em seguida, uma segunda rodada B de 10 milhões para finalizar a pesquisa e desenvolver nosso primeiro produto, uma vacina contra catapora.

Além disso, vamos criar novos métodos de processamento que impulsionarão ainda mais a vantagem competitiva no mercado. A propriedade intelectual incluirá uma biblioteca substancial de patentes.

Estamos procurando um investidor de risco de classe mundial com recursos excepcionais para as ciências da vida, a fim de nos ajudar a desenvolver uma grande empresa com base em nosso plano. Em troca, planejamos oferecer aos investidores iniciais um ROI de 133 por cento ao ano, ou 12 vezes seu investimento. Estaremos prontos para uma IPO em seis anos.[6]

O AVANÇO PARA TOMAR A DECISÃO DE INVESTIMENTO

Empolgação

Você precisa empolgar o investidor. O diferencial competitivo é o que os faz ficar empolgados. Para um investidor de risco, descobrir um dife-

---
[6] Agradeço a Sarah Keim, Brian Kim, Jordan Patti e Nikhil Swaminathan pelo uso da idéia.

rencial competitivo é tão emocionante quanto descobrir o maior diamante da mina. É o que eles buscam incessantemente. Se você não conseguir empolgar os investidores, eles não colocarão a mão no bolso. Ninguém de talento vai querer ser seu funcionário. A mídia não vai escrever sobre a nova empresa.

Se você não conquistá-los, os investidores nada farão para investir em você. Quem investe em novos empreendimentos — sejam grandes corporações, governos, empresas privadas ou patrocinadores — acaba tomando uma decisão com base em como *sente* o plano do novo empreendimento. Depois de revisar uma lista exaustiva de fatos e previsões, números e apresentações, e depois de conferir os fatos e a decisão de investir, ou não, funciona apenas o emocional. Os investidores são seres humanos. Os empreendedores precisam mexer com suas emoções. Os investidores não investem porque determinado número era 1,6092, e não 1,6091. Investem porque ficam entusiasmados com o possível futuro da empresa. "Há uma quantidade substancial de emoção envolvida no processo de tomada de decisão", afirmou Flip Gianos, sócio da Interwest Partners, em Menlo Park, na Califórnia.[7]

No entanto, atenção: a decisão de investimento é tomada com base nos fatos. Não é apenas um capricho emocional. Cada investidor experiente segue um processo especial que ele considera como norteador de suas decisões de investimento (consulte a Tabela 1-2, para ver um exemplo). Números, fatos e gráficos são analisados, assim como fatores não-quantificados, como riscos percebidos e gerenciais. Os fatos são analisados e reanalisados. Chamadas são feitas a clientes potenciais e possíveis parceiros estratégicos. Uma lista de problemas básicos é gerada. Em seguida, o investidor investiga aspectos mais detalhados antes de chegar a uma conclusão. Podem ser necessários muitos meses antes que a decisão de investimento seja tomada. Conhecer o básico do processo de investimento pode preparar o empreendedor para todas as etapas do processo, até que os recursos sejam liberados.

As principais empresas de capital de risco se empenham muito em melhorar seus processos de tomada de decisão privados. Elas represen-

---

[7] *San Jose Mercury News*, 28 de julho de 2003.

tam uma espécie diferenciada do vasto mundo de empresas de serviço financeiro, com uso intensivo de pessoas e inovação tecnológica. Nenhuma delas pretende ignorar ou perder a próxima grande start-up com diferencial competitivo. Cada pequeno grupo de investidores de risco dedica tempo considerável revisando e alterando o modo como chegam às suas decisões. Fazem isso nas reuniões de segunda-feira e nas sessões semi-anuais fora do escritório. Cada empresa de capital de risco é diferente das concorrentes. Os empreendedores são aconselhados a pesquisar as diferenças antes de entrar em contato com os investidores.

É difícil identificar os diferenciais competitivos quando eles não são bem elaborados logo no início. Os investidores entendem isso e esperam encontrar idéias que ainda não têm diferencial competitivo óbvio. Investidores de risco experientes estão muito ávidos para encontrar as poucas idéias que foram elaboradas por empresários experientes com diferencial competitivo poderoso. Mas, na maioria das vezes, os investidores encontram idéias que precisam de muito aperfeiçoamento — que podem ser usadas para criar vantagem competitiva apenas após a aplicação dos recursos de um investidor de risco experiente e sua rede de aliados. Embora esperem idéias incompletas, os investidores de risco estão dispostos a analisar várias delas, porque não querem perder a próxima Cisco, por exemplo. Seu radar está constantemente em ação, examinando tudo, em busca de sinais de uma idéia que possa ser moldada em diferencial competitivo. Investidores líderes sabem muito bem o que estão procurando em uma start-up. Os detalhes sobre os itens mais importantes que procuram encontrar estão incluídos nos últimos capítulos deste livro.

Aqui está uma visão geral da sessão de decisão de investimento extraída de uma empresa de capital de risco importante. É uma situação típica observada nos escritórios de investidores de risco. Começamos com os sócios reunidos em torno de uma mesa da sala de conferências para a reunião de segunda-feira de manhã.

Tabela 1-2 Processo de tomada de decisão do investidor

Processo de decisão do investidor	Primeiro contato	Primeira reunião	Decisão de investir	*Due dilligence*	Oportunidade de investimento do negócio	Grupo de investidores	Fechamento do negócio
Sócio 1	1. 1º dia: CEO tem a conversa de elevador	2. CEO apresenta por uma hora	2.1 Decide fazer apresentação para outro sócio	5. Lidera a verificação detalhada das alegações da start-up	6. Lidera as negociações	7. Lidera o processo de atrair investidores adicionais	8. Assina os documentos
Sócio 2		3. CEO e equipe apresentam por uma hora	3.1 Com o sócio 1, decide fazer a apresentação (ou não) para todos os sócios				
Todos os sócios	4. CEO e equipe apresentam durante horas		4.1 Votam se devem ou não investir				
Associados				5.1 Faz o trabalho detalhado de conferir as alegações da empresa			
Advogados					6.1 Convertem os termos e condições de investimento em um acordo final para o negócio		8.1 Preparam os documentos para o fechamento final

FONTE: Nesheim Group.

Exemplo 1-13 Decisão de investimento: DT e Nice2Kids

— Bom-dia, caros colegas. Hoje é o dia da decisão sobre a Nice2Kids. É hora de assinar o cheque ou dizer adeus. Vocês talvez não gostem do nome da empresa, mas isso provavelmente mudará, independentemente dos investidores.

Os sócios riram dos comentários de DT. Ele levara o negócio da Nice2Kids para a Plitheron Ventures.

— Este caso foi bem dissecado durante as últimas seis semanas. Como sempre, vocês me deram uma surra! Cada um de vocês foi muito duro comigo, como sempre.

Os sócios riram. Algumas semanas atrás, DT convidara Kim para apresentar sua idéia no escritório da Plitheron. A equipe incluía Rachel, chefe da tecnologia da empresa, e Peter Jones, chefe do laboratório. Eles apresentaram seus slides durante meia hora, com algumas interrupções por parte de DT. Ele usou o restante do tempo para fazer perguntas difíceis. Cada apresentador teve de responder às perguntas de DT sem se mostrar intimidado ou na defensiva.

DT fez algumas sugestões para melhorar a estratégia da empresa, particularmente a possibilidade de alterar as escolhas dos grandes parceiros corporativos e um advogado de patentes. Kim e sua equipe consideraram as sugestões excelentes. Ficaram impressionados com a franqueza de DT sobre seu histórico como principal investidor de várias conhecidas start-ups no campo das ciências. Ele contou sobre alguns fiascos e alguns sucessos, e sugeriu que Kim entrasse em contato com CEOs para saber mais sobre como a Plitheron Ventures funciona com start-ups. Kim pensou que seria ótimo conseguir colocar DT no Conselho de Administração da empresa.

Depois da apresentação no escritório da Plitheron, DT perguntou naturalmente se a equipe da Nice2Kids poderia apresentar a idéia na terça-feira seguinte, às 11 da manhã, para Jean-Claude.

Kim não o conhecia, mas Jean-Claude era um sócio notório por dar muito trabalho a DT na hora da decisão de investimento. Então, quando Kim e sua equipe terminaram a apresentação, sabiam exatamente qual era a sensação de tentar agarrar lanças atiradas em sua direção. Jean-Claude fora seco, grosseiro e insistente, interrompendo, fazendo perguntas ardilosas e desafiando os apresentadores. Fora difícil, mas, ao acompanhá-los até a porta, DT sorrira e dissera a Kim: "Bom trabalho. Eu entro em contato."

Quando chegaram ao estacionamento, Kim e sua equipe suspiraram fundo, em sinal de alívio. Minutos mais tarde, ele dirigia com Rachel e Peter Jones quando seu celular tocou. Era DT.

— Olá, Kim, só queria dizer que conversamos e gostaríamos que você apresentasse a Nice2Kids numa reunião com todos os sócios na próxima segunda-feira, às duas da tarde. Isso é possível?

— Claro que sim — disse Kim. — Isso é incrível!

— Sim, é — disse DT. — Estamos todos à sua espera. Temos algumas idéias sobre como acelerar o tempo até os testes da FDA. Prepare-se para começar a apresentação às dez. Até lá!

Como muitas outras empresas de investimento de risco, os sócios da Plitheron reuniam-se toda segunda-feira a portas fechadas e, mais tarde, ouviriam a apresentação de uma start-up antes de tomar uma decisão de investimento.

A equipe da Nice2Kids fez uma ótima apresentação e respondeu às críticas negativas sem reclamar. Depois que a equipe saiu do escritório da Plitheron, Kim sentiu que os sócios estavam muito inclinados a se tornar a principal empresa financiadora da Nice2Kids.

DT se despediu de Kim e dos apresentadores e fechou a porta. Virou-se para os sócios e declarou:

— Acho que devemos fechar este negócio. O que vocês acham? — perguntou DT. Susan respondeu:

— Realmente gostei de Kim; ele é um cara legal. Talvez sobreviva após a rodada B.

— Certo — murmurou Jean-Claude. — E a pessoa de tecnologia — ela é fera. Ela precisa entender melhor como uma empresa é administrada, mas conheço alguém que pode ajudá-la nisso.

— E a tecnologia é fantástica! — exclamou Bill. — Sua estratégia é focada e evidentemente difícil de ser imitada. Um dos nossos grandes parceiros farmacêuticos na Europa estaria disposto a analisar sua proposta. Acho que esse negócio tem condições de assumir a liderança e dominar o mercado em questão. Então, devemos investir nele?

— Bem, é realmente melhor do que a liderança medíocre e a bagunça competitiva da GeneZTech — suspirou Susan. — Que ótima idéia eles têm! Mas que plano de marketing confuso! Vão precisar de muita ajuda para encontrar um vice-presidente de marketing adequado. Isso não será fácil para uma equipe tão pequena e inexperiente.

— Será que estou ouvindo uma aprovação para a Nice2Kids e uma rejeição à GeneZTech? — perguntou DT.
— Parece bom para mim — exclamou Susan. — E você, Jean-Claude?
— *D'accord* — respondeu Jean-Claude.
— Concordo, acho que vai ser ótimo — disse Bill.
— Então, acho que está tudo resolvido — disse DT. — Vou ligar para o escritório de advocacia e pedir ao Mario para dar início aos termos e condições do investimento ainda hoje.

A decisão foi positiva. Os sócios ficaram animados. Enxergaram diferencial competitivo no negócio. A Nice2Kids foi financiada. É assim que as decisões de investimento são tomadas no mundo real. Depois da exaustiva e demorada fase de descoberta dos fatos, chega a hora de tomar a decisão: seguir em frente ou recuar. Nessa hora, entram em cena as emoções, que completam o processo de investigação deliberado. A decisão do investidor é tomada racionalmente, procurando problemas e fatos, depois decidindo diante dos grandes riscos e incertezas e os sonhos de enormes retornos financeiros e ondas de fama. Sim, a decisão final é tomada com muitas emoções que agitam a alma do investidor. Os investidores contam com súbitos aumentos de adrenalina, medo e entusiasmo selvagem. Nunca deixa de me surpreender como esse processo de tomada da decisão final é emocional.

Saber contar histórias

As pessoas gostam de ouvir histórias. Os investidores, funcionários e repórteres não são exceção. "Era uma vez, em um reino distante" é o início de um épico clássico que mexe com a imaginação dos leitores à medida que a história se desenrola. As histórias encantam ouvintes quando um herói visionário parte em busca de uma grande aventura, prometendo fazer o bem e esperando encontrar dificuldades e perigos ao longo do caminho até completar sua missão. O líder de um pequeno grupo de leais seguidores começa a longa jornada apesar dos muitos aspectos desconhecidos, dos grandes riscos e das forças do mal. Ao longo do caminho, o líder e seus fiéis companheiros encontram um tesouro escondido.

Acabam ficando juntos e estabelecendo relações profundas que duram para sempre. O leitor diverte-se com o enredo de um épico maravilhoso, uma verdadeira aventura.

A história de um grande empreendimento novo tem os mesmos ingredientes. É repleta de capítulos empolgantes que prendem a atenção do ouvinte. Apresentada capítulo a capítulo, conquista o público, inspirando-o com a visão de um novo empreendimento. Você quer que todos acreditem na idéia como você acredita. Você tem uma idéia que pode fazer muito bem para muitas pessoas. Seu grupo de empreendedores de confiança tem as qualificações e a coragem para lidar com surpresas inesperadas, incluindo ataques de gigantes barulhentos e pequenos mas astutos concorrentes iniciantes. Todos querem compartilhar o tesouro escondido.

"No final das contas, tenho de admitir que os melhores contadores de histórias ficam com o dinheiro", afirmou um dos ícones do Vale do Silício. "É preciso chamar a atenção dos investidores nos primeiros 30 segundos", disse um funcionário veterano de vários novos empreendimentos. "Se você vir olhos vidrados nos primeiros cinco segundos, talvez seja melhor parar e sair. Você já os perdeu."

Sua resposta talvez seja: "O que os grandes investidores querem dizer com a importância de saber contar ótimas histórias? O que significa contar a história de um novo empreendimento? Um novo empreendimento não envolve alta tecnologia, leis da física e da biologia, patentes e a verdade sobre como tudo funciona? E quanto à verdade e à integridade? Onde se encaixam a gerência, a liderança e a execução dos planos traçados? Certamente, não envolve criar ficção, certo?"

Em resposta a estas boas perguntas, considere dois grupos diferentes de pessoas. Elas discordam sobre como contar histórias de novos empreendimentos. Os dois grupos reconhecem que uma história eficaz gera respostas emocionais que levam os ouvintes a tomar uma decisão. O primeiro grupo diz que os empresários nunca devem contar uma história, porque é algo fictício, inventado por um sonhador. Para esse grupo, é melhor ficar longe disso, procurar ater-se aos fatos concretos e apresentar a empresa de modo preciso, usando números comprovados e dados bem pesquisados. O segundo grupo afirma que uma start-up envolve o futuro e o desconhecido. Seu trabalho é descrever como você acredita ser esse futuro. Descreva-o recorrendo a todos os instrumentos disponíveis para contar a história: slides coloridos, gráficos, drama humano, luzes, som, vídeos, até mesmo usando uniformes ou fantasias e dança, caso acredite que isso vai funcionar.

Quem está certo?

Gosto de imaginar a história de um novo empreendimento como uma narração de jovens pais empolgados que esperam pelo nascimento de um bebê saudável muito desejado. A história deles é sobre os sonhos de um parto feliz e o crescimento constante de uma criança, o novo empreendimento. Como uma criança verdadeira, o futuro do novo empreendimento é descrito em termos brilhantes. A equipe de fundadores especula sobre os melhores resultados. Acredita que o novo empreendimento gerará bons frutos. Acredita em seu plano com uma paixão pessoal. Responde avidamente às perguntas sobre a nova empresa que logo surgirá. Estão prenhes de idéias e sonhos de um primeiro filho. São futuros pais apaixonados.

Risco

Os contadores de história também descrevem as incertezas e os riscos associados. Isso gera fortes respostas emocionais nos ouvintes. A adrenalina começa a fluir. Os corações começam a bater. As pessoas ficam empolgadas. Assim que a história prende sua atenção, todos querem ouvir mais.

É preciso incluir cuidadosamente os riscos de seu novo empreendimento na apresentação porque o público experiente espera isso de você. Depois da explosão da bolha da Internet, investidores, funcionários e repórteres ficaram furiosos. A comunidade de risco tornou-se o ouvinte mais cético do mundo. Passou a duvidar de tudo. Todos ficaram chocados com as muitas falências do que imaginavam tratar-se de grandes idéias. Os resultados de todo esse esforço e inovação vigorosa frustraram empreendedores de primeira viagem e seus financiadores. Agora, eles consideram o futuro de um novo empreendimento com profundo ceticismo. Veteranos marcados por batalhas passadas vêem o mundo das novas empresas como esportes radicais: somente poucos alcançam o sucesso em um mundo muito especial repleto de risco que gera resultados espetaculares somente após anos de empenho e trabalho árduo. O restante acaba prejudicado e com a imagem denegrida. Como resultado, os riscos nas histórias de novos empreendimentos são cuidadosamente medidos e examinados antes que os stakeholders comprometam-se em apoiar uma nova empresa.

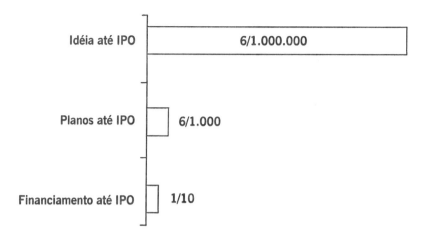

FONTE: John L. Nesheim, *High Tech Start Up*. Nova York: Free Press, 2000

Figura 1-1 Chances de uma idéia chegar a uma IPO

Due dilligence

Quando os stakeholders passam algum tempo examinando cuidadosamente os fatos por trás da história, passam por um processo chamado de *due dilligence*, ou devida diligência. Não é uma hora divertida para os empreendedores. A apresentação e o plano de negócios submetidos são desafiados, investigados, dia após dia e semana após semana, até que a equipe gerencial seja exaurida. As perguntas se sucedem. Pedidos por mais informações parecem intermináveis. As pessoas assumem atitudes agressivas, são diretas nos questionamentos e exigem respostas instantâneas. Tudo é esperado imediatamente, como se você não tivesse mais nada para fazer. As emoções correm soltas. Você é desafiado a ver até onde consegue chegar. Você é deliberadamente insultado para ver como consegue lidar com pessoas difíceis. Seus gerentes recebem alfinetadas e são acusados — tudo isso para ver como reagem em momentos de estresse. A *due dilligence* é algo normal na vida dos líderes de novas empresas. Espere por ela e encerre-a do modo mais rápido possível.

Ao contar sua história, cuidado para não deixar de fora os riscos da tecnologia, da concorrência, entre outros. Isso estabelece o cenário para a rejeição. Durante a fase de devida diligência, se não houver apoio que sustente partes importantes de sua história — elementos que o público considere críticos —, os investidores rapidamente perderão o interesse. Não responderão mais às suas mensagens de e-mail. Esquecem de você e são cativados pela próxima história fascinante contada por outros empreendedores.

Tecnologia

A tecnologia é parte importante de sua história, mas muitos engenheiros já se surpreenderam com o fato de os investidores não confiarem em um avanço tecnológico para transformar a empresa em um sucesso. Engenheiros novatos acreditam que sua nova tecnologia será *a* verdadeira solução, o grande avanço que fascinará os investidores, que os encherão de dinheiro. Depois, a empresa deles poderá se tornar o próximo grande matador de gigantes. Quando os engenheiros apresentam a tecnologia em todo seu esplendor e glória para os investidores, ficam surpresos com perguntas do tipo: "Qual seria a vantagem competitiva da empresa se não contasse com o domínio tecnológico?" Pior ainda, as pessoas querem saber detalhes sobre como os primeiros produtos serão comercializados e vendidos. E pedem para falar com clientes reais. E as perguntas são intermináveis, como se a tecnologia fosse uma parte menos importante da história. Parece senso comum a muitos empreendedores inexperientes a idéia de que a primeira empresa com uma grande nova tecnologia pode ser bem-sucedida. Investidores experientes, contudo, vêem a situação de forma diferente.

Pense no que você se lembra acerca da história dos avanços tecnológicos. O que aconteceu com a melhor tecnologia cada vez que a pioneira a levou ao mercado? A história está repleta de exemplos que terminam desta forma: a primeira empresa com a nova tecnologia perde. A primeira a explorá-la vence.

Veteranos em todo o mundo concordam: a próxima melhor engenhoca não é a que consegue financiamento. Sempre é necessário mais, muito mais. Tudo se resume ao diferencial competitivo.

Para tornar a situação mais clara, ouçamos uma conversa telefônica real (somente os nomes foram substituídos) entre um coach veterano de novos empreendimentos, Mike, e Woody, um respeitado investidor de risco. Eles se conhecem muito bem. Mike decidiu ligar para Woody porque foi convidado para assessorar os fundadores de um novo empreendimento chamado Zargan.

Tabela 1-3 A primeira tecnologia perde

- A **Univac** lançou o primeiro computador eletrônico. A **IBM** foi a sucessora e passou a dominar o novo mercado.
- A **Altair** produziu o 8800, o primeiro computador pessoal. A **Apple** tornou-se líder da nova categoria com seu Apple II.
- A **Valid Logic** transformou as invenções de seus fundadores nos primeiros sistemas de engenharia assistidos por computador. A **Mentor Graphics** tornou-se gigante na área.
- A **Xerox** inventou o Star, um novo sistema de computador de projeto gráfico. O Macintosh da **Apple** transformou-o em história antiga.
- A **Motorola** lançou o tecnicamente superior microprocessador 68000. A **Intel** contra-atacou com o Operation Orange Crush, deixando o produto da Motorola em segundo plano.
- A **Netscape** produziu o primeiro navegador comercial. A **Microsoft** o tirou da tela do radar.
- A **AltaVista** foi criada em 1995. Criou o primeiro banco de dados on-line completo do mundo e rapidamente tornou-se líder dos mecanismos de busca na Internet. Mas em 2001, era desafiada por mais oito empresas. O **Google** começou a funcionar em 1998. Usou tecnologia proprietária e cultura empresarial criativa para emergir em 2004 como o gorila que abriu o capital em uma IPO avaliada em bilhões de dólares.

FONTE: Nesheim Group.

Exemplo 1-14 Não conseguir empolgar o investidor: Mike, Woody e Zargan

Mike: Oi, Woody, como está seu jogo de golfe?
Woody: Muito bem. Acho que vou acertar aquela bolinha. Como está seu jogo?

Mike: Ainda estou tentando bater, mas parece que estou cavando buracos mais do que acertando a bola. Woody, preciso de sua ajuda e não é só no meu jogo de golfe. Será que você poderia me ajudar com uma start-up que me pediram para assessorar? Acho que há algo excepcional que pode resolver o problema de um mercado novo de tamanho significativo. Pode ser um grande vencedor para o investidor certo. Acho que sua opinião sobre a oportunidade me ajudaria a tomar a decisão e me levaria na direção certa. Pode ser um bom investimento para você. É um bom momento para conversarmos?

Woody: Qual é a sua idéia, Mike?

Mike: Vou direto ao assunto, Woody. Esta empresa chamada Zargan domou um tigre. Desde 11 de setembro, os clientes estão correndo atrás do produto. É uma solução de segurança de autenticação sem fio que confirma que você, e somente você, está usando seu celular ou PDA para comprar ações, ter acesso aos dados de vendas de sua empresa ou pesquisar informações particulares armazenadas em seu dispositivo de mão. A empresa espera entregar o primeiro produto em aproximadamente dois ou três meses. A Zargan está procurando um parceiro de classe mundial para liderar a rodada B. Precisa de um investidor principal que conheça bem os mercados sem fio do Japão, da Europa e dos Estados Unidos.

O CEO é um sujeito competente da Intel que montou uma start-up pré-Internet comprada por uma empresa asiática. Ele parece ter aprendido a lição. Precisaremos encontrar pessoas para o primeiro impulso de vendas, mas as referências — que eu já cheguei — mostram que ele escolheu as pessoas certas.

Acho que este é um bom candidato à aquisição, assim como uma boa possibilidade para uma oferta pública inicial antecipada. Utiliza tecnologia proprietária patenteável. A concorrência é fraca e está centrada em outras plataformas. A Zargan parece interessante para você? [Silêncio.]

Woody: Este é um campo muito disputado há décadas. Não há muito do que se gabar no passado. O setor de segurança não é quentíssimo, pelo menos não no que diz respeito ao ROI para os investidores na última década. Mike, como você sabe que haverá interesse por esse produto? Quero dizer, os usuários finais ficarão interessados? Como você sabe se o cachorro vai gostar da nova ração para cães?

Mike: Bem, existem quatro fabricantes de celulares japoneses esperando peças da Zargan para seus celulares 2.5G. Um dos principais expedidores de PDAs dos Estados Unidos quer um produto para uma versão de acesso a dados corporativos a ser lançada este ano. Meus contatos na Escandinávia e no Reino Unido me dizem que a segurança sem fio é prioridade para praticamente toda pessoa de TI lá e que o comércio móvel está sendo mantido até que alguém encontre uma solução de segurança melhor do que os PINs. A Zargan pensa que tem a solução. Parece que há um grande mercado potencial aí, Woody.

Woody: O que você quer de mim, Mike?

Mike: Quero um investidor de risco de primeira linha para avaliar esse negócio e ver o que pode sair daí. Preciso de um investidor que conheça os mercados sem fio emergentes em todo o mundo, que tenha vontade de trabalhar com os fundadores para construir uma grande empresa e que possa conduzir a rodada B que a empresa precisa para ontem, a fim de impulsionar o crescimento. Este é um tigre domado, Woody. [Há uma pausa muito significativa no telefone. O tempo parece ter parado. Mike ficou imaginando se seus celulares haviam sido desconectados. Finalmente, após o que pareceu ser um século de espera, Woody respondeu.]

Woody: Bem, Mike, não conheço ninguém aqui com conhecimento de causa suficiente para dar essa resposta. Precisarei passar adiante.

Mike: Entendo, Woody, e agradeço por seu tempo. Acho que vou ligar para essa nova empresa de investimento de risco em Atlanta para ver o que eles acham. Eles afirmam que só trabalham com equipamento sem fio. Vou mantê-lo informado sobre o andamento disso.

Woody: Faça isso — e continue trabalhando para acertar a bola!

Mike conseguiu o financiamento seis meses mais tarde. Mas o episódio com Woody ilustra o caso de um investidor que não ficou entusiasmado com o negócio, mesmo com um progresso muito significativo da parte da Zargan e algum entusiasmo de uma pessoa de confiança. Woody não ficou empolgado porque não achou que o negócio pudesse se transformar em uma grande empresa. Alguns dos componentes importantes que Woody esperava encontrar estavam presentes, mas não na combinação que ele acreditava necessária para constituir o diferencial competitivo.

O DIFERENCIAL COMPETITIVO LEVA A AMAZON AO SUCESSO

Na famosa start-up Amazon.com, existe a história fascinante de uma vantagem inicial que passou por uma mudança dinâmica. Gostei de acompanhar o avanço da empresa desde o início e aprendi muito com isso. A seguir, está minha versão de como a idéia original da Amazon cresceu e cresceu para se tornar um diferencial competitivo vivo e cada vez mais poderoso, dia após dia. Observe especialmente como a empresa acrescentou elementos novos, ao longo do tempo, a fim de fortalecer a vantagem inicial.

Exemplo 1-15 Faça o diferencial competitivo avançar: Amazon.com

A Amazon.com tem uma história competitiva surpreendente. Inclui um conjunto excepcional de sucessivos movimentos estratégicos que revelam como a mudança dinâmica pode continuar a manter o diferencial competitivo da líder cada vez mais marcante.

Quando Jeff Bezos fundou a empresa que hoje chamamos de Amazon, uma pesquisa na Web revelou mais de uma dúzia de empresas que vendiam livros on-line pela Internet. Soa como uma enorme desvantagem: começar muito depois que outros concorrentes já haviam se estabelecido. Afinal de contas, a vantagem do primeiro não significa muito no mercado?

A Amazon lançou seu negócio de comércio eletrônico com um lance de flanco. Bezos identificou um segmento subestimado do ramo de livros: consumidores insatisfeitos na hora de procurar um livro. Ele adotou o slogan: "Um milhão de livros on-line" para a primeira campanha de publicidade e relações públicas. A Amazon ganhou as manchetes e conquistou os clientes. Os compradores de livros reagiram clicando na Amazon.com, em vez de procurar por concorrentes menores e estabelecidos. A notícia se espalhou por e-mail. A Amazon começou a crescer rapidamente. *Batalha 1*: ganha pela Amazon.

No ano seguinte, a maior cadeia de livrarias do mundo, a Barnes & Noble, reagiu. Seus anúncios eram mais ou menos assim: "Três milhões de livros! = Nós. 1 milhão de livros = Eles." Insistiam que a Amazon tinha uma desvantagem de 3:1. O que aconteceu então? A Amazon aumentou o nível usando seu excepcional talento de engenharia. A empresa contratou tecnólogos de classe mundial recém-saídos do Vale do Silício que procuravam pela próxima tecnologia desafiadora. Estavam ávidos para fazer algo "muito legal". Os engenheiros inovadores encontraram um meio de os leitores fazerem resenhas on-line sem custo para a Amazon. Os clientes reagiram com deleite e a notícia se espalhou para atrair mais compradores: "A Amazon tem mais livros e mais resenhas." A Barnes & Noble ficou ainda mais para trás. *Batalha 2*: ganha pela Amazon.

Como a concorrência reagiu? Várias start-ups menores também tentaram se tornar livrarias eletrônicas procurando copiar todos os lances da Amazon em diversas cidades e países, e em idiomas diferentes em todo o mundo. Mas as vendas na Amazon continuaram crescendo cada vez mais, dia após dia. A Amazon anunciou suas vendas na Europa. A Barnes & Noble logo acrescentou resenhas escritas por leitores e depois por resenhistas profissionais, mas não foi possível acompanhar a líder. Já era tarde demais. A Amazon ganhara ímpeto e participação de mercado. *Batalha 3:* ganha pela Amazon.

Enquanto isso, a Amazon havia feito uma pesquisa com os clientes e encontrou uma oportunidade para facilitar ainda mais as compras on-line: inventou e patenteou o recurso de encomendas 1-Click™. Quando você via o item que desejava comprar e clicava nele, o artigo ia diretamente para a cesta de compras, pronto para fechar o pedido. Hoje em dia, isso parece bem simples, mas em 1999, era algo revolucionário. As pesquisas de opinião classificavam a Amazon como número 1. Os repórteres disputavam para escrever sobre a nova empresa. A Amazon recebia uma enxurrada de currículos. A Barnes & Noble reagiu com uma imitação: copiou o recurso do pedido de um só clique. A Amazon processou a empresa para fazer valer sua patente. O tribunal deu ganho de causa para a Amazon. A Barnes & Noble abriu mão do recurso de pedidos de clique único. *Batalha 4*: ganha pela Amazon.

Hoje, a classificação é: participação de mercado da Amazon de 30 por cento, com a Barnes & Noble a 16 por cento e caindo. Em seguida, a Amazon tomou a dianteira novamente: CDs e DVDs. Isso ampliou a força da empresa, deixando os concorrentes ainda mais para trás. Os segundo e terceiro pinos de boliche (CDs e DVDs) acabaram se tornando primos próximos (clientes semelhantes) ao primeiro: livros. Foi um lance arriscado porque uma extensão perigosa da linha de produtos raramente funciona. Mas, em menos de um ano a Amazon tornou-se a primeira vendedora on-line de CDs e DVDs. *Batalha 5*: ganha pela Amazon.

A história do diferencial competitivo da Amazon está longe de terminar e continuará empolgante. Você pode debater com sua equipe quais serão os próximos lances da Amazon. Será que a empresa se tornará a Wal-Mart Stores do varejo on-line? Depois do debate, tente esquematizar uma história sobre como planeja fazer avançar o diferencial competitivo de seu novo empreendimento. Como você mudará e responderá dinamicamente aos mercados em constante movimento e aos ataques e contra-ataques dos concorrentes? As respostas a estas perguntas o ajudarão a planejar seus lances de diferencial competitivo para os próximos cinco anos.

A Amazon aprendeu a transformar pedra bruta em brilhante diamante. Agora é sua vez de tentar. Para ajudá-lo a começar, o capítulo seguinte discute componentes individuais que podem ser usados para desenvolver o diferencial competitivo.

2

QUAIS SÃO OS ELEMENTOS DO DIFERENCIAL COMPETITIVO?

Vamos começar pensando em comida. O diferencial competitivo é como o molho secreto da vovó. Você se lembra do prato favorito dela? Era aquela iguaria que ela preparava sempre que você a visitava. Eram muitos ingredientes, a maioria totalmente desconhecida para você.

O diferencial competitivo é como a receita da vovó. Não é formado apenas por um único elemento, mas resulta de uma combinação de ingredientes que, juntos, produzem um prato excepcional. Este é um tema fascinante. O prato chamado diferencial competitivo contém ingredientes para preparar uma iguaria de fama internacional. Cada ingrediente tem o próprio sabor; quando reunidos, eles se tornam coletivamente algo muito melhor, muito mais atraente. Também funciona assim nas empresas. A história não tem sido fácil para empresas que confiaram em um único elemento para vencer. É preciso ter muito mais. Sua avó sabe disso.

INGREDIENTES PARA DESENVOLVER DIFERENCIAL COMPETITIVO

Então, de onde vêm esses ingredientes? Quais são os elementos que podem ser usados para desenvolver o diferencial competitivo? Como encontrá-los? Onde obtê-los?

Sugiro que você comece selecionando elementos que fazem parte de um plano para um novo negócio. Cada elemento do plano deve contribuir com pelo menos outro elemento para o diferencial competitivo. Cada pessoa em sua start-up dos sonhos também deve contribuir com um ou mais elementos. Você pode reuni-los para criar a receita que se tornará seu diferencial competitivo.

Tabela 2-1 Exemplos de elementos para desenvolver o diferencial competitivo

- **Clientes:** O que permite que você diga "Nós os conhecemos e sabemos quais são suas necessidades" e, assim, conquiste vantagem competitiva?
- **Concorrência:** Quais são os padrões de comportamento de seus líderes, quais são os pontos fortes e fracos das empresas, seus números, patentes e muito mais?
- **Capitalização e investidores:** Quais são os melhores em nível mundial para a sua start-up?
- **Parceiros estratégicos:** Quais são as empresas que agregam poder a seu novo empreendimento?
- **Estratégia:** Quais são as medidas que você tomará para superar a concorrência?
- **Progresso:** Qual sua principal vantagem inicial e pioneira?
- **Cultura:** O que torna sua empresa um ótimo local para trabalhar aos olhos de seus funcionários?
- **Remuneração dos trabalhadores:** O que, além de dinheiro e opções, atrairá e reterá os melhores funcionários?
- **Você + equipe gerencial + principais colaboradores:** Qual o diferencial competitivo de cada pessoa?
- **Grandes surpresas:** Experiência e capacidade de reagir: até que ponto você é capaz de transformar as melhores e piores surpresas em fatores a seu favor?

FONTE: Nesheim Group.

Alguns dos elementos mais populares utilizados por veteranos das grandes start-ups do Vale do Silício estão listados na Tabela 2-1.

Vamos fazer uma análise detalhada para ter uma visão mais apurada de cada elemento. Vou começar com os clientes e passar por todos os elementos da lista. Durante a leitura, crie a própria lista escolhendo os elementos que podem ser usados para desenvolver seu diferencial competitivo. Ao terminar, certamente você terá dado um passo importante no desenvolvimento de um diferencial competitivo de classe mundial.

Clientes: nós os conhecemos e sabemos quais são suas necessidades

O conhecimento especial sobre os clientes potenciais é parte importante do diferencial competitivo. Muitas vezes, a concorrência é superficial na pesquisa sobre clientes, não conseguindo estabelecer uma relação íntima e pessoal com eles. Essa é a porta de entrada para você. Esclarece a direção. Leva seus funcionários a descobrir e antecipar rapidamente o que seus clientes desejam no primeiro produto e no seguinte. A seguir, você encontra um exemplo clássico de um novo empreendimento que assessorei. A equipe gerencial tinha muitos talentos, incluindo uma capacidade excepcional de usar o conhecimento sobre os clientes para alcançar muito sucesso.

Exemplo 2-1 Conheça seu cliente: Cirrus Logic

A Cirrus Logic é uma start-up focada em fabricar uma nova geração de microchips que controlam unidades de disco. O mercado de microchips já era um negócio altamente competitivo. A Cirrus procurou uma alternativa para torná-lo excepcional.

O CEO formou uma equipe veterana de classe mundial de engenheiros de chips e gerentes de marketing de produtos. Optaram por se concentrar em oferecer suporte excepcional a seus clientes, os fabricantes de unidades de disco. A indústria era composta de pessoas altamente competitivas que buscavam desenvolver unidades de disco cada vez melhores em um mercado intensamente disputado.

Logo, os designers de chips da Cirrus conseguiram prever e projetar a próxima geração de unidades de disco com capacidade igual àquela dos designers de unidades de disco líderes. Ganharam o respeito e a confiança dos engenheiros dos clientes. As pessoas da Cirrus tornaram-se membros virtuais das equipes de design de produtos para clientes.

À medida que os engenheiros passaram a trabalhar de forma mais estreita, o resultado foi uma série de controladores de disco de qualidade superior que agregavam cada vez mais valor aos clientes das empresas de unidades de disco: gigantes dos computadores. Os sucessos foram impressionantes: a participação da Cirrus Logic no mercado de controladores de microchips de unidades de disco aumentou para mais de 60 por cento. (Trinta por cento em geral é considerado um sinal de concorrente dominante.)

Comprometendo-se a obter um conhecimento superior sobre seus clientes e respectivas necessidades, a Cirrus Logic desenvolveu um significativo diferencial competitivo.

Concorrência: Conheça os gerentes, seus pontos fortes e fracos, números, patentes e muito mais

É complicado converter o conhecimento sobre a concorrência em diferencial competitivo, especialmente para empresários de primeira viagem. Certamente, as start-ups precisam conhecer bem a concorrência se quiserem competir. Mas isso significa muito mais do que simplesmente conhecer os nomes e endereços das empresas, ou algumas das características de seus produtos, e um ou dois pontos fracos.

Empreendedores veteranos estudam seus concorrentes em detalhes, começando pelo CEO. Você só terá idéia de como a Microsoft vai competir quando souber como Bill Gates se comporta. Ou Larry Ellison, da Oracle. Ou Michael Dell, da Dell Computer. Os veteranos em start-ups fazem uma análise comportamental dos CEOs de seus principais concorrentes para descobrir como eles se comportam em situações de pressão competitiva. Sem esse conhecimento sobre o CEO concorrente é difícil fazer uma seleção correta do tipo de estratégia que tem alguma chance de vencer a disputa no novo mercado. O pessoal técnico em geral não é muito bom em analisar pessoas, e esse ponto fraco aparece nessa parte do desenvolvimento do diferencial competitivo. Aprenda a fazer análises do comportamento dos CEOs e você agregará um elemento importante a seu diferencial competitivo.

Os empreendedores em série estudam seus concorrentes com a mesma intensidade que os treinadores de esportes profissionais analisam as equipes rivais. Isso se torna um estilo de vida. É o que conversam durante o almoço. Estão constantemente em busca de pontos fracos e portas de entrada. Estão tentando adivinhar quais serão os próximos lances da concorrência. Torna-se um jogo estratégico de guerra empresarial. É uma forma de xadrez tridimensional de alta tecnologia. O objetivo é alcançar know-how competitivo superior. É um dos motivos pelos quais os investidores de risco colocam pessoas experientes no setor no topo de sua lista de prioridades. Os veteranos já conhecem os CEOs que terão de enfrentar.

Start-ups secretas são concorrentes ruins. É fácil identificar concorrentes conhecidos. Coletar informação sobre concorrentes de start-ups secretas, privadas e financiadas por capital de risco torna-se um problema especial: sempre existem as inevitáveis start-ups secretas. São as organizações perigosas que estão ocultas, disfarçadas, como as naves espaciais inimigas de ficção científica. São aquelas irritantes novas empresas que você, o CEO fundador, sabe que existem, mas que ninguém consegue descobrir. Então, o que fazer para identificar start-ups secretas? Os empreendedores seriais afirmam: "Fique de olhos e ouvidos bem abertos, e ouça qualquer boato. Enquanto isso, lembre-se sempre do que repetem os veteranos experientes em batalhas desse tipo: 'Os empreendedores experientes estão sempre com medo!'" Este é um dos motivos pelos quais os líderes devem dominar a arte dos boatos e rumores. Isso ajuda a reduzir as chances de uma surpresa chocante ou até mesmo letal. Ajuda você a elaborar um plano consistente para superar a concorrência. Aumenta o diferencial competitivo.

O exemplo seguinte vem de experiências maravilhosas que tive em uma casa especial no berço da alta tecnologia.

Exemplo 2-2 Inteligência competitiva: Ben e Jessie, da Casa Bidwell

A casa, localizada no centro do Vale do Silício, estava rapidamente se enchendo de convidados. Ben saudava a todos na porta com seu reconfortante sorriso. Jessie, sua esposa, apresentava o primeiro filho do casal, Rudyard, aos amigos que entravam.

Ben arrumara o quintal com mesas para jogos de tabuleiro, a fim de receber os amigos. Como muitos outros empreendedores seriais, ele encontrava sossego e recuperava suas forças fugindo das hordas de engenheiros das start-ups que tentavam alcançar o inalcançável do modo mais rápido possível.

QUAIS SÃO OS ELEMENTOS DO DIFERENCIAL COMPETITIVO? 71

— Oi, Ben! Oi, Jessie! Olá, Rudyard. Que bom ver todos três aqui! — disse Kanji.

— Ei, Ben, Jessie finalmente falou que já é hora de você criar a própria start-up ou arranjar um emprego — Kanji sorriu. Ele era conhecido por sempre animar as festas.

— Ainda não, mas se as coisas continuarem do jeito que estão, logo, logo serei um escravo assalariado — respondeu Ben.

Ben apontou para a segunda mesa e disse:

— Kanji, este novo jogo alemão está à sua espera.

Kanji juntou-se aos engenheiros, que já haviam começado a traduzir as instruções.

— Ouvi que a gerência da Malp vai agir logo — disse o barbudo Chas do outro lado da mesa. Todos ficaram calados. As peças do jogo estavam sendo colocadas em frente aos quatro jogadores sentados ao redor da mesa no quintal.

Chas rolou os dados e, sem olhar para Kanji, respondeu:

— Pode ser uma cisão.

Algumas cabeças confirmaram em silêncio. Colocando a garrafa de suco sobre a mesa, a pequena KK, com sua confiança de sempre, acrescentou que no dia anterior almoçara com Ginger, sua colega na Palm, e a conversa confirmava o que Chas acabara de mencionar.

Diálogos semelhantes continuaram ao longo da tarde, com discussões sobre as mais recentes tecnologias, empresas e administrações. À medida que o sol começou a se pôr, pratos e bebidas começaram a substituir os quase vazios sacos de salgadinhos. Os jogos foram interrompidos para que todos pudessem descansar. Alguns optaram pelo churrasco, que já exalava um odor apetitoso nos preparativos para o jantar.

Ao experimentar o frango assado ao estilo texano, KK voltou-se para outro engenheiro, Ben, e disse:

— Então fale-me sobre a idéia de segurança sem fio à qual você aludiu em seu e-mail cheio de mistério. Você está pensando em fazer alguma coisa a respeito disso? Eu estava conversando com a Zebra. Ela era consultora da IdentaTe algum tempo atrás. Parece que eles também estão considerando seguir nessa direção.

Nas mesas de jogo, discussões semelhantes estavam acontecendo. Alguns começaram a debater os méritos das mais recentes gerações de tecnologia. Um caloroso debate surgiu acerca das vantagens do Bluetooth sobre o 802.11, enquanto outro grupo trocava impressões sobre as mais recentes investidas dos *hackers* nas *set-top boxes* digitais.

— A Microsoft está indo atrás da gangue da rede. Parece difícil para a Sun e para a Oracle.

— É, ouvi da Real que a Uncle Bill tem um código de plano de ataque, chamado RedNet.

— Aposto que a Novell já era.

— Passado, você quer dizer!

— Ellison tem de agir logo.

— Não conte com isso; eles são uma máquina de vendas que está envelhecendo.

— Nada disso, a Cisco tornou-se *a* máquina de vendas. Não se esqueça!

— Eles só querem comprar empresas de tecnologia e vender rápido seus produtos pelo mundo. Dinheiro não é problema.

— Vocês ouviram que a Nokia pode comprar a Rastitude, aquela start-up óptica?

— De jeito algum. A Joran tem uma tecnologia muito melhor, pelo menos uma ordem de grandeza melhor. E uma superequipe gerencial. Sólido diferencial competitivo.

— Vocês leram o que foi publicado ontem à noite no slashdot.org? Incrível! A Joran parece que pode estar com algo interessante. Mas Kraulikboy ainda pensa que o código da Linux vai deixá-los para trás no longo prazo! Alguém viu o que George Gilder publicou?

O burburinho aumentou. O frango começou rapidamente a desaparecer.

No dia seguinte, certamente haveria uma avalanche de e-mails sobre o assunto. Invenções seriam estimuladas. Algumas idéias para uma start-up talvez surgissem. Decisões poderiam ser tomadas; diferenciais competitivos, formados. Os convidados da Casa Bidwell sabem o que os outros técnicos aprenderam: ao articular os elementos certos, é possível agregar sólidas perspectivas estratégicas, e também sobre a concorrência, aos fatores que contribuem para o diferencial competitivo.

Capitalização: escolha bem os investidores

"Quem são seus investidores?" Esta é uma das primeiras perguntas feitas por jornalistas curiosos, clientes e funcionários potenciais. Patrocinadores de marcas e investidores de risco podem oferecer credibilidade instantânea a um novo empreendimento. Uma start-up consegue chamar atenção com financiadores como Jim Clark, Kleiner Perkins e New Enterprise Associates. Acrescente a Intel e a Nokia ao grupo e certamente você será notícia.

Novos empreendimentos recebem cobertura favorável da mídia depois de obter financiamento de empresas de capital de risco famosas. Os repórteres consistentemente escrevem histórias sobre negócios fechados por importantes investidores que patrocinam start ups.[1] Torna-se um círculo virtuoso: a start-up anuncia o financiamento de um investidor de risco *blue-chip*; isso promove a start-up; a empresa de capital de risco se projeta por estar patrocinando uma start-up de sucesso, e atrai mais start-ups de sucesso. Torna-se uma profecia que aparentemente se auto-realiza.

Como encontrar os melhores investidores para o novo empreendimento? A Tabela 2-2 é uma lista que compilei com base nas sugestões de empreendedores experientes.

Escolha bem seus investidores. A empresa terá de trabalhar com eles durante meia década. Boas escolhas aumentam o diferencial competitivo. Seus stakeholders ficarão muito mais confortáveis ao saber que seu negócio foi minuciosamente examinado por um sócio experiente (não um associado) de uma empresa de investimento de risco de primeira linha. Os futuros funcionários e a mídia confiam nas credenciais de seus patrocinadores financeiros como investidores capazes e sensatos. Os clientes também desejam garantias evidenciadas pela qualidade dos investidores. Este é o outro motivo pelo qual equipes de financiamento de start-ups experientes procuram avidamente por investidores *blue-chip* de alto nível. Novos empreendimentos precisam rapidamente estabelecer credibilidade para todos os seus produtos. Investidores de classe podem acelerar o processo. Grandes investidores são muito valiosos.

Não se esqueça de mencionar a quantidade de capital total que você levantou. Quanto maior o número, mais admirada sua empresa será. Mas, e se você não tiver dezenas de milhões de dólares de apoio financeiro? Então, tente encher o copo até a metade. Um empreendedor em série me contou que quando está numa situação assim diz aos funcionários: "Não temos problemas e limitações exasperadoras à nossa criatividade porque nosso Conselho de Administração não é formado por investidores de peso

---

[1] *San Jose Mercury News*, 20 de fevereiro de 2003.

que nos dizem como administrar nosso negócio. Em vez disso, usamos capital próprio e o de amigos e patrocinadores experientes. Temos veteranos da indústria que representam investidores experientes e bem informados. São investidores pacientes — pessoas que venceram recorrendo à sua criatividade inovadora." Este é um modo de transformar um copo meio vazio em um copo meio cheio. Com algum tipo de pensamento inovador, você pode fazer com que a capitalização e os investidores aprimorem o diferencial competitivo, independentemente de quem sejam.

Tabela 2-2 Encontre investidores: dicas de empreendedores experientes

- Consulte empreendedores experientes
- Use seu advogado e contador
- Peça sugestões a patrocinadores e outros investidores
- Examine a lista de membros de sua associação local de investidores de risco
- Pesquise em sites as empresas de capital de risco que parecem atraentes
- Participe de eventos em que os oradores sejam investidores
- Entreviste parceiros individuais de empresas de capital de risco

FONTE: Nesheim Group.

Parceiros estratégicos: escolha para ter poder

Gigantes podem fazer parte do diferencial competitivo. Empresas grandes, de primeira linha e de classe mundial que possuem contratos de trabalho com seu novo negócio aumentarão sua força competitiva. Afinal de contas, essas empresas de primeira linha escolheram você, não seu concorrente, não é verdade?

Valor constante é uma meta a ser alcançada, mas lembre-se de que o motivo de escolher esses parceiros estratégicos vai além do tamanho e do reconhecimento. A empresa parceira é valiosa porque supera todas as demais em algum aspecto específico. Essa capacidade aumenta seus direitos de se vangloriar.

Os parceiros estratégicos não precisam ser as maiores empresas. Empresas menores com tecnologias de ponta ou com excelente capacidade de vendas também podem impulsionar o diferencial competitivo. Não importa o tamanho; tenha sempre um bom motivo para se orgulhar de ter essas empresas como parceiros estratégicos. Isso agrega um tipo especial de poder à sua história.

Estratégia: conquistas inteligentes

Uma estratégia inteligente é um elemento fundamental do diferencial competitivo. Grandes líderes de start-ups são estratégicos desde o primeiro dia. Eles tramam e planejam, mudam e modificam, simulam e emulam. Suas mentes funcionam assim. Pensam avidamente sobre qual o próximo passo da concorrência em resposta ao lançamento do primeiro produto da start-up. Estão ansiosos pela criação de planos que respondam aos possíveis lances dos concorrentes.

Como estrategistas militares, eles sabem que tipo de estratégia funciona melhor contra cada tipo de concorrente. Sabem também o que fazer com cada lance estratégico. Têm confiança de que sabem como executar as manobras planejadas e como vencer os concorrentes. (Mais adiante e, em outra parte, abordarei a questão da estratégia em mais detalhes.) Ótimos CEOs de start-ups são ótimos estrategistas. Isso é parte de seu diferencial competitivo.

Progresso: vantagens de ser o primeiro

Ser o primeiro pode prejudicar uma start-up. Sim, uma vantagem inicial é valiosa, mas não é tudo aquilo que aparenta ser. Na verdade, pode ser a fonte da derrocada de uma empresa nova. Os veteranos aprenderam arduamente que ser o primeiro não é a vantagem excepcional que a maioria dos empreendedores inexperientes pensa que é. Mencionei anteriormente que a primeira tecnologia acaba perdendo. Isso também se aplica a outros primeiros lugares.

A maioria dos veteranos de start-ups tentará entrar em um novo mercado antes que a concorrência reconheça a existência desse mercado. Este é o motivo pelo qual tantos empreendedores experientes são tão reservados. É por isso que temos uma start-up chamada South San Francisco Fork Lift, quando, na verdade, estamos começando um negócio avançado de alta tecnologia.

Os líderes experientes conhecem o antigo adágio do Vale do Silício criado com base nas tristes histórias contadas por ex-pioneiros de alta tecnologia: "Os pioneiros recebem muitas flechadas pelas costas." Muito tempo atrás, durante os dias do Velho Oeste norte-americano, as pessoas aprendiam com as histórias das provações e tribulações dos pioneiros que buscavam vida nova em terra nova. Logo, foi possível perceber que era mais fácil seguir os sulcos deixados pelas rodas das carroças dos primeiros colonos que passavam pela estrada rumo ao Oregon. Eles seguiam os esqueletos ao longo da trilha. "Os primeiros sempre perdem" consiste numa das lições mais dolorosas aprendidas por principiantes ávidos pelo sucesso. Nas corridas desportivas, ser o primeiro na linha de partida não garante a vitória. Muitas vezes, o primeiro a largar perde a corrida. Nas start-ups de alta tecnologia, ser o primeiro é quase uma garantia de derrota. É mais sensato afirmar que a vantagem daquele que age logo é maior do que a de quem age primeiro. Ou então: "O primeiro que consegue acertar tem mais chances de ganhar." Com certeza, isso é melhor do que ser o primeiro a perecer.

Entrar tardiamente, mas bem preparado, em um novo mercado é melhor do que uma investida apressada e com pouca preparação. Sim, um início rápido é valioso, mas tente não ser rápido demais. E não chegue tarde demais: a janela que se fecha acabará esmagando seus dedos. Por exemplo, os primeiros assistentes digitais pessoais, ou PDAs, foram lançados por empresas gigantes de produtos eletrônicos japonesas. Mas, até a chegada do Palm, o mercado não decolou. Os primeiros PDAs agora estão em uma pilha de lixo. O Palm impera. A Microsoft entrou no mercado de PDAs muito tardiamente e luta para conseguir produtos usando seu software CE em altos volumes de vendas.

Seja o primeiro a acertar. Agir logo é melhor do que agir primeiro. O tempo é parte importante do diferencial competitivo. O seguinte exemplo é tirado de minha pesquisa sobre a Dell, incluindo observações feitas da empresa em ação em seus primeiros dias. Sugiro que você estude especialmente os primeiros lances da Dell Computer.

Exemplo 2-3 Vantagem de quem age logo: Dell Computer Corporation

A Dell aproveitou a vantagem obtida com a derrocada dos pioneiros em distribuição e vendas de computadores pessoais.

Gigantes da computação como a IBM vendiam PCs para empresas por meio de forças de vendas bem estabelecidas. Outras vendiam aos consumidores via novas lojas de varejo ainda não testadas (Compaq). Tanto a IBM quanto a Compaq estabeleceram diferencial competitivo desse modo.

Durante a primeira fase da revolução dos computadores pessoais, Michael Dell vendia estoques excedentes de PCs (de varejistas aflitos) diretamente aos consumidores (colegas estudantes). Ele viu um segmento de mercado extremamente subestimado e concentrou-se em atendê-lo da melhor maneira possível. Em 2001, a Dell se tornou a maior fornecedora mundial de PCs.

A Dell não foi a primeira a vender PCs nem a primeira a vender diretamente aos consumidores. Foi a primeira a se tornar líder do mercado de venda direta de PCs, para qualquer pessoa ou empresa.

A Dell encontrou um meio de aproveitar as dolorosas experiências dos pioneiros com os canais de vendas. Talvez essa seja uma opção para o seu novo empreendimento. Ao fazê-lo, você deve impulsionar seu diferencial competitivo.

Cultura: ótimo lugar para trabalhar

Saber como atrair e reter pessoas de muito talento é parte importante do diferencial competitivo. Os primeiros gerentes talvez sejam os ingredientes mais importantes do diferencial competitivo. Seus valores formam a cultura inicial da empresa — o que ela representa e como trata os funcionários no dia-a-dia.

Ser capaz de se orgulhar de seus funcionários é algo importante no diferencial competitivo. Suas qualificações definem o padrão para o que significa excelência em seu novo empreendimento. Sua equipe central de líderes deverá ser capaz de identificar pessoas de valor e contratá-las. Esse é um trabalho muito árduo. Parece que todas as empresas estão querendo recrutar as pessoas talentosas de que você precisa. Então, como atrair talentos? E como retê-los? A seguir estão sugestões tiradas de entrevistas com líderes de novos empreendimentos e seus recrutadores profissionais favoritos.

Comece a montar a equipe dos sonhos com anos de antecedência, primeiramente com a equipe gerencial

Desenvolver uma equipe de classe mundial requer muito tempo e esforço. Jeff Hawkins, designer do Palm Pilot, esperou 11 anos antes de montar sua primeira start-up. Na época, ele sabia exatamente com quem se associaria para levar à frente o novo empreendimento. Vale a pena dedicar tempo ao desenvolvimento da equipe central de fundadores talentosos. Se seu grupo tem um histórico de eficiência e boas decisões, ele se destacará. Lembre-se da prioridade para os investidores: "Gerentes que consigam realizar o trabalho." No mundo competitivo de hoje, não se pode esperar começar sozinho como fundador e CEO, conseguir financiamento e depois contratar uma pessoa de fora para recrutar uma excelente equipe gerencial. A vida nas start-ups não funciona assim.

Planeje fazer boa parte do recrutamento por conta própria

A gerência das grandes start-ups não é formada com a contratação de uma empresa de recrutamento para selecionar um grupo de estranhos. É preciso encontrar a primeira onda de talentos por conta própria. As empresas de capital de risco podem ajudar, mas boa parte do trabalho caberá aos líderes do novo empreendimento. É fato que os recrutadores desempenham um papel importante mais adiante, quando a empresa está crescendo a toda velocidade e precisa fazer muitas contratações imediatas. Algumas empresas utilizam recrutadores que trabalham internamente — pessoas que só fazem recrutamento e seleção. Outras procuram empresas de capital de risco com recrutadores como parte da equipe. Os exemplos incluem a Austin Ventures, no Texas, e a Symphony Technology Group, em Palo Alto, na Califórnia. Planejar o tempo e a função dos recrutadores pode aumentar o diferencial competitivo. Portanto, se você procurar os investidores, esteja preparado, com toda a sua equipe central montada e pronta para trabalhar assim que receber o financiamento.

Use a cultura da empresa para atrair talentos

A cultura da empresa atrairá ou rejeitará funcionários mais do que o dinheiro. É a flor que atrai as abelhas que fazem o mel. É a combinação de atitudes e comportamentos predominantes que caracteriza o funcionamento da nova empresa. Envolve a forma de tratamento no trabalho, realizando suas tarefas e se divertindo. Seus funcionários podem ser ótimos recrutadores.

A cultura da empresa é um dos primeiros aspectos que os fundadores experientes procuram desenvolver. Eles rapidamente criam o Departamento da Diversão (DOD), liderado por um grupo de funcionários com características gregárias. Os veteranos logo institucionalizam reuniões de comunicação com todos os funcionários, encontros de vendas e eventos sociais semanais. Motivam os funcionários a conversar entre si, sobre como trabalham, que tipo de química pessoal funciona com o menor índice de irritação e o tipo de pessoa que a empresa deve contratar. Eles decidem como gastar o orçamento existente em refeições e comemorações sociais. Os valores das pessoas coletivamente se tornam a cultura da empresa. E elas podem transmitir aos funcionários potenciais e a outros de fora da empresa quais são as características específicas da cultura. É prática da empresa reproduzir descrições da cultura. Essa descrição é afixada nos murais, corredores e até no site da empresa.

Encaixar-se na cultura da empresa é importante para pessoas excelentes. Não é fácil atraí-las. Os melhores têm muitas ofertas de emprego bom o tempo todo. Quando estão procurando algo novo para fazer, um novo desafio, eles querem encontrar maior recompensa em termos materiais, físicos e espirituais. Esperam encontrar mais do que um emprego, almoço grátis e uma máquina de café expresso. Procuram encontrar mais do que opções de ações e um cargo impressionante. Esperam achar uma cultura empresarial da qual se orgulhem e para a qual queiram contribuir.

Atualmente, as pessoas das start-ups em todo o mundo são muito móveis. Peter Drucker observou que os trabalhadores do conhecimento são a força de trabalho mais móvel da história moderna.[2] "Tire um passaporte e viaje!" é o mantra da juventude atual. Eles não enfrentam nenhuma

---
[2] Peter Drucker, "The Next Society", *Economist*, 3 de novembro de 2001.

dificuldade em aceitar o convite de uma start-up promissora em Xangai, San Jose ou Sevilha. O ambiente de trabalho aumenta de importância em uma nova empresa. A cultura de uma start-up deve ser mais do que um prédio bonito, benefícios de plano de saúde e um código de vestuário casual. Uma cultura magnética torna-se obrigatória na intensa competição por pessoas talentosas de classe mundial. Como um jardim, deve ser cultivado e cuidado para que possa continuar atraente. Os empreendedores em série empenham-se muito para fazer exatamente isso, desde o primeiro dia de fundação da empresa. Ao fazer isso, você acrescenta um dos mais importantes elementos ao diferencial competitivo.

Remuneração dos trabalhadores: mais do que dinheiro

Como remunerar os trabalhadores é um tópico que se destaca no diferencial competitivo. As pessoas trabalham por muitos motivos. Escolher as pessoas certas pode fortalecer o diferencial competitivo. A remuneração por incentivos é complexa e repleta de muitas recompensas psicológicas. Isso oferece oportunidades de atrair o melhor talento dentre os melhores. Exige pessoas que entendam de pessoas.

Inúmeros estudos mostram que as pessoas trabalham por muito mais do que apenas dinheiro e opções de ações. Mentes criativas encontraram muitas formas inovadoras de motivar seus funcionários — maneiras que não são caras nem extremamente complexas. Você pode escolher o próprio conjunto de pacotes de "remuneração" como parte da cultura da empresa. Bob Nelson observou em seu proveitoso livro, *1001 Ways to Reward Employees*, que poucos conceitos gerenciais são tão solidamente fundamentados quanto a idéia de que o reforço positivo das pessoas funciona melhor do que outros incentivos.[3] Isso funciona porque os empregados consideram o reconhecimento pessoal um fator de motivação mais importante do que o dinheiro. Ken Blanchard, co-autor do clássico *O gerente-minuto*, afirma que qualquer pessoa — sejam gerentes ou funcionários — deseja ter seu trabalho reconhecido. Os seres humanos precisam uns dos outros para que se sintam valorizados.[4]

---

[3] Bob Nelson, *1001 Ways to Reward Employees*. Nova York: Workman Publishing, 1994.
[4] Kenneth H. Blanchard e Spencer Johnson. *O gerente-minuto*. Rio de Janeiro: Record, 2004.

*Use as previsões para criar um plano de compartilhamento
da riqueza*

Prepare as distribuições de ações com cuidado. Tenha um plano. Documente-o em detalhes durante cinco anos. Distribua opções de ações por trabalho. Acredito que muitas start-ups não conseguem fazer isso. Em minha experiência, o plano de participação acionária é geralmente a pior parte de um plano que, de outro modo, seria excepcional para uma nova empresa. Os planos salariais são preparados em grandes detalhes, mas os planos de opções de ações não são de qualidade comparável. Dedique algum tempo e esforço para que, em vez de uma obrigação, seu plano de participação acionária seja parte do diferencial competitivo.

*A remuneração não-monetária é a chave para a contratação
de trabalhadores do conhecimento*

A remuneração não-monetária apresenta inúmeras oportunidades. Os gerentes experientes sabem que os trabalhadores do conhecimento atuais são móveis e autoconfiantes. Ao entender seus valores, você pode ser mais criativo do que os concorrentes no desenvolvimento do programa de remuneração da empresa. Existem muitas possibilidades para fazer isso, de acordo com Peter Drucker e outros gurus.[5] Os jovens e móveis trabalhadores do conhecimento atuais precisam ser tratados e gerenciados como voluntários. Tratá-los como funcionários a serem contratados e despedidos à revelia não tem propósito. As pessoas querem saber o que a empresa está tentando fazer e para onde está indo. Estão interessadas em conquistas e responsabilidades pessoais, o que significa que precisam ser colocadas na função certa. E os trabalhadores do conhecimento atuais esperam receber treinamento e aprendizado contínuos. Acima de tudo, querem respeito, especialmente por sua área do conhecimento. Estão além do patamar dos trabalhadores tradicionais, acostumados a receber ordens. Os trabalhadores do conhecimento, por outro lado, esperam tomar decisões nas próprias áreas de atuação. Quando é possível recom-

---
[5] Drucker, "The Next Society".

pensar criativamente esse tipo de trabalhador, você consegue fortalecer de forma significativa o diferencial competitivo.

Você + equipe gerencial + principais colaboradores: qual é o diferencial competitivo de cada um?

As pessoas são o elemento mais exclusivo do diferencial competitivo. Sua forma de comunicação estará muito relacionada com os stakeholders que você deseja atrair. Sua mensagem de liderança terá um impacto no modo como você obtém financiamento, recruta talentos e envolve repórteres.

Você pode descrever o que há de especial sobre os líderes de seu novo empreendimento? Com o que cada um contribui para o diferencial competitivo da empresa? Qual é o diferencial competitivo pessoal de cada pessoa na equipe gerencial? Por que um investidor deveria arriscar milhões de dólares em um negócio que você e eles conduzirão? Que características pessoais suas fariam com que um engenheiro de classe mundial cético quisesse segui-lo? O que o torna interessante a um repórter? Os stakeholders de seu negócio esperam que você tenha respostas satisfatórias prontas.

"Eu invisto nas pessoas!", exclama Dick Kramlich, ícone dos investidores de risco da New Enterprise Associates. Quando tudo dá errado (e dará), é a equipe gerencial central que é assediada; ela precisa encontrar meios de sair da confusão e retomar o caminho do crescimento e do sucesso.

Você precisa aprender a falar bem de si mesmo e de seu pessoal para estranhos. Essa capacidade é especialmente importante se você estiver querendo transformar uma idéia medíocre em um diferencial competitivo de primeira linha. Falar sobre o diferencial competitivo dos membros da equipe gerencial é uma parte muito importante de sua história — alguns afirmam que é a parte mais importante de todas.

Grandes surpresas: como reagir com habilidade

A capacidade de resposta rápida ao reagir a situações inesperadas é especialmente importante em novos empreendimentos. Como você vai lidar com as surpresas e as más notícias ao longo do caminho é algo importante em seu diferencial competitivo. Novos empreendimentos têm boas surpresas, mas os veteranos das start-ups de alta tecnologia repetem várias e várias vezes que as boas notícias são muito menos freqüentes do que as más.

Os aventureiros esperam encontrar muitas surpresas quando saem em busca de seus tesouros. O mesmo ocorre com os líderes de start-ups. Mas os militares têm um velho ditado que diz: "Mesmo os melhores planos de guerra não sobrevivem ao primeiro teste da batalha." Alguns investidores de risco pensam que o único fator que conta para uma start-up é o modo como a gerência reage a surpresas. Eles acreditam nisso porque viram inúmeros fatos inusitados ocorrerem e surpreenderem as novas empresas. Gerenciar surpresas é parte importante da execução do plano de negócios. Como os investidores e os empresários experientes sabem, se investidores sensatos forem escolhidos, não será preciso temer as reuniões do Conselho de Administração. Pelo contrário, você encontrará apoio criativo por parte do conselho quando sua empresa enfrentar as inevitáveis dores do crescimento. Os membros do conselho com experiência em novos empreendimentos valem quanto pesam em ouro.

Fracasso: converse e aprenda

Empreendedores seriais, investidores e repórteres muitas vezes estão mais interessados em como lidar com as más notícias do que com as boas. Estão ávidos para que você diga como lidou no passado com fiascos e desastres, especialmente aqueles que você mesmo causou. Eles querem saber como você vai lidar com a provável surpresa em um novo empreendimento: dificuldades. Lembre-se de que a história revela que a maioria das start-ups enfrenta dificuldades e vai à falência.

Você está pronto para contar histórias de guerra, suas experiências sobre como conseguiu superar os desastres? Mesmo as maiores empresas passam por grandes dificuldades iniciais. (Esteja preparado para tratar do tema no Capítulo 30 e confira seu trabalho usando as listas nos Apêndices B e C.) Os repórteres nos Estados Unidos são treinados a fazer perguntas incisivas que podem ser muito constrangedoras. Os investidores de risco adoram fazer isso. Contar a eles o que você aprendeu com uma experiência de fracasso anterior é parte do jogo, de acordo com muitos empreendedores em série que conheço. Eles são bons em falar sobre os próprios fiascos. Isso imprime um colorido especial à história.

Para alguns de nós, falar sobre fracassos é difícil. Para os asiáticos, por exemplo, é embaraçoso falar em público sobre problemas pessoais. Isso faz parte de seus valores. Mas as experiências adquiridas com os fracassos passados são um tópico especialmente importante para os veteranos do Vale do Silício.

Lembro bem de ouvir um jovem empreendedor depois de sua primeira apresentação a um investidor de risco. O investidor experiente perguntara sobre seus fracassos. O jovem finalmente perguntou ao investidor mais velho o que ele achava das pessoas de empresas falidas que o procuravam atrás de dinheiro para uma nova start-up. O investidor exclamou: "Adoro esse pessoal! Sabe por quê? Porque eles aprenderam com o dinheiro de outro investidor, não com o meu! Agora eles realmente estão empolgados. Dessa vez, acertarão — com o meu dinheiro!"

Quando você conseguir responder de modo construtivo às perguntas que envolvem como lidar com as más notícias, estará no caminho certo para construir seu diferencial competitivo.

Resumo dos ingredientes

Apresentei exemplos de alguns dos ingredientes para uma receita que, combinada, pode tornar-se seu diferencial competitivo. É possível acrescentar muitos outros elementos. Todas as partes precisam se ajustar bem, para que sua vantagem seja muito sólida.

Agora, você também pode ver por que é importante que o diferencial competitivo esteja vivo, orgânico e capaz de crescer. E você pode entender por que precisa trabalhar continuamente seu diferencial competitivo, melhorando-o e fortalecendo-o todos os dias, para que funcione a seu favor.

Observe cuidadosamente que o diferencial competitivo não é sua missão, estratégia, objetivo, meta ou plano. Você vai precisar disso tudo, mas esses são elementos adicionais. Empenhe-se ao máximo para não confundi-los.

Vamos passar, então, para outra visão do diferencial competitivo. Vamos examinar os diferentes níveis de vantagem.

NÍVEIS DE DIFERENCIAL COMPETITIVO

Os investidores aprenderam que é possível criar desigualdade competitiva em diferentes níveis. Investidores emblemáticos, como Don Valentine, vêm acompanhando novas empresas desde seus primeiros dias até chegarem ao status de gigantes, e eles podem contribuir com suas histórias sobre como as desigualdades competitivas começaram, cresceram e mudaram para fazer com que a start-up emergisse como um gigante no topo da montanha. Os níveis de desigualdade competitiva podem variar muito, de um produto a uma empresa, a um país e até mesmo a um indivíduo. Quando você consegue identificar bem os diferenciais competitivos, poderá detectá-los (fracos ou fortes) no noticiário diário que lê, vê e ouve. A Tabela 2-3 apresenta alguns exemplos.

Agora você entende que o diferencial competitivo é como um diamante: pode ser visto de muitos ângulos diferentes. Cada ângulo acrescenta um elemento diferente ao nível de apreciação e admiração de seu brilho. Você também pode ver que existem muitos elementos a serem usados para construir o diferencial competitivo. Os elementos são escolhidos como parte de um processo criativo. As pessoas os escolhem cuidadosamente porque estão muito envolvidas com a criação de uma vantagem competitiva tão sólida que nem mesmo o maior concorrente possa superar seu novo empreendimento. Sabendo disso, você está pronto para examinar em detalhes como desenvolver o diferencial. A Parte II aborda esta questão.

Tabela 2-3 Níveis de diferencial competitivo

- **Produto: Apple Macintosh *versus* Microsoft Windows**
  O Macintosh é muito fácil de usar. O Windows está em toda parte. Dois produtos de classe mundial, cada qual com sólido diferencial competitivo.
- **Empresa: BMW *versus* Mercedes-Benz**
  A BMW é uma empresa que fabrica carros esportivos para pessoas jovens, de espírito — a "última palavra em carros". A Mercedes-Benz fabrica carros de luxo para pessoas com mentes de luxo. Duas empresas de classe mundial com sólido diferencial competitivo.

- **País: Alemanha *versus* Japão**
  Quando as pessoas pensam na Alemanha, em geral lembram de produtos de precisão fabricados por engenheiros alemães que vivem na terra de Beethoven, da salsicha *bratwurst* e da cerveja. Quando pensam no Japão, lembram de produtos de qualidade fabricados por engenheiros japoneses totalmente dedicados que vivem na terra do sumô, do sushi e do saquê. Dois países, cada qual com sólido diferencial competitivo.
- **Universidade: Cornell *versus* Harvard**
  A Universidade de Cornell é a maior da Ivy League, com um dos melhores centros de pesquisa em tecnologia do mundo, situando-se acima do belo lago Cayuga, na tranqüila cidade universitária de Ithaca, no estado de Nova York. A Universidade de Harvard, na cidade de Cambridge, Massachusetts, tem uma renomada escola de administração e negócios e a reputação global de local para onde a elite deve mandar os filhos. Duas universidades de classe mundial, cada qual com sólido diferencial competitivo.
- **Novo empreendimento: SuaCia *versus* CiaConcorrente**
  Qual é o diferencial competitivo de sua empresa? E a de seus concorrentes? Você consegue resumi-lo em uma ou duas frases curtas? Tente agora mesmo. Para a maioria das pessoas, é difícil conseguir de primeira. Mas, quando você consegue expressar seu diferencial em um parágrafo curto, está no caminho certo para desenvolver um diferencial competitivo mais sólido. Duas empresas concorrentes, cada qual com sólido diferencial competitivo.
- **Pessoal: você *versus* outra pessoa competindo pelo mesmo cargo**
  Finalmente, e você? Você consegue expressar o próprio diferencial competitivo? Consegue fazer isso em relação à concorrência, informando qual é seu valor, como essa desigualdade beneficiará um investidor de risco potencial e como você planeja fortalecê-la no futuro? Você é importante. Afinal de contas, os gerentes — as pessoas — estão no topo da lista de prioridades que os investidores consideram em sua decisão de investimento. Por isso, mãos à obra! Comece criando o próprio diferencial competitivo e pratique contando sua história.

FONTE: Nesheim Group.

PARTE II
COMO CRIAR DIFERENCIAL COMPETITIVO

3

COMO ELABORAR PLANOS DE NEGÓCIOS COM DIFERENCIAL COMPETITIVO

O plano de negócios é o livro que conta a história de seu diferencial competitivo. Como é possível comunicá-lo? Muito simples: falando ou escrevendo sobre ele. Em qualquer uma das hipóteses, a mensagem depende do conteúdo de seu plano de negócios. O plano de negócios é o cerne de sua história e é o que você vai consultar toda vez que comunicar seu diferencial competitivo.

O objetivo inicial de um plano de negócios é atrair investidores. O objetivo final é ajudá-lo a se tornar líder de uma nova categoria de mercado. Um plano diferente é usado para administrar a empresa no dia-a-dia; chama-se *plano operacional*. Você vai usar o plano de negócios como um guia de referência para direcionar sua mensagem, os nomes de marca, a descrição dos concorrentes, o plano estratégico, entre outros.

Outros stakeholders, além dos investidores, também querem compreender sua empresa e os respectivos planos de crescimento. Incluem clientes e fornecedores potenciais, funcionários e suas famílias, a imprensa, a comunidade local e os parceiros estratégicos. Como encontrar uma história que atenda a todos? Conte a eles a história de seu diferencial competitivo. Isso os deixará empolgados e ávidos para ouvir mais.

EMPOLGAÇÃO

Seus stakeholders querem estar totalmente envolvidos com o trabalho a seu lado. Os investidores só liberarão os recursos quando estiverem empolgados com a possibilidade de sucesso do negócio. Os funcionários não aceitarão ofertas de trabalho até que suas emoções balancem. Os principais fornecedores, prestadores de serviços e parceiros estratégicos esperarão até se sentirem estimulados para fechar negócios com sua empresa.

Se seu plano de negócios não empolgar os investidores, eles responderão com aquelas temíveis palavras: "Decidimos abrir mão de financiar esta rodada." Em outras palavras, isso significa: "Não, não vamos investir." Se você ouvir isso, a melhor coisa a fazer é sair educadamente. Eles não mudam de idéia. Se, mais tarde, seu empreendimento for bem-sucedido, eles talvez lamentem não ter investido nessa rodada, e podem até entrar na próxima. Mas, nessa, você os perdeu. Seu negócio não os empolgou.

Da mesma forma, o candidato a funcionário também precisa se sentir empolgado com a empresa. Funcionários talentosos têm muitas opções. Sua empresa precisa se destacar de maneira estimulante. Isso também é válido para parceiros estratégicos e fornecedores potenciais. É preciso prender sua atenção e mantê-la até que eles "assinem na linha pontilhada".

O QUE OS INVESTIDORES E OUTROS STAKEHOLDERS BUSCAM

Como um radar que varre o horizonte em busca de aeronaves em aproximação, os investidores de risco estão constantemente procurando diferenciais competitivos, 24 horas por dia, sete dias por semana. Eles comem e dormem procurando esses diferenciais. Os especialistas do Vale do Silício enviam e-mails sondando o mercado de hora em hora, atentos a novos boatos e rumores, ávidos por identificar o próximo grande sucesso antes dos demais. Os repórteres ligam, ligam e mandam pilhas de e-mails, falando sem parar, tentando encontrar uma nova história, para deixar os demais repórteres para trás antes do fim do dia e do fechamento da edição. Todos os stakeholders estão nessa frenética caçada em busca de diferencial competitivo. Eles o desejam. Isso os deixa empolgados, como mostra o próximo exemplo. Lembro bem como o público ficou chocado depois que KT terminou sua primeira frase.

Exemplo 3-1 Idéias exclusivas ou diferenciais competitivos: KT fala com a Singapore Technologies e empreendedores

"Não há idéias exclusivas, apenas diferencial competitivo exclusivo", KT abria assim sua palestra aos jovens técnicos da Singapore. Eles estavam ouvindo atentamente suas histórias, repletas de dificuldades e tribulações, vitórias e inimigos aniquilados. "O que quero dizer", continuou, "é que, quando a idéia de alguém se torna um produto real que vende bem, isso é o que conta para os engenheiros do Vale do Silício. É isso que posso colocar em meu histórico de realizações."

KT era um empreendedor em série, com cicatrizes para provar isso. Sua busca começou anos atrás, no estado norte-americano do Texas, e o levou a inúmeras tentativas, sucessivas vezes, de desenvolver produtos inovadores com base em tecnologias de ponta. As décadas o haviam levado cada vez mais perto de seu sonho: entrar para a equipe fundadora de uma start-up que realizasse algo realmente fantástico com uma tecnologia excepcional, tornando-se uma empresa de classe mundial e fazendo a IPO.

Duas start-ups atrás, ele havia conseguido um bom retorno com sua venda. Ele entrara na empresa como um dos primeiros funcionários. Mas a última fora um fiasco total, sem recompensa alguma para si ou os demais membros da equipe gerencial.

"Apesar de nunca ter chegado a uma oferta pública de ações, vejo que estou avançando a cada passo que dou", ele prosseguiu. "Aprendi muito acerca da importância das novas tecnologias e de como usar os métodos de desenvolvimento de novos produtos para acelerar o tempo de comercialização. Isso me ajuda a criar produtos que vendem melhor e aumentam o diferencial competitivo da empresa."

KT continuou: "Lembre-se da importância da diferenciação e das emoções. Nesse mesmo instante, acredito que existem dezenas de indivíduos em todo o planeta pensando a mesma coisa em termos de nova tecnologia, novos produtos e novos negócios. Nenhum deles é exclusivo. Para vencer, é necessário começar com a idéia e chegar a uma vantagem competitiva exclusiva, que se destaque da multidão. Deve ser algo que investidores, funcionários e clientes apreciem. Quando conseguir fazer isso, terá aprendido como desenvolver o diferencial competitivo a partir de uma idéia."

Observei que a platéia de KT estava ansiosa por ouvir mais. É assim que os stakeholders têm de reagir. Quando julgam ter identificado um diferencial competitivo em sua história, querem mais. Enquanto você apresenta a idéia, os stakeholders estão imaginando o que podem fazer para impulsioná-la, melhorá-la e fortalecê-la e chegar finalmente a um diferencial competitivo. Eles escutam, investigam, testam e simulam situações hipotéticas enquanto ouvem sua apresentação. Interrompem com perguntas para testar o que ouviram. Questionam e falam sobre mais tópicos do que você pretendia apresentar. De fato, eles estão em busca de elementos adicionais que possam ser incluídos ou alterados, a fim de impulsionar o diferencial competitivo de modo significativo.

Na apresentação de sua história, a platéia espera que você cite vários dos principais ingredientes do diferencial competitivo. Estão especialmente ávidos por ouvir alguns elementos secretos que contribuem e fortalecem sua receita. Depois que você termina, começam a fazer a própria pesquisa. Ao tentar obter mais informações, fazem observações sobre como cada ingrediente contribui para o processo e o que pode ser modificado para aumentar sua força. Em seguida, recontam a história na versão deles. Apresentarão sua versão a outros sócios investidores e a amigos empresários próximos. Finalmente, voltam a entrar em contato com você e contam essa versão para ver qual será sua reação à interpretação que eles deram para a história e suas idéias para melhorá-la.

Os stakeholders insistem em estar totalmente confiantes na história antes de se associarem a você. Em primeiro lugar, precisam acreditar nela. Assim que isso acontecer, terão plena confiança de que você conseguirá atrair financiamento adicional, contratar e reter a próxima onda de funcionários de primeira linha, partindo, em seguida, para impressionar a mídia, os clientes, parceiros estratégicos e fornecedores. Tornam-se pregadores de seu negócio. O burburinho começa. Cresce. Não pára de crescer. Você é lançado ao sucesso! Tudo começa com o diferencial competitivo.

EM QUE OS INVESTIDORES SE CONCENTRAM

Em sua comunidade de stakeholders, os investidores são os mais difíceis de agradar. É possível aprender muito acerca de bons e maus difenciais competitivos examinando justamente o que eles estão procurando.

Lembre-se de que os investidores de risco investem em menos de seis entre cada mil planos de negócios que recebem.

Os investidores são criteriosos e incisivos em suas perguntas. Para deixá-lo pronto, algumas folhas de avaliação para apresentação e planos de negócios previamente elaborados estão incluídos nas seções finais deste livro (consulte o Capítulo 10 e os Apêndices B e C). Eis alguns exemplos de perguntas esperadas:

- Qual o grande problema que você está tentando resolver?
- Qual o valor irresistível que sua idéia apresenta ao cliente ideal?
- Qual o brilho tecnológico dessa idéia, até que ponto ela representa uma barreira à concorrência?
- Qual o valor do crescimento e da lucratividade potenciais da nova empresa?
- Fale sobre seu nível de conhecimento desse domínio, especificamente sobre os clientes e seus problemas, e as soluções propostas.

Vamos ampliar a discussão desse tema e depois entrar em mais detalhes. Seu público quer saber mais sobre o que os relutantes investidores estão procurando nas novas empresas em que investem milhões de dólares. O que será que eles querem exatamente? Começamos pela Tabela 3-1, compilada a partir de entrevistas com alguns dos maiores talentos das start-ups de tecnologia do Vale do Silício e com investidores experientes e empresários de sucesso em outras cidades do mundo. A lista apresenta os elementos mais importantes que eles procuram em um novo empreendimento.

Tabela 3-1 O que os investidores procuram (em ordem de importância)

1. Gerência que consegue fazer o trabalho
2. Mercado grande, aberto e em rápida expansão
3. Tecnologia ou idéia brilhante que possa ser comercializada
4. Estratégia de saída atraente para os investidores
5. Sólida vantagem (diferencial), que reúna todos os elementos anteriores

FONTE: Nesheim Group.

1. Gerência que consegue fazer o trabalho

A expressão "consegue fazer o trabalho" pode soar um tanto exagerada de início. Mas ninguém espera que você seja o próximo Bill Gates, Scott McNealy ou um dos raros CEOs que fundaram uma start-up, conseguiram chegar a uma IPO e ainda a administram como uma empresa multibilionária de classe mundial. Em vez disso, a frase significa que você tem de conseguir fazer o trabalho em um futuro próximo. Cabe a você captar a próxima rodada de financiamento e conseguir alcançar as principais conquistas exigidas no próximo estágio de crescimento da nova empresa.

E se você não tiver muita experiência em administrar um negócio, qualquer que seja o tamanho? Será que conseguirá que os investidores financiem sua start-up? Talvez.

Já observei que fundadores sem experiência ficam muito desconfortáveis durante as apresentações aos investidores de risco, quando um deles pergunta: "Como você se sente como CEO?" Os empreendedores em série sabem que isso é o código para: "Quando o Conselho de Administração chegar à conclusão de que a empresa cresceu muito além de sua capacidade de liderança, será que você vai nos dar trabalho ao anunciarmos que estamos prontos para encontrar uma ótima pessoa para substituí-lo como CEO da empresa?"

A primeira resposta do fundador pode ser: "Vocês não podem fazer isso comigo! Não é justo! Esta é minha empresa... não é?" Mas a experiência mostra que, assim que você tiver um funcionário e um investidor, a empresa não é mais sua. Isso será mais fácil de entender se você acompanhar os estágios de desenvolvimento de uma start-up.

Fases de crescimento de uma start-up e a sucessão de gerentes

Desde 1990, um padrão de ondas de sucessão de gerentes de start-ups emergiu. Não há mais aquela expectativa de que os fundadores precisam ser super-homens que conduzem a empresa desde o primeiro dia até a IPO. O padrão de crescimento gerencial mais comum que já identifiquei em start-ups mostra novos grupos de altos gerentes chegando para guiar o novo empreendimento em sucessivos estágios de crescimento. Cada nova equipe gerencial se especializa em algo diferente — uma capacidade especialmente importante para gerenciar o trabalho único e necessário para passar para a próxima fase. Quando a fase é concluída e seu trabalho finalizado, a gerência deixa o cargo e uma nova equipe entra em ação. A nova equipe se prepara para assumir o desafio de levar a empresa a uma nova fase de crescimento, com o apoio da equipe anterior.

Isso ocorre com tanta freqüência que está se tornando uma expectativa universal. A expectativa de vida mais provável de um CEO fundador é agora medida em meses, ou um ano, na melhor das hipóteses. Os estágios seguintes mantêm CEOs na cadeira de presidente apenas por alguns anos. Essas mudanças na liderança não são tanto um caso de fracasso ou incompetência profissional, mas uma tentativa de aumentar as chances de sucesso acrescentando especialistas a cada estágio de crescimento da empresa.

Parte do motivo da existência desse padrão de ondas de sucessão de gerentes é que a maioria dos fundadores é composta de gerentes comerciais de pouca experiência. Os investidores no Conselho de Administração precisam administrar essa falta de experiência. Os tecnólogos sabem inventar avanços científicos impressionantes, mas entendem pouco sobre como auferir lucros. Alguns gerentes já administraram funcionários em um departamento como marketing, por exemplo, mas nunca administraram uma empresa. Podem ser os fundadores, mas estes são pessoas com uma boa idéia, não necessariamente uma boa experiência em administração de negócios de até 50 milhões de dólares em vendas, crescendo a 50 por cento ao ano em 11 países.

Verifiquei que existem algumas poucas fases clássicas de um novo empreendimento, e cada fase pede um conjunto especial de habilidades de seus gerentes. A Tabela 3-2 mostra as fases que encontro mais freqüentemente nos novos empreendimentos. Refletem a pesquisa original feita para o livro *High Tech Start Up* e o trabalho realizado na era da Internet. Outros documentaram suas versões das fases de start-ups, que talvez também sejam úteis para você. Geoffrey Moore lista quatro fases: "Mercado inicial", "Pista de boliche", "Furacão" e "Rua principal".[6] Robert X. Cringely escreveu em *Impérios acidentais* que havia três fases, a primeira delas conduzida por comandos.[7]

---

[6] Geoffrey A. Moore, *Crossing the Chasm — and Beyond*. Nova York: Harper Business, 1995.
[7] Robert X. Cringely, *Impérios acidentais*. Rio de Janeiro: Ediouro, 1995.

Tabela 3-2 Padrão de mudanças na gerência em uma start-up

1. **Equipe 1 = Capital inicial para a Rodada B** → Os fundadores e diversas outras pessoas, em geral amigos, formam a **Equipe Gerencial Central**. Ela desenvolve o primeiro plano de negócios e encontra investidores dispostos a impulsionar a nova empresa com capital inicial, sendo também responsável por captar a segunda rodada de capital. (A rodada de capital inicial consiste na venda das ações preferenciais de Série A. A segunda rodada normalmente é chamada de rodada B.) Em geral, o primeiro produto ou serviço é criado, testado e lançado por essa equipe. A gerência tem como objetivo fazer com que a empresa seja líder do novo segmento de mercado direcionado. A equipe de gerentes 1 torna-se respeitada por sua ótima idéia nova. A empresa procura ser conhecida como um ótimo lugar para se trabalhar.

2. **Equipe 2 = Crescimento para 50 funcionários** → O segundo grupo de altos gerentes — a **Equipe dos 50** — desenvolve a empresa para que chegue a ter cerca de 50 funcionários, que lançam o segundo ou o terceiro produto ou serviço. A empresa consegue vencer as dificuldades iniciais e ganha ímpeto de vendas. A segunda equipe de gerentes torna-se respeitada por captar recursos para a rodada C e por desenvolver uma infra-estrutura que apóie o aumento de vendas nessa nova e fascinante empresa. O novo empreendimento passa a ser conhecido como uma start-up financiada por investidores de risco que deve ser levada sério.

3. **Equipe 3 = de 50 a 300 funcionários e a IPO** → O terceiro grupo de altos gerentes é a **Equipe da IPO**. Ela desenvolve a empresa para que atinja o tamanho desejado para uma IPO, em uma nova fase de crescimento, com a tomada de pedidos. A Equipe 3 consegue financiar e controlar o tamanho em rápida expansão do negócio e o grande número de funcionários novos. Na verdade, a empresa agora parece estar quase explodindo ao avançar para o próximo ponto de abastecimento: a IPO. A Equipe 3 é formada por pessoas que "decoram o prospecto". São respeitadas pelos investidores institucionais e pela comunidade de risco. A empresa passa a ser conhecida como a líder de um novo e aquecido mercado de crescimento. Currículos de potenciais funcionários ávidos por trabalhar na nova empresa não param de chegar por e-mail. Os banqueiros de investimentos mandam champanhe.

FONTE: Nesheim Group.

Fracasso da gerência: o que realmente acontece

No caso da substituição do fundador, isso significa que ele fracassou? Não para os empreendedores experientes. Eles esperam uma troca constante de gerentes. Já viram isso acontecer antes. A nova empresa em rápida expansão passa por estágios sucessivos de crescimento. Cada estágio exige e apressa a necessidade de especialistas que podem administrar melhor a fase seguinte. Determinada fase da vida da empresa pode ser mais ou menos interessante, conforme a personalidade de cada gerente. Por exemplo, os fundadores da Equipe 1 podem achar que administrar um grande número de pessoas em uma empresa bem controlada é um tédio. Os empreendedores em série entendem isso e não rotulam automaticamente os gerentes dispensados como fracassos.

Os líderes da Equipe de 50 são excelentes na hora de trabalhar com empresas em rápido ritmo de crescimento. São excepcionais em suas reações decisivas a surpresas com vendas competitivas, mas detestam as obrigações administrativas diárias.

A Equipe da IPO adora colocar a empresa selvagem sob aparente controle e estabilidade, concentrada em dominar seu mercado favorito. Seus líderes são menos capazes de gerenciar o caos e os altíssimos níveis de risco dos estágios anteriores do novo empreendimento, e muito mais aptos a domar a fera e levá-la à oferta pública inicial de ações.

Então, o que ocorre com as pessoas das primeiras equipes gerenciais? Isso depende de como é conduzida a sucessão de gerentes. Conselhos de Administração experientes preferem que os fundadores originais permaneçam. Os poucos elementos leais da Equipe 1 mantêm viva a chama original — a chama que deu origem ao novo empreendimento. Essas pessoas podem servir de inspiração aos novos funcionários e ajudar a contratar os talentos necessários. Em geral, sabem se comunicar bem com o resto do mundo. A menos que sejam incompetentes e totalmente desprovidos de talento, os fundadores sábios saem de cena e apóiam o novo CEO e a equipe por ele selecionada. Disputas por poder e influência drenam os já escassos recursos, distraem os gerentes e abatem funcionários, clientes, fornecedores e parceiros estratégicos, além dos investidores. Os fundadores em série evitam esse tipo de erro e ficam famosos, até ricos, com a oportunidade de apreciar a vida de forma especial. De acordo com a Sequoia Capital, a transição da gerência na Yahoo é um caso clássico de sucesso.

Exemplo 3-2 Administração sucessora: Jerry Yang e a Yahoo

> Jerry Yang, co-fundador da Yahoo, conta que sentiu necessidade de contar com uma administração profissional para levar a empresa que ele ajudara a fundar a uma outra fase de crescimento.
> Quando o investidor de risco Michael Moritz, da Sequoia Capital, ligou para marcar uma reunião a fim de conversar sobre o próximo CEO, Jerry não o expulsou nem armou uma discussão, limitando-se a chamar seu advogado para começar a atacar o Conselho de Administração da empresa. Em vez disso, resolveu cooperar com a transição da gerência, ajudando o novo líder no começo e permanecendo na empresa em um papel responsável de porta-voz espirituoso e com conhecimento de causa da Yahoo para o grande público.
> Ele também foi instrumental para que a Yahoo consistisse num local atraente para funcionários talentosos. O resultado foi uma empresa que se tornou respeitada como líder nesse novo mercado de ponta, administrada por uma equipe gerencial e por funcionários capazes e dispostos a transformar a Yahoo em uma empresa líder de mercado.

A Yahoo não é um caso isolado. Vamos considerar a história da Cisco, e veremos que lá também vários gerentes se sucederam antes da IPO da empresa. O sucesso não depende da continuidade da primeira equipe administrativa da empresa. Na verdade, o oposto é muito mais provável. Um plano de sucessão gerencial bem elaborado é um componente importante do diferencial competitivo.

2. Mercado grande, aberto e em rápida expansão

Os investidores querem encontrar um campo no qual a concorrência não seja tão intensa. Não desejam encontrar o mercado repleto de muitas empresas com financiamento de investidores de risco em busca de diferenciação; tampouco desejam encontrar o território tomado por gigantes que apreciam acabar com a vida das pequenas start-ups.

O mercado deve estar crescendo. Isso implica que é um processo em andamento. Sugere que os investidores não querem que sua empresa seja a primeira a tentar demonstrar que não existe um novo mercado. "O primeiro sempre perde" é uma regra a ser respeitada. O primeiro a acertar vence.

Além disso, um mercado em expansão não exige que sua empresa eduque os clientes a comprar o primeiro produto. Em vez disso, os clientes é que devem estar ávidos para comprar sua primeira oferta. Se você tiver de educar os clientes potenciais sobre os benefícios de usar seus produtos, então estará no ramo da educação. Os investidores experientes não gostam de investir nesse tipo de empresa.

3. Tecnologia brilhante ou idéia que possa ser comercializada

Brilhantismo implica que sua tecnologia ou idéia é original e inovadora. Em geral, atraem imediatamente a atenção dos investidores. Esse é um dos motivos pelos quais "mais barato, mais rápido e melhor" não são boas razões para entrar no mercado. Sua idéia precisa ser nitidamente diferente para que se destaque e brilhe. Isso atrai novos funcionários talentosos e chama a atenção da mídia.

Você não deve estar envolvido com ciência. Apenas poucas start-ups ligadas às ciências se dão ao luxo de conseguir resolver os detalhes de uma nova invenção científica antes de começar a desenvolver o primeiro produto. Nas ciências da informação, não há tempo para trabalhar com ciência porque a concorrência já está bem adiantada, construindo os primeiros protótipos de produtos. Sua empresa deve ter engenheiros com tecnologia pronta para ser adotada na construção do primeiro produto. Os investidores não querem investir em invenções científicas não comprovadas.

Seu modelo de negócios não deve ser um experimento. A forma de ganhar dinheiro pode ser inteligente e criativa, mas, quanto mais você se desviar do modelo de negócios que é comum em seu setor de atuação, mais riscos acrescenta ao negócio. Isso dificulta a obtenção de recursos. As empresas pontocom da Internet experimentaram um novo modelo de negócios, e a maioria fracassou. David MacMillan, da BlueRun Ventures, define o problema assim: "Os únicos desvios dos modelos de negócios estabelecidos devem ser nos pontos em que ganham um diferencial competitivo confirmado."

4. Estratégia de saída atraente para os investidores

Os investidores querem saídas alternativas — maneiras diferentes de converter o investimento feito em retornos monetários valiosos. Ter apenas uma saída não é algo seguro. Eles insistem em manter vários caminhos para o retorno, incluindo aqueles a serem usados em caso de emergência extrema.

A IPO é o sonho dourado, a grande vitória. Seu alto retorno sobre o investimento reflete o alto risco: menos de uma start-up em cada dez empresas financiadas chega à fase da IPO, de acordo com minha pesquisa. Os investidores querem financiar empresas com boas chances de IPO tomando por base o diferencial competitivo. Entretanto, a venda de um novo empreendimento (a um bom valor) para uma empresa estabelecida é muito mais provável — praticamente três vezes mais provável, de acordo com meus estudos. Em alguns casos, a venda de uma nova empresa gerará um retorno razoável sobre o investimento para os investidores em menos de cinco anos.

Mas existe uma situação menos atraente que resulta na venda de muitos novos empreendimentos. Os ativos, principalmente a tecnologia, serão oferecidos a alguma outra empresa por uma fração do investimento feito no negócio. Isso ocorre porque o empreendimento não foi tão bem quanto o esperado, e a empresa é colocada no bloco de leilões. É vendida em partes por um retorno pequeno ou nulo sobre o investimento ou, ainda, com prejuízo substancial. Estatisticamente, esse é o resultado mais provável em qualquer novo empreendimento. Verifiquei que acontece em cerca de 75 por cento das start-ups de alta tecnologia.

"Será que devemos planejar ser comprados, em vez de buscar uma oferta pública de ações?", é uma pergunta freqüente de empreendedores inexperientes. Afinal de contas, muitas histórias já foram escritas sobre start-ups sendo incorporadas por gigantes de capital aberto, como a Intel, a Microsoft e a Cisco. E por que não a sua start-up? A resposta é a seguinte: se você não tentar ganhar a medalha de ouro, terá menos chances ainda de conseguir a de prata ou a de bronze. Muito provavelmente, errará seu alvo. Assim, sua posição de retaguarda depois de perder a venda da empresa para um gigante poderoso não é boa: talvez signifique falência.

Outro motivo para buscar uma IPO é que os investidores querem financiar novas start-ups de sucesso. Não estão interessados em pequenas empresas que têm um plano conservador de dez anos para, possivelmente, vir a ser comprada por uma grande empresa de capital aberto. Se você não planejar a IPO, não procure financiar sua idéia com capital de risco.

Investir em start-ups que buscam chegar a uma IPO é um bom negócio, e os investidores não aceitarão menos.

A única exceção a essa regra é a agitadíssima fase das flutuações de mercado, que beiram a insanidade, como, por exemplo, durante os anos de glória da Internet. Portanto, prepare um plano que possa conduzir o novo empreendimento a uma IPO com diferencial competitivo e inclua saídas alternativas que sejam satisfatórias aos investidores.

A seguir, está um exemplo do que ocorre quando uma start-up ambiciosa é desviada do caminho da IPO.

Exemplo 3-3 Saída alternativa: Alchemy Semiconductor, adquirida pela AMD

> Um comunicado à imprensa foi divulgado pela Internet em fevereiro de 2002 anunciando outra aquisição por uma gigante de alta tecnologia. A AMD, famosa empresa de chips do Vale do Silício, anunciou que iria adquirir a Alchemy Semiconductor de Austin, no Texas. A Alchemy era uma desenvolvedora de microprocessadores baseados em MIPS para dispositivos de conectividade pessoal. Seu pessoal e seus produtos complementavam os da AMD, que estavam concentrados em circuitos integrados para os mercados de comunicação e computadores pessoais e em rede. A Alchemy recebera 15 milhões de dólares na primeira rodada de financiamento da Austin Ventures, Cadence Design, Telos Ventures e U.S. Venture Partners. O preço da aquisição por parte da AMD não foi divulgado. Esses comunicados são muito mais comuns do que os que tratam de IPOs.[8]

Não constava no texto divulgado pela Internet o motivo que levou à venda da empresa, em vez de tentar uma IPO, mas é seguro supor que o Conselho de Administração considerou que o futuro da Alchemy estaria mais garantido nas mãos de uma gigante como a AMD. E você pode apostar que os investidores de risco de alta qualidade que financiaram a Alchemy sabiam, desde o início, que se uma IPO não funcionasse haveria a possibilidade de uma venda favorável da empresa.

---

[8] "Venture Wire Summary", *Venture Wire*, 7 de fevereiro de 2002.

5. Diferencial competitivo inteligente e estratégico: a força unificadora, a cola

O que prende a atenção dos investidores é o diferencial competitivo. É ele que os investidores e demais stakeholders estão procurando no final das contas. Quando você terminar a apresentação, quando o plano de negócios for finalmente lido, os investidores e os stakeholders esperam poder fazer menção a esse diferencial em termos simples, com entusiasmo e clareza, valendo-se do menor número de palavras possível. Se você conseguir, alguns dirão que eles entenderam porque você lhes revelou uma nova fórmula secreta. Como um investidor de risco comentou: "Quando vejo um diferencial competitivo, exclamo: 'Aha!'" Talvez isso lembre a receita secreta da vovó. O diferencial competitivo é exatamente assim.

Agora, que você já analisou os componentes, vamos avançar e mostrar como desenvolver o diferencial competitivo.

4

COMO DESENVOLVER O DIFERENCIAL COMPETITIVO

Neste ponto, você já conhece o principal objetivo: tornar-se o líder dominante de uma nova categoria de mercado. Isso é conquistado por meio do diferencial competitivo.

Você tem uma idéia para uma nova empresa. Deseja criar um plano para se tornar um sucesso de classe mundial. O próximo passo é reunir os elementos necessários para criar a receita do diferencial competitivo. Você é o mestre-cuca, que vai preparar o delicioso prato principal. Este capítulo trata disso.

PLANOS DE NEGÓCIOS SÃO HISTÓRIAS CRIADAS COM ELEMENTOS DE DIFERENCIAL COMPETITIVO

Os stakeholders ficam empolgados quando ouvem uma história interessante sobre como você planeja converter sua idéia em um negócio de classe mundial. Isso significa que você precisa ser um bom contador de histórias.

Contar sua história envolve mais do que apresentação atraente, oratória eficiente ou habilidades artísticas. Sim, praticar é importante. Mas uma ótima apresentação de uma história ruim continua sendo uma história ruim. É preciso desenvolver um ótimo plano de negócios com base em um ótimo diferencial competitivo. Os ganhadores do cobiçado Oscar do cinema conhecem o ditado: "Grandes roteiros fazem grandes estrelas, que, por sua vez, fazem grandes filmes." O corolário é: "Ótimos diferenciais competitivos fazem ótimos planos de negócios, que, por sua vez, fazem ótimos empreendedores."

Há algo capcioso nisso. Os stakeholders querem mais do que ouvir uma história envolvente. Os chefes costumam dizer: "Depois de ouvir o chiado da fritura, os clientes querem comer o filé." Sim, querem uma apresentação que deixe a platéia a seus pés, por isso pratique e ensaie a apresentação. Mas os stakeholders também insistirão em buscar fatos que comprovem a história fascinante. Pedirão provas concretas baseadas em pesquisa e, mais tarde, vão querer ler um plano completo e bem escrito — um plano que você se empenhou em elaborar.

Aviso às start-ups que assessoro que devem esperar pelo menos nove meses até que consigam concluir um plano de negócios de primeira linha. Deverá conter muitas seções, muitos capítulos, tabelas e anexos, e muitos números. Sim, os relatórios da imprensa e os boatos por e-mail contêm histórias sobre start-ups sensacionais que conseguiram financiamento rápido. Mas isso acontece tão raramente que não pode ser considerado fato. Leva algum tempo para preparar uma ótima história.

Um ótimo plano de negócios reflete um ótimo diferencial competitivo. Seus elementos estão incorporados em cada página do plano de negócios. O plano é escrito em capítulos estruturados como uma tapeçaria que descreve uma empolgante competição concluída com a vitória. É construída usando uma linha de pensamento franco e direto. Sua construção exige muita criatividade pessoal. Envolve empenho. Leva tempo para terminar.

TEMPO, O INIMIGO SEMPRE PRESENTE

"Não temos tempo para fazer toda a pesquisa e escrever tudo isso! Quando conseguirmos, alguém já terá roubado nossa idéia e conquistado o mercado!" Com freqüência, ouço esse lamento dos empreendedores iniciantes. Isso mostra que eles têm um bom senso de urgência, como veteranos de start-ups. Mas os veteranos sabem que há muito mais envolvido no sucesso do que ser o primeiro a entrar no mercado. Na verdade, eles acreditam naquilo que nossa pesquisa demonstrou: que os primeiros a acertar vencem, enquanto os primeiros a tentar em geral perecem. A pressa pode levar o empreendedor a bater nos rochedos e afundar. O valor da paciência está ilustrado no exemplo a seguir sobre um fundador e sua empresa que conheci na década passada.

Exemplo 4-1 Dedique tempo ao planejamento: Jeff Hawkins e o Palm

> Jeff Hawkins esperou 11 anos antes de montar a start-up que gerou o assistente digital pessoal Palm. Jeff e seus colegas da alta gerência, Donna Dubinsky e Ed Colligan, começaram retratando em suas mentes várias possibilidades para a nova geração de computadores. Como chefe dos designers de produtos, Jeff seguiu sua intuição. Baseava-se em sua experiência real no trabalho com tecnologia e no mundo dos negócios. Outros na equipe gerencial contribuíram com perspectivas diferentes a partir das próprias experiências com administração geral, marketing e disciplinas técnicas. Todas essas idéias, combinadas, levaram eles a crer que havia um bom mercado para dispositivos computacionais de pequeno porte. Enquanto isso, o tempo continuava avançando.
>
> À medida que a equipe gerencial debatia a mais recente versão de sua nova e sensacional idéia, começou a tratar de questões práticas e concretas — o tamanho físico do hardware, preferências dos usuários por determinados recursos, que canais de vendas utilizar, preços, proposição de valor para o cliente ideal, o conjunto ideal de parceiros estratégicos e assim por diante. Essas discussões informais levaram a conclusões que começaram a ser documentadas. Sua história começou a assumir uma forma mais definida. As reuniões realizadas depois do expediente continuaram a imprimir mais nitidez a seus planos. Quanto mais trabalhavam na idéia, mais percebiam que gostariam de fundar uma empresa para lançar uma nova geração de dispositivos práticos e úteis para profissionais móveis. Após alguns falsos começos quase desastrosos, decidiram que produziriam um dispositivo portátil capaz de caber em um bolso de camisa.
>
> Isso demorou. Não era fácil ser paciente. Havia notícia de que start-ups secretas estavam trabalhando em idéias semelhantes. As grandes empresas estavam debatendo em fóruns públicos sobre os méritos de dispositivos portáteis para a computação. Ainda assim, a equipe do Palm, como outras que observei, continuou a trabalhar para encontrar respostas aos problemas, resolvendo questões que poderiam surgir, e continuava a dar forma à sua história, mas mantendo-a em sigilo total.

À medida que o plano se tornava mais claro, também ficava mais atraente. Acabou atraindo financiamento das melhores empresas de investimento de risco. O primeiro produto Palm recebeu os primeiros prêmios em uma feira de negócios. Talentos de toda parte queriam trabalhar na Palm. Os repórteres exigiam entrevistas. A empresa basicamente mudou a maneira como as pessoas trabalham, resolvendo um grande problema.

Esse sucesso não se baseou em uma súbita revelação no chuveiro ou em uma rápida visita ao banco para conseguir financiamento. O sucesso não foi instantâneo. Em vez disso, exigiu o intenso e sigiloso trabalho de pessoas inteligentes durante muito tempo, até que conseguissem estruturar a primeira idéia em um diferencial competitivo sólido.

Dedicar tempo para acertar não é uma característica exclusiva da equipe gerencial da Palm. Novos empreendimentos de sucesso em todo o mundo seguem esse padrão. Eu o recomendo enfaticamente.

Durante a fase maníaca de um *boom*, é emocionalmente exasperador esperar e dedicar tempo até descobrir o caminho certo. Tentados pelas histórias de crianças que obtiveram recursos em 20 minutos ou menos, os empreendedores inexperientes sentem-se desesperados, abandonados, se não conseguirem ser "como todo mundo". É assim que o efeito gregário ganha ímpeto. É o que é descrito como o movimento dos roedores que se atiram dos penhascos para a morte.

A história não é gentil com start-ups que não dedicaram tempo suficiente à elaboração de um plano certo (a corrida na "era da Internet"). Nos cinco anos entre 1995 e 2000, um estudo de um investidor de risco da Kleiner Perkins, Vinod Khosla, revelou que menos de sete por cento das start-ups financiadas chegavam a uma IPO (ver a Tabela 4-1).[1] Esse número está bem abaixo dos dez que os investidores de risco gostam de mencionar. Retornos sobre o investimento fora do padrão não serão altos o suficiente para atrair novo capital para os sócios do empreendimento que precisa de recursos para continuar funcionando. É o que acontece quando existe pressa excessiva em conseguir o financiamento sem dedicar o tempo necessário à elaboração de planos de negócios detalhados que reflitam um diferencial competitivo sólido. Acredito que este seja o principal motivo pelo qual a era da Internet subiu tanto e caiu de forma tão estrondosa.

---

[1] "Talk About Scary", *Wall Street Journal*, 20 de junho de 2002.

Tabela 4-1 Era da Internet: start-ups financiadas, 1995-2000

Com IPO	978	7%
Adquiridas	1.529	11%
Falência	1.180	8%
Remanescentes	10.776	75%
Número de start-ups com recursos de investidores de risco	14.463	100%

FONTE: Kleiner Perkins Caufield & Buyers, Nesheim Group.

COMO COMEÇAR E OUTRAS DICAS DE VETERANOS DAS START-UPS

Como é possível começar a criar elementos e reuni-los em uma ótima história de diferencial competitivo? Como documentá-la na forma de um grande plano de negócios? Vamos examinar como os empreendedores em série fazem isso. Mais adiante você poderá modificar o processo para atender a seus requisitos especiais. Esse processo também funciona bem para novos produtos criados dentro de grandes empresas e para organizações sem fins lucrativos. Vamos começar com algumas dicas práticas iniciais dos veteranos.

Comece CEDO!

É preciso tempo para descobrir problemas e resolvê-los com criatividade. "Eu não sei" não é uma boa resposta a uma pergunta difícil durante uma apresentação a um investidor de classe mundial.

Pense em desenvolver o diferencial competitivo como um artista que modela uma estátua. No começo, nada mais é do que um bloco de argila macia. Ao começar o trabalho, pouco a pouco, a argila começa a assumir forma. Ao progredir no trabalho, é possível fazer alterações. Em alguns casos, você recomeça com um bloco novo de argila. No final, torna-se uma bela estátua. Não será exatamente o que você tinha em mente no início. Em vez disso, tornar-se-á algo muito melhor do que você imaginava. Será uma estátua muito mais bela, uma criação maravilhosa da qual você pode se orgulhar. Pense nisso ao começar.

Use um padrão cíclico para modelar a estátua

"Por onde devo começar?" Os melhores resultados vêm de um processo seqüencial e cíclico. Durante o primeiro processo de elaboração do plano, você encontrará várias lacunas em cada capítulo. Seu diferencial competitivo parecerá mais uma idéia ruim. Encontrar as lacunas facilita o trabalho: elas dizem qual será o próximo passo. As melhores etapas seqüenciais são:

1. Escrever uma primeira versão, o sumário executivo, de cerca de três ou quatro páginas.
2. Traçar o primeiro rascunho de cada capítulo do plano de negócios.
3. Concluir as primeiras estimativas da previsão financeira para cinco anos.
4. Volte à etapa 1 e comece a modelar sua estátua, trabalhando para concluí-la.

Ao continuar nesse ciclo, percorrendo as quatro etapas, você encontrará um novo diferencial competitivo que começa a surgir. Você ficará mais estimulado. Sua estátua começará a ganhar cada vez mais forma. Tente concluir o primeiro rascunho de cada uma das quatro etapas antes de passar para a próxima. O processo conferirá senso de realização e conclusão. Isso o ajudará durante esses inevitáveis e difíceis dias de desânimo inicial.

Comece seu plano de negócios escrevendo a apresentação

Agora que você conhece o processo, como reunir seus pensamentos para começar a escrever um bom plano de negócios? Aqui está uma dica de profissionais com muita experiência: comece a documentar suas idéias preparando a primeira apresentação.

Comece colocando o Microsoft PowerPoint em formato de tópicos e comece a digitar. Simplesmente digite. Deixe os gráficos para depois. Conte sua história simplesmente digitando o que você normalmente fala sobre ela. Ignore as quebras de página. Ignore se o texto não couber em uma página. Basta contar sua história ao digitar.

Uma palavra de atenção. O plano de negócios não termina depois que você finaliza a apresentação. Os investidores gostam de ler o plano. Ele deve ter em torno de 40 páginas, com gráficos coloridos e uma previsão de financiamento de cinco anos, com tabelas confirmando os fatos. Isso demora; por isso planeje desde cedo. Muitos são os fundadores desafortunados que tentaram o impossível: terminar um plano de negócios de classe mundial em duas semanas depois de fazer uma apresentação que empolgou os investidores (que pediram para ler o plano). Infelizmente, poucos conseguiram obter os recursos necessários.

Ao documentar a apresentação e o plano de negócios, tente escrevê-lo como se estivesse contando sua história. É assim que os empreendedores em série fazem. A história prende a atenção do público até o fim. Provoca e seduz. É encantadora. É até divertida.

Escreva um plano de negócios, não um plano operacional

Procure evitar um erro comum dos empreendedores inexperientes: não escreva seu plano de negócios como se fosse usá-lo para operar a empresa. Para administrar uma start-up no dia-a-dia, você precisará de um plano operacional anual detalhado aprovado pelo Conselho de Administração. Não é um plano de negócios. Você precisa de uma seção no plano de negócios para explicar como conduzirá a operação do novo empreendimento. (Isso é discutido na Seção de Operações.) Mas esses comentários não são um plano operacional. (O plano operacional contém muitos detalhes para administrar o negócio semanal, mensal ou anualmente.) Os dois planos são semelhantes, mas têm estruturas e objetivos diferentes. Escolha qual você vai criar e termine-o. Não use um plano para os dois objetivos. (A Tabela 4-2 compara os planos.)

Tabela 4-2 Comparação de planos de negócios e de operações		
	Plano de negócios	**Plano operacional**
Objetivo	Conseguir os recursos	Administrar o negócio
Ênfase	Estratégica	Tática
Tempo	3 a 5 anos	1 a 2 anos
Detalhe	Números anuais	Números mensais
Criação	De cima para baixo	De baixo para cima

FONTE: Neishem Group.

Use o modelo do plano de negócios clássico

"O que constitui um bom modelo de plano de negócios?" Histórias têm estruturas, e o mesmo ocorre com os planos de negócios. Começam chamando a atenção do público e seguem rumo a uma conclusão empolgante. Minha pesquisa mostra que as melhores chances de sucesso virão com o uso do modelo clássico de plano de negócios (na Tabela 4-3), que surgiu após décadas de apresentações aos investidores de risco em Sand Hill Road no Vale do Silício. (O Apêndice A fornece uma versão detalhada do modelo.)

Tabela 4-3 Modelo de plano de negócios clássico

1. Sumário executivo (Capítulo 5)
2. Necessidade dos clientes e oportunidade de negócios (Capítulo 6)
3. Estratégia (Capítulos 7, 8 e 9)
4. Marketing (Capítulo 10)
5. Vendas (Capítulo 11)
6. Desenvolvimento comercial (Capítulo 12)
7. Parceiros estratégicos (Capítulo 13)
8. Suporte ao cliente (Capítulo 14)
9. Operações (Capítulos 15 a 22)
10. Engenharia e tecnologia (Capítulo 15)

11. Aspectos jurídicos e propriedade intelectual (Capítulo 16)
12. Fabricação, terceirização e operações de Internet (Capítulo 17)
13. Serviços de informação (Capítulo 18)
14. Gerência e principais funcionários (Capítulo 19)
15. Instalações e administração (Capítulo 20)
16. Plano financeiro (Capítulo 21)
17. Avaliação e propriedade (Capítulo 22)
18. Apêndices

FONTE: Nesheim Group.

A estrutura de um plano de negócios é um mecanismo útil para estimular a engenhosidade e definir a exclusividade. Desenvolver diferencial competitivo estimula mentes engenhosas. Seu desafio é apresentar uma idéia simples mas inteligente. Você deverá fazê-la avançar, moldá-la em um plano consistente — um plano que vai emergir como um sólido diferencial competitivo. Seu diferencial competitivo não pode ser óbvio (caso contrário, será facilmente copiado e, portanto, não é um diferencial competitivo). Você precisa ser muito criativo para desenvolver um diferencial competitivo superior. A originalidade é essencial.

Prepare-se para se sentir um tanto desencorajado; seu primeiro roteiro fará com que se sinta muito exposto

Ao começar a tentar incluir os detalhes de cada capítulo no plano de negócios, você rapidamente verificará que é preciso fazer um pouco mais em cada aspecto: mais pesquisa, mais contas, mais pensamento estratégico, entre outros.

Você será desafiado ao escrever cada palavra. Intensas pressões serão exercidas sobre suas suposições, hipóteses e regras básicas favoritas. Muitas terão de ser abandonadas. As sobreviventes terão de ser aprimoradas com fatos e dados concretos do mundo real. Pense nesse processo de tentar concluir seu plano de negócios como o de contar sua idéia original a um amigo (alguém que você acredita que vai desafiá-lo, expor suas fraquezas e fazer sugestões construtivas).

Ao se sentir provocado, concentre-se em encontrar meios para fortalecer o diferencial competitivo. Ao digitar, pense menos em conseguir os recursos e chegar às manchetes e mais sobre o que pode fazer para evitar que empresas imitadoras copiem sua idéia.

Escreva por conta própria e de forma clara

Não contrate ninguém para contar a história por você. Os contadores de histórias não conseguem encontrar quem conte as histórias para eles. Os empreendedores em série sabem que isso não funciona bem; eles preparam e contam as próprias histórias. Aprenda com suas páginas de experiência. Os investidores querem que você crie e articule seu plano pessoalmente. Eles estão investindo em você, não na ajuda contratada. Os funcionários querem você como líder, não os contratados que escreveram o plano de negócios. Os repórteres querem escrever sobre você, não sobre o pessoal contratado.

Se precisar de ajuda para escrever bem ou para melhorar a gramática ou aprimorar sua história, você poderá obter ajuda de amigos que o conhecem. Peça a pessoas em quem você confia, de empresas do próprio setor de atuação. Peça que leiam e façam sugestões para aprimorar o plano. Passe o corretor ortográfico e ative a verificação gramatical do software. Erros básicos de gramática e ortografia são sinais de preguiça e falta de cuidado com os detalhes. Os investidores que oferecem milhões de dólares a empreendedores querem ver sinais de competência profissional nos detalhes de seu trabalho. Os funcionários não querem trabalhar para chefes incompetentes. Os repórteres sempre foram rápidos em identificar erros e usá-los para dar mais colorido a uma história. Erros básicos e redação ruim rapidamente diminuirão o entusiasmo de seus stakeholders. Eles avançarão e começarão a buscar outros planos de negócios, esquecendo o seu completamente.

Agora, vamos dar início ao processo de montagem. Os próximos capítulos abordam os componentes do diferencial competitivo. O diabo se esconde nos detalhes, por isso você precisa ir fundo e incluir elementos muito específicos para desenvolver sua história sobre o diferencial competitivo.

5

COMEÇO:
O SUMÁRIO EXECUTIVO

Os investidores de risco começam a procurar o diferencial competitivo examinando o sumário executivo de um plano de negócios. Essa seção prende a atenção do leitor, gerando interesse pela leitura do restante do material.

A próxima seção que os investidores analisam de perto envolve a gerência. Lembre-se de que as pessoas estão no topo da lista de prioridades para esses investidores. Outros stakeholders concordam.

Depois de procurar alguma qualificação administrativa especial, os investidores de risco passam ao início do plano de negócios e lêem o documento inteiro, de ponta a ponta. Querem ler toda a história de uma vez. Querem entender como o empreendimento vai crescer e se tornar lucrativo, que recursos serão necessários, qual será a estratégia de crescimento e como obter retorno sobre o investimento.

Tudo começa com o sumário executivo. Se ele não for bom, tudo termina ali mesmo. O sumário executivo é difícil de elaborar porque é curto — deve ter no máximo quatro páginas. Vale a pena dedicar muito tempo à sua preparação. Agora, vamos analisar algumas sugestões de empreendedores em série que sabem quais devem ser os componentes de um sumário executivo.

O sumário executivo é uma história fascinante e curta que representa integralmente seu plano de negócios e o diferencial competitivo inerente. É uma composição de parágrafos curtos, cada qual representando um resumo dos capítulos do plano, a saber: necessidade dos clientes, marketing, gerência e aspectos financeiros. Cada parágrafo é uma história completa em si mesma. Cada um contém um elemento importante do diferencial competitivo. Juntos, contam a história toda. Envolvem e empolgam o investidor.

"Por que você está aqui?" deve ser respondido no primeiro parágrafo. Como você está tentando captar recursos, vá direto ao assunto e explique ao leitor quanto dinheiro, em que fase e com que finalidade esses recursos serão usados. Por que perder tempo contando uma história se você precisa de capital inicial para uma start-up de biotecnologia, mas o leitor só investe em estágios posteriores de empresas de ciências da informação? Perder tempo é tolice. Declare logo de cara seu desejo de captar recursos. Sua história não está tentando mudar as listras do tigre — isso seria como tentar mudar a característica de investimento de determinado investidor, fazendo-o deixar de investir em biotecnologia e passar a injetar capital inicial em empreendimentos de semicondutores. Não vai funcionar. Evite frustrações e tempo perdido. Direcione sua resposta à pergunta "Por que você está aqui?" no primeiro parágrafo do sumário executivo: "Estamos captando 750 mil dólares para a rodada de capital inicial da Novaco Inc., um novo tipo de empresa de segurança de serviços sem fio."

Em seguida, siga o modelo clássico do plano de negócios até chegar a uma conclusão brilhante. Escreva seu sumário executivo seguindo a mesma seqüência utilizada para descrever as seções detalhadas de seu plano de negócios completo. Por que a mesma seqüência? Investidores de risco experientes esperam por isso. Eles pregam esses mesmos procedimentos. Fazem as mesmas sugestões para a elaboração de um bom plano de negócios. Os empreendedores em série concordam. Use as experiências alheias. A experiência alheia é fundamental (muito melhor do que você mesmo cometer os erros na primeira tentativa).

Quem é você? Este é o parágrafo vital e determinará se o investidor vai continuar lendo. Experientes veteranos de start-ups dizem que não basta descrever os elementos de sua equipe gerencial de forma especial. É preciso ser excepcional — e em apenas algumas frases. Você está retratando o pessoal e suas competências, experiências e camaradagem, por que você os reuniu e por que eles são capazes de realizar o trabalho necessário para tornar o novo empreendimento um estrondoso sucesso. Esse, talvez, seja o parágrafo mais difícil de escrever em todo o documento. O diferencial competitivo de cada membro da equipe deve mesclar-se ao dos demais, a fim de se tornar um todo considerado pelo investidor como uma equipe capaz e interessada em transformar sua idéia em uma ótima empresa.

Não deixe de incluir uma imagem atraente. O velho ditado é verdadeiro: "Uma imagem vale mais do que mil palavras." As imagens apelam para o lado direito de nosso cérebro. Esse lado apreende muita informação em uma imagem. Homens e engenheiros tendem a processar com o lado esquerdo de seus cérebros, mas todos nós usamos ambos os lados. Os gráficos são atraentes para todos, pois também provocam emoções, um dos objetivos de seu plano. As imagens também são fáceis de lembrar. Transmitem princípios em um formato que ajuda a esclarecer uma idéia nova difícil de descrever em palavras logo de início. Pode ser um gráfico econômico ou uma tabela de comparação de tecnologias, uma foto de um cliente que precisa de seu produto em uma situação especial. O que quer que seja, sua imagem irresistível deve ser tão eficaz que se você só tivesse um slide de PowerPoint para contar a história, seria o slide do gráfico. Ele deve orientar o investidor para que entenda a história e se interesse em saber mais.

Tabela 5-1 Tabela financeira para o sumário executivo

Milhares de dólares	Ano 1	Ano 2	Ano 3	Ano 4	Ano 5
Vendas	$450	$3.000	$11.700	$24.000	$44.000
Margem bruta	2%	45%	64%	66%	67%
Lucro operacional	($2.129)	($2.477)	($364)	$3.432	$8.985
Percentual	–473%	–83%	–3%	14%	20%
Número de funcionários	12	32	60	106	170
Capital acionário	$2.750	$5.750	$5.750	$5.750	$5.750

FONTE: Nesheim Group.

O resumo financeiro deve concluir o sumário executivo com simplicidade e clareza. Deve incluir um anexo com os principais números de que os investidores potenciais precisarão. Algumas palavras devem explicar os principais marcos financeiros. A Tabela 5-1 é um bom exemplo.

O resumo financeiro deve responder a estas perguntas:

- Qual será o volume de vendas nos anos 3 e 5?
- Qual o lucro operacional no ponto de equilíbrio?
- Qual a lucratividade do negócio no ano 5?
- Quantas pessoas serão necessárias?
- Quando a empresa tornará o fluxo de caixa positivo?
- Quanto dinheiro a empresa precisará nos próximos cinco anos?

A tabela de resumo financeiro, ao final do sumário executivo, conclui com um resumo interessante sobre a história completa. Embora seja simples em termos de projeto, o sumário executivo é completo. É curto. E é muito importante que seja bem escrito. É isso que faz com que o leitor fique interessado em ler o restante do plano de negócios.

6

NECESSIDADE DOS CLIENTES E OPORTUNIDADE DE NEGÓCIOS

Comece esta seção do plano de negócios dizendo ao leitor por que um cliente potencial gostaria de comprar seu produto ou serviço. Em seguida, explique como essa necessidade do cliente representa uma oportunidade de negócios excepcional. Este é o momento de descrever a inspiração para a sua idéia. É a seção que trata de atender a um "clamor que ninguém consegue saciar". Deve estimular o desejo de o leitor saber mais. O objetivo é mostrar-lhe que existe uma oportunidade que ninguém mais enxerga e que você está prestes a revelar como um valioso segredo. Um único exemplo tornará a necessidade do cliente e a oportunidade mais claros.

Exemplo 6-1 Necessidade e oportunidade: Singing Machine

Durante suas viagens de negócios à Ásia, um empresário chamado Edward Steele percebeu que deveria levar sua empresa (que fabricava máquinas de karaoke) a um novo patamar, longe do já estabelecido e competitivo ramo, em um novo segmento que ainda não tinha um líder de mercado. Ele finalmente identificou essa oportunidade tão esperada: o mercado doméstico de máquinas de karaoke. As máquinas industriais custavam 2 mil dólares cada, mas as de uso doméstico custariam 200. Isso permitiu a elaboração de um plano criativo para converter a Singing Machine de uma empresa em dificuldades financeiras em um empreendimento de sucesso. As vendas dispararam, e logo a Singing Machine era líder do mercado de máquinas de karaoke para uso doméstico — e, em pouco tempo, estava sofrendo com esse sucesso, aceitando mais encomendas do que estava preparada para fornecer.[1]

Essa inspiração é um bom começo. O guru da inspiração empresarial, Guy Kawasaki, concorda com isso quando afirma: "Use seu conhecimento, amor e determinação para criar algo novo sem ficar limitado pela teoria e por detalhes desnecessários."[2] Mas lembre-se: embora sua visão deva inspirar os stakeholders, não perca tempo demais com isso. O investidor deseja ouvir imediatamente mais sobre os clientes, não conceitos teóricos. Avance e responda às seguintes perguntas-chave (as favoritas de David BenDaniel, professor de empreendedorismo na Universidade de Cornell):

- Por que você está tão entusiasmado?
- Por que alguém gostaria de seu dispositivo ou serviço?
- Por que ninguém mais está fazendo isso?

Você pode descrever a idéia, a necessidade e a oportunidade colocando seu cliente ideal em uma situação na qual ele esteja usando seu produto em um cenário real. Isso permite o envolvimento emocional do investidor e ajuda a explicar mais precisamente o que você propõe criar para venda. Outro método é mencionar estatísticas surpreendentes que chamam a atenção do leitor. "Você sabia que 63 por cento do tempo gasto com telefones celulares é usado para serviços de mensagens curtas por adolescentes na Europa, mas menos de 16 por cento nos Estados Unidos?" As pessoas gostam de aprender coisas novas. Passe, então, a explicar como sua idéia explora a oportunidade sugerida pelos números. A seguir está um exemplo que identifiquei em um local que surpreendeu a mim e a muitos repórteres.

Exemplo 6-2 Necessidade e oportunidade: CelPay, na África

Que tal começar seu negócio de alta tecnologia na África? Alguns empreendedores fizeram isso e abriram as portas a um segmento de mercado subestimado com uma demanda não-atendida para seus serviços sem fio.

---

[1] Gene G. Marcial, "Staying at Home — with Karaoke?", *Business Week*, 10 de junho de 2002.
[2] Guy Kawasaki, *A arte do começo*. Rio de Janeiro: Best*Seller*, 2005.

NECESSIDADE DOS CLIENTES E OPORTUNIDADE DE NEGÓCIOS 119

Em meados de 2002, a MSI Cellular Holdings, de Amsterdã, ousadamente anunciou o lançamento de um serviço de telefone sem fio na Zâmbia direcionado a pessoas que precisavam de um serviço conveniente e seguro para o pagamento de contas. Foi muito anterior a seus rivais na Europa.

O serviço permite que comerciantes, empresas e usuários de celulares façam e recebam pagamentos usando um aparelho sem fio. Essa é uma proposta interessante em uma parte do mundo que utiliza principalmente dinheiro vivo nas transações, que pode ser perigosa e que tem um sistema postal deficiente, tornando as cobranças muito problemáticas. O pagamento por telefone celular é muito mais conveniente.[3]

Esses empreendedores concentraram-se em uma necessidade especial de um segmento especial de clientes e inovaram de uma maneira inteligente de atender a essa necessidade. O cliente determina a oportunidade. Vê-la antes da concorrência é parte do diferencial competitivo.

NECESSIDADE DO CLIENTE

Sua idéia pode estar muito clara para você, mas raramente é assim para quem a ouve pela primeira vez, especialmente os investidores céticos.

Este exemplo de necessidade do cliente vem de um bom plano de negócios criado por alguns de meus alunos empresários. Eles identificaram uma oportunidade para combinar o conhecimento dos serviços médicos e o de sistemas de tecnologia da informação. A seção de necessidade do cliente contém o tipo de informações detalhadas que ajudam a esclarecer qual é a idéia interessante do ponto de vista do usuário final. Eles se empenharam muito para tornar bastante clara a idéia complexa para a DataMed.

Exemplo 6-3 Necessidade do cliente: DataMed

Com base em um relatório do Instituto de Medicina das Academias Nacionais (1999), erros médicos são responsáveis pela morte de 44 mil pessoas nos hos-

---
[3] "CelPay Puts Africa on Wireless Map", *Wall Street Journal*, 2 de dezembro de 2002.

pitais norte-americanos todos os anos. Outro estudo apresenta uma estimativa bem superior a 98 mil. Mesmo usando uma estimativa menor, mais pessoas morrem por conta de erros médicos todos os anos do que de acidentes de trânsito, câncer de mama ou Aids. É uma taxa assustadoramente alta de erros médicos, e totalmente inaceitável. Criar um banco de dados eletrônico é uma maneira eficiente de minimizar os erros médicos porque elimina grande proporção de envolvimento humano no manuseio dos dados dos pacientes.

Os sistemas de Tecnologia da Informação (TI) atuais em muitos hospitais são incrivelmente ineficientes. Pesquisas da EpicCare Corporation mostram que, embora a ciência e a tecnologia médica continuem a avançar significativamente no combate a doenças e lesões, os processos administrativos e clínicos evoluíram muito pouco nos últimos 20 anos. O principal fluxo de trabalho clínico ainda depende de sistemas de registros médicos manuais e baseados em papel, o que aumentou com o uso precário da automação. Isso torna as operações hospitalares economicamente ineficientes e gera quantidades significativas de erros médicos. Na edição de janeiro de 2001 da *Family Practice Management Magazine*, estima-se que cada hospital pode economizar até 3 milhões de dólares e 36 vidas anualmente apenas atualizando o sistema de TI.

De acordo com a Lei de Seguro-saúde e Responsabilidade (1996) dos Estados Unidos, os hospitais devem fornecer aos pacientes acesso a seus prontuários médicos. No momento, o procedimento para que os pacientes recuperem seus registros é inconveniente e demorado. Portanto, existe uma necessidade urgente de os hospitais informatizarem os registros dos pacientes, visando a fácil recuperação dos dados dos prontuários.

Além desses fatores, há necessidade de um banco de dados médico centralizado que vincule os dados dos pacientes de todos os hospitais. Os procedimentos atuais para as indicações de pacientes envolvem complicadas chamadas telefônicas e por fax, que, por sua própria natureza, tendem a causar erros. Além disso, à medida que a população se tornar cada vez mais móvel em um futuro próximo, será preciso que os hospitais em diferentes regiões tenham acesso aos registros dos pacientes criados em outra parte. Um banco de dados médico interconectado permitirá a recuperação mais rápida dos registros dos pacientes quando forem indicados de outro centro ou quando tiverem se mudado ou viajado para outra região.

Um banco de dados colaborativo também pode aumentar a eficiência da coleta de dados na pesquisa médica. As empresas farmacêuticas precisam de anos para pesquisar um novo medicamento porque leva muito tempo coletar todos os dados necessários ao desenvolvimento de uma droga. Muitas informações estão dispersas e são imprecisas, exigindo muito tempo para o desenvolvimento de um conjunto seguro de dados de pesquisa. Portanto, as empresas farmacêuticas precisam ter acesso rápido a dados médicos precisos.[4]

Quando tiver terminado a seção do plano de negócios que trata da necessidade do cliente, você terá avançado significativamente o diferencial competitivo. Você terá algo que (esperamos) seja muito novo, exclusivo e que ninguém mais tem. Seu leitor estará interessado em continuar a ler. Vamos continuar também e examinar qual a função das pesquisas com clientes.

PESQUISAS COM CLIENTES

A seção "Necessidade do cliente" é um bom momento para apresentar o que você descobriu em conversas com as pessoas que representam seus clientes em potencial. Lembre-se de que você precisa convencer os stakeholders de que "o cão vai comer sua ração". Você não pode esperar dizer aos investidores apenas: "Confie em nós. Invista 1 milhão de dólares e nós vamos tentar ver se alguém quer comprar nosso produto." Da mesma forma, é pouco provável que futuros funcionários confiem cegamente em suas idéias cheias de esperança. A imprensa não vai escrever sobre seus sonhos não-concretizados. Isso só acontece na fase mais maníaca da era do *boom*.

Por isso, é preciso conversar com as pessoas. Envie alguns e-mails. Descubra até que ponto seus clientes ideais estão interessados no que você tentará vender a eles. É melhor você descobrir que seu produto é desinteressante antes de seus investidores o fazerem.

Sim, você precisa encontrar um meio de revelar algumas informações confidenciais, mas, ainda assim, manter segredo. É um tanto capcioso, mas os empreendedores em série aprenderam a lição. E você também

---

[4] Agradeço a Wilfred Lam, Alison Lau, Jorge Tseng Lee, David Wang e Samson Yao, pelo uso de seu plano de negócios para a DataMed Corp.

pode aprender. Pense em como fazer boas perguntas a clientes potenciais sem entregar todos os seus segredos. Descreva algumas partes (mas não todas) do produto. Pergunte quanto a pessoa pagaria por ele. Continue fazendo perguntas. Em seguida, volte ao plano de produto e faça as devidas modificações. Continue modelando a estátua de argila.

Use uma tabela para resumir seus achados, comparando produtos alternativos e concorrentes. É uma forma excepcional de conseguir envolver um investidor ou funcionário.

A PROPOSIÇÃO DE VALOR: O MOTIVO PARA COMPRAR

É preciso descobrir o que torna seu cliente ideal interessado em comprar o que você tem a lhe oferecer. Sua oferta deve compelir o cliente ideal. O usuário final deve estar ávido para comprar seu produto ou serviço. Você terá de provar que isso vai acontecer. Não é aceitável supor que sim.

Não confie em sua intuição e diga apenas: "Acredito que os usuários finais correrão para comprar o nosso primeiro produto." Os investidores de risco não investirão com base em suas esperanças.

A descoberta da proposição de valor muitas vezes engana o empreendedor

Mesmo veteranos seriais são surpreendidos com as respostas dos usuários finais. Pergunta: "Por que uma geladeira interessaria um esquimó que vive na parte mais fria do Pólo Norte?" Resposta: "Os esquimós precisam das geladeiras para evitar que os alimentos congelem." Isso não é tão óbvio assim para a maioria de nós. Pode até mesmo surpreender você.

Da mesma forma, não era óbvio para mim porque as primeiras empresas de sistemas de engenharia auxiliada por computador (sistemas CAE) eram um sucesso. Os primeiros sistemas foram criados por engenheiros impacientes e frustrados que tinham de fazer muito trabalho repetitivo para concluir os projetos de produtos interessantes. Eles tiveram uma visão para revolucionar o mundo da engenharia. Eles esperavam que muitos engenheiros entediados procurassem avidamente usar os novos e revolucionários sistemas de projeto por computador. Os inventores do CAE esperavam ser recompensados porque seus sistemas economizariam enorme quantidade de tempo e esforço para equipes inteiras de engenheiros frustrados. Eles se surpreenderam com o que aconteceu na vida real: os clientes do sistema CAE constataram que o pessoal de marketing estava mais interessado em usar os novos sistemas CAE para acelerar o lançamento de novos produtos no mercado em vez de beneficiar os departamentos de engenharia. Economizar meses e começar a vender logo era algo muito mais valioso do que melhorar a produtividade de engenheiros entediados.

Descobrir o que empolga o cliente pode surpreender toda a equipe de fundadores, assim como todos os outros que estão tentando encontrar um novo espaço, o novo mercado. Você quer ser o primeiro a descobrir o segredo. É parte da receita secreta da vovó. É o que empolga os usuários de seus produtos. É o que anima seus clientes potenciais. Você precisa falar com pessoas de verdade para descobrir isso.

A proposição de valor deve ser atraente

A proposição deve provocar emoções contundentes. A fome gera um forte desejo de comer. Você precisa de fortes emoções para entrar em ação. Um produto sem apelo não chamará a atenção de clientes potenciais ou outros importantes stakeholders: investidores, funcionários e repórteres. Empenhe-se para descobrir o que faz o cachorro latir animado, não apenas abrir a boca.

Proposições de valor também precisam de números

Não bastam só palavras. Suas idéias e benefícios podem ser distribuídos em duas categorias abrangentes: economizam (1) tempo ou (2) dinheiro. Ambas as categorias podem ser quantificadas. A maioria dos produtos só pertence a uma categoria, mas existem alguns que combinam ambas. Entretenimento e moda podem parecer, inicialmente, difícil de quantificar, mas os empresários sabem como fazer isso. Os investidores estão em busca dos números de sua proposição de valor (e como você chegou a eles). Eis alguns exemplos:

- "Nosso novo serviço de corretagem aumentará a margem de lucro em oito por cento."
- "Nosso novo hardware complementar aumenta a capacidade de seu equipamento de telecomunicações, adiando em um ou dois anos a data em que se tornará obsoleto e precisará substituir o sistema todo."
- "Nosso novo dispositivo médico cortará em pelo menos 40 por cento o tempo para a realização da cirurgia de ponte de safena."

Vamos examinar um primeiro rascunho de uma proposição de valor real e depois fortalecê-la. O próximo exemplo é a primeira proposição de valor da gerência da DataMed.

Exemplo 6-4 DataMed: primeira versão de uma proposição de valor

A DataMed criará a DataMed Medical Network Architecture para satisfazer as necessidades de hospitais, médicos, enfermeiros, pacientes e empresas farmacêuticas. Nosso produto será lançado em estágios e poderemos lidar com esse grupo diversificado de clientes em momentos diferentes.

Depois de fazer pesquisas com os clientes, a DataMed verificou que essa primeira proposição era fraca demais para provocar um desejo de compra. Observe a ausência de números e a falta de detalhes que apóiem a idéia.

Este foi um bom começo, mas não é muito atraente. Mais tarde, a equipe gerencial da DataMed criou uma proposição de valor mais interessante. (Será apresentada mais adiante.) A equipe aprendeu que essa etapa envolve muito empenho e que proposições de valor fracas são típicas do primeiro plano de empreendedores inexperientes. Os líderes da DataMed passaram a respeitar a importância de fazer pelo menos uma pesquisa com clientes. No final das contas, eles conseguiram bons argumentos para sustentar sua alegação de que o produto realmente incitava os clientes potenciais a querer comprar o primeiro produto a ser comercializado pela empresa.

Agora, vamos passar para a seção que informa ao leitor em detalhes o que é oferecido aos clientes.

SUA SOLUÇÃO

Depois de descrever a necessidade, passe à solução que atende às necessidades do cliente. A solução não é apenas um único produto ou serviço maravilhoso. É a gênese de muitos produtos e serviços que se tornarão famílias de produtos que impulsionarão o crescimento de sua nova empresa. A solução será uma combinação de elementos que formam o todo. Vamos analisar o exemplo de uma solução.

Exemplo 6-5 Solução: proposição de valor da DataMed

Observe como a proposição de valor da DataMed foi fortalecida desde a primeira tentativa.

Produto: DataMed Medical Network Architecture (DMNA)

A DataMed criará a DataMed Medical Network Architecture para satisfazer às necessidades de hospitais, médicos, enfermeiros, pacientes e empresas farmacêuticas. Nosso produto será lançado em estágios e poderemos lidar com esse grupo diversificado de clientes em momentos diferentes.

DataMed Medical Network Architecture

- Armazena dados médicos em um banco de dados hospitalar local, com fácil entrada e recuperação de dados
- Automatiza o fluxo de trabalho e o processo clínico nos hospitais
- Vincula os bancos de dados hospitalares locais em um banco de dados central
- Permite que os pacientes recuperem seus próprios registros médicos on-line
- Educa pacientes com informações sobre saúde e conhecimento de medicamentos
- Fornece dados adicionais sobre o paciente para fins de pesquisa de medicamentos de empresas farmacêuticas.

Inicialmente, o DataMed Local Data Repository (DLDR) será configurado junto com o DataMed Chart (DC) no hospital de nosso cliente. O DLDR e o

DataMed Chart são os principais recursos de nossa arquitetura. Todos os nossos clientes deverão ter esses sistemas instalados. Além disso, haverá uma versão móvel do DataMed Chart para inserção móvel de dados do paciente.

O restante da solução da DataMed está no Apêndice F. São várias páginas porque a equipe gerencial fez questão de tornar a proposta clara e atraente ao leitor.

Uma nota por precaução aqui: há forte tendência de enfatizar expressões do tipo "primeiro" ou, pelo menos, a idéia de "precoce" em cada "Necessidade do cliente" e "Oportunidade de negócios". Existe muita tecnologia envolvida nisso. No entanto, não se trata apenas da vantagem do primeiro a agir, nem da "tecnologia superior". Essas são questões a serem abordadas pela seção de marketing do plano de negócios.

Esta seção começou envolvendo o leitor no papel de um cliente. Descreveu a necessidade significativa de um cliente e uma solução interessante que atenderá a essa necessidade. Agora, o leitor começará a fazer as perguntas seguintes (que serão respondidas nas próximas seções do plano). A pergunta mais imediata é: "Como você vai conseguir ficar à frente da concorrência (depois que entrar no mercado)?" Então, vamos passar à próxima parte de nossa história: como você planeja superar e deixar para trás a sempre presente concorrência.

7

A ATITUDE ESTRATÉGICA DO NOVO EMPREENDIMENTO

O pensamento estratégico inteligente pode impulsionar de forma significativa seu poder competitivo. Na maioria das start-ups, percebo que o plano estratégico está entre as partes menos desenvolvidas do diferencial competitivo.

PONTOS FRACOS ESTRATÉGICOS

Existem muitos tipos de pontos fracos estratégicos. Eis alguns exemplos.

Perspectiva de tempo curta demais

A equipe gerencial dedica boa parte do tempo pensando em termos de meses, em vez de pensar nos anos vindouros. Faz tudo da forma mais rápida possível. "Corra" é o lema da cultura da empresa. Mas uma start-up é uma maratona, não uma corrida de velocidade. Tentar correr uma maratona como uma prova de velocidade será fatal. Sua empresa ficará sem energia e recursos. Você acabará exaurido.

Pensamento equivocado

O pensamento estratégico é interpretado equivocadamente como o pensamento por trás do plano de negócios. O plano de negócios é um roteiro para alcançar os objetivos traçados. Um plano estratégico define como vencer a concorrência.

Planejamento de evento único

O pensamento competitivo está limitado a eventos únicos, em vez de uma série de ações e reações em movimento. O planejamento estratégico estático baseia-se em eventos únicos, mas o mundo competitivo é dinâmico. Reage a eventos. É preciso reagir à sua reação. Por exemplo, vamos supor que você surpreenda o mundo ao lançar seu primeiro produto. Como a concorrência vai reagir? E, depois disso, como você planeja responder à reação esboçada por seus concorrentes? Isso é planejamento estratégico dinâmico.

Obsessão pelo primeiro lance

Este é o caso em que os líderes da empresa estão concentrados no modo de lançamento do primeiro produto o mais cedo possível. Eles acreditam que os produtos e planos seguintes podem ser descobertos no futuro, em vez de no presente. Entretanto, isso abre espaço para a concorrência superar sua empresa. O resultado é um diferencial competitivo fraco, que carece especialmente de um meio para assegurar a posição de liderança em um novo mercado e depois defendê-la.

Em primeiro lugar, a tática

Os planos táticos, não os estratégicos, dominam um novo empreendimento. Ações diárias e mensais consomem boa parte do tempo dos líderes empresariais. Após o lançamento do primeiro produto projetar a empresa à posição de liderança, os concorrentes que surgem depois, estrategicamente, superam e deixam para trás a empresa dominada pela tática. Nos próximos dois ou três anos, o líder inicial perde a posição original e se vê derrotado, com a vantagem inicial enfraquecendo a cada dia que passa. Tática e estratégia são necessárias para criar um diferencial competitivo sólido e sustentável. Crie um ótimo plano estratégico. Um pensamento estratégico fraco é o principal motivo pelo qual tantas start-ups recebem de investidores e outros stakeholders um "Não, obrigado" como resposta.

ESTRATÉGIA DE START-UP

Agora, vou passar a considerar aspectos mais positivos e dedicar algum tempo ao exame do que os veteranos de start-ups pensam sobre estratégia. Em seguida, mostrarei como usar a estratégia para desenvolver o diferencial competitivo.

Meu agradecimento especial a Al Ries, Laura Ries e Jack Trout, por partilharem em seus livros as experiências de suas vidas na criação de estratégia competitiva de empresas iniciantes, grandes e pequenas. Seus livros sobre marketing consistem em ótima leitura para os empreendedores. Especialmente útil é o original *Marketing de guerra*, que se tornou um clássico obrigatório na biblioteca de todo empreendedor.[1] O mais recente, *The Fall of Advertising and the Rise of PR*, explica como a estratégia de comunicação e o posicionamento de mercado das start-ups podem ser muito confusos e conduzir a erros fatais.[2]

Como superar a concorrência

A estratégia das start-ups envolve como superar a concorrência na batalha pelo novo mercado no qual você está entrando. Lembre-se de que a aplicação por parte da Amazon de ofensivas e contra-ofensivas permitiu que a empresa se tornasse líder absoluta em sua categoria.

A palavra-chave é *movimento*. A estratégia não é estática, mas dinâmica. Envolve uma seqüência de ações planejadas tomadas para alcançar uma meta singular: conseguir ficar à frente de seus concorrentes mais fracos e cansados. Você quer se tornar o líder reconhecido de um novo segmento de mercado, bem à frente do segundo colocado.

---

[1] Al Ries e Jack Trout, *Marketing de guerra*. São Paulo: M. Books, 2006.
[2] Al Ries e Laura Ries, *A queda da propaganda*. Rio de Janeiro: Campus, 2002.

Pense na estratégia como uma seqüência de investidas realizadas por você e seus concorrentes na batalha para conquistar o trono do novo território. A estratégia não é apenas uma única manobra brilhante que conquista a vitória. Não é um nocaute. Em vez disso, trata-se de uma seqüência: (1) uma ação (por parte de sua empresa) leva a (2) uma reação (por um concorrente), que leva a (3) uma nova reação (por parte de sua empresa).

Eis um exemplo genérico. Você lança seu primeiro produto e recebe elogios dos críticos e dos gurus que escrevem sobre o novo segmento de mercado. Pouco tempo depois, uma empresa gigante já estabelecida anuncia que logo lançará uma versão melhorada de seu produto. Em seguida, surge uma start-up secreta e anuncia que uma versão copiada a um custo menor e com mais recursos estará disponível no mercado em questão de semanas. Você responde declarando que seu produto é líder de marca e publica um comunicado à imprensa anunciando a próxima versão de seu primeiro produto com ainda mais recursos, benefícios e serviços. Trata-se de algo ainda mais atraente aos primeiros clientes, de acordo com os testemunhos dos consumidores citados no comunicado. Você também anuncia um segundo produto inteligente para um novo grupo de clientes relacionados com o primeiro grupo almejado. Ao fazer isso, você terá seguido uma seqüência de lances estratégicos sucessivos. Isso faz de sua empresa um alvo móvel, cada vez mais difícil para a concorrência superar. Também aumenta sua liderança competitiva. O diferencial competitivo modificado permite que você retenha a posição de líder e dificulta a entrada dos concorrentes nesse mercado. Isso ficará mais claro para você depois da análise de alguns indicadores.

Atitudes dos estrategistas empresariais

Pessoas em novos empreendimentos gostam de falar sobre estratégia. Em minha opinião, essas pessoas pensam de forma especial, visivelmente diferente das mentes estratégicas das grandes empresas. Elas têm características especiais. Algumas das mais importantes são discutidas a seguir, com base nas entrevistas e nas observações feitas em novos empreendimentos.

Mentes estratégicas são capciosas

Os veteranos do bravo mundo dos novos empreendimentos gostam de pensar na estratégia como uma combinação de truques capciosos que surpreende os concorrentes, faz avançar a liderança e fortalece o diferencial competitivo. Agem sem avisar; não são óbvios. Seus lances são criativamente preparados para surpreender a concorrência, dificultando muito a resposta a cada lance. Manobras ardilosas, criadas por mentes inovadoras, são uma característica importante do diferencial competitivo da equipe gerencial de sucesso.

Os empreendedores em série mantêm seus lances estratégicos em segredo

Eles fazem tudo para manter a concorrência no escuro, especialmente as start-ups imitadoras, cujo objetivo é tentar copiá-los depois do lançamento do primeiro produto. O segredo é fundamental para um novo empreendimento. Os veteranos se preparam secretamente para que possam explorar o melhor momento de anunciar e divulgar a notícia junto aos representantes de relações públicas.

Os veteranos estão mais preocupados com as surpresas ruins das start-ups secretas

Sua preocupação beira a paranóia. Os líderes de novos empreendimentos parecem ver e ouvir sombras e espectros no escuro. Sabem que os empreendedores em série são pessoas reservadas, e as start-ups secretas funcionam em absoluto sigilo até lançarem seu primeiro produto. Os mais espertos adotam nomes-fantasia para as suas empresas de produtos eletrônicos de consumo de alta tecnologia. "Rearden Steel Technologies" parece uma empresa de aço até o lançamento de seu primeiro produto (Moxi) e a divulgação do comunicado à imprensa mostrar quem realmente são (www.digeo.com). É muito difícil encontrá-los e estar preparado para o seu repentino aparecimento. Por isso os aficionados por tecnologia prestam tanta atenção aos rumores.

*Empreendedores inexperientes raramente entendem
a natureza reativa da estratégia*

Eles, em geral, contam sua história estratégica mostrando a superioridade de seu primeiro produto em comparação com os já existentes. Supõem que o primeiro lance será suficiente para vencer a concorrência. Mas as estratégias de uma só manobra são fracas porque não fazem parte de um plano maior que reflita e prepare para a reação dos concorrentes. As estratégias únicas também não prepararão um novo empreendimento para o dia, daqui a dois anos, quando várias empresas também deverão chegar ao mercado como novos empreendimentos para competir pelo mesmo segmento de mercado.

*Os investidores querem saber qual será a provável seqüência
dos lances estratégicos*

Os investidores querem prever os lances do jogo de xadrez antes de ele começar. Os investidores de risco, sabiamente, procuram entender como a start-up vai se comportar quando a concorrência reagir à sua entrada-surpresa no novo mercado. Esses investidores aprenderam que organizações estabelecidas e outras empresas novas tornaram-se mais adeptas a reagir rapidamente e superar as assim chamadas start-ups pioneiras. São o segundo e o terceiro lances que os investidores de risco experientes querem conhecer. Esteja preparado: documente suas manobras estratégicas.

*A vantagem do segundo a agir é considerada mais forte do
que a vantagem do pioneiro*

O pensamento seqüencial o ajuda a planejar seu segundo lance. Quando você consegue prever a reação da concorrência à sua primeira manobra, poderá planejar como manter-se à frente. Essa forma de pensamento estratégico é chamada de planejamento estratégico reativo ou planejamento estratégico dinâmico. Essa é a maneira de pensar dos veteranos de novos empreendimentos. Eles criam planos estratégicos dinâmicos e os incorporam às suas histórias, usando-os para fortalecer os diferenciais competitivos.

A estratégia leva à ação

Os líderes de novos empreendimentos utilizam a estratégia para se preparar para entrar em ação. Eles conhecem seu principal concorrente e escolhem como se posicionarão contra esse concorrente. Estão preparados para uma disputa acirrada. Reúnem e contam com recursos específicos prontos para a ação: eles têm um mapa que mostra o caminho para atingir o objetivo, onde, no meio do caminho, deverão travar batalhas de marketing e um calendário das ações planejadas. Eles não saem cegamente para a batalha sem planejamento, tentando descobrir o que farão depois que os concorrentes contra-atacarem.

Os planejadores estratégicos experientes de start-ups são prudentes

Os CEOs fundadores dedicam o tempo necessário para pensar sobre seu negócio e nas ações que levarão os concorrentes em determinadas direções. Eles não inventam a estratégia casualmente ou apenas com alguns minutos de preparação. Mantêm o equilíbrio entre um alto senso de urgência e o tempo necessário para fazer escolhas calculadas para determinado plano estratégico.

Os líderes de start-ups são proativos

Embora os líderes das start-ups sejam reativos e proativos, os veteranos dos novos empreendimentos são líderes preparados. A preparação os torna altamente eficazes, pessoas capazes de reagir rápido, especialmente diante de surpresas inevitáveis. Eles aprenderam que é muito melhor ser o mais proativo possível, pensando de antemão sobre os lances da concorrência e estando preparado para reagir, conforme necessário. Estão ávidos por liderar, não seguir, a multidão.

Eles preparam um plano de emergência de contingência

"Se nenhum dos lances planejados funcionar, vamos fazer XYZ." Os veteranos são realistas. Sabem que surpresas — boas e más — vão acontecer. Sabem que terão problemas graves com boas e más notícias. As más notícias incluem o cancelamento de uma encomenda de 1 milhão de peças (ou pior, a encomenda passou para o concorrente). As boas notícias também podem trazer problemas. Os veteranos sabem que terão enormes dificuldades com um pedido-surpresa, inesperado e bom, de 1 milhão de peças de um cliente gigante. Os empreendedores mais experientes têm um plano de emergência que abrange as possibilidades boas e ruins. Eles sabem como evitar ir à falência por causa das surpresas.

A experiência inicial do veterano de start-ups David MacMillan o levou a fazer a seguinte observação: "Já vi muitas start-ups que transformaram vitórias certas em derrota ao incorporar em seus planos restrições que as impossibilitaram de aproveitar a boa sorte. Por exemplo, escolhem um fornecedor que não tem escala, ou insistem em fazer tudo internamente, o que limita seu espaço de manobra, em vez de terceirizar para um fornecedor estabelecido que facilmente consegue agregar volume. Se seu concorrente conseguir aproveitar a boa sorte e você não, o concorrente explorará essa oportunidade e você ficará sempre em sua esteira."

Os veteranos de start-ups empenham-se para evitar pensar como deuses

O pensamento estratégico pode fazer você se sentir invencível, ao entrar em uma batalha, liderando um novo segmento de mercado, respeitado por um público enorme e cada vez mais admirado. Administrar novos empreendimentos eleva os níveis de adrenalina. Orgulho e arrogância começam a se insinuar em sua alma. Não é fácil ser humilde nas start-ups. Criar um novo negócio aciona a química interna, deixando você cada vez mais embriagado, dia após dia. Você começa a ficar viciado em adrenalina. É uma injeção no ego ter a seus pés repórteres querendo escrever matérias sobre seus produtos incríveis, sua equipe brilhante, seus serviços engenhosos e assim por diante. Os investidores de risco experientes sabem que é perigoso quando a equipe gerencial começa a acreditar em seus próprios comunicados à imprensa. Os fundadores veteranos vivenciaram de forma dolorosa como esse fervor se dissipa rapidamente, dando lugar à depressão. Sabem como o orgulho cresceu e foi seguido pela arrogância, perturbando a tomada de decisões claras e ponderadas e levando, no mínimo, a uma queda em sua capacidade de liderança — e, às vezes, até pior. Se você pensa estrategicamente, esse pensamento poderá confrontá-lo com a realidade da batalha competitiva antes que seu ego o leve cegamente ao desfiladeiro, direto para a ruína pessoal e profissional.

Os fundadores sabem que sonhos irreais acabam com as start-ups

Os líderes de novos empreendimentos são muito otimistas, mas os veteranos também são realistas. Os primeiros a entrar em ação enfrentam logo terríveis adversidades, muitas vezes acreditando piamente que vencerão. A maioria termina em uma carnificina sangrenta, em um obituário empresarial. Os empreendedores experientes sabem como equilibrar otimismo e realismo. Sabem quando se render a um vencedor, diminuir a velocidade de consumo de capital da empresa nova e caminhar em uma direção mais promissora. Uma retirada ordenada permite que a empresa lute por mais outro dia. Uma batalha irrealista para a morte leva o caixa a zero, e o negócio acaba no cemitério dos novos empreendimentos. Lembre-se do primeiro mandamento em finanças: "Não ficarás sem caixa!" Os planos realistas mantêm vivas as start-ups e o fluxo de caixa saudável. A esperança cega leva a empresa às manchetes dos obituários. O otimismo realista é parte da natureza dos líderes experientes de novos empreendimentos.

A estratégia para uma grande organização parece desinteressante, sem graça e frágil para os empreendedores

As grandes empresas concentram-se principalmente em como defender posições de liderança conquistadas em segmentos de mercado grandes e de crescimento lento. As empresas concorrentes estão bem entrincheiradas. Sobreviveram a décadas de batalhas e emergiram com os poucos sobreviventes. As gigantes empenham-se muito, pensando estrategicamente em como vencer umas às outras. Inovam para tentar estimular mercados consolidados cujas taxas de crescimento estão se reduzindo a cada ano. Gastam bilhões em batalhas disputadas cujo objetivo é tirar uma pequena porcentagem do mercado de crescimento lento dos concorrentes. Meio por cento em um ano é considerado grande vitória. Elas não são tolas. Pelo contrário, são muito sensatas nas batalhas que travam. Entretanto, as mentes estratégicas de novos empreendimentos não pensam dessa maneira porque estão lutando para determinar quem emergirá por fim como o gigante do novo mercado. Isso requer um tipo de pensamento estratégico diferente.

A estratégia para as start-ups é fascinante e muito criativa

Novas empresas pequenas, muito flexíveis e de lances rápidos têm muito mais opções estratégicas do que as empresas estabelecidas. As mentes de seus líderes voam, examinando onde e como manobrar com rapidez. Isso permite que as pessoas inteligentes de seu novo empreendimento sejam muito inovadoras. Isso é uma boa notícia porque o planejamento estratégico inovador pode melhorar muito o diferencial competitivo.

A má notícia é que, dentre as muitas alternativas estratégicas fascinantes, os empreendedores devem fazer sua escolha. Precisam escolher a alternativa estratégica certa dentre as disponíveis. Isso não é fácil. Também é arriscado: escolher mal pode acabar com uma start-up pequena. O caminho do planejamento estratégico para os novos empreendimentos está repleto de esqueletos de CEOs que escolheram a estratégia equivocada para travar a batalha. Sua função é aprender quais são as opções estratégicas, escolher a correta e aplicá-la à sua empresa. Escolha certo ou morra.

Agora, você conhece melhor a mente de um empreendedor estratégico. Em seguida vamos abordar os detalhes de como usar a estratégia para impulsionar a desigualdade estratégica de sua nova empresa. Vou apresentar as alternativas estratégicas básicas aos novos empreendimentos, discutir suas características especiais e mostrar como empresas reais as utilizaram.

8

FOCO: CONCENTRAÇÃO DE RECURSOS

As start-ups são como bebês recém-nascidos: os pais têm grandes esperanças para o seu futuro, mas sabem que os bebês são frágeis e precisarão de muito apoio na infância. Os novos empreendimentos terão de lutar simplesmente para sobreviver, quanto mais prosperar. Se ficarem sem recursos, encolherão e morrerão. Eles têm recursos muito limitados — caixa, pessoas e tecnologia —, que devem ser usados com sabedoria. Foco nos recursos limitados significa concentrar-se neles. Isso aumenta as chances de sucesso. É uma das melhores maneiras de aumentar o diferencial competitivo. Vamos examinar como os veteranos das start-ups aprenderam a focar os recursos para que a nova empresa aumente a competitividade e a sustentabilidade.

FOCO É O LEMA DOS EMPREENDEDORES EM SÉRIE E SEUS INVESTIDORES DE RISCO

O foco se torna parte de suas almas. Aprenderam da forma mais difícil que uma start-up deve concentrar-se em fazer muito bem só uma coisa: escolher uma meta e direcionar todos os seus recursos para acertar o alvo em cheio, a fim de se tornar líder de um empolgante novo segmento de mercado. Essa grande vitória é o foco de toda a empresa. O foco se torna uma forma de vida em novos empreendimentos bem administrados. As start-ups não diversificam; comprometem-se com um único objetivo.

"TUDO" E "QUALQUER LUGAR" NÃO FAZEM PARTE DO FOCO

Aplicadas a uma start-up, palavras como *tudo* significam que a empresa aceitará pedidos de qualquer tipo de cliente, montará qualquer versão personalizada para conseguir vender, irá a qualquer cidade do mundo para apresentar um produto. Isso é como atirar em um alvo com uma espingarda de caça: os projéteis se espalham rapidamente, dissipando energia e fazendo com que poucos atinjam o alvo e, mesmo assim, de forma muito fraca. É difícil dizer a uma equipe de vendas ou de desenvolvimento de produtos que seu mercado está em qualquer lugar: não sabem onde concentrar seu tempo e talento limitados. Essa dissipação de recursos escassos geralmente causa uma sangria na nova empresa, levando-a à morte. As pessoas ficam frágeis, assumindo tarefas demais sem um bom desempenho. Na melhor das hipóteses, acabam se transformando em pequenas empresas que fazem um pouco de tudo e nunca chegam a lugar algum.

Esses grupos de várias pequenas empresas são característicos de países em desenvolvimento, em que empresários inexperientes operam de forma reativa e oportunista. Eles se comportam como rolhas no oceano, reagindo a cada nova onda. Começam qualquer novo negócio que consideram ser o tal e nunca desistem no último que não conseguiram realizar. Começam pequenos, e os sobreviventes normalmente acabam como uma coleção de pequenos negócios, lutando desesperadamente para continuar em operação.

EMPRESÁRIOS INEXPERIENTES SE CANSAM DE SER LEMBRADOS: "VOCÊ PRECISA DE MAIS FOCO!"

Sim, o diferencial competitivo é um conjunto de vários elementos. Se uma idéia para um novo negócio envolver uma quantidade excessiva de atividades, ela acabará fugindo ao controle e sumindo. Por isso o foco é mencionado com tanta freqüência nas reuniões de diretores em todo o mundo, em novas empresas em todos os tipos de indústria. Existe uma mensagem implícita pela freqüência dessa mensagem urgente de foco. Parece que os empreendedores nunca conseguem foco suficiente, independentemente do quanto consideram que estão sendo focados. "Falta foco!" é a principal reclamação dos investidores de risco com quem trabalho há décadas. Gosto de lembrar às minhas start-ups que quando tiverem foco suficiente, poderão dar muitos exemplos de oportunidades que recusaram.

O PRINCÍPIO ESSENCIAL É "CONCENTRAÇÃO DE FORÇAS"

A maior potência de foco no menor alvo vence. O mais fino laser atravessa paredes de aço. É assustador largar todo o resto e fazer uma só coisa muito bem na primeira tentativa. Isso requer confiança e compromisso. Também vai contra o estilo tradicional de treinamento de executivos em grandes empresas bem estabelecidas. Seus líderes foram encurralados em uma busca desenfreada para reduzir o risco. Até mesmo para as mais reverenciadas gigantes, a história dos negócios demonstra que a redução diversificada do risco vence mais batalhas no longo prazo do que o foco em um único elemento. Portanto, nossa expectativa é a de que todas as empresas utilizem a diversificação e que seus líderes sejam sensatos ao analisar o risco de novos empreendimentos, enquanto não sabem se o sucesso é certo. Os empreendedores, desdenhosamente, chamam esse comportamento de *paralisia da análise*. Depois de meses ou mesmo anos, a empresa gigante termina sua análise de risco e lança a campanha de 100 milhões de dólares pelo novo produto. A redução de risco é o que mantém as gigantes em movimento, sempre crescendo ao longo das décadas. É isso que constitui a base do ensino tradicional das escolas de administração de empresas. Funciona para elas, mas é morte certa para um novo empreendimento. Este é um dos fatores que causam sofrimento aos executivos que montam sua primeira start-up, aumentando chances de um fracasso precoce.

OS FUNDADORES DE START-UPS VERIFICARAM QUE SE CONCENTRAR NA REDUÇÃO DE RISCO LEVA AS EMPRESAS À RUÍNA

Em vez de planejar a diversificação e de buscar a segurança, as empresas de capital de risco e os empreendedores em série descobriram que os vencedores dos novos empreendimentos são aqueles que assumem o risco comercial definitivo: fazer a empresa inteira se concentrar em produzir algo muito melhor do que qualquer concorrente. Fazer o que for preciso para dominar um único novo segmento de mercado. O vencedor fica com tudo. Se isso falhar, a empresa vai à falência. Uma única bala para disparar. Maximização do risco. Foco absoluto.

Isso não significa que empreendedores experientes saiam atirando precipitadamente no calor da batalha competitiva. Nunca. Em vez disso, devem preparar-se cuidadosamente antes de agir. Sim, eles procuram formas de reduzir o risco. Suas mentes estão sempre girando, fazendo seu dever de casa antes de disparar sua munição no novo mercado. Eles não agem por impulso ou com afobação. Planejam suas ações e se valem de foco. Mas não diversificam. Em vez disso, gastam muito tempo conversando com clientes potenciais. Descobrem, de antemão, o que tende a funcionar melhor para a sua start-up. Contam, medem e calculam antes de concluir o plano de negócios. Combinam suas descobertas com a intuição adquirida e a experiência, e emergem com um plano estratégico poderoso e contundente. Como eles conseguem? Por meio do foco, da descoberta, do foco renovado, continuando até ficarem satisfeitos.

Agora que você está bem focado, vamos examinar as estratégias básicas à sua disposição.

9

TIPOS DE ESTRATÉGIAS

Descobri que existe um padrão nas estratégias escolhidas pelos líderes de novos empreendimentos: eles escolhem as estratégias de uma lista diferente. A lista que utilizam coincide com as listas de estratégias observadas no setor de bens de consumo e dos militares. Empresas de consultoria aplicaram estratégias básicas semelhantes a seus clientes industriais de grande porte e empresas sem fins lucrativos. Mesmo as grandes universidades usam listas semelhantes.

A lista básica de estratégias empresariais baseia-se no pensamento militar. Essas estratégias podem ser simplificadas em uma lista curta. Um estudo das classificações e dos princípios de cada estratégia pode ser um meio muito prático e interessante de fortalecer uma boa idéia que carece de diferencial competitivo.

As estratégias das start-ups enquadram-se em diferentes categorias. O melhor pensamento categórico sobre as estratégias de start-ups espelha o pensamento original do general prussiano Carl von Clausewitz (1780-1831) em seu clássico *Da guerra*.[1] Existem muitas obras, sites e organizações que estudam e aplicam seus princípios, incluindo o livro *Marketing de guerra*,[2] de Ries e Trout. Tornou-se um clássico, e eu baseio boa parte de minha discussão sobre estratégia nessa obra. Os princípios de Clausewitz podem ser divididos em quatro estratégias claras, simples e básicas, de acordo com Ries e Trout. Já vi empreendedores maravilhados

---
[1] Carl von Clausewitz, *Da guerra*. Rio de Janeiro: Martins Fontes, 1996.
[2] Al Ries e Jack Trout, *Marketing de guerra*.

depois de escolher uma dessas opções de estratégia. Isso leva a um caminho claro e certo longe do lúgubre pântano do pensamento estratégico confuso e excessivamente intelectualizado. Ajuda a evitar perda de tempo ao contemplar como modificar e adaptar o pensamento estratégico das grandes empresas para que funcione em uma nova empresa pequena.

Alguns pensadores estratégicos contemporâneos também deram importantes contribuições ao pensamento estratégico dos novos empreendimentos. Recentemente, os gurus da estratégia, os grandes papas das escolas de administração e das caras empresas de consultoria consideraram que alguns elementos das estratégias das grandes empresas podem ser aplicados a organizações menores. Exemplos respeitados incluem trabalhos de Clayton Christensen,[3] Peter Drucker,[4] Michael Porter e C. K. Prahalad:

- Christensen explicou como e por que as empresas gigantes combatem as tecnologias inovadoras e por que são tão ineficazes quando tentam responder a empreendedores inovadores.
- Drucker identificou vários métodos estratégicos importantes empregados pelos empreendedores e sugeriu o motivo pelo qual eles funcionam nas empresas novas.
- Porter mostrou que existem forças básicas em ação em empresas concorrentes e demonstrou o valor de usar as forças para concentrar os recursos corporativos nas metas da empresa.
- Prahalad afirma que as grandes empresas têm mais sucesso concentrando-se nas competências essenciais, um pequeno número de vantagens competitivas consideradas primordiais para a especialização da organização como um todo.

Ao entrarmos na década de 2000, análises retrospectivas da era de ascensão e queda das empresas na Internet resultaram em uma reavaliação por parte de gurus e pensadores e no retorno a Clausewitz e suas estratégias. As grandes empresas de consultoria descobriram o valor do pensamento estratégico básico do general.[5] Para o estudante de estratégia empresarial, considero que vale a pena analisar esses pensadores estraté-

---
[3] Clayton M. Christensen, *Dilema da inovação*. São Paulo: Makron Books, 2001.
[4] Peter Drucker, *Inovação e espírito empreendedor*. São Paulo: Thompson Pioneira, 1998.
[5] "The return of von Clausewitz", *Economist*, 7 de março de 2002.

gicos. Suas diferentes visões são úteis aos novos empreendimentos. O truque é saber o que usar e o que descartar. Ler materiais estratégicos sobre as grandes empresas também pode ajudar os líderes de start-ups pequenas: eles terão várias gigantes como parceiros estratégicos.

Na seção seguinte, pego por empréstimo e aplico algumas idéias contemporâneas, mas enfatizo a visão de Clausewitz e as idéias criativas de Ries e Trout. Verifiquei que as empresas que aplicam criativamente os princípios do pensamento estratégico de Clausewitz acabam desenvolvendo diferencial competitivo.

IDENTIFICANDO OS CONCORRENTES

Como você começa a escolher sua estratégia? Comece identificando o principal concorrente. Depois, você pode concentrar-se nessa empresa. Com foco, pode definir metas e objetivos, escolher estratégias e fazer planos. Para superar um concorrente, você precisa escolher um para vencer. Você precisa de um alvo para acertar, derrotar ou evitar. Se você não escolher o concorrente, acabará enfrentando-o quando menos esperar e quando estiver mais vulnerável. Não comece criando seu plano estratégico e depois escolhendo o principal concorrente. Será um esforço perdido. Comece com o concorrente.

Escolha o líder de mercado

O líder de mercado é a empresa contra a qual você estará competindo quando lançar seu primeiro produto ou serviço. Pode ser simplesmente a maneira (antiquada) de operar. Antes dos celulares, os únicos dispositivos móveis eram os desajeitados telefones portáteis a rádio. Ou pode ser que uma empresa gigante existente na Ásia já esteja vendendo um produto relacionado. O primeiro PDA da Palm concorreu com vários dispositivos desse tipo fabricados por empresas japonesas de produtos eletrônicos de consumo. Ou talvez seja um produto que você espera que uma start-up existente em Taiwan lance daqui a 14 meses (alguns meses antes que seu produto esteja pronto para o lançamento). Ou, ainda, talvez seja uma start-up em Austin, no Texas, que você pouco conhece — você só ouviu boatos a seu respeito (mas não consegue encontrá-la) e investidores de risco respeitados acreditam que essa, provavelmente, será sua principal concorrente logo após o lançamento de seu primeiro produto. Você precisa escolher o líder de mercado antes de optar pela estratégia adequada.

Foco no líder de mercado

Seja criterioso e analise a empresa líder de mercado cuidadosamente. Passe a ser um especialista nessa empresa. Comece com o nome e a personalidade do CEO. Analise seu comportamento empresarial e seu histórico competitivo. Em seguida, examine o estilo administrativo da empresa, sua cultura, condição financeira, habilidades estratégicas, produtos, tecnologia e assim por diante. Aprenda o máximo que puder. Por que a empresa está onde está e qual o motivo de tanto sucesso? Gert Kindgren, um empreendedor serial sueco, sugere: "Outra boa maneira de conhecer melhor o líder de mercado é ligar para alguns dos clientes atuais da empresa, que podem ser seus no futuro. Eles devem saber explicar por que estão comprando, do que gostam e não gostam da empresa líder." Os clientes informarão o que falta nos produtos e serviços da líder de mercado. Podem orientar sua estratégia. Procure descobrir mais do que apenas como criar produtos melhores do que a líder. Descubra especialmente como o CEO atua em termos estratégicos nos períodos de dificuldades extremas. Ele começa de imediato uma guerra de preços? Ou será que começa uma batalha publicitária? Ou, ainda, será que ele liga para a imprensa e começa a contar histórias distorcidas? Ou pede ajuda a parceiros estratégicos gigantes? Ou dobra as comissões da força de vendas? Descubra quem é o líder de seu concorrente líder de mercado. Não é possível entender a Microsoft, por exemplo, sem conhecer Bill Gates.

Como saber quem é o líder de mercado? Uma sugestão: o líder em uma indústria estabelecida em geral detém 30 por cento de participação de mercado. Em 2004, a Nokia detinha 30 por cento do mercado de telefonia celular; a Motorola, 16 por cento; a Samsung, 12 por cento; e uma dúzia de outras tinha participações de um dígito no mercado (Figura 9-1). Um gorila, dois chimpanzés e muitos macacos famintos.[6]

---

[6] Geoffrey A. Moore, *Dentro do furacão*.

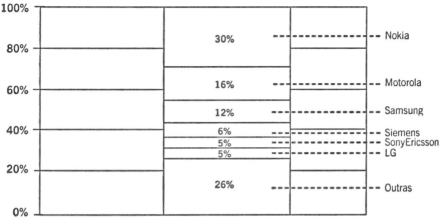

Figura 9-1 Participação de mercado: gorila de 30%

ESCOLHA UMA ESTRATÉGIA BÁSICA

Depois de identificar a líder de mercado, é hora de escolher a estratégia certa para a sua empresa. A escolha equivocada resultará em muita perda de sangue. O pai do conflito armado moderno, Carl von Clausewitz, inventou métodos que resultam em vitórias mais rápidas e com menos perdas. Sua mensagem fundamental é que você precisa aprender a ser mais esperto do que o inimigo ou enfrentar as conseqüências — carnificina, derramamento de sangue em todo o campo de batalha. Clausewitz preferia mentes em ação ao padrão mais comum hoje chamado de "sangue e coragem" (em função dos métodos de batalha do general norte-americano George Patton durante a Segunda Guerra Mundial).

Os empresários aplicaram as estratégias de Clausewitz com grande sucesso. Vamos analisar cada uma de suas estratégias, começando com as quatro classificações básicas que Ries e Trout criaram em *Marketing de guerra* (Tabela 9-1).

Tabela 9-1 Os quatro tipos de estratégia
1. Defensiva
2. Ofensiva
3. Flanqueamento
4. Guerrilha
FONTE: Al Ries e Jack Trout, *Marketing de guerra*.

Defensiva

A estratégia defensiva é a melhor para começar a start-up? Observe os princípios defensivos da guerra de marketing da Tabela 9-2. Em seguida, repense sua idéia de agir como o defensor: até que ponto essa estratégia e seus princípios seriam ideais para a sua empresa?

Os empreendedores inexperientes costumam escolher a estratégia defensiva com mais freqüência. Todos gostamos de ser líderes. A estratégia defensiva parece ser a mais desejável para começar. Tentar imitar o líder significa ter bom senso. É por isso que essa estratégia é a mais escolhida pelos bem-intencionados mas inexperientes empresários que pensam que seu novo negócio vai se tornar líder de um lucrativo novo mercado.

Entretanto, a estratégia defensiva só é bem-sucedida quando aplicada pelo líder de mercado. Só pode haver *um* líder de mercado. A história demonstra que, quando outros concorrentes tentam agir como o líder, acabam morrendo nessa tentativa. Somente um jogador pode ser o defensor e vencer. Este é um erro comum nos negócios de consumo e industriais em todo o mundo. Quase sempre é fatal. A Cisco domina o mercado de roteadores. A Amazon é senhora dos livros on-line. A Nokia é o reduto dos telefones celulares. Muitas empresas tentaram copiá-las e cometeram o erro de se comportar como líderes de mercado. Agora são nomes esquecidos. Só há lugar para um líder de mercado em cada nova categoria. O restante deve seguir e usar estratégias diferentes. O líder de mercado aplicará a estratégia defensiva. Você não deve usá-la até ser o líder de sua categoria de mercado.

Tabela 9-2 Princípios da defensiva

1. Somente o líder de mercado deve considerar atuar na defensiva
2. A melhor estratégia defensiva é a coragem de atacar a si mesmo
3. Fortes investidas da concorrência devem ser bloqueadas

FONTE: Ries e Jack Trout, *Marketing de guerra*.

Ofensiva

O segundo grande erro estratégico para uma start-up é agir como uma atacante agressiva, atingindo de frente o líder de mercado, bandeiras ao vento, cheia de bravata e sonhos de glória em que uma pequena empresa vencerá o gigante. Essa atitude do tipo "Davi contra Golias" gera um resultado consistente: Golias vence; Davi é derrotado. O dragão traça o bravo cavaleiro no jantar. É comum o empreendedor inexperiente planejar competir contra o líder de mercado gigante contando com o entusiasmo e a energia da start-up para vencer, partindo para o ataque com armas em punho, atirando em todas as frentes. Em vez disso, a start-up é lançada, o gigante contra-ataca e a start-up é esmagada como um inseto. Os repórteres escrevem: "Que bravura, que pena." Os funcionários nem vão ao enterro e procuram pessoas mais espertas para liderar sua próxima nova empresa.

Se você insistir em atacar o gigante de frente, preste atenção especial aos princípios da estratégia ofensiva apresentados na Tabela 9-3. Observe

---

Tabela 9-3 Princípios da ofensiva

1. A principal consideração é a força da posição do líder
2. Encontre um ponto fraco na força do líder e ataque esse ponto
3. Lance o ataque na frente mais estreita possível

FONTE: Ries e Trout, *Marketing de guerra*.

---

como as regras exigem que você (1) encontre pontos fracos significativos no defensor que possam ser atacados (foco), (2) comprometa-se em concentrar todos os recursos no ataque a essa única fraqueza (foco) e (3) concentre os limitados recursos da start-up na mais estreita possível frente competitiva (foco). Foi assim que os exércitos soviéticos lutaram suas guerras durante o século XX. As tropas regulares eram enviadas para o ataque de forma impetuosa, sondando até encontrar um ponto fraco no inimigo. Depois disso, todas as tropas de elite eram mandadas direto para esse ponto fraco, rachando a defesa e causando uma derrota fragorosa. O foco vence, sempre.

As start-ups ofensivas não têm recursos suficientes para atacar vários pontos fracos. A estratégia ofensiva vence concentrando-se em explorar um único ponto fraco. Mas muitos CEOs iniciantes tentam atacar o líder de mercado em várias frentes ao mesmo tempo. Tentam oferecer duas vezes os mesmos recursos, dobram a qualidade do atendimento ao cliente, prometem seis versões diferentes de cada produto e assim por diante. Isso não é foco.

Um risco significativo na utilização da estratégia ofensiva é que o líder defensivo rapidamente corrige seu ponto fraco e avança. Especialistas técnicos criativos muitas vezes identificam pontos fracos na tecnologia de um campeão que está defendendo seu mercado. Esse é um dos motivos pelos quais tantas start-ups de tecnologia são criadas com tanta ênfase na tecnologia. Mas, logo depois que o ponto fraco da tecnologia é atacado (depois que a empresa ofensiva lança seu primeiro produto), o defensor em geral reage com um produto semelhante ou anuncia um cuja "atualização" será fornecida alguns meses depois. Essa reação bloqueia o ataque da empresa ofensiva. De repente, sua tentativa de assumir a liderança acaba. Confiar na tecnologia (a melhor ratoeira) é uma armadilha comum para novas empresas que adotam a estratégia ofensiva. Quando o defensor fecha a porta com um lance imitador, a empresa ofensiva perde sua vantagem. Sua ratoeira se torna um produto copiado. O defensor vence.

Outro risco da estratégia ofensiva é ser impelido a travar batalhas por recursos: "Nosso produto é mais rápido do que o seu" ou "O nosso consome menos energia que o seu", por exemplo. As vantagens dos recursos raramente duram. Nas guerras dos microprocessadores que começaram na década de 1990 entre a Intel e a Advanced Micro Devices, cada qual alegava que seu produto tinha mais e melhores recursos. Logo tudo acabou se resumindo a um só recurso: a velocidade do relógio do chip. Em 2000, os engenheiros das duas empresas altamente competitivas chegaram tão perto em termos de suas aptidões técnicas que, a cada seis meses, um alegava que seu chip era mais rápido que o do concorrente. As batalhas por recursos também abrem a porta a um avanço por parte de um novo concorrente. Isso é especialmente válido em start-ups que estão expostas a outros imitadores que rapidamente entram em ação. Ao longo de três décadas, a batalha por chips de computadores gráficos encontra-se repleta de esqueletos de empresas que foram superadas por outras com chips mais rápidos. A mídia em geral considera as batalhas por produtos como um bom tema para histórias de tablóides sobre guerras acirradas entre concorrentes vigorosos. Os jornais adoram noticiar a mais recente troca de líderes, quando uma empresa domina a outra. É por isso que o astuto investidor de risco e seu empreendedor em série gastam tanto tempo elaborando comunicados à imprensa. Você quer que as notícias sejam positivas para a sua empresa, ou seja, que ela apareça liderando um novo segmento de mercado, e não sendo derrotada novamente. A seguir está o exemplo de uma nova empresa que escolheu a estratégia ofensiva contra um defensor entrincheirado.[7] Depois do primeiro comunicado à imprensa da atacante na ofensiva, achei fascinante acompanhar a enxurrada de comunicados, contra-ataques e réplicas.

Exemplo 9-1 Lances ofensivos e defensivos: Research in Motion *versus* Good Technology

Um exemplo claro do uso da estratégia ofensiva aconteceu quando a start-up anunciou seu inovador serviço de e-mail. A Research in Motion tornara-se líder em serviços de e-mail sem fio fornecidos em seu dispositivo portátil proprietário BlackBerry. Não sofreu ameaça alguma até uma nova empresa surgir.

A Good concentrou-se em uma fraqueza do serviço do BlackBerry: a falta de sincronização entre os e-mails do dispositivo portátil e o computador pessoal do usuário. O serviço da Good sincronizava-se diretamente com os servidores de e-mail da empresa. Qualquer ação realizada no dispositivo portá-

---

[7] Lisa Brausten, "Start-Up Good Technology Tackles Top Sellers of Hand-Held Devices", *Wall Street Journal*, 9 de maio de 2002.

til, como, por exemplo, apagar uma mensagem de e-mail, era imediatamente refletida no computador pessoal do usuário no escritório. Com o BlackBerry, o usuário precisava voltar ao escritório, colocar o dispositivo portátil em sua base conectada ao PC e sincronizá-los. Os clientes da Good contam com a sincronização imediata dos dois dispositivos, sem precisar perder tempo com isso. Os usuários corporativos economizam tempo e dinheiro porque o e-mail precisa ser gerenciado apenas nos servidores, em vez de em cada PC. O serviço da empresa funciona com uma variedade de hardwares, incluindo dispositivos BlackBerry. Seus primeiros clientes deram testemunhos muito favoráveis. A Microsoft e a IBM ofereciam suporte ao serviço da Good. Nenhum cliente individual podia se inscrever nesse serviço; apenas os clientes corporativos. A Good permaneceu focada apenas nas empresas e foi bem financiada por respeitadas empresas de capital de risco como a Kleiner Perkins Caufield & Byers e a Benchmark Capital.

O tempo dirá como será a batalha entre a Good Technology e a RIM. O recurso de sincronização de e-mails é uma parte crítica do diferencial competitivo da Good, mas observe cuidadosamente que possui mais do que apenas o benefício de um recurso no diferencial competitivo.

Flanqueamento

Considero a estratégia de flanco a mais indicada para as start-ups. É usada com mais freqüência pelos líderes das novas empresas. É semelhante a correr em volta de um muro sólido ou fazer um ataque-surpresa ao flanco inimigo. Vamos examinar como pode funcionar com sua empresa.

Para vencer pelo flanco, observe cuidadosamente seus três princípios muito especiais (Tabela 9-4): (1) deve ser um lance em um terreno competitivo que ainda não tem um líder definido (nenhuma outra empresa ainda domina o setor); (2) você deve surpreender o mundo (por isso tantos empreendedores seriais são tão reservados) e (3), assim que for iniciado, você precisa concentrar todos os seus recursos em atingir o objetivo (para se tornar líder de mercado).

Se houver um líder de mercado bem guardado que você planeja dominar, é tarde demais e não há nada a fazer. Tampouco há surpresas

Tabela 9-4 Princípios do flanqueamento

1. Uma boa investida de flanco deve ser feita em uma área incontestada
2. A surpresa tática deve ser um elemento importante do plano
3. A busca é tão crítica quanto o ataque propriamente dito

FONTE: Ries e Trout, *Marketing de guerra*.

para você usar, pois o mundo conhece bem o segmento de mercado que o líder detém. Não há necessidade de correr para atacar porque vários concorrentes já ocupam o mercado. A única alternativa é tentar um produto melhor, mais rápido e mais barato para o mercado existente. Mas essa alternativa praticamente não tem chance de vencer.

Em vez disso, é preciso encontrar um segmento de mercado diferente, que tenha sido subestimado. Não deve ser dominado por nenhuma empresa, qualquer que seja seu tamanho. Você precisa procurar clientes com necessidades novas que ninguém viu ainda. Esse é um dos motivos pelos quais os empreendedores são tão reservados — porque agem em segredo, até que seus primeiros produtos sejam anunciados. E é também o motivo pelo qual, logo que lançam seus primeiros produtos, são tão agressivos. Querem correr até o topo da montanha esquecida e dominar aquele território o mais rápido possível.

A seguir está um exemplo de estratégia de flanqueamento usada com sucesso pelo criativo CEO da Singing Machine.

Exemplo 9-2 Lance de flanco: Singing Machine

No Exemplo 6-1, observei como Edward Steele, principal executivo da Singing Machine Co., desenvolveu uma idéia para um novo negócio. A estratégia escolhida encaixa-se bem na categoria de flanco.

A concorrência acirrada levara seu negócio à beira do desastre quando, em uma viagem de negócios, ele identificou um mercado subestimado: máquinas de karaoke para uso doméstico. Na época, as máquinas de karaoke eram vendidas para casas noturnas e restaurantes para uso pelos clientes depois de algumas cervejas. Steele sentiu que sua empresa poderia produzir um modelo de consumo eficiente com recursos atraentes e que poderia vendê-lo a 200 dólares, uma fração do preço dos itens vendidos pelos fabricantes de karaoke industriais.

Para conquistar rapidamente a posição de líder do novo mercado, Steele agiu de forma audaciosa. Assinou com a MTV um acordo de marketing e fez outro com a Nickelodeon. Lançou mais modelos direcionados a crianças. A empresa vendeu agressivamente e, em três anos, as vendas subiram de 6 milhões de dólares por ano para 59 milhões. Os lucros aumentaram para mais de 9 milhões de dólares. Isso gerou matérias favoráveis sobre a empresa, que passou a ser incluída na lista de empresas bem-sucedidas.[8]

Outros exemplos clássicos da estratégia de flanco incluem:

- A Amazon.com avançou de forma inconteste para o mercado de livros no varejo on-line, enquanto a Barnes & Noble continuava a expandir o número de livrarias, ignorando a investida de flanco da Amazon, até ser tarde demais.

- A Sun Microsystems começou com vendas de estações de trabalho UNIX e tornou-se líder dominante nesse novo setor. A gigante corporativa Digital Equipment Corporation continuou a expandir sua linha de minicomputadores sem bloquear rapidamente a investida da Sun.

- A Lotus lançou sua instantaneamente popular planilha eletrônica 1-2-3 para o novo mercado de computadores pessoais compatíveis com o padrão IBM. A líder de mercado Visicalc permaneceu paralisada no mercado usando computadores Apple II. A Microsoft desenvolveu uma planilha inteligente para o subestimado Macintosh chamada Excel (um lance de flanco) e, mais tarde, usou o Excel para atacar os pontos fracos do 1-2-3 (uma investida ofensiva).

- A Dell Computer entrou nos negócios vendendo computadores pessoais diretamente aos clientes. A IBM os vendia a empresas via força de venda direta. A Compaq vendia via novas lojas de varejo.

---

[8] Gene G. Marcial, "Staying at Home — with Karaoke?", *Business Week*, 10 de junho de 2002.

- A Solectron identificou uma oportunidade para fabricar novos produtos de alta qualidade por contrato com as gigantes de computadores de rápido crescimento. Os concorrentes permaneceram centrados em oferecer placas baratas de computador a qualquer cliente.

O mercado mais desejável está apenas começando a se formar. Está aberto, ainda não está cheio de concorrentes na defensiva. É um mercado novo à espera de uma nova empresa para se tornar a nova líder. Essa empresa poderia ser a sua. Você descobriu a oportunidade? Quando isso tiver acontecido, você será um estrategista de flanco, fazendo uma investida-surpresa em um território incontestado.

Guerrilha

A estratégia da guerrilha funciona bem se você enfrentar um mercado grande e apinhado, e é necessário que encontre um minúsculo segmento de mercado no qual se encaixar. É assim que as empresas autofinanciadas começam. Também é eficaz como uma estratégia de apoio se você tiver começado seu negócio pelo flanco mas tenha sido surpreendido por concorrentes poderosos que rapidamente atacaram seu mercado e tiraram você da liderança. A guerrilha também é uma estratégia de apoio se você descobrir que seu lance de flanco serve para entrar em um mercado que ficará muito menor do que você esperava. No mundo real, o otimismo sobre um mercado potencialmente enorme freqüentemente se transforma em frustração: o mercado-alvo nunca será muito grande. Se você desejar continuar, precisará deixar a estratégia de flanqueamento e assumir a de guerrilha, encontrando uma fatia pequena e subestimada do mercado para atuar — em geral, chamada de nicho. *Nicho* vem do francês e quer dizer um mercado que é "pequeno demais para despertar interesse em qualquer outro concorrente". Também é pequeno demais para receber o financiamento de importantes investidores de risco. Por isso, tenha cuidado. Lembre-se de que você precisa ser capaz de gerar pelo menos 30 milhões de dólares em vendas de alta tecnologia entre três e cinco anos para chamar a atenção dos investidores de risco. As fontes de financiamento de estratégias de guerrilha são limitadas a indivíduos e aos fundos dos fundadores, muitas vezes chamados desdenhosamente de amigos, familiares e tolos.

> **Tabela 9-5** Princípios de guerrilha
>
> 1. Encontre um segmento de mercado pequeno o suficiente para defender
> 2. Independentemente do sucesso de sua empresa, nunca aja como líder
> 3. Esteja preparado para sair de uma hora para outra
>
> FONTE: Ries e Trout, *Marketing de guerra*.

A guerrilha é uma estratégia capciosa. Parece que você é líder (que age como defensor de seu pequeno nicho). Parece que tem elementos da estratégia de flanqueamento (corre para entrar em um mercado incontestado). Mas existem erros fatais. Os defensores não são guerrilhas. Sim, as guerrilhas podem defender seu mercado, mas não são gigantes invencíveis, mesmo que se sintam assim. Observe cuidadosamente os princípios de guerrilha na Tabela 9-5, em especial o terceiro: "Esteja preparado para sair de uma hora para outra." Assim que uma gigante começa a invadir o nicho e tem êxito, o guerrilheiro sensato não sustenta a luta até a morte. Em vez disso, o sujeito levanta acampamento imediatamente e parte em busca de um nicho diferente. Em vez de travar a batalha do Álamo novamente, em que cerca de 200 homens lutaram até a morte, durante 13 dias, com os mexicanos, para defender a independência do Texas (de forma fútil, obstinada e heróica), os veteranos sabem que é melhor perder uma batalha e recuar para combater outro dia.

Vamos examinar uma empresa muito bem-sucedida e famosa no mundo todo. É um bom exemplo de como a estratégia de guerrilha pode levar um empreendedor a se tornar vencedor. O fundador concentrou-se em um pequeno segmento de mercado, dedicou sua energia para se tornar o melhor do mundo no atendimento a uma necessidade muito especial de seus clientes e tornou-se tão capaz e famoso que nem mesmo os gigantes da indústria puderam destruir a posição de liderança de sua empresa. Assim que um segmento de mercado ficava saturado, ele avançava rapidamente para o seguinte.

Exemplo 9-3 Guerrilha: Dolby Laboratories

Ray Dolby é um fundador com paixão por produzir os melhores sistemas de processamento de sinais de áudio do mundo. A logomarca da Dolby está em milhões de produtos de áudio para consumidores e indústrias. Tornou-se uma marca de primeira linha usada em todo o mundo.

Existe uma intimidade toda especial no texto do site da empresa fundada por Ray Dolby. A mensagem reflete a evidente paixão de um fundador que está comprometido com seus ideais. Essa paixão foi a alma de uma nova empresa que se tornou a gigante guerrilheira dos sistemas de processamento de sinais de áudio. O texto do site é o seguinte:

> Em 1965, Ray Dolby fundou a Dolby Laboratories, com a meta inicial de desenvolver sistemas eletrônicos para reduzir o ruído de fundo, como sibilos, introduzido pelo processo de gravação de fitas. Com o sucesso desses sistemas e muitas inovações analógicas e digitais desde então, o nome Dolby passou a ser associado mundialmente a áudio de qualidade de trilhas sonoras de filmes, sistemas de *home theater*, fitas de áudio e vídeo, áudio de DVDs, TVs e transmissões a cabo e satélite. Ray Dolby vive em São Francisco, na Califórnia, com a esposa, Dagmar.
>
> A Dolby Laboratories desenvolve sistemas de processamento de sinais e fabrica equipamentos profissionais para implementar essas tecnologias nas indústrias de cinema, difusão por rádio e TV e gravadoras de música. O principal compromisso da Dolby é fornecer o melhor áudio possível para qualquer ambiente de entretenimento, incluindo música, filmes, televisão e multimídia. A sede da empresa privada é em São Francisco, com escritórios em Nova York, Los Angeles, Xangai, Pequim, Tóquio, e com sede européia em Londres.[9]

A Dolby domina o setor e a categoria em que atua. Segundo muitos padrões estabelecidos, permanece pequena. Ainda assim, domina e prospera. A empresa tem um desempenho que poucos alcançam. Ela tem diferencial competitivo.

Ray Dolby identificou nova oportunidade em um novo e subestimado segmento de mercado: acabar com a sibilação nas ondas dos novos aparelhos

---
[9] Site da Dolby Laboratories: www.dolby.com, fevereiro de 2003.

de cassetes de áudio. A tecnologia era muito difícil de criar e fornecer a um preço acessível, mas ele e seu pessoal conseguiram. Sua solução foi tão extraordinária que empresas imitadoras gigantes não conseguiram superá-la. O nome da empresa tornou-se sinônimo do melhor. "Você precisa ter um!" Os consumidores pagavam mais pelos produtos com a marca Dolby. Mas Ray Dolby não descansou nos louros da vitória. Manteve-se sempre atuante na busca por novas oportunidades, criando um alvo móvel, difícil para a concorrência atacar. Hoje a tecnologia Dolby é usada deste os menores dispositivos de mão às grandes instalações dos cinemas. Ray Dolby é um guerrilheiro de sucesso.

A maioria das empresas não segue uma estratégia de guerrilha. Em vez disso, começam e terminam um negócio de *commodities* muito pequeno em que não é possível distinguir seus produtos ou serviços dos muitos concorrentes semelhantes. Isso não é adotar uma estratégia de guerrilha de sucesso. Não confunda o pequeno porte com a guerrilha. Os casos de sucesso dessa estratégia são de empresas lucrativas, em crescimento e respeitadas em todo o mundo. Também são raros.

APLIQUE O PENSAMENTO ESTRATÉGICO

Agora você conhece as quatro estratégias básicas. É hora de escolher a mais adequada para a sua empresa. Comece escolhendo o líder de seu mercado; essa empresa estará adotando a estratégia defensiva. Sua missão está ficando mais fácil: basta escolher dentre as outras três opções. A seguir você encontra um processo seqüencial que deve servir-lhe de orientação para tomar uma decisão estratégica.

1. Escolha o líder de mercado cuidadosamente

O líder de mercado atual é uma entre várias empresas possíveis. A escolha raramente é óbvia, em especial se você vai inventar um produto que ainda não existe.

O líder de mercado pode ser "o padrão seguido no mercado atual"

O *status quo* é um concorrente difícil de superar. Você pode posicionar seu novo produto em relação ao líder da solução atual: estações de trabalho *versus* minicomputadores, PCs *versus* estações de trabalho, PDAs *versus* PCs, celulares *versus* PDAs e assim por diante. Se você estiver inventando uma nova categoria, criando um dispositivo único e pioneiro, a grande empresa que atualmente domina o *status quo* seria a líder de mercado contra a qual você teria de competir. A Nokia lidera o mercado de telefones celulares, a Palm lidera o de PDAs e assim por diante.

É duro convencer as pessoas a mudar

Os seres humanos demoram a mudar. Imaginam se vale a pena comprar seu dispositivo porque, se o fizerem, terão de mudar e abrir mão daquele com o qual estão acostumados. Será que seu produto vai se mostrar interessante o suficiente para fazê-los mudar? Qual será seu valor para eles? Essa mudança será dolorosa? E assim por diante. Tudo isso é considerado custo da mudança. O valor oferecido deve ser atraente o suficiente para superar o custo de mudar do antigo para o novo. Sua concorrência é a relutância dos clientes-alvo em mudar a forma de trabalhar. A maioria das pessoas não muda de forma rápida ou fácil, nem gosta de assumir o risco mais alto das novas tecnologias e novas empresas sem ponderar os prós e os contras antes de tomar a decisão de compra. Inventar meios de convencer as pessoas a mudar é parte da arte do marketing. Pode agregar muito poder ao diferencial competitivo.

Se você estiver entrando em um mercado consolidado e muito disputado, é fundamental encontrar um segmento subestimado e mal atendido do mercado maior

O mercado para computadores pessoais na década de 1980 estava cheio de gigantes consolidadas (Apple, IBM, Compaq) e inúmeras start-ups com desejo de crescer (clones de PCs). Para se tornar exclusivo nessa condição de intensa competição, é preciso encontrar um segmento de mercado subestimado (como vendas diretas a compradores de PCs) e tentar dominá-lo (como a Dell). O perigo é cair, de imediato, na tentação de atacar diretamente os gigantes (na defensiva). Esta, em geral, é uma escolha ruim de estratégia (ofensiva) para um novo empreendimento. Sem encontrar um ponto fraco duradouro no defensor, o ataque que recorre a uma estratégia ofensiva em geral termina em carnificina.

2. Depois de escolher o líder de mercado, procure seus pontos fracos

Comece procurando aberturas, fazendo um levantamento dos segmentos de mercado existentes

Para que segmentos de mercado a gigante está vendendo? Converse com os usuários finais. Será que a gigante subestimou ou prestou pouca atenção a determinados segmentos ("prestando maus serviços ao mercado")? Tente classificar os segmentos mal atendidos ou subestimados para saber até que ponto a líder de mercado está atendendo às suas exigências. Em seguida, escolha aquele que você considera o mais benéfico para a sua nova empresa.

Depois, procure algo importante para os clientes — algo que a líder subestimou ou não tem condições de atender

Por enquanto, tente evitar a tentação de dizer: "Vamos começar vendendo uma cópia do que eles estão fazendo — uma cópia mais barata, mais rápida e melhor." Isso só o levará a uma interminável guerra de recursos. "A XYZ Corp. tem dispositivos mais rápidos que a GiantCo — até o mês seguinte." As guerras por recursos raramente conquistam mais do que atenção temporária da imprensa. Em vez disso, busque elementos que os clientes estejam necessitando e que a líder não é capaz de oferecer ou que fornece de modo precário. A tecnologia permitiu o lançamento do site Amazon.com com o tema de 1 milhão de livros à escolha do cliente. As novas tecnologias podem oferecer oportunidades inovadoras (microprocessadores *versus* transistores). Fazer algo nunca realizado chama muita atenção (engenharia assistida por computador *versus* pranchetas de desenho). Procure especialmente pelo líder de mercado (vendas diretas a clientes *versus* contratos firmados pela Compaq que a obrigavam a vender apenas via lojas de varejo). Sua tarefa é encontrar algo especialmente valioso para muitos clientes esquecidos e ávidos por um bom atendimento.

3. Teste sua escolha estratégica medindo até que ponto você consegue defender a posição escolhida (vantagem do segundo a agir)

Até que ponto o líder de mercado poderá afetar sua empresa, ou mesmo destruí-la? Você precisa preparar um plano para responder à reação mais provável do líder de mercado após o anúncio do lançamento de seu primeiro produto. A vantagem do segundo a entrar no mercado é exatamente esta. Os empreendedores em série são bons nisso.

Em algumas semanas após o lançamento do serviço de e-mail sem fio da Good Technology, a nova empresa recebeu uma notificação judicial: estava sendo processada por infringir as patentes mantidas pela líder de mercado, a Research in Motion. Antes de as ondas de choque dos relatos da mídia terem acalmado, a Good anunciou que estava acionando a RIM por infringir as patentes da Good Technology. Ação, reação, nova reação. Os advogados terão trabalho durante alguns anos. Mas sua resposta mostra como a diretoria da Good Technology estava preparada para o segundo lance e manteve uma vantagem significativa.

As histórias sobre estratégias empresariais são notícia todos os dias. Nunca acabam. O exemplo da Amazon.com também mostrou como a liderança não só pode ser defendida, mas também fortalecida por meio da preparação para responder aos lances estratégicos dos concorrentes. Esses são apenas alguns exemplos das aplicações precoces dos lances estratégicos, que revelam como é importante escolher a melhor estratégia e tornar-se um ás na arte de aplicar os princípios da manobra estratégica. As histórias também mostram o motivo pelo qual um plano estratégico dinâmico ou reativo deve ser preparado com antecedência por um novo empreendimento. Seus segundos lances devem ser preparados para surpreender os concorrentes atacantes. Os investidores e os principais funcionários farão essa pergunta. Os repórteres tentarão arrancar essa informação de você. Você precisa ser capaz de defender sua posição no campo de batalha do marketing. Tudo deve estar planejado.

RESUMO

Faça agora uma pausa para revisar sua escolha de estratégia. Teste-a em relação aos princípios da estratégia em questão. Ao começar a procurar meios de usar sua estratégia para desenvolver diferencial competitivo, você poderá testar sua opção respondendo a estas perguntas:

- Qual o nome do novo segmento de mercado que você está querendo conquistar?
- Como você vai defender sua posição nesse segmento caso haja um ataque?
- Qual a condição da concorrência no segmento de mercado almejado?
- Como você vai conquistar a maior parcela desse segmento?
- Quais serão suas ações e reações aos lances da concorrência do dia do lançamento do primeiro produto até o dia do lançamento do terceiro produto?

Gráficos e tabelas de pesquisa de mercado o ajudarão a explicar aos stakeholders quais são as complexidades, as verdades e a força de sua estratégia. Existem algumas ferramentas práticas adotadas para desenvolver os melhores planos estratégicos para as start-ups. Os empreendedores em série documentam especialmente os seguintes aspectos:

- Mostrar uma linha do tempo com o desenvolvimento dos principais produtos e as datas de lançamento em detalhes nos dois primeiros anos e, depois disso, anualmente.
- Descrever o tempo e as reações dos concorrentes aos lançamentos dos produtos — os seus e os de outros concorrentes.
- Apresentar o número total de funcionários e os principais contratados para cada cinco anos.
- Mostrar o crescimento de vendas ano a ano e compará-lo ao crescimento de seu mercado-alvo.
- Determinar as datas para a primeira lucratividade e o fluxo de caixa positivo.
- Indicar quando a empresa alcança sucesso suficiente para abrir o capital.

10

MARKETING

A mecânica quântica tem algo em comum com três importantes funções das start-ups: marketing, vendas e desenvolvimento comercial. A mecânica quântica explica por que elementos muito pequenos se comportam de modo diferente dos maiores. Da mesma forma, marketing, vendas e desenvolvimento comercial se comportam de forma muito diferente em empresas pequenas e novas e em grandes corporações. As diferenças abrem as portas a um novo mundo, repleto de oportunidades criativas para a construção de seu diferencial competitivo.

Existem muitos exemplos famosos de novos empreendimentos que atingiram elevados níveis de sucesso usando marketing, vendas e desenvolvimento comercial. A Intel usou habilidades de marketing industrial para superar a gigante Motorola em uma acirrada batalha por microprocessadores. A JDS Uniphase, líder em componentes de fibra óptica para o setor de telecomunicações, utilizou a capacidade de desenvolvimento comercial para vincular a indústria da telecomunicação óptica a seus produtos proprietários. O sucesso inicial da Cisco como inventora do roteador digital expandiu-se com qualificações excepcionais de vendas. Em seguida, acelerou sua ascensão com um programa focado de desenvolvimento comercial que adquiriu muitas pequenas start-ups de alta tecnologia com cientistas de ponta.

Marketing, vendas e desenvolvimento comercial estão intimamente relacionados. Marketing e vendas são como primos próximos. O desenvolvimento comercial inclui um pouco de marketing e vendas. O truque é não confundir essas funções relacionadas. Cada qual tem um papel específico a desempenhar. Confundir os papéis confundirá seus clientes e funcionários. Nos capítulos seguintes e no Apêndice H, explicarei como usar essa função ao desenvolver o diferencial competitivo. Vamos começar com marketing.

MARKETING

Em uma nova empresa, a função de marketing gerencia um processo sofisticado que gera clientes. Em geral, está associado à estratégia de guerra. Há um velho ditado que diz: "A guerra é importante demais para ser deixada aos generais." David Packard, co-fundador da Hewlett-Packard, e outros adotaram o corolário de marketing: "O marketing é importante demais para ficar nas mãos do pessoal de marketing." Os empreendedores em série afirmam: "Todos na nova empresa precisam praticá-lo." "Marketing is Everything" ("Marketing é tudo") é o título de um artigo clássico de Regis McKenna, uma das mentes mais criativas e experientes do Vale do Silício.[1]

Embora alguns engenheiros considerem o marketing "mau", ele é essencial para desenvolver a força competitiva de um novo empreendimento. Todos os demais departamentos têm um modo de se associar ao departamento de marketing, à espera de que seus líderes definam o próximo passo. Um marketing forte pode impulsionar muito uma vantagem incipiente. A tecnologia não é irrelevante no desenvolvimento de diferencial competitivo sólido. Pelo contrário, é muito importante. Os avanços tecnológicos e dispositivos cada vez melhores são fontes comuns de grandes vantagens competitivas para novos empreendimentos. Mas é raro que um avanço tecnológico por conta própria leve uma nova empresa a superar todos os demais concorrentes. Em vez disso, a história mostra que as empresas que utilizam o marketing para alavancar e explorar a tecnologia tornam-se líderes com mais freqüência. Quando isso acontece, seu nome é associado à nova categoria. Intel é sinônimo de microprocessadores. Tornou-se uma marca.

---
[1] Regis McKenna, "Marketing is Everything", *Harvard Business Review*, janeiro de 1991.

DESENVOLVIMENTO DE MARCA

Vivemos no século das marcas e compras. A venda não é mais suficiente. Hoje, os compradores (em casa, no trabalho ou nas fábricas) estão bem informados sobre produtos (via Internet ou outras ondas de informação acionadas eletronicamente) e fazem escolhas por conta própria. O desenvolvimento da marca é uma etapa anterior à venda e à seleção dos produtos e serviços por parte dos clientes. As marcas diminuem o processo de tomada de decisão. É por isso que sua nova empresa deve ser excelente no desenvolvimento de marca, ou *branding*.

O desenvolvimento de marca envolve dar um nome a um produto ou empresa que adquire (ao longo dos anos) uma reputação porque significa algo importante. Depois que a marca é desenvolvida, o nome tem um significado claro e é facilmente lembrado pelo cliente. Dar um nome a um produto ou empresa é como marcar o gado — a marca não desaparece jamais. Eu e você acreditamos nisso: a Volvo fabrica os carros mais seguros do mundo (mesmo que seus carros sejam muitas vezes classificados bem abaixo do primeiro nos testes de segurança comparativos).

DEFINIÇÃO DE PADRÕES

Para empresas de alta tecnologia, o desenvolvimento da marca é semelhante a definir o padrão da indústria para produtos industriais de alta tecnologia. O desenvolvimento de marca e a definição de padrões são, ao mesmo tempo, semelhantes e diferentes. Cuidado para não confundir os dois conceitos: escolher as ferramentas erradas pode ser perigoso para a saúde de seu diferencial competitivo.

Para definir um alto padrão (desenvolver a marca de sua empresa e um de seus produtos industriais), é preciso escolher uma reputação específica que você deseja associar ao nome da empresa e ao produto. Você talvez tenha de se associar a comitês de definição de padrões da indústria. Talvez também seja preciso participar ativamente de reuniões com representantes da indústria. O que quer que você faça, a meta é vincular o nome da empresa a um sentido especial, uma reputação exclusiva. Essa reputação é o que você deseja inserir nas mentes de clientes e outros stakeholders. No mundo do consumo, Hertz significa locação de automóveis. Playstation2 significa jogos de computador de console da Sony. Pentium significa microprocessadores líderes da Intel. SPARC significa estações de trabalho UNIX da Sun Microsystems.

Sua principal vitória de marketing é fazer com que o nome de sua empresa seja sinônimo da nova categoria na qual você está competindo. Isso equivale a definir o padrão para uma nova categoria de hardware eletrônico, telecomunicações ou software. Quando você ganha, o nome de sua empresa se destaca na nova categoria. Xerox significa máquinas copiadoras. Cisco significa roteadores. SAP significa software de sistemas empresariais.

FOCO NO MERCADO

Definir um padrão (em um mercado com nova tecnologia) e desenvolver a marca de sua empresa (em um novo mercado de comércio eletrônico) exigem concentração de seus esforços em um só objetivo: encontrar uma única categoria de mercado para dominar.

A concentração de força e a singularidade de objetivo são críticas para o sucesso do marketing do novo empreendimento, de acordo com CEOs de classe mundial. Isso significa que você precisa escolher apenas um elemento no qual se concentrar, não uma longa lista de opções. Como crianças, os fundadores de start-ups devem aprender o sentido da primeira palavra que os pais ensinam a seus filhos: "Não!" Empreendedores inexperientes não gostam de dizer não ao que consideram ser empolgante. Adoram a adrenalina que sentem ao tentar algo novo. Mas vender para o cliente errado pode tirar o foco de toda a empresa. Empreendedores ingênuos desejam vender a todos os possíveis consumidores porque seus sentimentos dizem que, se não o fizerem, poderão perder grandes oportunidades. O problema em aceitar qualquer compra de qualquer cliente de qualquer indústria e de qualquer país é que isso dissipa recursos escassos. Essas ações sem planejamento remetem a empresa a inúmeras direções. Isso impede que a pequena start-up se torne líder em um segmento de mercado. O objetivo não é tornar-se grande e depois famosa. Ao contrário, é tornar-se a líder dominante da nova categoria em rápido crescimento e conquistar renome como a melhor do mercado. Isso exige foco. Requer saber dizer não. O próximo exemplo baseia-se em uma discussão que tive com dois fundadores que estavam apaixonados pela nova empresa.

Exemplo 10-1 Basta dizer não: Nagrom e o oferta caribenha

Nagrom era o co-fundador de uma pequena empresa de 11 meses que funcionava em seu apartamento cm São Francisco. Ele e o outro fundador eram técnicos sem experiência comercial. Eram os únicos funcionários e não tinham condições de pagar o próprio salário. Mal conseguiam pagar o aluguel. Seu primeiro produto ainda estava em um estágio bem precoce de desenvolvimento. Ainda não era um código de software padrão. O negócio estava longe de decolar. Os dois ex-universitários estavam desesperados por conseguir algumas vendas e fluxo de caixa para comprar comida e impedir que o proprietário do imóvel batesse à sua porta reclamando do atraso do aluguel todos os dias.

Nagrom ligou para um colega, Nhoj, que administrava sua terceira start-up, a fim de pedir conselho. "Você já escolheu o segmento em São Francisco que será seu foco?", perguntou Nhoj. "Não, ainda não tivemos tempo", respondeu Nagrom. "Mas conhecemos um sujeito numa festa que disse que poderia vender muitos produtos nossos no Caribe. Gostei dele e ele gostou da gente. Por isso acho que devemos fechar negócio com ele. Acho que seria realmente ótimo."

"Devo dizer que discordo de você", disse Nhoj. "Que tal escolher um grupo de clientes em São Francisco e direcionar o produto a esse grupo?"

"Bem, esse sujeito diz que conhece muitos clientes diferentes nas ilhas que poderiam usar nosso software, assim que ele for ligeiramente modificado para atender às suas necessidades. Isso nos traria milhares de vendas", disse Nagrom. "Por isso acho que vamos tentar fechar com ele. Só queria ouvir sua opinião. Mas agora tenho de correr, Nhoj. O tempo é curto, como sempre. Obrigado pelo conselho. Tchau."

Infelizmente, Nhoj tinha certeza do que aconteceria com a empresa desesperada por vender a qualquer um, em qualquer lugar. O futuro parecia negro para Nagrom sem o foco em um segmento de cliente específico.

Eis uma dica de Gert Kindgren: "Um modo de pensar no foco é imaginar o buraco de uma fechadura. Quando você o vê de longe, é muito pequeno. Quanto mais perto chega, mais consegue ver o cômodo do outro lado da porta. Assim que encosta o olho no buraco da fechadura, poderá encontrar um mundo inteiramente novo do outro lado: seu segmento de mercado-alvo!"

Enquanto a equipe central não aprender a dizer não, a nova empresa não terá foco. Até que tenha foco, o novo negócio não poderá tentar dominar uma parte do mercado. Sem domínio, a definição de padrões e o desenvolvimento da marca ficam impossibilitados. Os clientes não sabem o que pensar sobre empresas que atuam em múltiplos setores, vendendo seus produtos a qualquer pessoa. Os repórteres ficam confusos. O mesmo ocorre com os clientes potenciais. Os investidores duvidam das habilidades de marketing do CEO. Não têm idéia de como a empresa está posicionada no mercado.

POSICIONAMENTO NA MENTE

O posicionamento envolve um tipo especial de foco. Esse foco envolve mirar em um alvo psicológico dentro da mente de seu cliente ideal. Essa psicologia é parte significativa dos produtos de nível industrial e de alta tecnologia. O posicionamento focado não é apenas para produtos anunciados na televisão a clientes. Foco envolve direcionar o pensamento de seus clientes mais importantes e ignorar o resto. Foco na mente não é fácil, mas, sem ele, você estará perdendo tempo precioso e desperdiçando recursos em um novo empreendimento. Você precisa escolher um alvo certo e direcionado, porque o que você está prestes a fazer é muito difícil.

Sua meta é fazer seu produto entrar na mente do cliente potencial. Muitos engenheiros posicionam erroneamente o produto com números e folhas de especificações. No entanto, não é assim que as gigantes do futuro operam. O posicionamento é feito na mente do consumidor, não na folha de especificações. É algo psicológico, sobre percepções e mentes. É muito difícil de fazer, especialmente para técnicos que não são bons em compreender o comportamento das pessoas.

Quando tiver posicionado o produto corretamente, você terá criado na mente do cliente potencial a percepção de que não há outro produto no mercado como o seu. É exclusivo. Encaixa-se bem em um segmento entre dois outros concorrentes na mente do cliente ideal. Nenhuma outra empresa encaixa-se nesse perfil. Se isso acontecer, você não conseguirá ser exclusivo na mente do cliente. É por isso que exclusividade e foco são importantes. Os investidores querem ver seu posicionamento quando você apresentar sua história. O mesmo vale para repórteres e funcionários.

Para se posicionar, você precisa de um cliente ideal e de seus concorrentes. Vamos começar com o cliente ideal.

O CLIENTE IDEAL

Escolher o cliente ideal é sua próxima tarefa. Comece escolhendo (focando) seu primeiro segmento de mercado (muito estreito). Você deve tornar-se líder desse segmento. Depois disso, acrescentará segmentos de mercado relacionados e os utilizará para continuar a fazer a empresa crescer.

Imagine que você esteja dispondo pinos de boliche, cada qual representando um segmento de mercado. Sua meta é começar com o pino 1 e se tornar o vendedor dominante no segmento de mercado. Rapidamente, coloque os pinos 2 e 3 e assim por diante. Derrube o primeiro pino para que ele acerte mais dois. Isso é eficiente. Cria ímpeto. Acelera o negócio. Aumenta o diferencial competitivo.

No entanto, escolher o primeiro pino de boliche (segmento de mercado estreito) é algo mais complexo do que parece à primeira vista. É raro que os empreendedores inexperientes acertem de primeira. Eles, em geral, não têm foco suficiente. Acreditam que ser grande é melhor, ou seja, precisam atrair todas as pessoas com um telefone celular ou com problemas cardíacos indistintamente. Mas esse é um erro grave. Carece de foco vital e prejudica a empresa. Os concorrentes avançam rapidamente e superam uma empresa assim, com tão pouco foco. Tente seguir meu exemplo fictício e ver até que ponto você está focado.

Exemplo 10-2 Clientes ideais e pinos de boliche: esqui alpino em queda livre

Pense da seguinte maneira: os especialistas técnicos na equipe gerencial inventaram um novo tecido e descobriram que ele é ideal para evitar ferimentos na pele causados por acidentes ocorridos com praticantes de esportes radicais. Na forma de um traje, assume um visual sensual e úmido. A questão é: a quem deveria ser vendido primeiro?

Você decide começar fazendo algum tipo de planejamento básico de mercado. Cada segmento de mercado é representado por um pino de boliche conceitual, mas, na verdade, é uma pessoa especial que se encaixa em um perfil demográfico específico. A equipe gerencial passa uma semana conversando com muitos representantes da faixa etária de vinte e poucos anos. Todos voltam entusiasmados, com muita informação. Você faz uma triagem e, de repente, descobre:

— Nosso principal pino de boliche deve representar jovens canhotas, entre 18 e 23 anos, que pintam o cabelo de verde e praticam esqui alpino na modalidade de queda-livre no sudeste de Oslo! — Todos vibram. Isso é foco!

— E qual será nosso segundo pino de boliche? — pergunta o engenheiro-chefe.

— Isso é simples — você responde. — Serão os jovens entre 19 e 25 anos que acompanham as moças montanha abaixo! São grupos relacionados, com interesses semelhantes e que lêem o mesmo tipo de material. Eles se reúnem em locais semelhantes. Ouvirão as mesmas mensagens que o grupo número 1. Isso é incrível!

Isso também envolve muita eficiência. É o que cria ímpeto. Tudo começa com o foco no cliente ideal.

PRÓXIMOS CLIENTES

Você também deve escolher cuidadosamente os próximos segmentos de clientes. Quem são os melhores clientes para a posição de números 2 e 3? Em que seqüência você arrumará os pinos de boliche? Por que isso é tão importante? Porque, se você escolher sabiamente, a vida ficará muito mais fácil e eficiente para as start-ups inexperientes com recursos limitados. Por exemplo, os compradores que representam os números 2 e 3 lêem, conversam, pensam e se comportam como seus amigos no grupo 1. Gostam dos mesmos esportes, das mesmas revistas, freqüentam as mesmas feiras de negócios, assistem aos mesmos programas de televisão; é tudo igual. São parecidos mas, ao mesmo tempo, exclusivos. Há sobreposição de cada um dos três grupos, cada subconjunto, cada segmento de mercado. Juntos, formam o mercado geral maior que sua empresa pretende atingir, aquele que está sendo atendido. As pequenas peças se encaixam para formar o quadro geral. Pertencem ao mesmo grupo. Representam sua fonte de ímpeto e força.

Depois de identificar seu primeiro pino de boliche, você pode avançar. Encontre os pinos 2 e 3. Arrume-os em uma cuidadosa seqüência. O primeiro pino deve atingir os outros dois, construindo seu momento: o pino 1 se torna o pino 3, que se torna o pino 7 e assim por diante. Agora, você está no caminho certo.

A FUNÇÃO DE POSICIONAMENTO DA CONCORRÊNCIA

Em seguida, você deve posicionar sua oferta de produto na mente do cliente ideal. O posicionamento se faz contra um concorrente. Seu produto será comparado com ofertas alternativas. Lembre-se de que um novo empreendimento tem concorrentes em duas categorias básicas:

- Empresas existentes que atuam "da forma tradicional".
- Novas empresas de duas categorias:
  — imitadoras (rapidamente tentarão copiar o que você está fazendo, mas um pouquinho melhor);
  — start-ups secretas (uma empresa secreta que está centrada nos mesmos clientes que você).

Escolha quem é o líder de mercado em sua nova categoria. Pode ser uma grande empresa de capital aberto, que vende produtos antiquados fabricados com tecnologia obsoleta. Ou pode ser uma nova empresa, pioneira na nova categoria de mercado que você pretende dominar. Você precisa escolher uma empresa, nominalmente, como o concorrente contra o qual se posicionar.

Em seguida, crie uma mensagem que descreva o valor do produto, serviço ou solução que atenderá o cliente ideal. Sua mensagem de posicionamento deve ser exclusiva. Deve levar o cliente a agir. Quando funciona bem, faz com que o cliente decida a seu favor. Por exemplo, ao ler sua mensagem de posicionamento no site da empresa, o cliente ficará motivado a enviar a seu gerente de desenvolvimento comercial um e-mail solicitando o contato de um vendedor.

Sua mensagem posicionará a oferta na mente do cliente potencial. Envolve muita psicologia. Preenche um espaço vazio na mente do cliente ideal. Esse espaço não pode ser ocupado por um concorrente. Você deve preenchê-lo. Sua mensagem de posicionamento não deve ser imitadora ou melhor. Deve ser exclusiva.

Quanto mais você conhecer o líder de mercado que é seu principal concorrente, melhor será sua mensagem de posicionamento. Lembre-se especialmente de que, ao lançar seus produtos, sua mensagem de posicionamento começará a mudar porque os concorrentes vão reagir a ela. Reveja as seções anteriores sobre a concorrência, em especial os Capítulos 1 e 2 e os materiais sobre estratégia. Procure descobrir como o CEO do líder de mercado reagirá depois que você anunciar seu primeiro produto. Saber como o CEO se comporta em um ataque competitivo acrescentará um elemento muito poderoso a seu diferencial competitivo.

Não se preocupe com start-ups secretas. Continue ouvindo os rumores e tente identificar as fontes. Em geral, onde há fumaça, há fogo. Mas muitos novos empreendimentos nunca são financiados. No entanto, aceite a possibilidade de ser o segundo a comercializar sua idéia maravilhosa. Ou que a start-up secreta que segue seus passos possa superar sua tecnologia. Lide com esses problemas quando eles aparecerem. Trabalhe em busca de fatos; não alimente ficção. Enquanto isso, escolha o líder de mercado existente como seu principal concorrente e fique focado em construir diferencial competitivo.

PROPOSIÇÃO DE VALOR

O próximo item da lista de tarefas é descobrir qual é sua proposição de valor. Isso foi discutido em detalhes anteriormente, por isso um rápido lembrete será suficiente aqui. Lembre-se de que seu objetivo é tornar o produto tão atraente a seus clientes ideais a ponto de fazê-los correr para comprá-los. Exatamente o que vai deixá-los empolgados? Será que só a cor azul vai funcionar? Será que é o melhor atendimento? É algo extremamente prático? É um produto que gera grande economia de tempo? Exatamente o que faz o cliente querer mais?

Com certeza, descobrir a proposição de valor não é algo óbvio intuitivamente. Na verdade, a história sugere que é intuitivamente não-óbvio. Se for difícil de enxergar, isso oferece ainda outra vantagem (porque você a vê, mas os concorrentes, não). Essa vantagem é boa, mas exigirá esforço redobrado para ajudar seus clientes a enxergar com os próprios olhos.

Sua meta é criar uma proposição de valor tão atraente que faça seus produtos sumirem das prateleiras. "Nossos produtos se vendem sozinhos." Para criar uma proposição de valor atraente, considere três sugestões de veteranos das guerras de marketing de start-ups:

- Seja claro sobre o que o produto ou serviço fará exatamente. "Como funciona?" não é o que deseja ouvir depois de terminar sua apresentação de vendas. Faça desenhos. Dê exemplos. Faça demonstrações. Eu aprendi da maneira mais difícil que mesmo o dispositivo mais simples (como um novo tipo de escada) pode ser fácil para você, mas raramente isso ocorre com seu público. O que, em geral, é "totalmente transparente" para você é "totalmente opaco" para alguém que nunca viu sua invenção. Dedique algum tempo para explicar com clareza o que seu produto ou serviço fará para beneficiar o usuário final.

- "Poupe tempo ou dinheiro." A maioria das proposições de valor pode ser resumida a um ou dois benefícios: economizar tempo ou dinheiro. Os clientes potenciais exigem que pelo menos um desses aspectos seja atendido. Descubra o que atrai o usuário final de seu primeiro produto.

- As proposições de valor têm números. Traduza as palavras em benefícios quantificáveis: "Substituir um quadril artificial economizará 40 por cento do custo hospitalar atual." Ou: "O custo para atualizar os sistemas existentes será muito reduzido: metade do tempo para instalar e um quarto do custo de manutenção mensal."

- Continue a aprimorar sua proposição de valor para que ela se torne ainda mais atraente ao usuário final. Assim que tiver criado a primeira versão da proposição de valor, esforce-se para torná-la melhor. "A tela do nosso PDA é a única do mundo capaz de exibir a cor roxa!" não é uma proposição de valor adequada. Esta outra é melhor: "Assista a filmes em DVD em nosso PDA — é mais barato do que ir ao cinema." Continue fazendo modificações para chegar à proposta adequada a seus clientes. Isso aumenta ainda mais a vantagem competitiva.

Em mercados muito disputados, é difícil criar proposições de valor fortes e exclusivas. Em um mercado de *commodities*, é praticamente impossível criar uma proposta atraente. Por exemplo, em 2000, o mercado de unidades de disco oferecia uma enorme gama de produtos de inúmeros fornecedores. Para os clientes, todas as unidades de disco eram iguais; eles só queriam o menor preço por gigabyte. A única proposição de valor em um mercado de *commodities* é diminuir o preço. Essa é uma situação muito difícil para uma start-up entrar. Outro mercado disputadíssimo é o de PDAs. Em 2002, as guerras de marketing de PDAs estavam sendo travadas entre concorrentes bem protegidos e emergentes, muitos deles lutando para conquistar a vantagem sobre os demais. As start-ups não estavam ávidas por entrar nesse inglório campo de batalha. Em tais condições extremamente competitivas, proposições de valor fracas tornam-se comuns, mesmo das empresas mais famosas e reverenciadas. Considere a seguinte declaração extraída de um comunicado à imprensa de uma gigante mundial respeitada sobre um de seus produtos PDA.

Exemplo 10-3 Proposição de valor: comunicado à imprensa do PDA da Sony

Anunciamos o NZ90 Color CLIÉ™ Portátil com Câmera de 2 megapixels, PEG-NZ90. O novo Palm Powered™ PEG-NZ90 CLIÉ™ portátil eleva o nível da computação portátil, apresentando o novo Palm OS® v. 5.0, assim como uma **CPU de 200 MHz compatível com ARM** para melhor desempenho geral e excepcional experiência multimídia.[2]

Esse exemplo mais parece uma lista de recursos tecnológicos do que uma proposição de valor. Tem palavras-chave, alguns números e acrônimos técnicos. Mas a mensagem não informa aos potenciais compradores

---

[2] Site da Sony EUA: www.sony.com, março de 2003.

quanto tempo ou dinheiro eles economizarão usando o novo PDA. Esse produto pode ser muito interessante, mas o apelo não está óbvio no texto escolhido para a proposição de valor acima.

CONVERSE COM CLIENTES POTENCIAIS

Como evitar esses erros tão graves? É recomendável testar as proposições de valor em clientes potenciais. Converse com eles. Faça perguntas. Eles dirão até que ponto sua proposição de valor é ou não atraente. Lembre-se de que, quando você lançar o primeiro produto, o cachorro deve estar com tanta vontade de comer sua ração que ele começa a rasgar a sacola antes de você conseguir abri-la. Pergunte a pessoas de verdade — seus clientes potenciais — o que os empolga (ou aborrece) sobre sua idéia para um novo produto. Ouça e faça anotações. Não se esqueça de perguntar aos clientes sobre o "produto todo". Os especialistas precisam de semanas de esforço intensivo para elaborar perguntas e diagnosticar as respostas. Os achados são uma fonte de poder. A Cisco perguntou aos clientes o que era necessário e isso levou à sua mensagem de solução de ponta a ponta. Lembre-se de continuar modificando sua proposição como um escultor que modela a estátua de argila. Quanto mais aprender, mais modificará a mensagem. Continue trabalhando até que a proposição de valor cumpra o objetivo de deixar seus clientes potenciais realmente animados. Aí você estará pronto para usar as ferramentas de marketing a fim de fortalecer seu diferencial competitivo.

MENSAGEM DE POSICIONAMENTO

Com sua proposição de valor concluída, você está pronto para criar uma mensagem específica para o cliente ideal. Isso é fundamental para o plano de comunicação de marketing. Sua mensagem consistirá nas palavras e nos gráficos que empolgarão e terão um apelo concreto a seus clientes ideais. Trata-se de uma mensagem poderosa e contundente. Essa declaração curta é chamada de *declaração de posicionamento*. É como uma breve história sobre suas diferenças comparadas com as da concorrência. É muito, muito importante. Envolve muito, muito trabalho. Recorra à excelência. É aqui que especialistas externos, profissionais de comunicação de marketing, podem contribuir. A seguir, está um exemplo baseado em materiais de uma start-up real. Mostra a elaboração cuidadosa de uma mensagem centrada dos clientes potenciais de uma nova empresa.

Exemplo 10-4 Declaração de posicionamento: Notiva

"A Notiva fornece soluções para Liquidação Comercial que agilizam e otimizam os processos de liquidação financeira entre varejistas, atacadistas e fabricantes. Com a Notiva, os parceiros comerciais podem:

- Fazer e receber pagamentos em situações ideais
- Resolver disputas de forma colaborativa e imediata
- Reduzir custos e tempos de ciclo
- Melhorar relacionamentos comerciais

Descubra o que a Notiva pode fazer por você."[3]

Observe como a mensagem de posicionamento da Notiva enfatiza benefícios específicos para o cliente. Inclui uma proposição de valor em palavras. Os números precisos necessários para uma proposição de valor sólida ficarão a cargo do vendedor, que trabalhará em particular com cada cliente. Todo plano de negócios precisa de uma proposição de valor e de uma declaração de posicionamento. Quando terminar de elaborar sua declaração, você estará ponto para escolher a melhor maneira de comunicá-la a seus clientes ideais.

CANAIS DE COMUNICAÇÃO DE MARKETING: RELAÇÕES PÚBLICAS, PUBLICIDADE E OUTROS

Quando você tiver concluído a declaração de posicionamento, precisa divulgá-la aos clientes potenciais, parceiros estratégicos e candidatos a funcionários. É disso que trata a comunicação de marketing. Existem muitas opções criativas. Escolha com critério. Comece escolhendo o

---

[3] Site da Notiva: www.notiva.com, março de 2003.

melhor canal ou meio para a sua mensagem cuidadosamente elaborada. Escolha com sabedoria, porque um erro poderá enfraquecer uma vantagem de posicionamento sólida. Vamos examinar duas das mais populares: relações públicas e publicidade.

O principal objetivo da comunicação de marketing é fazer com que as pessoas falem vividamente sobre sua empresa e seus produtos. É isso que quer dizer ter uma propaganda favorável. Bons produtos tornam-se conhecidos porque são interessantes e atraentes para muitos clientes novos. Novidades sobre ótimos produtos se espalham como fogo na mata. Ótimos esforços de marketing geram o fogo e colocam lenha na fogueira. À medida que a notícia se espalha pelo mundo via e-mail, conversas na hora do almoço, encontros na academia, boletins na Internet, painéis de feiras de negócios e assim por diante, os resultados da comunicação de marketing ficam cada vez mais baratos a cada minuto. Logo, a concorrência fica deprimida, invejando a facilidade com que você atinge os novos clientes. Esse é o objetivo a ser alcançado por seu pessoal de marketing, de modo muito rápido e barato.

Então, o que um CEO precisa fazer? Você gasta milhões em publicidade para divulgar a empresa. Certo? Errado! Exatamente o oposto. Empreendedores inexperientes não aprenderam o segredo.

Os empreendedores em série sabem que ganham mais quando os repórteres disputam para escrever matérias sobre um produto novo e interessante. Outros repórteres vêem a história e também querem escrever sobre sua empresa e o novo produto. Eles não querem ficar de fora e perder a próxima grande oportunidade. Isso dá origem a uma onda jornalística que pode se tornar um frenesi de notícias. Logo a notícia sobre sua empresa e seus ótimos produtos se espalha pelo globo. Os clientes começam a prestar atenção. Os parceiros estratégicos ficam satisfeitos. Isso não acontecerá se os repórteres ficarem entediados. Se não valer a pena escrever sua história, isso significa que seu cliente ideal ficará entediado. As enormes quantias gastas com publicidade não podem superar esse empecilho. Um produto insípido não será aprovado por meio de uma campanha de mídia milionária. Tentar usar campanhas assim para superar a rejeição do mercado a seus produtos sem graça é como gastar dinheiro para um trabalho de pintura em um carro inferior que ninguém quer comprar. Ainda assim, o carro continua sendo inferior.

Outra alternativa é recorrer a relações públicas. Essa escolha começa com a criação de produtos que os clientes estão ávidos para comprar.

Você pode usar depoimentos de seus primeiros clientes (contas de referência) para "provar" que as pessoas amam seu produto. A ótima notícia é espalhada usando serviços de relações públicas. RP é a ferramenta de comunicação de marketing preferencial para CEOs veteranos de alta tecnologia. É rápida, barata e confiável.

Existem dois motivos para os líderes experientes das novas empresas preferirem RP a publicidade:

- Os esforços de relações públicas são mais eficientes do que os publicitários. Além disso, os serviços de RP são mais baratos do que os de publicidade. Novas empresas nos Estados Unidos podem contratar escritórios de RP de classe mundial a um custo mensal igual a meia página de anúncio na quarta-capa de uma única revista de alta tecnologia. As relações públicas geram mais valor pelo investimento.

- Os resultados dos serviços de relações públicas são mais eficazes, com menos desperdício. Com RP, você sabe exatamente quando consegue obter os resultados: "Uau! Fomos chamados de 'empresa que vale a pena observar' no artigo de capa da *EE Times*!" Com RP, você tem certeza sobre os resultados, mas não consegue garantir o que o repórter dirá sobre sua empresa. Com a publicidade, é exatamente o oposto: você tem certeza da mensagem e fica totalmente no escuro acerca dos resultados. São suas as palavras do anúncio que foi publicado. No entanto, você não sabe se o cliente ideal leu o anúncio. O truque com RP é conseguir ser mencionado favoravelmente. Por isso, escolher uma ótima empresa de RP é tão importante para os empreendedores em série. Eles têm as suas favoritas. Ótimas empresas de RP aprendem sua história, ajudam a torná-la mais atraente e sabem que os repórteres ficarão interessados nela. Algumas empresas de relações públicas são especialmente hábeis em conseguir bons resultados para empresas novas.

É claro que a sua start-up anunciará de algum modo, mas cuidado para não usar a publicidade voltada a objetivos errados. Pesquisas em marketing de consumo na última década mostram que a publicidade é melhor para defender determinada marca, não para desenvolvê-la; RP é melhor para desenvolver uma marca.[4] Escolher o inverso é como queimar dinheiro: é caro e só gera um pouco de calor durante um curto período de tempo. Talvez você se lembre de como era a publicidade na época do *boom* da Internet. Tente citar alguns dos produtos anunciados em propagandas multimilionárias da televisão durante o SuperBowl da Liga Norte-americana de Futebol de 1999, 2000 ou 2001.

MAIS OPÇÕES DE MARKETING DE COMUNICAÇÃO

Além de RP e publicidade, existem muitas ferramentas de comunicação que podem ser escolhidas. Você pode reunir várias delas para criar um plano de marketing que supere os concorrentes. Os termos em itálico na lista de opções interessantes de comunicação de marketing na Tabela 10-1 foram usados com sucesso por start-ups de alta tecnologia.

Tabela 10-1 Ferramentas de comunicação de marketing

Reuniões informais	Cartas pessoais
Relações públicas	*Brochuras*
Feiras de negócios	Anúncios classificados
Anúncios de revista	Anúncios diários em jornal
Comerciais de TV	Spots de rádio
Páginas Amarelas	Eventos
Mala direta	Especialidades publicitárias
Seminários	Amostras
Circulares	Cartazes em quadros de avisos
Grupos de usuários	*Anúncios de Internet*

FONTE: Nesheim Group.

CALENDÁRIO

Agora, crie um calendário para dois anos depois do lançamento de seu primeiro produto. Use uma linha do tempo com eventos e datas,

---
[4] Al Ries e Laura Ries, *A queda da propaganda*.

identificando como, quando e onde usará cada ferramenta de comunicação de marketing escolhida.

NÚMEROS DO MERCADO

Com o plano de comunicação de marketing concluído, você está pronto para responder às perguntas mais comuns dirigidas aos CEOs fundadores. Qual o tamanho de seu mercado? Esta é uma pergunta capciosa porque o mercado ainda não existe. Mas os veteranos sabem como medi-lo e prevêem seu crescimento sem precisar adivinhar cegamente.

O pessoal de marketing das novas empresas adora números. Eles gostam de contar o maior número de clientes potenciais nos próximos três a cinco anos. Usam um enfoque de cima para baixo. Trabalham com um funil, do topo de sua larga abertura até a base, com sua estreita ponta. Limitam o mercado dividindo-o em fatias e em segmentos cada vez menores. Contam o número de usuários em cada segmento de mercado, estimam o preço médio pago pelos clientes para obter os produtos em cada segmento e prevêem com que rapidez crescerão as vendas de seu negócio e que fatia (participação) as vendas representam do estreito mercado-alvo.

Vamos demonstrar isso com um exemplo de como contar um mercado que ainda não existe. Embora os personagens sejam fictícios, o exemplo mostra a maneira como os empreendedores seriais medem seus novos mercados.

Exemplo 10-5 Medindo o tamanho de um novo mercado: Avi e Surlock

> **Avi tem uma idéia** para uma nova empresa que ele chamou de Surlock Inc. A empresa venderá um novo tipo de chave de segurança eletrônica para usuários de dispositivos eletrônicos sem fio que estão preocupados com perda ou roubo de seus telefones celulares ou PDAs. Avi acredita que pode vender uma chave de hardware para o dispositivo portátil que opera por meio de um serviço de Internet baseado em servidor para autenticar o usuário. Qual é o potencial desse mercado?

Avi começa com estimativas brutas. Ele começa estimando o maior segmento da indústria imaginável. Procura o número de dispositivos sem fio existente: cerca de 400 milhões foram vendidos no mundo todo em 2003, de acordo com vários relatórios gratuitos obtidos de analistas de pesquisa de Wall Street. Ele chama essa informação de MTD (mercado total disponível).

Avi conta o número de clientes ideais almejados para a distribuição de seu primeiro produto no ano seguinte. Os clientes utilizam celulares e PDAs, são executivos móveis e pessoal de vendas de empresas com vendas anuais acima de 1 bilhão de dólares. Ele calcula que 1.000 empresas x 5.000 funcionários x 10% dos clientes almejados = 500.000, o número de unidades (isto é, pessoas que talvez usem seu produto). Ele chama isso de MAD (mercado atendido disponível). Ele acredita que o segmento de mercado MAD vai crescer cerca de 10% ao ano ou mais no mundo todo no futuro próximo.

Em seguida, Avi estima a rapidez com que a empresa venderá unidades a cada ano e que parte dessas vendas será no MAD. Ele chama esse número de PDM (participação do mercado). Avi coloca suas primeiras estimativas de vendas em um modelo simples de planilha. Ele acredita que 5 mil chaves de usuários finais serão vendidas no Ano 1 para uma pequena participação de mercado (5.000 unidades vendidas/500.000 unidades de MAD = 1% PDM). Depois de mais cálculos, Avi acredita que possa vender 50 mil no Ano 2 (10% PDM) e 100 mil no Ano 3 (20% PDM).

Para os servidores, Avi acredita que pode vender um servidor para cada 100 usuários e conseguir 25 mil dólares por servidor. Ele acha que, se as chaves custarem um dólar cada, ele atrairá muitos usuários finais.

Ele volta ao modelo da planilha e calcula os valores das vendas. Esses números incluem vendas de servidores e chaves durante um ano.

Por exemplo, as vendas no Ano 3 = (100.000 usuários / [100 usuários / 1 servidor] x US$25.000 / servidor + (100.000 usuários x US$1 / usuário) = US$25 milhões + US$100.000 = US$25,1 milhões de total de vendas para a empresa.

Avi acrescenta esses números à seção de marketing de seu plano de negócios. Depois de alguns dias, ele retoma a previsão e decide fazer mais pesquisas direcionadas a aumentar o realismo de suas primeiras estimativas. Ele se concentrará na velocidade com a qual o MAD crescerá todos os anos e procurará melhor segmentação da indústria e geográfica (novos pinos de boliche).

Enquanto isso, ele pede à sua equipe gerencial que dê início ao desenvolvimento de um modelo de planilha com previsão de mercado para a segunda família de produtos.

FOCO NOS ZEROS

Avi e os empreendedores experientes sabem que devem concentrar-se nos zeros, não no primeiro dígito. Acertar o número de zeros é mais importante do que o primeiro dígito. Os mercados pequenos não atraem dinheiro ou os principais talentos. Os mercados grandes têm muitos zeros.

Os números do mercado devem ser altos o suficiente para criar uma empresa grande o bastante, visando chegar a uma oferta pública inicial de ações na Nasdaq em cinco anos

Isso requer pelo menos 30 milhões de dólares em vendas, que crescerão, no mínimo, de 30 a 100 por cento ao ano nos cinco anos após a data da IPO. Esse nível de vendas criará pelo menos 100 milhões de dólares de riqueza no mercado de ações, o menor tamanho que interessa à Nasdaq. Como sua empresa pode conseguir tanto? Cabe a você e a seu plano criar um diferencial competitivo favorável. Descubra isso o quanto antes. Empresas pequenas não conseguem apoio dos investidores de risco.

O ponto certo da participação de mercado está entre três e 30 por cento em três anos

A um índice de 30 por cento, você é um gigante. Você domina o mercado. É o líder do novo segmento. Abaixo de três por cento, é pequeno demais para ser importante e não é muito interessante. Percentuais muito baixos de participação de mercado (PDM) sugerem que você subestimou o mercado atendido disponível (MAD) e precisa ter mais foco. Percentuais muito altos de PDM sugerem que você não é realista; você está muito otimista sobre a conquista de participação de mercado diante da concorrência. Acima de 30 por cento significa que você é o senhor do castelo. Envolve muito trabalho e tempo. O domínio raramente é alcançado antes de, pelo menos, três anos de muito esforço.

Os empreendedores reais não perdem tempo com análises de sensibilidade

Há incertezas demais nas previsões de mercados novos e nas vendas de start-ups para fazer o que os analistas financeiros chamam de análises de sensibilidade. As novas empresas freqüentemente crescem 100 por cento e mais a cada ano em mercados que não existiam no ano anterior. No entanto, um grande número de MBAs realiza análises de sensibilidade cuidadosas para gigantes que crescem 3 por cento ao ano em mercados estabelecidos, gerando muitos dados estatísticos. Em comparação, os fundadores de novos empreendimentos começam com um modelo básico de seu mercado-alvo inexistente e partem para melhorá-lo a cada dia, à medida que vão aprendendo e conhecendo o mercado. Isso é um processo interminável. É assim que o pessoal de marketing das start-ups começa a quantificar algo a partir do nada.

Modelar seu mercado aumenta o diferencial competitivo

Ter uma noção exata e realista do tamanho de sua base planejada de clientes é fundamental para planejar seus níveis de contratação e despesas. Essa informação guiará suas decisões de aumentar ou diminuir os gastos planejados em caros planos de marketing, pessoal de vendas e atividades correlatas. Modelar o trabalho de um mercado oferece uma perspectiva muito boa sobre quanto gastar com marketing. A modelagem também o ajuda a pensar metodicamente sobre como os clientes ideais perceberão sua oferta de produto (com que rapidez começarão a comprá-lo). Ajuda você a aprimorar a proposição de valor (que parte dos primeiros adeptos estará ávida por comprar o primeiro produto). Lembre-se de que seu modelo não é uma previsão de vendas. Em vez disso, trata-se de um modelo das possibilidades do que pode acontecer. Faz parte de sua história. Dedique algum tempo à preparação dos números também. Seja realista. Seja criativo. E, por favor, não erre por mais de um zero, qualquer que seja ele!

11

VENDAS

A função de vendas pode acrescentar força considerável à vantagem competitiva. É o processo intenso que converte clientes em notas fiscais. Seu poder baseia-se nas (1) habilidades de persuasão do pessoal de vendas e (2) escolhas dos canais de vendas usados para chegar aos clientes. Ótimas habilidades de vendas fizeram com que muitas start-ups alcançassem níveis globais apesar de a oferta da concorrência ser tecnicamente superior. Escolhas inteligentes de canais de vendas impulsionaram novos empreendimentos que começaram devagar, fazendo-os superar o líder de mercado e conquistar a liderança. A história tem exemplos excepcionais de novas empresas que usaram a função de vendas para ser dominantes em seus novos empreendimentos.

Exemplo 11-1 Empresas baseadas na intensidade de vendas

- A **IBM** foi construída com base nas vendas. Seu fundador comprometeu-se em criar o que se tornou a melhor organização de vendas na história dos computadores eletrônicos. O novo e vigoroso empreendimento rapidamente superou a pioneira Univac e a deixou para trás.
- A **Oracle** foi fundada por um CEO que era apaixonado por vendas e que atraía outros que adoravam vender. A empresa rapidamente passou pelos concorrentes de bancos de dados de software tecnicamente superior, como a Sybase, emergindo para se tornar líder de mercado.
- A **Cisco** era liderada por vendedores profissionais. O Conselho de Administração escolheu sucessivos CEOs dentre gerentes de vendas altamente

competitivos. A empresa passou à frente de outras concorrentes de telecomunicações para se tornar campeã global dos roteadores.

FONTE: Nesheim Group.

Existem várias maneiras inteligentes de tornar a venda mais eficaz a seu novo empreendimento. Não envolve apenas escolher os mais hábeis vendedores. A venda criativa pode contribuir muito para o diferencial competitivo. Considere o seguinte: existem muitas alternativas.

SUPERE OS CONCORRENTES QUE JÁ ESTÃO VENDENDO SEUS PRIMEIROS PRODUTOS

Um modo de fazer isso é por meio de um acordo especial com uma gigante de vendas como a IBM. Se você integrar seu pequeno produto em soluções de sistema maiores, receberá acesso instantâneo a uma força de vendas mundial poderosa. É assim que a start-up pode criar uma presença global instantânea via um produto e uma rede de vendas estabelecida. As vendas começarão quase que imediatamente.

ACELERE A CONSTRUÇÃO DE UMA ORGANIZAÇÃO DE VENDAS MUNDIAL QUE AJUDARÁ A LANÇAR SEU PRIMEIRO PRODUTO

Digamos que você é uma start-up em Boulder, no estado norte-americano de Colorado, e deseja vender imediatamente na China e na Europa. Tente trabalhar com empresas independentes de representantes de vendas de primeira linha nas principais cidades da China e da Europa. Assim, seus funcionários de vendas podem concentrar-se na América do Norte. Terceirizar as vendas para organizações de vendas estabelecidas funcionou muito bem para novos empreendimentos, onda após onda. Você evita as despesas e o aborrecimento de recrutar um exército de vendedores em cidades espalhadas em todo o globo. Relacionados a representantes de vendas, encontram-se os distribuidores — os intermediários que não só vendem para você, mas também compram produtos de sua empresa e os entregam aos clientes. Representantes de vendas e distribuidores são alternativas rápidas de desenvolver uma equipe de vendas de primeira linha.

Exemplo 11-2 Escolha dos canais de vendas: BioKo Labs

A seguir está o trecho de um plano de negócios real da BioKo Labs, uma nova empresa privada que planeja vender um novo tipo de ferramenta diagnóstica inteligente, baseada em software, para laboratórios de biotecnologia especializados em pesquisa genética forense. (O nome da empresa foi alterado.)

Parceiros estratégicos

Nosso primeiro pino de boliche é um grupo de cientistas que trabalha em um dos inovadores laboratórios de biotecnologia norte-americanos. A melhor maneira de fazer o software chegar aos cientistas será por meio da rede já existente de distribuidores, como VWR Scientific e Fisher. Esses distribuidores alcançam toda a indústria. Terceirizando a distribuição de software para eles, garantimos que nosso software estará acessível a um número muito maior de empresas do que aquelas que conseguiríamos visitar em um ano com nossa força de vendas. Os distribuidores mantêm contato direto com as empresas-clientes, incluindo os mais recentes sistemas de software de resposta de clientes em tempo real. Os distribuidores estão muito bem posicionados para atender aos requisitos de vendas e suporte ao cliente. Esse canal levará nossos produtos para a porta dos clientes almejados de forma rápida com pessoal de vendas de alta qualidade.

Terceirizar nossa distribuição permitirá que a BioKo Labs obtenha máxima penetração de mercado e maior satisfação do cliente de um ponto de vista puramente de distribuição. A desvantagem de terceirizar nosso canal de distribuição é que reduzirá nossa margem de lucro significativamente. No entanto os distribuidores ainda representam nossa opção mais viável em termos de distribuir o custo, pois seria mais dispendioso ter uma unidade interna de vendas e distribuição para atingir empresas na escala dos distribuidores.

Aqui está outro exemplo de uma nova empresa que se centrou na função de vendas para desenvolver diferencial competitivo. Aprendi o poder desse tipo de foco trabalhando como executivo da National Semiconductor.

Exemplo 11-3 A criatividade de vendas impulsiona a vantagem: National Semiconductor

> Nos primórdios dos semicondutores, as gigantes do mercado eram a Texas Instruments e a Fairchild Semiconductor. Um nova empresa, a National Semiconductor, foi pioneira no uso de distribuidores regionais e empresas de representantes de vendas independentes. Isso expandiu seu mercado (alcançou mais empresas de pequeno e médio porte) e acelerou as vendas. A National conseguiu "alugar", em vez de contratar, os melhores vendedores da indústria. As gigantes seguiram seus passos, com alguma relutância, muito tempo depois. Em menos de uma década, a National deixou de ser uma pequena empresa para se tornar uma gigante de classe mundial.

Depois de ter escolhido os melhores canais, você está pronto para escolher as próximas ferramentas de vendas. Além dos canais de vendas, existem muitas outras ferramentas a serem usadas para criar seu plano de vendas. Por exemplo, o treinamento de vendas intensivo do pessoal de vendas diretas pode diferenciar os representantes de vendas dos concorrentes. E a tecnologia pode impulsionar a eficácia do pessoal de campo.

DEDIQUE TEMPO EXTRA AO TREINAMENTO DA EQUIPE DE VENDAS

Alguns CEOs veteranos de start-ups insistem nisso. O objetivo é aprimorar as habilidades do pessoal de vendas antes de enviá-los aos clientes, para que estejam mais preparados do que a concorrência. Esses CEOs pensam que se trata de um excelente investimento, porque ajuda a criar *esprit de corps* na equipe de vendas, e isso inspira toda a empresa a superar a concorrência.

USE A TECNOLOGIA PARA IMPULSIONAR A EFICÁCIA DO PESSOAL DE VENDAS NO CAMPO

O uso de sistemas especiais de comunicação pode impulsionar as vendas por pessoa no campo. Os exemplos incluem o uso de PDAs sem fio, celulares e laptops para passar as informações para a força de vendas quando estiverem conduzindo apresentações de vendas. As mais recentes apresentações podem ser descarregadas no local do cliente antes da apresentação seguinte. Os sistemas de TI podem impulsionar eficiências quando os pedidos são enviados para a fábrica, acelerando o processo e reduzindo os erros.

Existem muitas maneiras eficazes de usar as vendas para aumentar seu diferencial competitivo. Gert Kindgren gosta de analisar os detalhes do ciclo de vendas e desenvolver um modelo. Ele começa com o tempo de venda necessário entre a primeira etapa e a última etapa até a realização do pedido. Ele usa o modelo para calcular o tamanho da força de vendas necessária. Em seguida, passa a modelar as primeiras vendas, começando com a primeira lista de empresas que tende a comprar o primeiro produto. Sua experiência é a de que "o modelo do ciclo de vendas é um elemento que vincula todas as atividades e processos em uma organização de vendas. Também oferece aos investidores e ao CEO algum conforto ao julgar os números de vendas, o planejamento e a gestão das atividades de vendas".

Uma função de vendas forte e criativa na empresa converterá sua proposição de valor em pedidos reais. É disso que se trata. Por isso, seja criterioso com o planejamento de vendas. Na liderança de vendas, diz o ditado: "Não planejar é planejar para o fracasso!" Reúna sua equipe gerencial e descubra o que deseja fazer para tornar as vendas parte essencial de seu diferencial competitivo.

12

DESENVOLVIMENTO COMERCIAL

Onde se encaixa a função conhecida como desenvolvimento comercial? Entre marketing e vendas. Em geral, é uma função separada, com características e responsabilidades especiais.

COMBINAÇÃO ESPECIAL DE HABILIDADES

A pessoa responsável pelo desenvolvimento comercial é fundamental para negociar com os parceiros estratégicos gigantes, primeiros clientes e fornecedores críticos. O cargo também exige excelentes qualificações de vendas, como convencer empresas gigantes e fechar contratos com uma pequena start-up. A função também integra a responsabilidade do principal executivo financeiro, uma vez que requer muito conhecimento acerca de questões jurídicas e financeiras, incluindo a lei das sociedades anônimas. A pessoa responsável pelo desenvolvimento comercial precisa ser um ótimo comunicador e estrategista. É um cargo que exige muito em qualquer empresa. De algumas maneiras, essa função é múltipla. Poucas pessoas conseguem dominá-la, sendo mais bem desempenhada por um veterano que também tenha qualificação para fazer contato rápido com importantes líderes da indústria e seja bom na negociação dos grandes acordos com os primeiros clientes ou os parceiros estratégicos, em geral as grandes empresas. O desenvolvimento comercial aumenta a credibilidade de uma organização novata quando esses acordos são assinados e divulgados.

SEJA O EXPLORADOR DA EMPRESA

O responsável pelo desenvolvimento comercial em uma nova empresa é como o guia de um grupo de pessoas famintas e ávidas por encontrar um peixe grande para o jantar. "Onde encontraremos muitos clientes ávidos logo?" A meta do desenvolvimento comercial é identificar rapidamente um mercado-alvo em que a empresa possa concentrar suas atenções. Em seguida, o líder de marketing pode decidir como atrair os clientes nesse segmento, para que o pessoal de vendas tenha mais chances de conseguir sucesso com o primeiro produto. Lembre-se de que seu mercado ideal ainda não existe, ainda não tem um líder dominante. A função de desenvolvimento comercial ajuda a encontrar o novo mercado. O trabalho exige muito e é bem futurista, com boa dose de incertezas. Por isso é, ao mesmo tempo, fascinante e muito difícil. Algumas pessoas adoram essas responsabilidades e as desempenham muito bem, adicionando muito diferencial competitivo à nova empresa.

FINANCIAMENTO

Muitas vezes, o líder de desenvolvimento comercial negocia os termos e as condições do capital inicial (a primeira rodada) do financiamento da start-up. Os CEOs precisam de ajuda, e o financiamento demora. Os advogados negociam os detalhes de cada rodada de financiamento, trabalhando de perto com a equipe gerencial (com chamadas no celular a cada hora). Um CEO pode delegar boa parte desse minucioso trabalho a um líder de desenvolvimento comercial competente.

UMA NOVA TENDÊNCIA DE DESENVOLVIMENTO COMERCIAL

Nas últimas décadas, tenho observado uma tendência recente no desenvolvimento de novas empresas: está se tornando comum encontrar um vice-presidente de desenvolvimento comercial nos primeiros dias de uma start-up. Essa função tornou-se popular para um ativo co-fundador que logo estará voando, dirigindo, ligando, enviando e-mails e participando de reuniões em um turbilhão alucinado de atividades durante a primeira fase de formação de uma nova empresa.

PROBLEMAS COM A MUDANÇA NA ORGANIZAÇÃO

Essas pessoas são instrumentais em suas contribuições para os planos estratégicos, conseguindo fechar contratos com as grandes empresas e encontrando clientes reais para o lançamento do primeiro produto. Mais tarde, um vice-presidente de marketing será contratado. E, alguns meses antes do lançamento do produto, um vice-presidente de vendas entrará para a equipe.

Dica: O primeiro líder de desenvolvimento comercial pode sentir-se ameaçado com a contratação de vice-presidentes altamente competentes de marketing e vendas. Se estiver preparado para essa resposta emocional, você poderá evitar uma transição difícil. Na maioria das vezes, os líderes de desenvolvimento comercial relutam em abrir mão de suas responsabilidades, delegando-as ao novo vice-presidente de marketing e vendas, especialmente se for um co-fundador da nova empresa. Se você planejar esse tipo de transição, a passagem será menos desastrosa.

13

PARCEIROS ESTRATÉGICOS

Os parceiros estratégicos podem acrescentar muita força a um novo empreendimento. Trabalhando juntos, aumentam as chances de manobrar e vencer a concorrência. Parceiros estratégicos com nomes emblemáticos como Genentech ("fundadora da indústria de biotecnologia") e Qualcomm ("pioneira da multiplexação por divisão de código, CDMA") agregam credibilidade imediata a um novo empreendimento. Afastam qualquer dúvida sobre a sobrevivência de sua start-up. Aumentam a confiança de que seus produtos realmente funcionam. Sugerem que você permanecerá no mercado por algum tempo e que sua empresa é real. Pesquisa e desenvolvimento podem ser compartilhados. Trabalho dobrado e equipamentos caros podem ser evitados. É possível partilhar conhecimento sobre a indústria. O tempo para a definição dos padrões da indústria pode ser acelerado. Todas essas reações devem ser explicitamente adicionadas a seu plano de negócios.

Os parceiros estratégicos devem ser considerados mais valiosos do que simplesmente nomes famosos associados ao novo empreendimento. Antes, mencionei como a Good Technology usou as relações especiais com a IBM e a Microsoft para ampliar sua vantagem competitiva. Acrescentar parceiros estratégicos ao plano de um novo empreendimento tornou-se uma forma de vida para novos empreendimentos.

A opção de parceiros estratégicos depende do que você quer deles. A engenharia pode usar parceiros estratégicos para integrar tecnologias mutuamente benéficas que se tornam produtos superiores. O departamento de vendas pode usá-los para obter canais adicionais voltados aos clientes. O marketing pode usá-los para ter acesso a clientes maiores de forma mais rápida. Eles ajudam a conquistar a atenção de empresas mais sólidas de relações públicas e impulsionam o posicionamento da empresa como nova líder de um segmento totalmente novo. O suporte ao cliente pode delegar a parceiros o contato de primeira linha com usuários finais. O departamento de fabricação pode deixar os problemas de produção (a administração de uma fábrica frenética abarrotada de operários horistas) a um parceiro de serviços terceirizados para que o pessoal da nova empresa possa se concentrar na gestão da qualidade e no controle de custos. O departamento de recursos humanos pode usar parceiros estratégicos para recrutar funcionários de modo mais rápido. O financeiro pode usá-los para realizar o trabalho contábil simples e maçante até que a empresa esteja grande o suficiente para contratar o próprio pessoal de finanças.

A seguir você encontra um exemplo que demonstra como usar o planejamento cuidadoso e fazer a escolha certa de parceiros estratégicos para criar diferencial competitivo. Os três fundadores foram muito cautelosos e calcularam bem suas escolhas.

Exemplo 13-1 Escolha de parceiros estratégicos: NanInc

A NanInc é uma nova empresa que planeja vender marcadores de identificação microscópica que protegem relógios de marca e outros artigos de luxo. Eis o plano para os parceiros estratégicos.

Parceiros estratégicos

Nossos parceiros estratégicos serão empresas especializadas em instrumentação laser e óptica para aplicações de biotecnologia e nanotecnologia, especialmente a Perkin Elmer, a Beckham Coulter e a Applied Biosystems. Vamos terceirizar a fabricação dos leitores portáteis NanInc. Isso concentrará nossos recursos mútuos no primeiro ponto de entrada crítico do novo segmento de mercado de nano-identificação. Vamos unir nossos departamentos de P&D em dispositivos de nano-identificação com sua especialização na personalização de *scanners* ópticos e a laser.

Além disso, essa parceria fortalecerá ainda mais o potencial da NanInc de definir o padrão para sistemas de identificação ocultos. Isso oferece a nossos parceiros a oportunidade especial de conseguir uma posição especial no novo mercado de fabricação de leitores a laser portáteis.

Estaremos comprometidos com o desenvolvimento de relacionamentos significativos de longo prazo com empresas que partilhem a nova visão, a fim de alcançar sucesso mútuo, fornecendo a melhor solução para o cliente nesse novo mercado.

Nossa rede de parceiros incluirá alianças e colaborações com importantes universidades. Cornell, Stanford e a National University of Singapore são as primeiras da lista. Seus laboratórios estão liderando várias áreas de pesquisa em nanotecnologia e facilitarão a engenharia de nossos primeiros produtos; também serão parte de nossa campanha para fazer com que a indústria adote como padrão nosso método de nano-identificação. Temos acesso a equipamentos caros em seus laboratórios e institutos de pesquisa e alavancamos sua experiência. Eles, por sua vez, se beneficiam com os retornos monetários, nossa tecnologia aplicada de ponta e o conhecimento da indústria que possuímos. Representamos a fonte de empregos e trabalho de consultoria para seus pesquisadores e estudantes. Mais importante: todos nos beneficiamos com a experiência do trabalho em conjunto.

Por derradeiro, estabeleceremos um elo com a Coalizão Internacional Antifalsificação, com a finalidade de desenvolver um padrão para aplicações secretas de nano-identificação. Alavancaremos suas amplas redes e sua reputação na proteção global antifalsificação. Em retorno, a coalizão se beneficiará com nosso patrocínio de suas atividades e em usar a tecnologia como plataforma para alcançar mais credibilidade, voltada à promoção da antifalsificação.

MODELO DE NEGÓCIOS

Estruture seu modelo de negócios usando parceiros estratégicos como blocos de sustentação. Cerque sua empresa deles, usando setas para indicar o que cada um oferece e recebe, e qual é o custo disso. Clientes e serviços terceirizados devem ser acrescentados. Mostre os canais de distribuição. Reúna tudo em um gráfico mais ou menos como o mostrado a seguir:

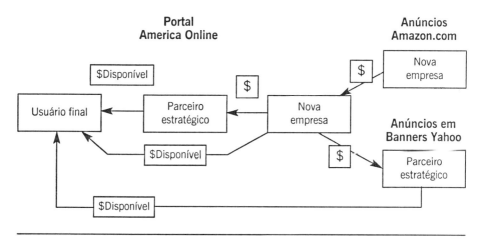

Figura 13-1 Gráfico de um modelo de negócios

É possível ser muito criativo com os modelos de negócios. No entanto, como observado anteriormente, só faça experiências com novos modelos de negócios se isso agregar muito valor ao desenvolvimento de uma vantagem competitiva significativa. Um exemplo usado é da Salesforce.com, a start-up de São Francisco que escolheu um modelo de entrega sob demanda, em vez do modelo tradicional de venda e licenciamento para empresas de software. A empresa descreveu seu modelo de negócios da seguinte forma no prospecto da IPO:

A expansão da Internet, juntamente com a queda substancial nos preços de tecnologias concorrentes e da largura de banda de rede, criou uma nova geração de computação empresarial em que componentes significativos da infra-estrutura da tecnologia da informação, ou TI, podem ser fornecidos e entregues de forma dinâmica e terceirizada. Esse novo paradigma da computação às vezes é chamado de computação utilitária, enquanto os aplicativos de software terceirizados são chamados de serviços de aplicativos sob demanda. Esses serviços permitem que as empresas assinem uma variedade de serviços de aplicativos desenvolvidos especificamente para a Internet e entregues nesse formato, conforme a necessidade, com pouco ou nenhum serviço de implementação necessário e sem necessidade de instalar e gerenciar software de terceiros internamente. O mercado para serviços de aplicativos sob demanda tem previsão de crescimento de 425 milhões de dólares em 2002 para 2,6 bilhões em 2007, o que representa uma taxa de crescimento anual composta de 44 por cento, de acordo com um relatório de maio de 2003 da International Data Corporation, IDC, uma empresa de pesquisa de marketing independente.

Acreditamos que o mercado de aplicativos de CRM, que era de aproximadamente 7,1 bilhões de dólares em 2002, de acordo com um relatório de julho de 2003 da IDC, é um dos primeiros a se beneficiar dos serviços de aplicativos sob demanda. Os aplicativos de CRM estão direcionados de forma a permitir que as empresas automatizem as vendas, o atendimento e o suporte a clientes, e marketing. Apesar dos significativos benefícios potenciais que podem ser obtidos com os sistemas de gerenciamento do relacionamento com clientes, muitas empresas não conseguem implementar com sucesso os aplicativos de CRM adquiridos por vários motivos. Entre eles, citam-se a dificuldade e o relativamente alto custo de implementação e manutenção de aplicativos empresariais, assim como as baixas taxas históricas de adoção por parte dos usuários e a falta de acesso geral, que contribui para reduzir os retornos sobre o investimento na implementação de sistemas de CRM.

FONTE: Comissão de Valores Mobiliários dos Estados Unidos (SEC), Banco de dados EDGAR, documento 424B1, 23 de junho de 2004.

Todas as funções de uma nova empresa podem encontrar alternativas para o uso de parceiros estratégicos. Os parceiros também podem ser outras start-ups, que se beneficiam por simbiose. Alguns CEOs experientes até conseguiram descobrir como transformar concorrentes em parceiros estratégicos. Um exemplo é o conceito de sistemas abertos utilizado pelas empresas de servidores Unix e Linux. Os vice-presidentes de desenvolvimento comercial aprenderam a buscar e elaborar acordos que se transformam em parcerias mutuamente benéficas. Os investidores de risco podem abrir as portas de gigantes que, de outro modo, não receberiam você. Como se pode imaginar, esse campo tem grande potencial para inovação e desenvolvimento de força. Pode impulsionar muito seu diferencial competitivo.

A próxima seção do plano de negócios examina como usar o atendimento ao cliente para impulsionar ainda mais seu diferencial competitivo. Muitas vezes, o atendimento ao cliente inclui parceiros estratégicos, e esta é uma área interessante para a colaboração em parceria, assim como para a inovação criativa. Novos empreendimentos estão se valendo cada vez mais disso para superar os concorrentes que estão na dianteira, particularmente quando um novo mercado ainda não tem um líder definido.

14

SUPORTE AO CLIENTE

A Dell é famosa por seu suporte ao cliente, que se tornou o pilar do diferencial competitivo da empresa. O atendimento ao cliente permitiu a muitos novos empreendimentos chegarem à fase da IPO e tornarem-se empresas estabelecidas e de crescimento emergente excepcional. Não são raros os casos de empresas novas que alcançaram fama confiando plenamente em sua função de atendimento ao cliente para impulsionar suas vantagens. No exemplo a seguir do setor da saúde, observe como a start-up baseada em Boston chamada Health Dialog, parceira estratégica da gigante Siebel Systems, valeu-se do suporte ao cliente para lançar uma nova empresa com vantagem competitiva.

Exemplo 14-1 O suporte ao cliente impulsiona a vantagem: Health Dialog e Siebel Systems

> A Health Dialog é uma start-up financiada por capital de risco que fornece ferramentas educacionais para ajudar seus clientes a tomar decisões ligadas a atendimento médico. Sua suíte integrada de produtos e serviços envolve conhecimento da área que permite que as instituições de atendimento médico e os empregadores envolvam efetivamente seus membros com uma forma inovadora de gestão de saúde colaborativa. Ajudando os pacientes e médicos a se comunicar de forma mais eficiente, os produtos e serviços da Health Dialog melhoram a qualidade geral do atendimento médico, reduzindo os custos de fornecer tal atendimento.

O modelo de negócios da Health Dialog é ganhar dinheiro, integrando seus clientes de atendimento médico a um novo sistema de software de resposta a clientes fabricado pela Siebel Systems. A Health Dialog concentra-se em agregar valor ao fornecer atendimento superior ao cliente de forma competitiva, particularmente com o acesso a informações médicas especiais para profissionais de saúde.

A Health Dialog aparece no site da Siebel Systens como parceira estratégica dessa gigante, alardeando a parceria como um extraordinário exemplo de sucesso mutuamente benéfico:

Health Dialog: Parceira Estratégia da Siebel. Em apenas 90 dias, a Health Dialog implantou o Centro de Atendimento Siebel em seu centro de atendimento a clientes em rápido crescimento, permitindo que os assistentes em saúde se concentrassem melhor nos pacientes. A Health Dialog afirma: "Em nosso centro de atendimento, os assistentes estão voltados ao cliente. Não querem ter várias telas ou sites em sua frente, atrapalhando a concentração. Com o Centro de Atendimento Siebel, nossos assistentes podem exibir perfis de clientes completos em nossa base de conhecimento de 26 mil páginas a partir de uma única tela intuitiva.

- Melhora a satisfação dos participantes por meio do tratamento mais eficiente das chamadas.
- Aumenta a produtividade dos funcionários.
- É escalonável para lidar com a base estimada de associados de 30 milhões.
- Reduz o tempo de treinamento dos usuários.[1]

Esse exemplo é uma das muitas maneiras inovadoras de usar o suporte ao cliente para impulsionar o diferencial competitivo. Dedicar tempo a elaborar com cuidado uma vantagem superior usando o atendimento ao cliente é algo que vale a pena. Se você estiver buscando diferenciação, tente o suporte ao cliente. Essa estratégia pode funcionar especialmente se outras empresas já ocupam posições de destaque e já estão consolida-

---
[1] Site da Siebel Systems: www.siebel.com, fevereiro de 2003.

das como líderes da tecnologia, de vendas ou de marketing. Sua empresa pode competir como líder do atendimento ao cliente no novo mercado.

Agora, vamos partir para as Operações. A seção de Operações de sua história inclui os seguintes aspectos:

- Engenharia e tecnologia
- Aspectos jurídicos e propriedade intelectual
- Fabricação, terceirização e operações de Internet
- Serviços de informação
- Gerência e principais funcionários
- Instalações e administração
- Plano financeiro
- Avaliação e propriedade

15

ENGENHARIA E TECNOLOGIA

Criar diferencial competitivo usando a função de engenharia significa que você será mestre da arte de explorar tecnologia. Os engenheiros criam produtos reais para o mundo real. Usam a tecnologia, mas não a veneram. Os veteranos de novas empresas de alta tecnologia repetem várias vezes que existe um truque para desenvolver a vantagem competitiva junto com a função de engenharia: lembrar que a tecnologia está nas mentes de alguns poucos especialistas técnicos. E nunca esquecer que a engenharia faz uso intensivo tanto da tecnologia quanto da psicologia.

PARA ALÉM DA TECNOLOGIA

Para alguns cientistas e engenheiros, a tecnologia é tudo. Ser "incrível" é tudo o que conta. Os empreendedores em série têm uma versão diferente da importância da tecnologia para um novo empreendimento. Sim, eles confirmam que a tecnologia é um elemento crítico para o que é desenvolvido pelas start-ups de alta tecnologia. Sem ela, as empresas não teriam alta tecnologia. Mas, quando usada de forma desmedida, a tecnologia, assim como outras ferramentas poderosas, pode ser perigosa para a saúde e até mesmo para a sobrevivência das novas empresas. Confiar unicamente em uma caixa-preta melhor em geral resulta no fim de uma start-up. Os ótimos CEOs das novas empresas aprenderam a usar a tecnologia para melhorar o diferencial competitivo da empresa sem confiar nela.

Empresas de alta tecnologia são organizações que devem contar com um engenheiro ou um especialista em ciências como CEO. Precisam ser capazes de explicar como funcionam os novos produtos aos clientes que fazem uso intensivo da tecnologia. Falam a mesma língua da alta tecnologia. Compartilham o mesmo amor pela tecnologia. O truque justamente é não se apaixonar por ela. CEOs de start-ups de alta tecnologia de primeira linha são aficionados pela tecnologia, mas aprenderam pelo caminho mais difícil que ela precisa ser colocada a serviço da organização, e ser explorada para ajudar a criar uma grande empresa.

METODOLOGIA E GERENCIAMENTO

Os engenheiros experientes sabem que existem muitos outros elementos que podem ser postos em prática na função de engenharia para ajudar a fortalecer um novo empreendimento. Por exemplo, os empreendedores em série sempre enfatizam que o modo como os engenheiros são orientados por seus gerentes é parte vital do diferencial competitivo baseado na engenharia. Os veteranos consideram que a função de engenharia envolve mais pessoas do que matemática. Sabem que o trabalho de engenharia está repleto de problemas e testes que surgem na tentativa de fazer as novas tecnologias funcionarem. Vivenciariam muitos desafios ao tentar motivar técnicos sensíveis a realizar tarefas muito difíceis em períodos curtíssimos de tempo. Os gerentes de engenharia também sabem que é muito difícil fazer com que as empolgadas equipes de produtos de engenharia das start-ups executem funções inevitavelmente maçantes. Seu enfoque e métodos de gerenciar a equipe técnica são parte da maravilhosa oportunidade de aumentar o diferencial competitivo. Vamos verificar essa oportunidade analisando a tecnologia que envolve aspectos pessoais muito importantes.

COMO FAZER A TECNOLOGIA FUNCIONAR

Um erro clássico é ficar empolgado com uma tecnologia antes de encontrar uma aplicação para ela. "É uma tecnologia em busca de um mercado" — este é o sinal de morte certa para uma start-up que busca financiamento. Um exemplo clássico é a inteligência artificial. A Intellicorp começou a operar e nunca se firmou como grande empresa, a não ser por uma menção final nos livros sobre a história da tecnologia. Um exemplo mais recente parece ser, para muitos céticos, a nanotecnologia. Depois de cerca de uma década da "onda nano", alardeada por tecnólogos, futuristas e repórteres, o mercado da nanotecnologia ainda não deu o salto esperado, conforme demonstrado pelos números das vendas das novas empresas. Mas o júri ainda está deliberando. Em 2005, algumas start-ups de nanotecnologia mostraram sinais de estarem no caminho certo para aumentar as vendas de seus primeiros produtos; portanto, fique atento, mas seja cauteloso. Ótimas start-ups raramente começam com uma tecnologia genérica como diferencial competitivo. As que o fazem, parecem acabar no cemitério tecnológico.

Além disso, cuidado ao tentar montar uma start-up com base em uma nova ciência que ainda precisa ser comprovada. É preciso ter a ciência pronta para ser transformada em um produto inteiramente inovador. Apenas algumas raras empresas de ciências conseguiram receber financiamento para provar que determinada ciência funcionará de fato e que produtos farmacêuticos reais podem ser gerados a partir dela.

Em vez disso, concentre-se em usar as tecnologias existentes para criar ótimos produtos que fascinem os clientes. O objetivo é usar a tecnologia para obter avanços significativos que resolvam grandes problemas e se convertam em novos produtos atraentes. Resolver problemas tecnológicos só pelo prazer de resolvê-los não é o objetivo de um novo empreendimento. As start-ups precisam vender o mais rápido possível. Planeje usar a tecnologia para criar produtos que façam com que os stakeholders fiquem entusiasmados com seu valor para os usuários finais.

O objetivo do CEO é obter dos engenheiros ótimos produtos apesar da dificuldade ou do desinteresse da tecnologia. Em geral, os primeiros poucos membros de uma equipe técnica começam trabalhando na tentativa de resolver um problema que inicialmente parece fácil ou banal, mas que acaba sendo muito difícil de implementar. Difícil pode ser bom e, ao mesmo tempo, mau. "Difícil de fazer" será bom para a equipe de técnicos que adora desafios e está ávida para produzir. Mas também cria barreiras de entrada para os demais concorrentes. Superar problemas tecnológicos difíceis demanda tempo e exige dedicação. É muito ruim para as equipes de marketing e vendas ter de esperar muitos meses até que os problemas tecnológicos difíceis sejam resolvidos, antes que os detalhes finais dos produtos reais possam ser decididos. Os atrasos também preocupam os investidores e funcionários nervosos. Sua oportunidade é reunir uma equipe central de líderes e técnicos que já tenha vivido e superado esses momentos difíceis. Eles podem dizer como usar a tecnologia para desenvolver ótimos produtos.

Tudo envolve tecnologia

Não subestime o poder de usar a mais simples tecnologia para aumentar o diferencial competitivo. A tecnologia simples não é inútil; na verdade, pode ser muito valiosa. *Tecnologia* deriva do grego e significa, literalmente, "tratado sobre uma arte". Por isso descreva como seus produtos são construídos e, se tiver dado um nome específico à sua tecnologia, como "Utilizamos XaJamZonic293™", ela se tornará exclusiva e colocará os concorrentes (que não possuem tecnologia proprietária) em desvantagem. Além disso, você talvez se surpreenda com o fato de que mesmo as idéias técnicas mais mundanas podem ser patenteadas. O Capítulo 16 aborda em detalhes patentes e propriedade intelectual. Por enquanto, vamos avisar o inexperiente CEO de uma empresa de tecnologia que, a menos que ele esteja no ramo de licenciar patentes (como a Rambus, Inc., que domina o licenciamento das tecnologias de memória para fabricantes de semicondutores), não deve confiar nas patentes como meio de chegar a uma ótima start-up.

Vamos voltar nossa atenção a um risco comum de start-ups de alta tecnologia: a armadilha dos recursos.

Armadilha dos recursos

Ao conceber e moldar sua primeira idéia para um produto, cuidado para não cair na armadilha de agregar recursos demais. Os recursos são elementos figurativos, como menor uso de energia, maior velocidade de compilação, estojo de metal consistente, analisador de amostras de sangue que emite menos ruído e assim por diante. Em vez disso, recomendo enfaticamente que sua equipe gerencial trabalhe para concentrar a atenção dos engenheiros no fornecimento de produtos que atendam a uma proposta de valor atraente para seu cliente ideal. Sim, os recursos serão parte da oferta do produto. Mas não confie em uma longa folha de especificações de produtos para tentar vencer batalhas competitivas. Você pode usar recursos — de vez em quando — para vencer uma batalha, mas não a guerra. Não é fácil explicar esse princípio competitivo a um empresário novato.

O próximo exemplo é minha forma de retratar uma das sessões que observei na qual um investidor experiente tenta, pacientemente, explicar um dos fatos da vida para um ávido fundador de start-up.

Exemplo 15-1 Armadilha dos recursos: Robert corre mais

— Vamos construir produtos melhores que funcionam de forma muitíssimo mais rápida do que os produtos desengonçados da concorrência! Nossa tecnologia vai deixá-los para trás! — exclamou Robert Lee, o entusiasmado guru de processamento da informação na SowE Corporation.

Ele sentou-se e DT, o respeitado investidor de risco, reclinou-se em sua cadeira e começou a falar lentamente.

— Lee, acho que temos uma grande oportunidade nas mãos. Sinto que você realmente desenvolveu algo muito importante. Sua idéia pode ser o sinal de um novo mercado. No entanto, um sujeito experiente como eu aprendeu da forma mais difícil que aumentar a velocidade ou um ou outro recurso qualquer não vai ajudá-lo a conseguir financiamento.

"Confiar nos recursos leva a empresa a um beco sem saída. A história não é gentil com aqueles que travam guerras de recursos; são batalhas intermináveis, com um concorrente tentando superar o outro. Todos acabam no mesmo ritmo, cantando a mesma canção: 'Somos mais rápidos do que você (hoje).' Para vencer as guerras competitivas e emergir como vencedor dominante, você precisará de mais do que isso.

"Começando pelo cliente ideal, você deverá dedicar tempo para encontrar que recursos trazem maior benefício a seu cliente-alvo. Em seguida, escolha o conjunto mais desejado e incorpore essas características a seus produtos. Coloque seu chapéu de marketing e comece a posicionar o produto contra o principal concorrente. Enfatize como você consegue tornar sua proposta de valor realidade. As proposições de valor são muito mais do que frases do tipo: 'Somos dez vezes mais rápidos.'

"Queremos que você desenvolva diferencial competitivo consistente que inclua a tecnologia, sem confiar inteiramente nela. Neste século de troca instantânea de informações pela Internet, parece que sempre existe alguém no mundo trabalhando praticamente na mesma idéia e com a mesma tecnologia que você."

Use a tecnologia inovadora de seus engenheiros, mas sem excessos. Além da tecnologia, há outros elementos da equipe técnica que podem impulsionar o diferencial competitivo.

ELEMENTOS DE ENGENHARIA DO DIFERENCIAL COMPETITIVO

A parte de engenharia do diferencial competitivo precisa ser plausível, ou seja, viável e prática. Vamos começar examinando uma pequena lista de sugestões elaborada por engenheiros veteranos de novos empreendimentos de alta tecnologia. São peritos na escola da vida. Suas dicas baseiam-se na experiência que adquiriram ao liderar equipes técnicas que disputavam para criar o primeiro produto de uma nova empresa. A lista não pretende ser exaustiva. A engenharia oferece infinitas oportunidades para inovar e impulsionar o diferencial competitivo. Examine as sugestões que escolhi e inove por conta própria.

Documente seus principais marcos de engenharia

Um gráfico de Gantt faz maravilhas aqui. Este é um dos atraentes gráficos com linhas horizontais que marcam as tarefas importantes que devem ser concluídas para que o primeiro produto esteja preparado para o lançamento. Cada linha está marcada com as datas (mês e ano) em que você espera iniciar e concluir as principais tarefas de engenharia. Ajuda especialmente o leitor do plano de negócios a ver como você pensou na criação de seu primeiro produto. Pense nele como um mapa que mostra o caminho que a equipe técnica tem de percorrer para chegar à data do lançamento do primeiro produto.

Sustente os principais marcos com detalhes de engenharia

Como os investidores saberão que o que você planeja construir pode ser concluído a tempo para conquistar a liderança do novo mercado? As pessoas com dinheiro para investir são céticas. Funcionários potenciais e a mídia também são. Querem ver os detalhes que sustentam suas alegações e a programação para concluir o primeiro produto. São especialmente sensíveis quando o que você vai construir nunca foi feito antes. É difícil ser convincente se sua equipe técnica não trabalhou nos detalhes do planejamento. Não é boa idéia tentar inventar respostas durante a primeira apresentação. Se o fizer, entenderá o que significa ser o alvo de disparos.

Tabela 15-1 Primeiras três versões do produto

---

1. **Prova de conceito (Produto 1):** Esta versão do produto é usada para captar a rodada de financiamento inicial (a *Rodada A*). É o que a equipe técnica cria para esclarecer exatamente qual é o problema técnico misterioso a ser resolvido. Em geral, o problema acaba se concentrando em um dos extremos: ou é banal demais (maçante para os engenheiros) ou é difícil demais (praticamente impossível de resolver). Os engenheiros são invadidos por um misto de admiração e apreensão neste estágio.

2. **Demo (Produto 2):** Esta versão é usada para obter a segunda rodada de financiamento multimilionário (a *Rodada B*). É um modelo de demonstração usado para resolver o caso de negócios (como ganhar dinheiro depois de todo o esforço empreendido). Pode ser usada para recrutar os talentos que faltavam. Os engenheiros utilizam os modelos de demonstração para obter feedback de clientes potenciais e fazer modificações para moldar o produto final. Nesta fase, a equipe técnica está criando tecnologia proprietária e, a cada dia, aprende mais e mais sobre a tecnologia com a qual está trabalhando. Problemas técnicos difíceis estão sendo enfrentados e superados. Os engenheiros ficam muito empolgados e trabalham horas a fio durante esta fase.

3. **Lançamento (Produto 3):** Esta versão é usada para captar recursos voltados ao financiamento da primeira venda do primeiro produto na primeira família de produtos (a *Rodada C*). A equipe técnica está exausta após a conclusão do primeiro produto para lançamento. A execução torna-se

essencial. A resolução de problemas técnicos criativos agora fica em segundo plano. Os engenheiros vêem os executivos assumindo cada vez mais a liderança da empresa. A equipe técnica está mais calma e alguns estão entediados. Alguns dos engenheiros que trabalharam desde o início no empreendimento começam a procurar outra empresa mais interessante para trabalhar.

FONTE: Nesheim Group.

Planeje muito bem a conclusão das primeiras três versões de seu primeiro produto

A primeira versão chama-se *prova de conceito*. O termo refere-se a um modelo de laboratório ou experiência que prova mais ou menos que o sonho tecnológico pode tornar-se realidade, que vai funcionar. Em sua forma embrionária, a prova de conceito requer algum tipo de maquete, capturas de telas, circuito impresso ou modelo. Depois da prova de conceito vem o *produto demo*. É algo que realmente funciona, mas ainda não está pronto para ser convertido em um produto comercial. A terceira versão é o *produto de lançamento*. É o que você venderá a seus primeiros clientes. Não deixe de incluir todos os três no gráfico de Gantt do plano de negócios. A Tabela 15-1 entra em mais detalhes sobre essas versões.

Existem muitos outros marcos de engenharia importantes para o lançamento de seu primeiro produto. Acrescente-os ao gráfico de Gantt. Em seguida, documente os detalhes de apoio. De quantas pessoas precisará para cada tarefa? Quem deve fazer o que para alcançar cada meta? Que equipamento e software especial são necessários? Que parceiros estratégicos devem ser envolvidos para ajudar a projetar o primeiro produto? Lidar com estes detalhes vai fazê-lo pensar na realidade. Ajudará a equipe técnica a fazer as perguntas certas e resolvê-las antes que se tornem terríveis surpresas de engenharia.

Esteja preparado. Você pode estar certo de que os investidores interessados contratarão especialistas para analisar seu plano. Esses técnicos independentes revisam seu plano de engenharia em detalhes, procurando erros de julgamento e falta de realismo. A meta é reduzir ao máximo as questões relativas à tecnologia desconhecida para que sejam tratadas por engenheiros práticos. Quanto mais curta a lista, melhor. Os veteranos sabem muito bem que as surpresas técnicas ocorrerão, e que muitas delas serão ruins. Quando ficarem prontos para venda, poucos produtos iniciantes serão capazes de operar mais rápido ou ter melhor desempenho do que estava planejado.

Como você coordenou os marcos de engenharia com os requisitos de financiamento?

Inserir os marcos de engenharia em uma linha do tempo melhora o planejamento de importantes eventos de financiamento. Por exemplo, um erro comum é planejar captar uma nova rodada de financiamento (em geral, a Rodada B) antes que o produto demo esteja terminado. Isso reduz o valor de um novo empreendimento e torna o custo da Rodada B muito mais alto, uma experiência muito dolorosa.

O seguinte exemplo é uma estimulante história que explica por que é tão importante pensar no momento certo para os eventos de financiamento e fazê-los coincidir com as incertezas dos primeiros produtos de engenharia. Vi os relatórios iniciais de uma empresa nova e promissora, a PolyFuel, afundar à medida que significativos desafios de desenvolvimento de engenharia atrasaram a conclusão do primeiro produto.

Exemplo 15-2 Atraso afeta financiamento: PolyFuel

> Os repórteres começaram a escrever boas matérias sobre a PolyFuel, uma promissora nova empresa que pretendia desenvolver o protótipo de um telefone celular acionado a célula a combustível. Só que, com o passar do tempo, o dinheiro começou a rarear e chegou a hora de obter uma nova rodada de financiamento.
>
> A Vanguard Ventures, uma respeitada empresa de capital de risco baseada em Palo Alto, na Califórnia, estava interessada e começou a analisar o plano da empresa. Visitou seu laboratório, convidou especialistas da indústria e começou a fazer toda a investigação necessária durante dois meses. A empresa concluiu que não estava claro se a PolyFuel conseguiria alcançar a posição de líder do novo campo. A Vanguard decidiu investir.

Algum tempo depois, um investidor de risco familiarizado com negócios de energia concordou em liderar uma rodada de financiamento. A Ventures West começou a preparar os termos e as condições para a negociação do investimento. A Intel concordou em entrar para a rodada de 15 milhões de dólares, que parecia estar superavaliada. Mas a má notícia veio enquanto o negócio estava sendo investigado: a PolyFuel não cumpriu uma data de desenvolvimento do produto. O protótipo teria de passar por uma reengenharia significativa. A boa notícia é que a PolyFuel concluiu a rodada, mas com uma queda substancial em seu valor de mercado, o que aumentou muito a diluição para os investidores e funcionários anteriores. Qualquer atraso no projeto abala muito os esforços para obter financiamento.[1]

Plano para o caso de atrasos

Afirmar que você deve planejar para os atrasos de engenharia pode parecer, à primeira vista, estranho. No entanto, esta é uma possibilidade concreta. Os empreendedores são otimistas natos. Nunca estão adiantados. Você deve prever que haverá problemas. Planeje manter reservas de caixa suficientes para sobreviver aos atrasos. Seu objetivo é evitar ter de captar recursos enquanto o protótipo continua a falhar e a equipe técnica não consegue manter as datas estabelecidas. Mantenha caixa suficiente disponível para operar a empresa até bem depois de finalmente conseguir cumprir a meta estabelecida. Assim, você terá agregado valor à empresa e poderá subir o preço por ação vendida para a próxima rodada de investidores.

Planeje cuidadosamente quem é contratado para a equipe técnica

Os veteranos querem que a empresa comece com uma pequena equipe de técnicos experientes. Eles farão o trabalho de desenvolvimento de produtos e orientarão o restante da equipe técnica (que ainda não foi

---

[1] *Silicon Valley Business Journal*, 26 de julho de 2002; *Wall Street Journal*, 4 de fevereiro de 2003.

contratada) superando as inevitáveis dificuldades que surgirão pela frente. Querem encontrar especialmente um engenheiro-chefe com histórico de recrutar técnicos excepcionais (principalmente engenheiros com os quais trabalhou de perto). Querem que o restante da equipe técnica seja de veteranos qualificados que já tenham construído produtos incríveis, com altas vendas. Junto, esse grupo deverá liderar o caminho até a conclusão do primeiro produto para venda. Eles atuarão como colaboradores individuais e líderes de equipe.

O investidor veterano está especialmente interessado em uma equipe completa de técnicos. O sonho é encontrar uma equipe que percorra unida a estrada até uma nova empresa. Isso não é comum, mas já aconteceu. Pode acrescentar muito ao diferencial competitivo. Muito provavelmente, você contratará pessoas que já trabalharam em várias empresas. Acho que os líderes de engenharia em série não esperam ter uma equipe completa e pronta para o trabalho no dia da primeira rodada de financiamento. Na verdade, os gerentes seniores normalmente dizem que preferem contratar talentos novos à medida que se fazem necessários, quando surgem os problemas. É difícil prever com antecedência cada uma das habilidades técnicas que serão necessárias. Alguns técnicos podem ser contratados na hora em que surgem as dificuldades para resolver problemas pontuais e partir. Outros se tornarão funcionários de horário integral.

O que quer que você decida fazer, esta é uma parte importante de sua história. Quando conseguir acertar, parecerá interessante aos stakeholders. Você ficará confiante sobre como montar uma equipe técnica de primeira linha que já passou por maus bocados e sobreviveu mais de uma vez, criando produtos vencedores.

Planeje a cultura de sua equipe técnica

A equipe técnica se formará logo e moldará a cultura do pessoal técnico da empresa. Os engenheiros especialistas preferem trabalhar com pessoas que conhecem e respeitam. Procuram ficar perto das pessoas que têm hábitos de trabalho semelhantes aos deles. Como na hora de escolher seu companheiro de quarto, eles podem ser muito criteriosos nessas questões. Preferem não entrar para uma equipe de estranhos. São mais motivados a trabalhar longas, difíceis e muitas vezes maçantes horas a fio com pessoas em que confiam e sabem que podem executar as tarefas. Querem ter contato com pessoas que viram em ação, com as mãos na massa, ao vivo. Insistem em ser capazes de contar com colaboradores de peso que sabem que, quando a tecnologia não funciona, todos terão de arregaçar as mangas e consertá-la rapidamente e com um mínimo de confusão. O modo como você planeja o desenvolvimento da integração social e dos valores de sua empresa é fundamental para o desenrolar da história. Quanto mais tempo é dedicado ao cuidadoso desenvolvimento de uma cultura empresarial, mais sólido será seu diferencial competitivo.

Documente os métodos que você planeja usar para criar o primeiro produto

Esta etapa envolve muitas opções e grande quantidade de detalhes. Por exemplo: será necessário terceirizar parte do trabalho técnico? Vai utilizar um excelente serviço de design de produtos? Jeff Hawkins contratou uma empresa para ajudar a criar boa parte dos primeiros equipamentos para o PDA da Palm original. Ele repetiu a dose para criar o primeiro Handspring. Que equipamento especial sua equipe vai utilizar para acelerar o trabalho? Quantos equipamentos sua equipe pode alugar por hora, e quanto você pode comprar? Responder a estas perguntas é importante antes de tentar captar recursos ou começar a recrutar. Uma equipe de engenheiros experientes com respostas prontas para dar se destacará perante os investidores. Essa equipe saberá se, onde e quando buscar atalhos. Essas pessoas aprenderam a encontrar soluções alternativas. Sabem como decidir quando fazer concessões. Entendem a importância dos prazos finais. Sabem quais são seus limites pessoais. Tornaram-se técnicos sensatos. São valiosos durante os inevitáveis momentos decisivos que a equipe técnica enfrentará.

O seguinte exemplo foi adaptado e é narrado por um veterano de vários novos empreendimentos, que explica o valor de reunir um grupo de engenheiros que sabem como trabalhar e superar momentos difíceis.

Exemplo 15-3 Fases da engenharia: RakSaw Engineering

"Parece que vai ser uma noite daquelas", disse Ken para Mandy ao telefone. "Nosso principal cliente beta executou a *demo* e criou seu próprio modelo. Está desafiando nossa capacidade de aumentar a produção de 100 para 100 mil usuários. Vamos precisar mexer no código e aumentar a produtividade pelo menos duas vezes. Quatro seria ideal. Vou pedir uma pizza e trabalhar até tarde. Dê um beijinho no Jack por mim. Vejo você de manhã."

Foi isso que o VP de engenharia disse à esposa ao entardecer. No mês anterior, a equipe de engenharia da RakSaw havia fornecido uma versão quase completa do primeiro produto. Fora muito bem recebida pelo principal cliente. Em seguida, depois de testar minuciosamente o produto, o cliente procurou o vice-presidente de marketing dizendo que, para que pudessem prosseguir, precisavam de provas de que o produto teria condições de lidar com um número muito grande de usuários. Foi aí que Ken percebeu que seria outra daquelas longas noites. Mandy disse que compreendia, desligou o telefone e foi preparar o jantar para ela e para o filho de dois anos.

Ken foi para a sala de conferências, onde sua equipe técnica estava reunida. Todos haviam feito chamadas semelhantes para casa. Agora chegara a hora de tirar outro coelho da cartola. O primeiro produto fora uma boa isca, mas ainda não havia conseguido fisgar o cliente.

Ken sabia, por sua experiência de duas décadas, que a equipe de engenharia precisaria entregar um produto acabado que atendesse boa parte das especificações definidas pela equipe de marketing. Juntos, eles tinham concordado sobre qual seria o desempenho do primeiro produto. Ainda assim, apesar das promessas de que as especificações eram "absolutamente finais", o problema era justamente o fato de elas serem um alvo móvel. Além disso, um cliente potencialmente grande acabara de aumentar o nível de exigência.

Muito tempo atrás, Ken aprendera que o esboço do primeiro produto seria bastante alterado até a hora da venda ao usuário final. Como outros veteranos, ele esperava que os novos produtos passassem por fases ao serem transformados em um produto final para venda a clientes reais. A RakSaw estava entrando na fase de lançamento. A vida das equipes técnicas de uma promissora nova empresa é assim.

Lembre-se de planejar os testes do primeiro produto

Alguém tem de fazer os testes e documentar os dados de confiabilidade. Os clientes exigirão esta postura. É assim que os novos produtos são qualificados. Exatamente como seu produto será testado? Quais são seus planos para produzir um banco de dados de qualidade? Quanto tempo levará? Quem o fará? Qual será o custo do projeto? Que equipamentos especiais serão necessários? Levante os detalhes e resolva as pendências agora. Torne-os parte de seu plano de engenharia.

A seguir está um exemplo observado durante os primeiros meses de 2003 em uma start-up real no Vale do Silício.

Exemplo 15-4 Plano de teste: a bancada de testes de Rick

Rick assumiu o cargo como primeiro vice-presidente de engenharia de uma start-up bem financiada. A empresa estava tentando produzir um novo equipamento de telecomunicações que havia enfrentado várias dificuldades de desenvolvimento. Viu-se liderando uma equipe técnica desmoralizada que acreditava ter gerado um produto muito limitado. Os primeiros testes comprovaram que o produto freqüentemente falhava perto do fim de mil horas de testes de produção. As falhas eram inesperadas e catastróficas, e o lançamento do primeiro produto teve de ser adiado. Os clientes estavam insatisfeitos. O desastre era iminente. A equipe gerencial se perguntava se o produto deveria ser sucateado.

Rick escolheu começar pelo nervoso Conselho de Administração. Ele conseguiu que os diretores concordassem com um prazo de quatro semanas para que ele pudesse identificar o problema. Em seguida, ele acalmou a equipe técnica, que estava à beira de um ataque de nervos. Ele mostrou aos engenheiros como colocar mais atenção e disciplina em seu trabalho diagnóstico. A equipe começou a conduzir experimentos metódicos para descobrir os principais problemas da tecnologia subjacente. Houve alguns indícios iniciais de que o problema poderia ser resultado de descargas eletrostáticas do produto. Rick chamou alguns amigos que eram especialistas em física eletrostática e os contratou para ajudar a equipe de testes.

Em menos de duas semanas a equipe de Rick descobriu que, na verdade, o produto problemático estava funcionando bem. A culpa era do método de testar o produto. O procedimento de teste estava gerando descargas eletrostáticas aleatórias quase no final do período de testes de mil horas. A bancada de testes e os encaixes não estavam corretos para o tipo de produto testado. Isso causava ainda mais falhas.

Uma nova bancada de testes com os encaixes adequados foi providenciada e o procedimento de teste foi alterado. Três semanas mais tarde o produto passou sem problema algum no teste.

Descobrir os detalhes com antecedência pode evitar sérios problemas, como os encontrados por Rick. A fase de testes é apenas um dos vários aspectos da engenharia de produtos. Cada fase pode fazer parte de seu diferencial competitivo. O lado humano da engenharia de um novo produto pode ser uma fonte importante de mais vantagem. Os engenheiros precisam ser administrados. O modo como isso é feito pode aumentar ou não a força de sua empresa.

Desenvolva cuidadosamente a metodologia de trabalho de sua equipe

Alguns gerentes de engenharia se destacam por causa da metodologia de trabalho utilizada na criação de novos produtos. Cada equipe técnica parece "morfar" sua forma especial de trabalhar a partir das contribuições que faz para a empresa. Os líderes das equipes influenciam muito os métodos que emergem como uma forma de vida em uma nova organização. A metodologia de trabalho deve ser desenvolvida como um jardim. As sementes se transformam em flores nos confins da infra-estrutura, das disciplinas, diretrizes e valores empresariais que contribuem para a cultura da empresa. O líder técnico deve ser capaz de descrever a metodologia inicial que deve ser usada para fornecer o primeiro produto. Aprenda a contar essa parte de sua história muito bem. Isso é fundamental para o diferencial competitivo. Para alguns veteranos técnicos é uma religião.

Para concluir este capítulo, apresento partes de uma entrevista recente com um engenheiro que trabalhou em muitas novas empresas e suas equipes técnicas. KT estava trabalhando em uma start-up que lutava para ter uma chance de se tornar líder de um novo segmento no mercado de TI. Sua empresa é bem financiada com capital de risco *blue-chip*, e ele conseguiu reunir uma equipe técnica excepcional.

Exemplo 15-5 Vantagens da administração de engenharia: KT responde

KT é um empreendedor em série e líder de engenharia que acompanho há mais de uma década. Pedi a ele que me contasse como usar a engenharia em uma nova empresa para aumentar o diferencial competitivo. Eis sua resposta:

P: Você prefere começar com uma equipe técnica totalmente montada?
R: Equipes inteiras? Tentei essa estratégia algumas vezes, mas não tenho certeza de que é válida ou mesmo desejável. Acho que um plano melhor é combinar a massa cinzenta dos vários funcionários egressos de outras empresas para tentar montar uma equipe melhor. Isso permite adicionar muita experiência indireta e necessária. No primeiro dia, não há como saber quais serão as dificuldades do segundo dia.
P: Como a engenharia pode trabalhar junto com o marketing para criar diferencial competitivo?
R: Uau, um plano para um produto novo elaborado por engenharia e marketing? Eu adoraria estar em uma única empresa em que realmente existisse este plano. Nas start-ups, a interação entre a engenharia e o marketing continua a ser mais uma obra do acaso do que um plano estratégico. O marketing sempre chega com novas exigências do último grande acordo proposto por clientes potenciais. A engenharia, muitas vezes, é desviada de seus objetivos por uma fascinação pelos detalhes da implementação do produto que não são voltados para o mercado. Eles não falam a mesma língua.
P: Que idéias criativas você já viu para usar a engenharia como alternativa para aumentar a vantagem competitiva de um novo empreendimento?
R: Chamo de *marketing de engenharia*. É a geração por parte da equipe técnica de itens que apóiam as funções de marketing, vendas e aten-

dimento ao cliente, por exemplo, artigos técnicos, perguntas freqüentes, apresentações em conferências, assim por diante. Eles criam a reputação da empresa e orientam o mercado de maneira proativa.

A engenharia pode fazer muito mais do que apenas entregar produtos. O processo de desenvolvimento de produtos pode aumentar (ou diminuir) o diferencial competitivo. Desafie a equipe técnica para que seja criativa na preparação e narração de sua parte da história. Isso aumentará a desigualdade entre sua empresa e os concorrentes.

16

ASPECTOS JURÍDICOS E PROPRIEDADE INTELECTUAL

Um plano para gerenciar os aspectos jurídicos de um novo empreendimento é parte de sua história. Pode fazer uma grande diferença na vantagem obtida. Um plano jurídico cuidadosamente elaborado poderá agregar valor por meio de propriedade intelectual, contratos e ótimos advogados. A propriedade intelectual inclui patentes, marcas comerciais, direitos autorais e muito mais. Os contratos incluem documentos legais para acordos com parceiros estratégicos e primeiros clientes. Você precisa de advogados que entendam seu negócio, a fim de ajudá-lo a aproveitar ao máximo todas as oportunidades que aparecerem. Alguns escritórios de advocacia são especializados em patentes. Outros só tratam de litígios e casos empresariais que não envolvem patentes. Outros escritórios prestam todos esses serviços. Ótimos parceiros jurídicos o ajudarão a criar um plano mais sólido com o desenvolvimento, a administração e a proteção da propriedade intelectual, e a negociação de melhores contratos. Eles auxiliam na criação de um plano de compra de ações, no gerenciamento de disputas trabalhistas e ajudam você a evitar problemas com a justiça. Advogados pragmáticos trabalharão de perto com seu principal executivo financeiro na realização das rodadas de financiamento e com o vice-presidente de desenvolvimento comercial na negociação de acordos com outras empresas. Todos esses elementos podem ser usados para aumentar sua vantagem competitiva.

SURPRESAS COM PATENTES

As patentes fazem parte de um grupo mais amplo de bens valiosos chamados de *propriedade intelectual*. Todas se baseiam em segredos industriais. Nas novas empresas, essa família inclui patentes, marcas comerciais, direitos autorais, nomes de domínio na Internet (URLs) e muito mais. Se sua empresa dedicar algum tempo ao planejamento de como usar cada um deles, poderá impulsionar o diferencial competitivo de modo significativo.

Os engenheiros e os cientistas em geral acreditam que uma patente é o meio definitivo de proteger uma idéia, a arma final no diferencial competitivo. Nada poderia estar mais longe da verdade. Por que uma patente não é a resposta para todos os problemas de uma start-up? Porque, se a empresa só tiver essa arma para se defender, terá de usá-la, ou seja, recorrer à justiça. Isso leva anos e envolve elevadas somas. O resultado do julgamento não é garantido. Os advogados não sabem quem será vitorioso ou quando e quanto o juiz concederá a cada uma das partes. Foram necessárias décadas para decidir quem detinha as patentes fundamentais do primeiro limpador de pára-brisas intermitente e do primeiro laser óptico do mundo. Os investidores não querem pagar por litígios. Os funcionários não querem trabalhar em empresas que gastam boa parte de seus recursos e tempo nos tribunais. Os repórteres gostam de escrever histórias apimentadas sobre empresas que travam batalhas judiciais. Os clientes não gostam de ler essas histórias. O processo de seleção de novos funcionários fica prejudicado, uma vez que os novos talentos ficam desconfiados da empresa.

DIREITOS DE DIVULGAÇÃO

Sugiro que os CEOs de start-ups pensem nas patentes como conferindo direitos de divulgação a seus respectivos departamentos de marketing. As patentes são prova de que existe algo exclusivo, valioso e criativo na empresa: "Solicitamos o depósito de 24 patentes contra zero da concorrência." Esse é o tipo de material que o pessoal de marketing adora usar para se posicionar contra empresas menos favorecidas. Eles podem usar as reivindicações das patentes para alcançar a fama imediatamente, sem esperar que um julgamento incerto seja concluído anos mais tarde. As patentes conferem um senso de valor adicional a uma empresa, mesmo se ainda não tiverem sido concedidas ou consideradas defensáveis em juízo.

No longo prazo, é sensato solicitar o registro de patentes. A Amazon.com usou as patentes para punir a cópia por parte da Barnes & Noble de seu sistema de encomenda a um clique. Na indústria de semicondutores, as patentes vêm sendo usadas tradicionalmente para criar licenças cruzadas mutuamente benéficas. Isso evita as destrutivas batalhas jurídicas e aumenta o tamanho do mercado disputado pelos concorrentes das licenças cruzadas. Ajuda as empresas que atuam em cooperação a definir um novo padrão para o setor. Há exemplos semelhantes na indústria das ciências, em que as patentes são essenciais. Mesmo no ramo dos medicamentos, os novos empreendimentos sabem que não devem confiar unicamente nas patentes para alcançar o sucesso. A lição é simples: não se esqueça de considerar as patentes para a sua start-up; não espere que as patentes sejam a arma definitiva contra os concorrentes para seu novo empreendimento nos primeiros cinco anos críticos de existência.

O próximo exemplo baseia-se em vários episódios que observei com empreendedores e investidores de risco enquanto discutiam o uso estratégico das patentes.

Exemplo 16-1 Patentes: expectativas da Natisha

> — Vamos deter as patentes e dominar o mercado — exclamou Natisha Karatchi, uma respeitada bióloga. — Não é incrível?
>
> James, experiente investidor, esperou que ela terminasse e começou a explicar calmamente à empresária de primeira viagem o que realmente acontece com uma nova empresa centrada em invenções de ciências.
>
> — A experiência mostra que não é assim que funciona o mundo de uma nova empresa, com algumas raras exceções. Por exemplo, uma patente para um novo medicamento pode gerar um monopólio muito interessante para um lucrativo modelo de negócios. Isso vem funcionando bem em empresas farmacêuticas novas e nas já consolidadas há um século. É verdade que as start-ups de ciências que se concentram no desenvolvimento de novos medicamentos utilizam os melhores advogados de patentes e têm como objetivo dominar totalmente um único medicamento. Ainda assim, isso não é sufi-

ciente para garantir que uma empresa seja vencedora. Primeiro, o medicamento precisa ser desenvolvido no laboratório. Os testes e os ensaios em animais devem ser bem-sucedidos. Em seguida, o medicamento deve ser aprovado em ensaios clínicos demorados e caros em seres humanos, em vários países de todo o mundo. Os médicos deverão então entender bem os motivos pelos quais os novos e mais caros medicamentos são melhores do que aqueles que já são usados com sucesso há décadas. E, é claro, é preciso lidar com os imitadores e produtores ilegais do novo medicamento. Enquanto isso, novas drogas concorrentes serão desenvolvidas. Sua empresa deve continuar na disputa inventando medicamentos semelhantes. Isso consume muito tempo, dinheiro, esforço e qualificação. O resultado após a primeira patente ter sido concedida é incerto. As patentes são parte do sucesso, mas não o garantem.

MARCAS COMERCIAIS E DIREITOS AUTORAIS

Além das patentes, há outra parte importante da propriedade intelectual usada como ferramenta competitiva. Preste atenção aos nomes que você registrará. Os nomes comerciais são parte de sua propriedade intelectual. Tornam-se marcas e padrões. Sua história incluirá quando e como registrar toda a documentação jurídica em importantes países ao redor do mundo. Os direitos autorais também são preciosos. Aplicam-se a palavras, imagens e muito mais. Sabem onde funcionarão e onde não funcionarão. Proteger a propriedade intelectual é mais fácil em alguns setores do que em outros. A pirataria de software é desenfreada na era digital. Como já disseram: "Só existe uma cópia do Microsoft na Ásia inteira." Apesar disso, registre toda a documentação jurídica e acrescente isso a seu diferencial competitivo. Escritórios de advocacia especializados podem ajudá-lo a planejar a defesa de sua propriedade intelectual. Confirme se o advogado de patentes que você escolheu tem experiência em preparar planos para a proteção da propriedade intelectual no exterior.

FINANCIAMENTO, CONTRATOS E ADVOGADOS

Contratos bem negociados podem ser um forte acréscimo à sua vantagem competitiva. Por exemplo, cada rodada de financiamento obtido com investidores de risco será negociada entre seu advogado e o advogado que representa os investidores. As letras miúdas na seção dos direitos dos titulares das ações preferenciais podem superar os benefícios financeiros e colocar o controle da empresa nas mãos dos investidores. Advogados experientes podem ajudar a elaborar esses importantes primeiros acordos com parceiros estratégicos que criam barreiras à entrada dos concorrentes seguintes. Os termos e as condições dos contratos com seus primeiros clientes podem determinar a diferença entre fechar o pedido e perdê-lo. Se você terceirizar a fabricação ou o atendimento ao cliente, terá de aceitar esses termos durante muitos anos de incertezas e riscos. Concordar insensatamente em manter preços e entregar determinadas quantidades pode afundar seu navio.

Os documentos legais são criados (junto com você) por parceiros jurídicos especializados em direito comercial e empresarial que estão familiarizados com novos empreendimentos. Eles e sua equipe de assessores jurídicos entendem seu negócio, a indústria em que você atua, as empresas com a qual negocia e como funciona a comunidade de investidores. Todos estão interligados. Os bons advogados facilitam muito a vida da equipe gerencial de uma nova empresa. Essas pessoas são mais do que advogados. Pensam e agem como empresários competitivos. Têm o forte senso de urgência das start-ups e apreciam a intensidade da batalha causada pela chegada de tecnologias inovadoras. Os bons advogados também ajudam as novas empresas a delinear planos de longo prazo, com a finalidade de dominar o mercado de propriedade intelectual em vários países do mundo. O plano incluirá defesas contra atacantes e infratores, de qualquer porte. Talvez você se surpreenda em saber como o processo de obtenção de patentes difere em várias partes do mundo. Por exemplo, um único erro ao registrar os documentos em determinado país pode arruinar sua tentativa de obter uma patente em muitos outros. Por isso, cuidado ao preparar o plano para a propriedade intelectual internacional. E saiba escolher bem os advogados que negociarão os termos e as condições da próxima rodada de financiamento, os acordos de parceria estratégica e os contratos com clientes. Suas escolhas afetarão de forma significativa o diferencial competitivo.

17

FABRICAÇÃO, TERCEIRIZAÇÃO E OPERAÇÕES DE INTERNET

Os novos empreendimentos podem aumentar o diferencial competitivo usando terceirização e serviços relacionados. Isso permite que a equipe gerencial concentre-se no que faz melhor, deixando o restante aos especialistas.

Parece que praticamente tudo pode ser terceirizado. Os especialistas aguardam a chamada. Examine os talentos de sua equipe gerencial e descubra meios de contratar especialistas para acabar com a defasagem de talentos. Alguns sabem como ajudar sua pequena equipe técnica a criar um sistema de fabricação melhor, de modo que seu primeiro produto não só seja produzido a um custo menor, mas também seja único e diferenciado da concorrência. Outros podem testar seu primeiro produto com equipamento especializado e caro. Da mesma forma, você também poderá terceirizar atendimento ao cliente e assistência técnica. Algumas empresas na Índia podem responder eficientemente aos problemas de clientes em um ótimo inglês a preços mais baixos do que em seu país local. Se você vai trabalhar com comércio eletrônico, seus negócios de Internet exigirão muita largura de banda em alta velocidade. Você precisará de um serviço que possa escalar rapidamente quando, afinal, as vendas começarem a fluir, mas, por ora, basta um acessível para a sua pequena nova empresa. Esses serviços podem ser obtidos em várias empresas gigantes especializadas.

A lista de possibilidades criativas é longa. Um plano que define cuidadosamente quando e onde terceirizar, e que é criterioso na escolha dos melhores fornecedores, gera uma história atraente. Sua empresa pode emergir muito mais forte e atraente aos olhos dos stakeholders.

FABRICAÇÃO

Para que um ótimo plano de fabricação seja respeitado, documente os detalhes mensais de como você planeja produzir o primeiro produto. Use os mesmos gráficos, atenção e cuidado com os detalhes utilizados no plano de engenharia. Reúna em um gráfico todos os principais eventos de fabricação. Relacione-os aos planos de engenharia e atendimento ao cliente. Divida as principais tarefas entre as que serão realizadas por funcionários internamente e aquelas realizadas por prestadores de serviços externos. Entre em contato com fornecedores, entreviste-os e documente suas decisões. Inclua detalhes de seus contratos e custos nas suas previsões financeiras. Organize a empresa para incluir a equipe que será responsável pela coordenação do processo de fabricação terceirizado.

Construa um modelo detalhado das peças e dos custos de seu primeiro produto. Sustente os números com uma lista de materiais (BOM). Mostre as cotações de preços dos fornecedores para cada componente importante. Explique como conseguirá quantias suficientes de peças caras e raras. Adicione o custo da mão-de-obra para gerar o primeiro produto. Preveja as quedas de preço por componente ao longo do tempo, à medida que as unidades de vendas aumentarem (a curva de aprendizado). Esses números serão a base para um modelo do custo dos bens vendidos e serão incluídos em sua previsão de demonstrativo financeiro. Os modelos do custo da produção economizarão muito tempo. Como o design do produto muda (com certeza, isso ocorre) e os preços dos fornecedores variam durante as negociações preliminares, um modelo permite refazer rapidamente suas estimativas de custos da BOM. Também ajuda a gerar pendências a serem resolvidas antes que você seja desafiado por um investidor cínico ou um candidato a funcionário esperto. A modelagem do custo do primeiro produto também aumenta a perspectiva sobre onde usar a tecnologia de fabricação criativa para impulsionar o diferencial competitivo. Aproveite as economias de fabricação. Acrescente-as ao diferencial competitivo.

OPERAÇÕES DE INTERNET

Modele os detalhes de suas operações de Internet. Inclua tudo, de sistemas a equipamentos, de manutenção a pessoas. Se você estiver planejando trabalhar muito com comércio eletrônico, são necessários tempo extra e uma estratégia detalhada para concluir essa seção de sua história. As histórias de negócios pela Internet precisam apresentar exemplos de capturas de telas, esquemas de arquitetura de TI, opções de software e hardware, serviços oferecidos por terceiros e assim por diante. Inclua as despesas de telecomunicações em detalhes. Mencione todos os principais fornecedores e seus preços de software, servidores, cabos de banda larga, entre outros. Converse com eles para verificar se acordos contratuais mais específicos podem levar a benefícios mais sólidos da parceria estratégica. Modifique sua organização para incluir os funcionários das operações de Internet relacionadas e seus superiores. Inclua suas despesas no custo dos bens (hardware e software) vendidos (enviados ou fornecidos) na declaração de renda de sua previsão financeira.

Você lembra como a Amazon.com usou operações de Internet para conquistar liderança e manter-se à frente das investidas de seus concorrentes? Tente ser ainda melhor do que a Amazon.com. Pensar detalhadamente e de modo estratégico nas operações de Internet pode trazer resultados muito positivos, especialmente ao atrair talento técnico criativo e recursos.

TERCEIRIZAÇÃO E PARCEIROS ESTRATÉGICOS

Os serviços terceirizados de parceiros estratégicos são cada vez mais usados para construir diferencial competitivo. A terceirização é evidenciada por um compromisso contratual. É mais do que um documento jurídico selando um pedido para a produção de 100 mil unidades todos os meses a um preço fixo. É uma parceria comercial operacional que beneficia as duas empresas envolvidas. Os CEOs de start-ups podem adotar a terceirização de modo criativo para conquistar o poder que não pode ser superado pelos concorrentes.

Engajar um parceiro terceirizado em um novo empreendimento é complexo. A maioria das empresas gigantes de serviços contratados não está interessada nos baixos volumes característicos de uma empresa iniciante. As melhores empresas de serviços terceirizados estão procurando fechar negócios com poucas e bem selecionadas empresas novas. São as felizardas, consideradas prováveis vencedoras, que podem vir a se tornar futuras gigantes de suas novas indústrias. Portanto, você precisa vender a idéia para elas contando sua história, assim como faz com os demais stakeholders. Quando elas se interessarem, seu parceiro terceirizado já estabelecido estará ansioso por trabalhar com você e ajudar sua empresa novata a responder às boas e às más surpresas do caminho. Poderão ajudá-lo a vencer, a ser o líder.

Uma parceria estratégica para um novo empreendimento é uma relação especial entre parceiros de tamanho desigual. É uma relação delicada no princípio e que depois fica difícil controlar. Não é o tipo de relacionamento de "quem indicou", nem o *guanxi* da China, ou o grande "cadastro de nomes" ou a "teia de contatos", que alguns consideram valiosíssima. Em vez disso, trata-se de um relacionamento comercial especial marcado pela partilha da confiança, do risco e das recompensas. Alguns o chamam de auto-interesse esclarecido.

Vamos analisar um bom exemplo dado pela Handspring, que escolheu um parceiro de terceirização para fabricar seu primeiro produto. Os detalhes resumem minha visão, após ter analisado cuidadosamente a empresa sob a perspectiva de alguém de fora. A história envolve a bem-sucedida parceria durante uma empolgante e complexa série de eventos que foram bem administrados (execução excepcional) por uma equipe gerencial de primeira linha.

Exemplo 17-1 A terceirização impulsiona a vantagem: Handspring e Flextronics

> Observei com grande interesse a construção da Handspring por parte de sua equipe gerencial de empreendedores em série. Eles foram os responsáveis pelo desenvolvimento do negócio de dispositivos digitais pessoais Palm. Mais tarde, deixaram a Handspring e partiram para criar outra empresa e expandir o mercado.
>
> Seu modelo de negócios estava centrado em fazer o design, o marketing e a venda dos produtos, e exigia o envolvimento de outras empresas para realizar

as funções de fabricação. A Handspring escolheu a Flextronics como fabricante terceirizada e parceira estratégica. Era uma das maiores empresas de serviços de fabricação de produtos eletrônicos de consumo do mundo. A equipe gerencial havia usado a Flextronics como parceiro em sua empresa anterior.

As duas organizações trabalharam juntas no desenvolvimento da previsão de um ano para a fabricação do primeiro produto da Handspring. Esse produto seria vendido inicialmente do site da Handspring e, mais tarde, em canais de distribuição do varejo. O clima de negócios era intenso. À medida que a demanda crescia durante os dias do *boom* da Internet, novos produtos eletrônicos inundavam as prateleiras. Esta era uma boa notícia. No entanto, com a boa notícia veio também a má. Logo as peças mais novas para o hardware dos PDAs, especialmente as telas de alta qualidade, estavam em falta. Não havia disponibilidade de quantidades extras, mesmo pagando caro. Os fornecedores começaram a racionar.

A Handspring percebeu que teria problemas com um novo produto que precisava de muitas das peças mais raras. Buscou ajuda da gigante Flextronics. A empresa entrou com tudo e rapidamente usou sua força de compra para localizar e assegurar o número suficiente de componentes escassos para a primeira batelada de produção.

À medida que a data de lançamento do produto se aproximava, a Handspring começou a se preparar para vender a partir do site da empresa. Com apenas algumas semanas de antecedência, um grupo de funcionários selecionou fornecedores especialistas em sites e logo o site da empresa estava pronto para receber os primeiros pedidos dos clientes. O dia do lançamento finalmente chegou. O servidor da Handspring foi ativado e estava à espera dos pedidos. Um botão foi pressionado, o comunicado à imprensa, divulgado, e a empresa começou a vender.

Tudo funcionou bem — durante alguns minutos. Logo o inesperado aconteceu. Em vez do número de vendas planejado por hora, a Handspring viu seu site inundado por um número assustador de pedidos. O servidor da Web logo caiu. A empresa havia subestimado muito a primeira onda de demanda. Como a pequena start-up responderia a essa surpresa? O que poderia ser feito para gerar PDAs suficientes a fim de atender a demanda? Compradores frustrados estavam ficando furiosos, enviando e-mails e telefonando para a Handspring. A imprensa começou a escrever matérias negativas sobre os percalços do sucesso.

Enquanto a equipe do site agia rapidamente para resolver o problema do volume de pedidos, a equipe gerencial da empresa corria para pedir ajuda à Flextronics. Juntas, elas chegaram à solução. Mais uma vez, a Flextronics conseguiu obter os escassos componentes dos fornecedores que conhecia. Também conseguiu encontrar formas de direcionar outras peças críticas para abastecer temporariamente os aumentos de produção de curto prazo da Handspring. Os gerentes da linha de produção da Flextronics fizeram de tudo, montaram cronogramas e aumentaram a mão-de-obra para atender o inesperado pico de demanda.

Alguns meses depois, as estimativas de vendas da Handspring tornaram-se mais previsíveis. A Flextronics conseguiu responder com menos pressão. A primeira crise fora superada. A Handspring escolhera um parceiro excepcional por muitos outros motivos, além de ser o fornecedor de menor custo. E a recompensa foi generosa.

A fabricação, as operações de Internet e outras formas de terceirização são fontes férteis para empresários inovadores impulsionarem sua vantagem. Elabore esses pontos antes de fazer a primeira apresentação. Discussões com fornecedores externos enriquecerão seu conhecimento, farão aflorar problemas e reduzirão as surpresas. Você ficará muito à frente dos concorrentes depois de fazer seu dever de casa.

18

SERVIÇOS DE INFORMAÇÃO

Os serviços de informação são a mais nova função repleta de oportunidades a acrescentar elementos ao diferencial competitivo. Tornaram-se parte crítica e integral dos novos empreendimentos. Antigamente, os primeiros engenheiros contratados faziam o projeto dos novos produtos e também conectavam os primeiros computadores da empresa à rede. Puxavam os cabos enquanto o código recém-criado era compilado. Interrompiam o trabalho de engenharia quando os servidores caíam. Parecia um método inteligente ("Economizávamos milhares de dólares"), mas acabou não se mostrando muito sensato. Aumentava o estresse dos engenheiros e atrasava a comercialização do primeiro produto. Era uma economia inútil.

As novas empresas atuais consideram a função de serviços de informação de modo bem diferente. Trata-se de um instrumento competitivo. É muito mais do que uma dor de cabeça administrativa. Os CEOs agora planejam ter seus requisitos de serviços de informação gerenciados por especialistas técnicos — administradores de sistemas. Eles são especialistas na escolha do equipamento adequado, de sua rápida instalação e operação. Isso deixa os engenheiros de projeto e o restante dos funcionários centrados em fazer a empresa lançar o primeiro produto da forma mais rápida possível.

Comece essa parte de sua história com a pessoa que você vai contratar como gerente da função de serviços de informação. Descubra como os serviços de informação crescerão com a empresa. Explique onde o webmaster e o suporte do sistema se encaixarão na organização. Descreva em detalhes suas opções de hardware e software, e como elas funcionarão.

A função de serviços de informação é usada intensivamente nas start-ups de ciências biológicas e de informação, assim como em organizações de serviço e de comércio eletrônico orientadas ao cliente. Nenhuma delas deve tratar os serviços de informação como um elemento secundário. Em vez disso, seja proativo sobre como planeja usar esses serviços para aumentar a vantagem competitiva. Torne-a parte de seu modelo. Descreva e identifique seus parceiros estratégicos de serviços de informação. Pense criativamente, buscando alternativas para aumentar o diferencial competitivo, por conta de suas escolhas de serviços de informação. Os serviços de pedidos e atendimento ao cliente on-line da Dell são exemplos extraordinários de como uma start-up aumentou sua força competitiva utilizando serviços de informação. Seja explícito em seu plano de serviços de informação. Mostre os detalhes de modo semelhante a seu plano de engenharia. Inclua as despesas em sua previsão orçamentária. Você pode combinar os serviços de informação, as operações de Internet e a tecnologia da informação ao desenvolver seu diferencial competitivo.

Uma série de artigos anunciou a chegada de dois ousados e muito espertos provedores de serviço de telefonia celular. O seguinte exemplo descreve como eles desenvolveram seus respectivos diferenciais competitivas começando com serviços de informação inovadores e, em seguida, combinando-os com outros elementos. Eles alcançaram sucesso rápido diante da aparentemente insuperável concorrência bem estabelecida.

Exemplo 18-1 Serviços de informação: Virgin Mobile e Boost Mobile

Um bom exemplo de como usar os sistemas de informação inovadores para criar um novo negócio ocorreu em 2003. Duas novas empresas, a Virgin Mobile e a Boost Mobile, usaram combinações especiais de serviços de informação, sites da Internet, designs de interface do cliente e marketing para o desenvolvimento da marca direcionada a uma nova categoria de mercado: provedor de rede virtual móvel pré-paga. Rapidamente, as empresas emergiram como líderes do segmento de mercado voltado para jovens. Os serviços permitiam que jovens comprassem minutos em cartões telefônicos em lojas de música e dispositivos eletrônicos sem cartões de crédito. Isso permitia que jovens de todas as idades, inclusive pré-adolescentes, usassem um celular. Suas compras acumulavam minutos em suas contas, prontos para uso a qualquer momento em que fizessem uma chamada.

Em vez de construir a própria infra-estrutura cara, a Virgin e a Boost contrataram os serviços de tecnologia da informação usando a infra-estrutura existente das gigantes de telecomunicações. Com isso, entraram no mercado muito mais rápido e com menos exigências de capital. Usaram projetos proprietários de sistemas de informação para simplificar o processo de adesão dos clientes. Isso reduziu os custos administrativos de modo significativo. A Virgin Mobile alegou que seu plano de serviço era tão direto e fácil de entender que, em janeiro de 2003, 50 por cento ativaram seus telefones on-line e 87 por cento dos assinantes adicionaram minutos à sua conta sem falar com nenhum atendente do serviço ao cliente. Outras gigantes da telefonia celular incorrem em grandes custos por causa de seus serviços mais antigos de atendimento pessoal ao cliente.

A Virgin e a Boost concentraram-se em um segmento sem líder de mercado: usuários de celular entre 16 e vinte e poucos anos. A imagem era de um dispositivo com muito estilo. A mensagem era diversão e conveniência; não o menor preço. A Virgin, especialmente, procurou aproveitar sua reputação de rebelde e posicionou o serviço como algo que seria reprovado pelos pais. "A pedra de nossa atiradeira nessa batalha de Davi contra muitos Golias é o foco", declarou um executivo da Virgin Mobile. "Construímos toda essa estratégia do zero para nos concentrar no mercado juvenil."

A Virgin e a Boost tinham algo exclusivo. A Virgin criou um serviço especial denominado "chamada de emergência". Com ela, os assinantes podiam programar que seus celulares tocassem durante aquele "programa de índio", armando um escape conveniente. A Virgin Mobile fez uma parceria com a MTV para permitir que seus assinantes usassem os telefones para votação com imagens, cartões-postais com áudio e chamadas de despertar com gravações de celebridades dos *reality shows*. A base de clientes da Virgin incluía 55 por cento de mulheres. A Boost havia estabelecido parcerias com astros do surfe, do ciclismo e de outros esportes radicais; seus clientes estavam concentrados apenas na Califórnia e em Nevada, nos Estados Unidos, e a maioria era do sexo masculino.

É assim que os serviços de informação podem ser usados, juntamente com outros elementos, para criar diferencial competitivo consistente. O tempo dirá qual será o resultado das duas start-ups diante da concorrência acirrada. O ponto é conseguir ser inovador na combinação de vários elementos, incluindo os serviços de informação e suas funções relacionadas, para que o diferencial competitivo seja favorável a você.

19

GERÊNCIA E PRINCIPAIS FUNCIONÁRIOS

"*I*nvestimos em pessoas." Esta é uma declaração muito freqüente dos investidores de risco. "Quem faz parte de sua equipe?", é o que querem dizer. Eles querem saber tudo sobre você. Investirão milhões de dólares em sua empresa. Quem é você, individualmente e como equipe, é a parte mais importante de sua história. Planeje contá-la bem. Os empreendedores em série têm um adágio relacionado: "Não podemos pagar pelos bons profissionais porque eles cometem erros demais. Só temos condições de contratar os profissionais excepcionais." Como a equipe gerencial será percebida? Acredito que este será o fator mais importante em sua capacidade de atrair os melhores profissionais. É um choque para a equipe técnica inexperiente de uma start-up ouvir que parte da gerência é mais importante para os investidores do que a seção de tecnologia. Por isso, vamos analisar maneiras de elaborar uma boa história sobre as pessoas que administrarão a nova empresa.

FILOSOFIA DE ADMINISTRAÇÃO

Os empreendedores experientes tornaram-se veteranos desenvolvendo métodos de administrar pessoas durante longos períodos de tempo, superando desafios difíceis e desastres terríveis. Conhecem o fracasso e o sucesso. Não vivem apenas das vitórias. Os veteranos estão cheios de histórias que começam assim: "Lembro quando aquele tenebroso XYZ aconteceu. Foi inacreditável o que Karl me disse na época! Foi um verdadeiro inferno, mas sobrevivemos e aprendemos duras lições." Os veteranos também podem contar como tratam as pessoas e o que esperam dos principais talentos. Podem descrever o que motiva um engenheiro, o que envolve um vendedor, o que leva um cliente a comprar ou o enfurece e assim por diante. Isso é o que deve ser descrito nesta seção centrada em pessoas de sua história. Descreva sua filosofia para administrar pessoas. Deixe claro em que você acredita. Fale sobre como atrair e reter os principais talentos e como trabalhar com clientes e parceiros estratégicos. Diga o que você espera fazer com os diretores e conselheiros. Nesta seção, concentre-se nos aspectos importantes para você na liderança e administração de seu novo negócio. Ou seja, diga qual é sua filosofia de administração.

EQUIPE CENTRAL

Em uma apresentação sobre a gerência, os investidores querem abordar uma pergunta muito básica: "Quem é você e por que devemos investir em você?" Neste caso específico, *você* significa a equipe gerencial, não a empresa inteira. As pessoas com dinheiro querem conhecer os primeiros líderes, aos quais confiarão milhões de dólares: o CEO, os funcionários que se reportam diretamente ao CEO (em geral, vice-presidentes ou diretores) e alguns poucos colaboradores individuais (como gurus de tecnologia). O que você pode dizer que garanta aos stakeholders que você tem a equipe gerencial certa para administrar esse novo empreendimento por meio do lançamento do primeiro produto ou da próxima fase do negócio? O que você pode dizer que convencerá os céticos de que você é o CEO que conduzirá a gerência por momentos bons e ruins?

Para responder, comece por si mesmo. Comece descrevendo o próprio diferencial competitivo pessoal. Dedique algum tempo para chegar a uma conclusão sobre qual é sua vantagem. Você talvez seja um excepcional desenvolvedor de produtos. Talvez tenha um histórico de vendedor de primeira linha. O trabalho de seu laboratório pode ter gerado tecnologias biológicas brilhantes que foram patenteadas e agora estão famosas. Mas quais são as provas existentes que apóiam a alegação de que você é o melhor líder para esse pequeno e seleto grupo de funcionários? "Além do conhecimento especializado em engenharia que você talvez tenha, quaisquer que sejam as inovadoras e incríveis novas habilidades estratégicas de marketing ou outras, diga como você administra pessoas durante bons e maus momentos?", pergunta DT ao fundador e às pessoas que ele entrevista. "Como você constrói equipes e as faz desenvolver uma idéia transformando-a em um incrível empreendimento de classe mundial?"

A liderança é requisito básico da equipe gerencial, seguida de perto pela capacidade de fazer com que as pessoas trabalhem para conseguir lançar o primeiro produto. A ênfase é colocada em como melhorar a empresa por meio da primeira fase de crescimento. Cada membro da equipe central pode mencionar algum exemplo de liderança? O que, em seus registros, demonstra que cada um é um líder que sabia para onde estava indo e convenceu outras pessoas disso? Que exemplos cada um consegue dar sobre momentos em que trabalharam juntos em projetos difíceis que resultaram em sucessos? O que, em seu histórico, demonstra que você compreende como levar adiante um projeto grande para um novo produto em todas as fases até o lançamento? Prepare suas respostas a perguntas sobre liderança desse tipo. Essa é uma parte fundamental do diferencial competitivo.

Da mesma forma, por que cada um dos membros da equipe central foi escolhido para as suas respectivas funções? Por que Ragnhild foi escolhido para ser vice-presidente de marketing? Ela tem calibre para isso? Como você decidiu colocar Rick na função de vice-presidente de engenharia? E assim por diante. O diferencial competitivo de cada um precisa se destacar. É mais do que informar as ótimas faculdades e instituições que cada um freqüentou. É mais do que o número de anos de experiência que possuem em uma área afim. Em vez disso, trata-se de um resumo básico, um parágrafo curto, sobre um ser humano na função que você escolheu para ele(a) nessa fase do novo empreendimento. Histórias sucintas e breves são difíceis de escrever, mas devem ser preparadas e bem redigidas. Como a descrição de um produto, se você precisar ler uma página inteira de informações (ou o currículo) sobre determinada pessoa, não conseguirá fechar a venda (nem conseguirá recursos do investidor ou contratar um engenheiro de talento).

Em conjunto, sua equipe gerencial deve ser como a equipe dos sonhos da próxima grande empresa de primeira linha, não apenas outro grupo de start-up. Durante os 11 anos antes de montar a start-up que se tornou a Palm, Jeff Hawkins procurou se relacionar com pessoas que se destacavam no trabalho. Ele estabeleceu fortes elos com esses indivíduos à medida que passaram a dividir seus sonhos e se preparavam para o dia em que deixariam os empregadores e partiriam para a sua primeira start-up. A escolha cuidadosa da equipe gerencial é um dos diferenciais competitivos mais importantes. Isso aumenta muito suas chances de conseguir obter os recursos. Atrai as pessoas mais talentosas. Os repórteres gostam de escrever sobre isso.

ORGANOGRAMA

Inclua um organograma da empresa no dia do financiamento e como será no momento do lançamento do primeiro produto. Você pode ser inovador em sua forma de representar graficamente as relações hierárquicas entre os funcionários e superiores (círculos, rodas de charrete, de cabeça para baixo, o que for), mas não perca muito tempo com arte final criativa. O principal valor de fazer o gráfico é colocar no papel o que a equipe gerencial concordou entre si: quem é o chefe, as relações de hierarquia e as responsabilidades de cada um. Você vai se surpreender em saber quantas equipes gerenciais não são capazes de chegar a um acordo antes de procurar a rodada inicial de financiamento. Não tente decidir isso no estacionamento antes de sua primeira apresentação.

RECRUTAMENTO

"O principal motivo pelo qual as start-ups não atingem as metas de seus planos de crescimento é que não conseguem contratar os talentos com rapidez suficiente!" Esta é uma afirmação que costumo ouvir com freqüência e que eu questionava no princípio. Depois de trabalhar com centenas de empresas diferentes e seus stakeholders, vejo que é verdade. O ritmo do recrutamento determina boa parte do sucesso da empresa. A velocidade em que você consegue recrutar talentos será um dos processos mais importantes para criar, instalar e gerenciar como líder da empresa. É uma ótima maneira de aumentar seu diferencial competitivo — ou enfraquecê-lo. Recrutar é um processo muito demorado. Meus estudos sobre start-ups indicam que os CEOs fundadores passam pelo menos 20 por cento de seu tempo trabalhando com recrutamento. A equipe gerencial precisa dedicar longas horas por dia à leitura de currículos, à condução de entrevistas e à preparação de cartas de oferta de emprego. É uma responsabilidade sem fim. É sempre importante. Toda a empresa se empenha nisso.

Vamos revisar rapidamente as maneiras básicas como as start-ups encontram novas pessoas.

Por indicação (Fase de recrutamento 1)

Para conseguir entrar rapidamente em operação, a equipe gerencial faz contato imediato com pessoas que eles respeitam e com quem já trabalharam no passado, pessoas que conhecem e em quem confiam. O dia em que o acordo de financiamento inicial é fechado e o dinheiro entra no banco, a equipe entra em ação. Em poucos dias, já foram contratados os primeiros funcionários selecionados. Todos eles são bem conhecidos da equipe gerencial. A boa notícia é que os desconhecidos são poucos e o tempo de contratação é curto. A má notícia é que não há pessoas suficientes nesse grupo de talentos para atender às necessidades da empresa.

Por recrutadores profissionais (Fase de recrutamento 2)

Em seguida, entram em cena os recrutadores — indivíduos e empresas pagos para encontrar muitos dos talentos de que a empresa precisa. Os recrutadores enviam mensagens por e-mail e fax de currículos a gerentes de nível médio e básico e funcionários em geral. Os *headhunters* são usados para os cargos de vice-presidente e CEOs. A boa notícia é que os recrutadores conhecem muitas pessoas que estão procurando emprego em novos e fascinantes empreendimentos (como o seu). A má notícia é que leva algum tempo até que os recrutadores comecem a trabalhar e consigam encontrar as melhores pessoas. E os recrutadores custam bem caro — dezenas de milhares de dólares por funcionário contratado, e talvez até mesmo opções de ações. Pior ainda: os recrutadores de alto nível em geral estão tão ocupados, tanto em momentos de alta quanto de baixa, que você talvez nem consiga uma resposta.

Pela empresa (Fase de recrutamento 3)

Por fim, a empresa começa a fazer o próprio recrutamento. Estudos demonstram que os custos de recrutamento da empresa são praticamente os mesmos que usar recrutadores. Sua empresa anuncia vagas no site. Participa de feiras de negócios. Anuncia. Um funcionário da empresa recebe a função de processar as centenas de currículos que agora estão sendo enviados por e-mail para a start-up, a cada hora, de todo o mundo. Contratados temporários às vezes são usados. São recrutadores que entram na empresa só para fazer o recrutamento para o novo empreendimento. A boa notícia é que você recebe muita atenção. A má notícia é que ainda despende muito tempo e dinheiro, mais do que a maioria das pessoas julga necessário.

Dica: Não se esqueça de incluir o custo de recrutar pessoas em sua previsão financeira de cinco anos. O custo monetário é real. Os recrutadores cobram de 20 a 30 por cento da remuneração anual e mais para os executivos. Alguns recrutadores pedem menos dinheiro e algumas opções de ações, mas, ainda assim, são caros. Não se esqueça das ações em seu plano de participação nos lucros para o recrutamento de novos funcionários: reserve ações extras para executivos caros e seus recrutadores. Você pode modelar o recrutamento. Comece selecionando que parte dos funcionários será recrutada por método específico. Calcule os custos em dinheiro e ações para cada funcionário. Faça uma previsão desses custos para cada um dos cinco anos. Preste atenção aos detalhes. Isso não só reduz desagradáveis surpresas de fluxo de caixa, mas também mostra o tipo de compromisso para com a gerência profissional que os investidores de classe mundial buscam nas equipes gerenciais.

O tempo é inimigo na hora de recrutar. Leva o dobro do tempo estimado para fazer o seguinte: (1) encontrar os melhores candidatos para tentar recrutar; (2) coordenar o calendário de todos para conseguir aprontar as entrevistas; (3) repassar o processo de entrevistas para cada candidato e chegar a uma decisão de contratação; (4) fazer o candidato passar pelo processo de negociação e aceitação de sua oferta de emprego e (5) fazer com que o funcionário dê o aviso prévio a seu empregador atual. Seja sensato ao antecipar a velocidade em que conseguirá contratar o talento necessário. É sempre mais demorado que planejado.

Respeite a intensidade do recrutamento. À medida que o crescimento avança, a empresa inteira parece estar recrutando alguém o tempo todo. É um período fascinante mas perigoso que pode fazer sua equipe sobrecarregada afundar. Eles já estão trabalhando demais, correndo contra o relógio para conseguir lançar o primeiro produto. Por isso, cuidado para não se comprometer com um ritmo de contratações rápido demais. Se você nunca liderou um grupo que já recrutou 50 pessoas excepcionais em um ano, dedique tempo adicional para trabalhar nos detalhes de seu plano de contratação. Não espere conseguir recursos sem explicar em detalhes como planeja realizar esse feito excepcional.

REMUNERAÇÃO

Planeje usar a remuneração para ajudar a construir o diferencial competitivo, mas tenha cuidado. Descubra como as empresas locais em seu setor estão remunerando seus funcionários. Converse com consultores especializados. Desenvolva o plano de remuneração para incluir incentivos criativos. Não deixe para fazer isso depois que a empresa tiver começado a operar. Escolha dentre as muitas opções existentes: dinheiro, bônus, opções de ações, descontos para a compra de carro, férias, tempo de folga etc. Algumas empresas optam pelo modelo da "escravidão do salário" (a Silicon Graphics usou-o com eficácia), escolhendo deliberadamente pagar os salários no quartil superior de sua cidade. Outras procuram manter os salários baixos ("Deixe-os famintos"). Outras, ainda, equilibram menor remuneração com opções de ações extras. Algumas enfatizam bonificações como assistência para crianças, PDAs e celulares. A remuneração pode envolver muita criatividade para impulsionar o diferencial competitivo.

CULTURA DA EMPRESA

Um plano sensato para trabalhar a cultura da empresa pode aumentar sua vantagem. As pessoas das start-ups são iguais a quaisquer outras pessoas: querem trabalhar e ter uma vida normal também. Se a cultura de sua empresa pensa assim, então declare isso com ousadia. Torne-a parte de sua start-up desde o primeiro dia. Aristóteles, o filósofo grego, disse que as pessoas são feitas de três elementos: o material, o espiritual e o físico. O desafio na vida é manter esses três elementos em equilíbrio. Quem trabalha em start-ups também quer que suas vidas estejam em equilíbrio. Empreendedores experientes aprenderam pelo caminho mais difícil que não é possível colocar sua vida em compasso de espera e, ainda assim, querer vencer.

MAU COMPORTAMENTO

Aqui estão exemplos típicos de comportamentos de líderes ingênuos de start-ups: parar de se exercitar, comer mal, em vez de fazer refeições saudáveis, dormir menos, parar de ler bons livros, encurtar o tempo para diversão, passar menos tempo com a família, colocar os amigos em segundo plano e esquecer a religião. Especialmente, evitar falar sobre o que faz a vida valer a pena. Apenas se o empreendedor trabalhar para alcançar um estilo de vida equilibrado, o trabalho triunfará. O estresse de uma nova empresa acabará por destruir mesmo o mais forte dos empreendedores. Eles acabam exauridos. Por fim, mesmo os líderes mais rigorosos descobrem que precisam de forças e de apoio humano para vencer em um novo empreendimento. A vida de uma start-up exige mais do que trabalhar horas extras durante um breve período de tempo. Quando você entender isso, talvez consiga alterar a história do plano para a cultura de sua empresa.

Sua meta é construir uma cultura de trabalho especialmente atraente para pessoas excepcionais que entendem que uma start-up é uma cansativa maratona, não uma corrida de velocidade. As pessoas mais experientes não sacrificarão suas vidas por você, o grande líder. Elas têm muitas outras opções de trabalho. Em vez disso, os melhores se juntarão a você no longo prazo porque acreditam que você estará a seu lado no desenvolvimento da start-up e na busca por um equilíbrio entre a vida pessoal e profissional. Se você deseja atrair pessoas com uma cultura que valorize tanto o lado empresarial quanto o físico e o espiritual da vida, torne isso parte de sua história sobre o diferencial competitivo. Assim, sua empresa se tornará um local muito atraente para se trabalhar. E atrairá os melhores.

David Rex, um entusiasmado e experiente advogado texano que trabalha com empreendedores, aponta um grande exemplo cultural na

Southwest Airlines: a empresa tem um Departamento Cultural. O último presidente foi chefe daquele departamento. A empresa se destaca em nítido contraste com gigantes como a American Airlines. Em 2002, a Southwest foi a sexta maior empresa de aviação dos Estados Unidos, mas teve uma capitalização de mercado igual ao total das capitalizações de mercado combinadas das cinco maiores empresas áreas. Sua cultura pode ser muito poderosa para as novas empresas.

20

INSTALAÇÕES E ADMINISTRAÇÃO

As instalações envolvem muito mais do que um prédio. Englobam um lugar (prédio, conjunto de salas etc.) preparado e mobiliado para determinada atividade, aumentando o conforto e a conveniência. Isso pode ser usado para aumentar seu diferencial competitivo.

Alguns CEOs escolheram economizar alugando as instalações mais baratas, mobiliando o espaço com cadeiras, mesas e cubículos de pior qualidade porque acreditam que o menor custo é essencial para vencer. Outros insistem em manter instalações mais caras, acreditando que uma imagem de alto nível é fundamental para impressionar os clientes e outros visitantes da empresa. Em geral, os extremos não são a melhor escolha, por vários motivos. Por exemplo: uma start-up bem-sucedida e de rápido crescimento evolui muito mais do que a capacidade de seu primeiro local e precisa se mudar, forçando a uma segunda escolha de instalação física. Outro motivo para a moderação se deve à importância do local. A escolha do local pode produzir vantagens mais profundas e mais numerosas do que as fiscais. Por exemplo, o incômodo de ir e vir de casa para o trabalho é parte significativa da decisão de determinado engenheiro entrar para empresas localizadas em grandes cidades. Os engenheiros, em geral, trabalham em horários estranhos e apreciam ter menos tempo gasto em condução. A distância até restaurantes e centros de saúde é um importante aspecto social e para a saúde de certos funcionários. Um local tranqüilo arborizado e com cascatas de água atrai pessoas e contribui para reduzir o estresse. A lista pode continuar infinitamente. É um modo muito básico de agregar diferencial competitivo a uma nova empresa. A seguir está uma das idéias mais criativas que já vi para usar as instalações e a cultura da empresa, visando impulsionar o diferencial competitivo.

Exemplo 20-1 A escolha do local de trabalho leva ao topo: Benjamin Group

Sheri e Steve Benjamin começaram sua jovem empresa de relações públicas, o Benjamin Group, em um espaço simples alugado em um prédio classe A de vários andares no Vale do Silício. Fizeram pesquisas e acharam que o mercado local estava mal atendido pelas empresas existentes. Sheri era a especialista em relações públicas e Steve, o homem dos números. Eles viram uma oportunidade pouco desenvolvida para fazer uma importante contribuição para empresas de alta tecnologia que buscam fazer melhor uso da função de relações públicas em campanhas de marketing e lançamento de novos produtos.

Sheri e Steve tinham o impulso empreendedor e muito espírito inovador. Também tinham algo especial: eram um casal dedicado, comprometido em construir uma família e um lar para si de forma equilibrada com o trabalho, sem sacrificar a excelência.

Logo depois que abriram a empresa, Sheri e Steve decidiram levar os filhos até o escritório. A experiência que tiveram com babás não havia atendido às suas expectativas. À medida que o negócio crescia, novos funcionários eram contratados. Seus filhos juntaram-se aos filhos dos Benjamin na empresa.

À medida que o número de crianças crescia, ficou evidente que mais espaço seria necessário: as crianças precisavam de um pátio para brincar. Além disso, os Benjamin queriam certificação total para a operação, como uma instalação com creche. O prédio de vários andares não era adequado.

Sem se deixar abater, o intrépido casal fez algumas ligações, pesquisou e colocou a criatividade em ação. Não foi fácil, mas, no prazo de aproximadamente um ano, chegaram a uma solução inovadora: o Benjamin Group faria o que nenhuma outra empresa de RP estava fazendo: comprar um prédio próprio, converter parte do estacionamento em um pátio para as crianças e abrir uma creche particular, grande o suficiente para acomodar os filhos de um número muito maior de funcionários. Steve e sua família estavam acostumados com investimentos em imóveis. Sheri estava confiante de que a nova instalação permitiria que ela atraísse mais gerentes de conta de relações públicas. O negócio estava crescendo muito rapidamente e a empresa precisava de mais espaço.

Assim que a tinta secou no contrato de compra (e que começaram os pagamentos da hipoteca), Sheri e Steve fizeram uma reunião com todos os funcionários para anunciar a mudança para o novo prédio. Também informaram à equipe que poderiam levar seus filhos para o trabalho.

Quando o nome do Benjamin Group foi afixado na lateral do prédio, o plano inovador da empresa já estava se tornando realidade. Sheri estava aumentando o diferencial competitivo com a introdução de novos métodos para administrar as relações com os clientes, incluindo métodos inovadores de acompanhar e comunicar as despesas de projetos. Os clientes aplaudiram. Enquanto isso, Sheri manteve o fluxo de caixa positivo e os cheques fluindo para fazer os pagamentos mensais da hipoteca do prédio. Os principais talentos de RP começaram a procurar a empresa, ávidos por trabalhar para o Benjamin Group. Começaram a sair das empresas concorrentes e entraram para a empresa com a finalidade de ajudar a desenvolver novas contas. Em poucos anos, a creche estava plenamente licenciada e o Benjamin Group tornou-se a principal empresa de relações públicas do Vale do Silício.

Quando perguntado como os Benjamin viam os benefícios competitivos da creche e outras inovações, Steve resumiu assim: "Vimos que não era preciso ser muito diferente, só o bastante." Também é um ótimo exemplo de como uma empresa autofinanciada consegue vencer. As opções de instalações deram importante contribuição para o sucesso do Benjamin Group. Existem muitas outras maneiras de escolher uma instalação e, portanto, de aumentar sua vantagem. Pense bem antes de escolher.

21

PLANO FINANCEIRO

Previsões financeiras bem-feitas geram grandes vantagens. Sua empresa precisa de bons números porque eles são uma parte importante de sua história, que é contada com palavras, imagens e cifras. Pense nos demonstrativos financeiros como um reflexo numérico do diferencial competitivo de seu negócio. Este é o motivo pelo qual seus futuros funcionários desejam que você revele alguns números. Os números certos, as palavras e as imagens prendem a atenção dos ouvintes. Eles esperam que os dados financeiros sejam tão empolgantes quanto as palavras e imagens. Querem sentir o poder de seu diferencial competitivo emergir das previsões financeiras. Isso pode fazer a diferença entre obter ou não o financiamento, atrair aquele talento excepcional ou envolver o repórter. Vamos analisar o que pode ser feito com números para aumentar sua vantagem.

PREVISÃO, NÃO; BASTAM OS ZEROS, POR FAVOR

Não é necessário prever com precisão absoluta o resultado financeiro futuro de uma start-up. Isso talvez o surpreenda, mas os veteranos concordam neste ponto. A previsão financeira não anuncia o resultado futuro, com uma margem de erro para cima ou para baixo. Em uma start-up, há muita incerteza envolvida para esperar que alguém chegue a uma previsão razoável. É por isso que os empreendedores verdadeiros não adotam as técnicas das escolas de administração de empresas, como análises de sensibilidade.

Até que ponto seus números precisam ser precisos? Eu, normalmente, recomendo a meus alunos que procurem pelo menos acertar os zeros; não estamos preocupados com os primeiros dígitos. Os empreendedores em série concordam. O que isso significa? "Nossa start-up lançará o primeiro produto no início do Ano 2, com o dobro de vendas e funcionários a cada ano depois disso ou mais, e será lucrativa com pelo menos 70 milhões de dólares em vendas até o Ano 5." Com uma ascensão rápida como essa, você não ficará preocupado com "mais ou menos 15 por cento". Você só espera chegar inteiro até lá. Não há necessidade de fazer estimativas financeiras alternativas, com várias situações hipotéticas ponderadas por probabilidade, como situação "mais provável" mais a "mais conservadora" mais a "mais otimista". Empresas de porte mundial gigantescas contratam especialistas com MBAs para criar esses casos e combiná-los com uma distribuição probabilística dos resultados, a fim de gerar os valores esperados. Os empreendedores só querem que o número de zeros esteja correto.

Uma nova empresa utiliza os números financeiros para retratar como funcionará o modelo de negócios — a economia do negócio. Por exemplo, o negócio da Dell — de venda direta aos usuários finais — exigiu um novo modelo de negócios, e a previsão financeira refletiu isso: não parecia com os demonstrativos financeiros das outras empresas de computadores pessoais. Se sua start-up vai tentar dominar uma nova categoria, seus demonstrativos financeiros devem refletir essa originalidade. O negócio tentará alcançar algo inédito também no campo financeiro.

O lado financeiro das start-ups também vai refletir o setor no qual competem. Mas cada novo empreendimento será diferente de formas importantes. Por exemplo, uma nova empresa de semicondutores "sem fábrica" projeta semicondutores mas terceiriza a fabricação para unidades especializadas. Empresas sem instalações de produção terão números semelhantes aos das outras empresas grandes de semicondutores, mas essa qualidade do novo empreendimento o tornará diferente de maneiras especiais (sem fábricas ou equipamentos de produção).

Em seu caso, os números de uma nova empresa refletirão sua história sobre como o diferencial competitivo gerará vendas, lucros e fluxos de caixa. Os números devem mostrar como você planeja ganhar dinheiro (o modelo de negócios). Devem mostrar crescimento (número de funcionários e vendas). Também devem mostrar sucesso (lucros e fluxo de caixa positivo). Mostrarão eficiência (vendas por funcionário). Pense nos números financeiros como se estivesse dizendo aos stakeholders: "Se suas suposições estiverem mais ou menos certas, nossos demonstrativos financeiros serão semelhantes." Uma boa história aparece na previsão financeira.

QUE NÚMEROS SÃO OS MAIS IMPORTANTES?

Você precisa de muitos números para elaborar sua história. Cada receita tem os próprios números. Incluem uma declaração de renda completa, o balanço patrimonial e a demonstração de fluxo de caixa para cada um dos cinco anos. Isso pode parecer muito, mas há luz no fim do túnel para os novos empreendimentos: um pequeno grupo de números é especialmente importante. Estes cinco, listados na Tabela 21-1, são os usados com mais freqüência pelos empreendedores em série e investidores de risco veteranos que já observei. Os números respondem a perguntas-chave. Quando você tiver as respostas, terá os números necessários para demonstrar o diferencial competitivo.

Quais são as respostas que os investidores procuram a estas perguntas? Algumas das respostas que vi os investidores procurarem com mais freqüência estão contidas na Tabela 21-2.

É IMPORTANTE QUANTIFICAR O MODELO DE NEGÓCIOS

Os empreendedores em série falam muito sobre seus modelos de negócios em termos financeiros. Concentram-se em responder à **pergunta**: "Como você planeja ganhar dinheiro?" Os CEOs veteranos explicam como seus modelos de negócios funcionam com números assim como com palavras. Mostram o fluxo de caixa entre os parceiros de negócios. Deixam claro qual será a posição do fluxo de caixa entre a data em que a empresa é criada, a data em que o primeiro produto é entregue e os anos de crescimento subseqüentes. Mostram os detalhes de como cada dólar em vendas será gasto (em despesas operacionais e equipamentos) e qual será o tamanho do lucro (lucro líquido). Explicam a velocidade em que a empresa receberá dos clientes (contas a receber) e como a empresa planeja pagar seus fornecedores (contas a pagar), particularmente os parceiros estratégicos.

Tabela 21-1 As cinco grandes perguntas financeiras

- "No Ano 5, qual será o volume de vendas?"
- "Quantas pessoas serão contratadas por ano?"
- "Em que ano seus lucros ficarão positivos?"
- "Em que ano seu fluxo de caixa ficará positivo?"
- "Quanto capital será necessário a cada ano?"

FONTE: Nesheim Group.

Tabela 21-2 Metas financeiras clássicas das start-ups

- As vendas no Ano 5 devem ser de pelo menos 25 milhões de dólares, de preferência mais perto dos 100 milhões ou mais
- As vendas devem crescer muito rapidamente por ano, dobrando a cada ano, ou em um ritmo ainda maior
- Os lucros devem estar próximos do ponto de equilíbrio no Ano 3, pelo menos no ponto de equilíbrio no Ano 4 e gerando um lucro modesto no Ano 5
- O fluxo de caixa deve ficar positivo no Ano 4
- O capital necessário deve ser de pelo menos 5 milhões de dólares, deve incluir duas ou mais rodadas de financiamento e gerar um retorno sobre o capital consistente com o risco assumido em cada rodada, pelo menos um retorno médio de dez vezes em cinco anos

FONTE: Nesheim Group.

DADOS FINANCEIROS DETALHADOS DO PRIMEIRO PRODUTO

O primeiro produto precisa ser um sucesso; caso contrário, você terá um desastre nas mãos. Todos sabem disso, especialmente o principal executivo financeiro, ou CFO. Portanto, concentre-se principalmente em fazer previsões dos demonstrativos financeiros detalhados que expliquem quanto dinheiro será necessário para que a primeira família de produtos seja lançada. Comece o trabalho com números mensais. Depois, volte em cada uma das previsões mensais e prossiga fazendo uma análise mais geral do quadro de longo prazo, a previsão de cinco anos, ano a ano.

Tabela 21-3 Números importantes

- O número de engenheiros necessários para concluir o projeto e a construção do primeiro produto
- A quantidade de equipamento necessária para que os funcionários consigam cumprir a primeira data de lançamento
- O fluxo de caixa dos principais fornecedores, especialmente os serviços de fabricação terceirizados
- O custo de marketing e vendas para lançar o primeiro produto
- A previsão de vendas do primeiro produto, particularmente a taxa de aceitação pela primeira categoria de clientes
- O número de opções de ações para os primeiros 50 funcionários
- Quanto capital é necessário para desenvolver o primeiro produto e lançá-lo

FONTE: Nesheim Group.

Tabela 21-4 Números de longo prazo que precisam de atenção especial

- Quando o volume de vendas excederá 25 milhões de dólares
- Primeiro ano de lucros antes dos impostos
- Lucro operacional como percentual de vendas no Ano 5
- Primeiro ano de fluxo de caixa positivo
- Novo capital necessário a cada ano
- Ritmo de pagamento das faturas por parte dos clientes
- Quando pagar aos fornecedores (prazo máximo)
- Número de funcionários por departamento, especialmente marketing e vendas
- Vendas por funcionário
- O que empresas de capital aberto, banqueiros investidores de Wall Street e analistas de pesquisa usariam para comparar à start-up
- A avaliação das ações da start-up no mercado no momento da IPO
- Titularidade (percentual nas mãos dos stakeholders, riqueza absoluta por funcionário, tamanho do *pool* de opções dos funcionários)

FONTE: Nesheim Group.

Suas demonstrações financeiras que incluem o tempo até o lançamento do primeiro produto também devem incluir alguns números importantes que os investidores estão muito interessados em ver. Os CEOs gostam especialmente de apresentar as partes de suas previsões financeiras incluídas na Tabela 21-3.

Na previsão de cinco anos, existem outros números que são especialmente importantes, como, por exemplo, de quanto caixa a start-up vai precisar, ano após ano. Os veteranos pensaram muito em cada uma das fases clássicas de uma start-up, incluídas em *High Tech Start Up* e estabeleciam números para cada fase (número de funcionários, despesas, equipamento, vendas e requisitos de fluxo de caixa).[1] Eles entendiam a função do balanço patrimonial e como calcular as necessidades de financiamento da empresa. Os números de longo prazo aos quais os CEOs prestavam atenção estão incluídos na Tabela 21-4.

NÚMEROS E GRÁFICOS ESCLARECEM O DIFERENCIAL COMPETITIVO

Seus números e gráficos retratam seu diferencial competitivo. A história deve ser um meio-termo entre plausível e fascinante. *Plausível* significa que os números são realistas e viáveis. Somente durante a fase maníaca de um período de *boom* as equipes gerenciais apresentam impunemente números que, de outro modo, seriam absurdos. Lembre-se de que você está contando uma história animada, assim como um contador de histórias que fala a um grupo interessado de crianças sentadinhas em torno de uma fogueira em uma noite escura. A luz do fogo reflete o rosto aceso do orador e aumenta os tons emocionais da história. À medida que as mãos do orador enfatizam os elementos centrais da história, geram imagens que pintam quadros nas mentes do público. Os gráficos são imagens poderosas dos números. Reforçam seu diferencial competitivo. Quando você reúne números e gráficos plausíveis, sua história será ainda mais atraente para o público. Bons números geram bons gráficos. Os empreendedores em série usam alguns gráficos coloridos de partes sele-

---
[1] *High Tech Start Up*, Capítulo 3.

cionadas de suas previsões financeiras para identificar diferenciais competitivos consistentes.

- A Figura 21-1 concentra-se no crescimento das vendas e na eficiência por pessoa alcançada à medida que a empresa se consolida.
- O lucro passa das perdas da primeira fase ao ponto de equilíbrio e depois ao crescimento lucrativo, como descrito na Figura 21-2.
- O fluxo de caixa das operações e financiamento é retratado na Figura 21-3 à medida que o fluxo de caixa fica positivo.

O crescimento em vendas, a eficiência das pessoas, o lucro e o fluxo de caixa são os elementos nos quais a liderança do novo empreendimento se concentra em sua jornada para criar uma grande empresa com recursos financeiros sólidos. É assim que o valor é medido pelos stakeholders. A história contada nos gráficos retrata um quadro empolgante de diferencial competitivo que se revela em termos financeiros.

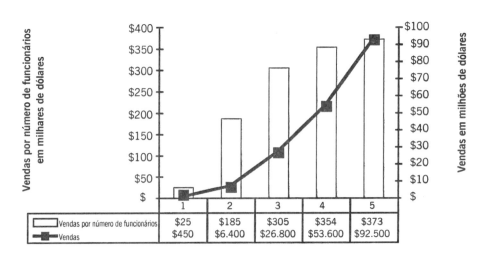

Figura 21-1 Gráfico de vendas e número de funcionários

PLANO FINANCEIRO

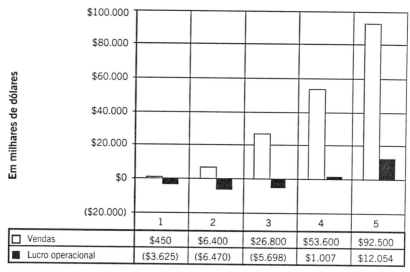

FONTE: Nesheim Group.

Figura 21-2 Gráfico de crescimento em vendas

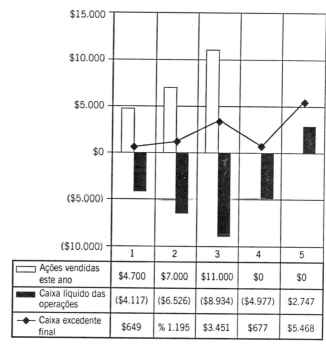

FONTE: Nesheim Group.

Figura 21-3 Gráfico do fluxo de caixa

22

AVALIAÇÃO E PROPRIEDADE

Avaliar sensatamente sua empresa pode aumentar o diferencial competitivo. Quanto vale sua empresa em milhões de dólares? Que parte deve ser vendida a investidores, e a que preço por ação? O truque é acertar o valor — nem alto nem baixo demais. Se sua avaliação for muito baixa, será considerado um negócio pequeno e inexpressivo demais para um investidor de primeira linha ou funcionário veterano. Parecerá uma empresa familiar pequena liderada por um fundador ingênuo. Se o valor for alto demais, a empresa e você serão considerados fora da realidade e não terão crédito. Você terá de encontrar o meio-termo. Se os fundadores e a gerência ficarem exageradamente gananciosos (detendo um alto percentual das ações), não conseguirão atrair os recursos necessários, e os principais funcionários não trabalharão para eles. Se os investidores em uma rodada de financiamento superestimarem ou subestimarem as ações (muito gananciosos ou exploradores), isso impedirá que a empresa alcance o restante do financiamento necessário. E se no futuro houver quedas nos preços das ações (necessárias para conseguir a próxima rodada de recursos), é sinal para os funcionários de que a empresa está em dificuldades financeiras (e é hora de atualizar seus currículos e procurar uma nova empresa).

Então, como chegar a essa avaliação mágica, o ponto de equilíbrio? Gosto de pensar nela como um jogo de equilíbrio. Não é um jogo de soma zero no qual o esperto fundador passa todos os demais para trás e acaba com a maior fatia da torta, bilionário, enquanto os outros ficam com migalhas. Em vez disso, é uma tarefa que exige planejamento cuidadoso e muito raciocínio. Deve abranger a titularidade de cada investidor e de todos os funcionários para cada um dos próximos anos. Esses stakeholders procurarão o retorno sobre seu investimento nos cinco anos seguintes. Você deve fazer a previsão dos números financeiros em detalhes e chegar o mais próximo possível do ideal para cada pessoa. Quando isso acontecer, poderá ter certeza de que sua empresa terá riqueza suficiente para compartilhar com as pessoas e os investidores que você precisa atrair para tornar a empresa um sucesso. A lista de acionistas (ver Tabela 22-1) é mais longa do que alguns empreendedores de primeira viagem esperam.

Tabela 22-1 Acionistas da empresa

- Fundadores
- Gerência e funcionários
- Conselheiros, diretores e grupos de especialistas técnicos e comerciais
- Consultores e contratados
- Parceiros estratégicos, incluindo clientes, fornecedores e organizações de vendas
- Recrutadores
- Investidores
- Conselho de Administração

FONTE: Nesheim Group.

COMO ENCONTRAR O MEIO-TERMO

Como encontrar o meio-termo, o número de ações para cada acionista? Aqui estão algumas sugestões de empreendedores em série que já o encontraram.

Encontre empresas comparáveis

Os demonstrativos financeiros de grandes empresas de capital aberto são fáceis de encontrar: o site da SEC, www.sec.gov, oferece acesso gratuito ao banco de dados Edgar, com todos os demonstrativos financeiros históricos desejados, inclusive de IPOs (Formulário 4246). Os dados são para muitas empresas — norte-americanas e com sede no exterior — cujas ações são negociadas nas Bolsas de Valores dos Estados Unidos. Use o Edgar para obter dados financeiros históricos de algumas poucas empresas de capital aberto comparáveis, aquelas que você deseja que sejam comparadas à sua start-up no momento da IPO. As avaliações das empresas privadas são mais difíceis de obter, mas é um procedimento de rotina em muitas cidades em todo o mundo. Você também pode ter acesso ao mundo confidencial das avaliações de start-ups. Comece conquistando a confiança de outros empreendedores: converse com eles e apresente seus números. Faça o mesmo com advogados, contadores, *angel investors* e até investidores de risco. Sua meta é encontrar avaliações de start-ups com financiamento privado semelhantes à sua — novas empresas que buscam fundos para lançar seu primeiro produto.

Estime os números das opções de ações com cuidado

Crie um modelo de planilha do número de ações que você planeja conceder por opções de ações todos os anos, durante cinco anos. Indique os 20 primeiros funcionários e o número de ações de cada um. Em seguida, acrescente outros stakeholders que receberão ações. Defina um valor das opções de ações por ação (*preço de exercício*) para cada um dos cinco anos. Some as ações para obter o grupo de ações reservado para as suas opções de ações. Junte-as com as ações dos fundadores e as ações vendidas aos investidores em cada rodada do financiamento. Totalize as ações para a empresa inteira, para cada um dos cinco anos.

Avalie a empresa em cada um dos cinco anos

Você precisará saber avaliar as ações para cada ano de vida da empresa. Uma boa alternativa é revisar o Capítulo 9 de *High Tech Start Up*, que explica como as avaliações são estruturadas para empresas de alta tecnologia. O Apêndice D também contém tabelas de avaliações e capitalizações de empresas reais em vários setores. Ou peça a ajuda de um empreendedor em série, de um contador ou advogado de uma start-up. O segredo que eles aprenderam é que uma nova empresa é avaliada trabalhando de trás para a frente, ano a ano, até a rodada de capital inicial, avaliando cada ano à medida que empregam o capital investido. A cada ano, o investidor deve obter um retorno sobre o investimento alto o suficiente para atrair outros investidores. O retorno sobre o investimento (ROI) será o custo de capital para esse investidor. À medida que o risco cai a cada ano, o ROI exigido cai. Em seguida, use o preço por ação a cada ano para calcular a riqueza de cada funcionário. Cada funcionário esperará determinada quantia no momento da IPO que reflete seu risco de entrar para a nova empresa. Você também deve prever isso em detalhes.

O planejamento da avaliação pode fortalecer muito o plano e o diferencial competitivo. O público verá a possibilidade de uma grande quantidade de riqueza ser criada e compartilhada de forma justa pelos stakeholders. Quando você concluir essa parte da história, estará pronto para apresentá-la a quem quer que seja. Eles ficarão empolgados com sua maneira de converter a idéia em um diferencial competitivo excepcional.

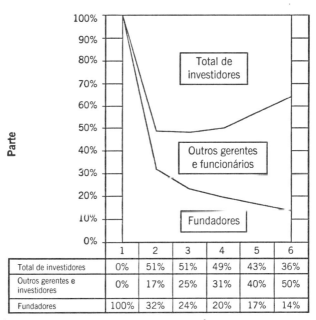

FONTE: Nesheim Group.

Figura 22-1 Gráfico de propriedade da empresa

- A Figura 22-1 mostra como funciona a diluição à medida que as ações vendidas aos investidores e funcionários são acrescentadas ao total de ações da nova empresa. Os fundadores detêm percentuais cada vez menores da empresa. Os investidores, por fim, também são diluídos, aumentando as opções de ações para os novos funcionários que ajudam a fazer com que a empresa cresça cada vez mais.

- A Figura 22-2 ajuda os fundadores a atribuírem o preço para cada rodada de ações vendidas aos investidores. Aproximando-se do ROI esperado para cada rodada de capital de risco captado, o novo empreendimento pode precificar, de modo realista, as ações da empresa.

- A avaliação das rodadas de financiamento também pode ser mostrada, como na Tabela 22-2. Os números ali estão claros para cada

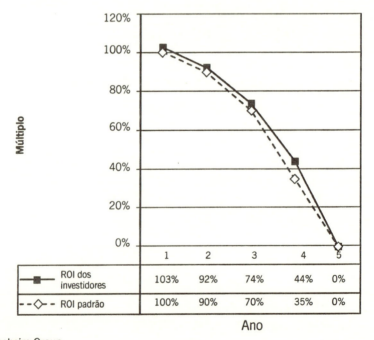

FONTE: Nesheim Group.

Figura 22-2 Gráfico de retorno sobre o investimento do investidor

acordo proposto aos investidores. Por exemplo, mostra o valor da empresa após cada rodada de financiamento (*post-money*), o preço por ação, quanto capital foi captado com a venda das ações e a relação entre o valor da empresa e as vendas em dólares.

Tabela 22-2 Tabela de avaliação da empresa

	Ano 1	Ano 2	Ano 3	Ano 4	Ano 5
Vendas	$450	$6.400	$26.800	$53.600	$92.500
Múltiplo das vendas anuais (000)	4	4	4	4	4
Post money calculado[1] (000)	$2.400	$25.600	$107.200	$214.400	$370.000
Post money escolhido (000)	$10.000	$32.000	$91.000	$220.000	$380.000
Total de ações da empresa[2] (000)	9.300	12.581	15.187	17.512	21.000
Valor por ação[3]	$1,08	$2,54	$5,99	$12,56	*$18,10 IPO*
Múltiplo do ROI do investidor — curva de risco[4]	16,8	7,1	3,0	1,4	1,0
ROI[5] do investidor (percentual por ano)	103%	92%	74%	44%	0%

1 *Post money* e *pre money* são termos para a empresa antes e após a rodada de financiamento.
2 Total de ações da empresa = Ações dos fundadores + ações vendidas aos investidores + ações reservadas para opções de ações.
3 Valor por ação = ($ valor da empresa *post money*) / (Número de ações inteiramente diluídas, incluindo todas as ações reservadas para opções de ações).
4 O múltiplo de retorno sobre o investimento do investidor também é um índice do risco da empresa. É calculado da seguinte maneira: Múltiplo = ($ valor Ano 5/ação) / ($ valor deste ano/ação).
5 O ROI dos investidores = $1 aumenta para o valor da IPO ($ valor ano 5/ação) nesta taxa de juros ao ano.

DETALHES QUE OS INVESTIDORES QUEREM OUVIR

Após sua apresentação aos investidores interessados, você estará quase pronto. Mas ainda há mais um ponto a preparar: espere encontrar investidores experientes querendo obter mais detalhes. O seguinte exemplo é uma versão adaptada de um e-mail verdadeiro enviado na tarde após a apresentação final por uma equipe gerencial na Newco aos sócios da North Venture Capital Partners.

Exemplo 22-1 Informações solicitadas pelos investidores: North VC e Newco

——Mensagem original——
De: dick@northvc.com
Enviado: Segunda-feira, 17 de dezembro de 2003, 18h48
Para: tom@newco.com
Assunto: Apresentação na Newco — *Follow-up*

Tom: Obrigado pelo material enviado. Embora ele aborde em linhas gerais as áreas que me causaram dúvida, precisamos de informações mais concretas para avançar. Eis algumas questões que gostaria que você respondesse com informações específicas que poderão me ajudar.

1. Como é seu projeto de vendas? O material enviado informa quem é seu cliente, mas gostaria de saber onde você se encaixa no processo de vendas para essas empresas e qual pode ser o tamanho ou a estrutura dos acordos de vendas por cliente.
2. Onde estão suas previsões de vendas detalhadas? (Fluxo de caixa, balanço patrimonial, tabelas de capitalização etc.) Os números apresentados foram um bom começo. Queremos mais detalhes do conjunto.
3. Qual é sua estratégia para entrar no mercado? Os materiais enviados indicam os mercados que você vai atacar, mas gostaria de ter mais detalhes concretos sobre o momento certo, prevendo quanto será dedicado a vendas e para quem, e como você poderá atacar esses primeiros clientes e outros tipos de clientes.
4. Em seu slide sobre telefones celulares no Japão, você menciona a participação de mercado para a DoCoMo (Kyocera, Sanyo, Toshiba, Hitachi), Panasonic, NEC, MEC. Onde você obteve essas informações?

Se você quiser discutir estas questões, não hesite em me ligar. Estarei nos Estados Unidos na próxima quarta-feira. Como estarei de férias esta semana, provavelmente não responderei de imediato, mas estou com meu celular e certamente ligarei de volta para conversarmos.

Atenciosamente,
Dick

CONCLUSÃO

Parabéns! Agora você sabe quais são os elementos utilizados para gerar diferencial competitivo consistente. Só precisa dar mais um passo: escrever a história com suas palavras. Escreva seu plano de negócios. Cabe a você moldar e dar forma à sua estátua. Trata-se da história de sua nova empresa. Você pode fazer isso. Outros vieram antes de você e conseguiram. Você também conseguirá!

PARTE III
COMO APLICAR DIFERENCIAL COMPETITIVO

23

SURFE NAS ONDAS DA TECNOLOGIA INOVADORA

O diferencial competitivo é usado para surfar nas ondas das tecnologias inovadoras. Uma inovação cria a próxima onda de novas empresas. As mentes tecnológicas nunca param de pensar. Pessoas inovadoras criam oportunidades que utilizam tecnologias inovadoras para dar origem a novas ondas.

Os empreendedores em série aprenderam a identificar as novas ondas. Procuram pelas vagas que estão começando a se formar, na esperança de identificar a próxima grande onda antes que outros o façam. Esse é um dos motivos pelos quais são tão reservados. São especializados em ondas de tecnologia. Vamos examinar algumas ondas para que você possa começar a analisá-las e se preparar para surfar em uma delas. Vou mostrar como usar o diferencial competitivo para surfar rumo à vitória.

DÉJÀ-VU

Ondas como a ascensão e queda da Internet não são novas. A era do PC também foi uma onda enorme que começou pequena, teve uma empolgante ascensão ao estrelato e um fim desastroso. O mesmo ocorreu com as ondas gigantescas dos anticorpos monoclonais e da engenharia genética. Outras grandes ondas incluem os semicondutores, as estações de trabalho, os dispositivos digitais pessoais, os telefones celulares, a digitalização de filmes e a televisão de alta definição. As mais recentes incluem biotecnologia genômica, terapias contra o câncer, sistemas de posicionamento global, redes sem fio e nanotecnologias. Novas ondas estão surgindo enquanto você lê este livro. Cada onda é nova e compartilha importantes características com as ondas anteriores.

Cada onda tem seu próprio ponto de partida e, assim que é identificada, inúmeras mentes entram em ação como ávidos surfistas equilibrando-se sobre suas pranchas à espera da onda perfeita. Eles avançam e começam a deslizar na nova onda. A maioria cai antes de chegar à praia, mas isso não os impede de avançar. Eles ficam ainda mais determinados para conseguir pegar a próxima onda. Depois dessa experiência, saem do mar e se juntam aos demais em busca da próxima grande onda.

Cada tecnologia inovadora gera uma onda por si só. No entanto, várias ondas se esbarram e se juntam quando começam a avançar. Às vezes, várias se combinam para criar ondas do tamanho de tsunamis, como a da Internet. Cada onda começa, cresce, avança, ganha velocidade, chega ao pico e, finalmente, quebra na praia. Assim termina uma onda. É assim que elas funcionam. As ondas não são novidade. São uma forma de vida. Não é possível evitá-las. Não são boas nem ruins. Simplesmente são o que são. Os empreendedores aprendem a pegá-las.

COMO É UMA ONDA

As ondas que seguem o ciclo de ascensão e queda são semelhantes. O estudo clássico de Kindleberger, *Manias, pânico e crashes* faz uma análise histórica dos séculos em que diferentes tipos de ciclos econômicos e ondas comerciais iam e vinham.[1] Das tulipas ao petróleo e ao comércio exterior, o autor conclui que essas ondas passam por fases seqüenciais e formam o mesmo padrão distintivo (Figura 23-1):

---

[1] Charles P. Kindleberger, *Manias, pânico e crashes*. Rio de Janeiro: Nova Fronteira, 2002.

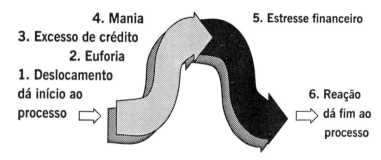

FONTE: Charles Kindleberger, *Manias, pânico e crashes.*

Figura 23-1 Padrão da onda: fases de Kindleberger

1. **Deslocamento:** Algo surge para interromper o fluxo normal de negócios.
2. **Euforia:** Os primeiros investidores interessados começam a financiar as novas empresas relacionadas.
3. **Excesso de crédito:** Começa uma grande procura para conquistar uma posição e há enorme circulação de capital para muitas empresas.
4. **Mania:** Uma corrida desenfreada para entrar antes que seja tarde demais inunda o mercado de produtos relacionados.
5. **Estresse financeiro:** A realidade emerge à medida que as novas empresas começam a falir e o otimismo se transforma em pessimismo.
6. **Reação:** Os investidores vão embora, muitos sem nada.

Esse mesmo padrão pode ser observado nos ciclos de ascensão e queda das empresas de alta tecnologia. Vamos analisar a descrição de Kindleberger de uma onda e usá-la para explicar uma onda clássica de alta tecnologia criada por uma tecnologia inovadora. Ao ler, procure aplicar cada fase a uma onda com a qual você esteja familiarizado, como, por exemplo, a Internet.

1. **Deslocamento:** A inovação dá origem a uma nova onda de alta tecnologia, gerando uma nova tecnologia. Os empreendedores pegam a onda e começam a sonhar em desenvolver novos produtos com ela.

2. **Euforia:** Assim que as empresas pioneiras são financiadas e seus primeiros produtos são lançados, um grupo de start-ups liderado por empreendedores experientes entra com planos de negócios que também recebem financiamento. A mídia começa a escrever histórias sobre um fascinante futuro para essa nova onda.
3. **Excesso de crédito:** Os investidores correm para encontrar novas start-ups interessantes e, de repente, há dinheiro circulando para praticamente todo mundo no mercado. Uma horda de empresas iniciantes imitadoras entra em cena. Todos estão falando sobre a nova onda.
4. **Mania:** A notícia se espalha rapidamente e, de uma hora para outra, todo mundo quer participar dessa próxima grande onda, por mais inusitadas que sejam suas pretensões comerciais. De repente, todo mundo é especialista na nova onda.
5. **Estresse financeiro:** As batalhas competitivas tornam-se intensas. Empresas individuais começam a se destacar, assumindo a liderança em relação aos concorrentes, que ficam cada vez mais para trás. A realidade se instala, uma vez que só poucos prosperarão e o restante está destinado a cair no esquecimento.
6. **Reação:** Na fase final, uns poucos vitoriosos emergem e a última das start-ups em dificuldades acaba sucumbindo. Os investidores de risco comemoram as poucas vitórias, contam as perdas e começam a procurar a próxima grande oportunidade.

EM QUE FASE DA ONDA VOCÊ ESTÁ?

Cada fase da onda pede habilidades diferentes. Se você quiser tentar, comece identificando que fase você escolheu para começar. Em seguida, modifique o plano para atender a essa fase. Se você entrar na fase de deslocamento, seu plano será muito diferente do que se entrar na fase de mania.

O movimento de uma onda de fase a fase muda os elementos que são mais adequados para construir o diferencial competitivo. Por isso os empreendedores em série tornam-se especialistas em ondas. Eles aprenderam que o que funciona bem na fase de ascensão é ruim na fase de queda e vice-versa. Aprenda com as ondas das start-ups. Aprenda a reco-

Tabela 23-1 Fases da onda aos olhos dos investidores

Fase 1: Uma nova tecnologia surge, mas as oportunidades são incertas e confusas. Os *gurus da tecnologia* recebem a atenção de investidores da rodada de capital inicial, preferencialmente aqueles com experiência adquirida na última grande onda. A tecnologia impera.

Fase 2: Alguns acreditam que um grande mercado potencial foi descoberto. *Equipes gerenciais com planos* para um novo negócio alcançam os mais altos índices de popularidade com os investidores de peso. A visão de mercado impera.

Fase 3: Sonhos desarvorados alcançam as alturas. *Equipes gerenciais incompletas com as melhores idéias* recebem o financiamento de um número crescente de investidores fascinados. Os modelos de negócios imperam.

Fase 4: Mania. *Qualquer um com uma idéia* sobre como usar a nova tecnologia se qualifica como "gerência", e investidores de todos os tipos fazem fila implorando para investir. Qualquer coisa impera.

Fase 5: A realidade aparece. *Somente as equipes gerenciais mais experientes e completas* que conseguem dominar o negócio obtêm financiamento, mas poucas tentam. A gestão firme impera.

Fase 6: Surgem as gigantes. *Ninguém consegue financiamento.* A onda passou. A falência impera. Os investidores contam o prejuízo, comemoram os poucos vencedores e começam a procurar a próxima onda.

FONTE: Nesheim Group.

nhecer em que fase a onda está e quais são os melhores elementos a serem usados em cada fase para desenvolver diferencial competitivo. Estude como modificar constantemente seu diferencial competitivo à medida que a onda avança. Finalmente, como uma foca que nada rápido e se esgueira para se livrar dos ataques de tubarões, esteja preparado com lances que manterão você à frente da concorrência e a colocarão em desvantagem na tentativa de atacá-lo no meio do percurso.

Para que você comece a analisar as fases de uma onda e escolher os elementos mais adequados para o diferencial competitivo, procure na

Tabela 23-1, que mostra como os investidores mudam de enfoque sobre a gerência durante as fases de uma onda. A gerência está sempre, ou quase sempre, no topo da lista do que é importante para os stakeholders. É o que atrai as melhores pessoas e o dinheiro. Ainda assim, cada fase de uma onda muda o significado de "gerência atraente".

Ajuste seu plano e sua equipe gerencial à fase da onda em que você está. As modificações aumentarão muito seu diferencial competitivo.

PROGRAME SUA ENTRADA

Dizem que os avanços econômicos beneficiam todos os que estão preparados, e não aqueles que não sabem aproveitar a boa maré. Aplicado aos novos empreendimentos, isso significa que a onda de benefícios não compensará um plano de negócios inadequado. Você precisa do diferencial competitivo. Sem ele, você encalha e afunda.

Todos esperam que a próxima onda chegue e os leve com a maré. No entanto os empreendedores em série sabem que é muito difícil determinar exatamente a data em que surgirá a próxima grande oportunidade. Vi empresários experientes muito sensíveis aos perigos da tentação de correr cedo demais para um novo mercado. Eles resistem à entrada prematura. Antes de subir em suas pranchas, dedicam tempo extra para confirmar se existe de fato uma onda para pegar. É por isso que acreditam na vantagem do segundo a entrar no mercado. Viram muitas tentativas iniciais fracassarem. Vários viveram a dolorosa frustração de saltar em direção ao que acreditavam ser a próxima onda gigante mas que acabou sendo pequena demais e rapidamente eliminada. Por isso é tão importante fazer pesquisas com clientes potenciais. Se a maré for grande o suficiente, um novo mercado emergirá, crescerá e abrirá segmentos lucrativos para que os empreendedores rumem em direção à vitória.

Embora entrar em uma fase posterior tenha suas vantagens, é nessa fase que surgem os líderes dominantes, tornando ainda mais arriscada a entrada de concorrentes. É difícil desenvolver diferencial competitivo se você vai ser a 12ª empresa que tenta construir uma ratoeira semelhante. E, se estiver pensando no meio adequado de entrar durante a fase de mania, a onda já estará no pico quando você receber o financiamento. A queda virá logo em seguida. Mesmo os assim chamados deuses das start-ups, os fundadores seriais de start-ups de classe mundial, verificam que é praticamente impossível obter financiamento depois que a fase de mania se transforma na fase de queda. Este é o tipo de pensamento antecipatório que faz a comunidade de risco prosperar. É parte de sua rotina. Programe bem a hora certa de entrar.

INVESTIDAS DIFERENTES PARA FASES DIFERENTES

O empreendedor sensato sabe que erros estratégicos e táticos fazem com que intrépidos surfistas da alta tecnologia se choquem contra as pedras. Escolher a investida certa depende do conhecimento da fase da onda em que você está e o que funciona bem ou mal em cada fase. A seguir estão alguns exemplos.

Captar recursos é difícil e demorado em todas as fases, exceto durante a fase de mania

Planeje alguns meses (a recomendação é cerca de nove meses) até que você consiga fazer com que investidores experientes concordem em investir em seu projeto. Esteja preparado para responder a perguntas muito difíceis, por isso faça bem seu dever de casa, conclua o plano de negócios e crie diferencial competitivo. Saiba que terá de esperar até conseguir o dinheiro.

O dinheiro fácil da fase de mania atrai as equipes gerenciais para um comportamento de planejamento perigoso

Momentos em que a economia está aquecida fazem com que seja tentador pegar o dinheiro e sumir. "Montaremos um plano de negócios depois." Mas minha análise das ondas, como a da era da Internet, diz que os vencedores eram, em sua grande maioria, pessoas que dedicaram tempo à criação de um diferencial competitivo antes de buscar o dinheiro fácil. Como possuíam esse diferencial, logo superaram e deixaram para trás a concorrência (que ainda estava tentando traçar um bom plano).

Tornaram-se cada dia mais fortes, deslizando com sucesso pela onda e sobrevivendo à inevitável queda que consolidou a nova indústria. Esses líderes não deixaram simplesmente que a maré levasse consigo suas empresas. Em vez disso, com a força da maré alta, continuaram a agregar cada vez mais força ao diferencial competitivo da empresa. Foi isso que lhes permitiu prosperar, e não simplesmente sobreviver. Conseguiram a IPO e emergiram como gigantes.

Planeje explorar a escassez de talentos durante a fase de mania

Com o mercado aquecido, é difícil contratar. Transforme o problema em oportunidade: crie um programa de recrutamento especial para "momentos disputados" que superará a intensa competição por talentos. Elabore a história de seu diferencial competitivo de modo que ela seja tão contundente que, mesmo nos momentos mais difíceis, os talentos procurem sua empresa, não a concorrência.

A fase de mania intensifica a pressão para comprometer a qualidade das pessoas contratadas

A história das start-ups mostra que a taxa de contratação será ainda mais lenta do que você, o sempre otimista empreendedor, planejou. Isso fará com que você se sinta tentado a preencher as vagas com qualquer um. Mesmo durante as fases em que é fácil contratar, a demora nas contratações vai pressioná-lo a comprometer a qualidade do pessoal. Resista a essa tentação. Procure apenas talento de primeira linha sempre. Não sucumba à pressão de aceitar as primeiras pessoas medíocres que aparecerem.

Planeje alcançar a lucratividade antes que o mercado alcance o pico e comece sua queda vertiginosa

É difícil auferir lucro em épocas de ascensão porque sua empresa está crescendo de forma rápida e todos afirmam que a boa fase vai durar para sempre. A tentação é continuar a gastar a uma alta taxa de queima negativa, deixando os lucros para um futuro distante. Mas toda onda tem seu pico e quebra. As empresas que conseguiram vencer planejaram gerar lucro e obter um fluxo de caixa positivo bem antes do início da fase de queda da onda. Seus líderes eram aficionados pela obtenção de lucros. Não prestavam atenção aos gurus da indústria e à mídia, que diziam que os lucros não eram importantes.

"Não ficarás sem caixa" em qualquer fase do negócio.
Este é o primeiro mandamento das start-ups

Administre sensatamente os gastos mensais, de modo diferente em cada fase. A fase de mania estimula gastos desenfreados, enquanto as outras concentram-se em como racioná-los. Os fundadores pioneiros aprenderam que não vale a pena promover uma empresa antes que o protótipo funcione. Não é sensato começar a vender antes que o primeiro produto empolgue o cliente ideal. Não vale a pena começar a gastar em relações públicas antes que os repórteres entendam o que o novo mercado representa. Planeje contratar profissionais que saibam gastar com prudência. Empregue pessoas que possam monitorar e controlar seu fluxo de caixa e seus lucros. Defina os principais marcos com bastante antecedência. Assim, você aumentará a avaliação de sua empresa e atrairá a próxima rodada de financiamento.

Seu plano terá de mudar de direção, particularmente em
resposta aos inevitáveis eventos inesperados

Lembre-se do adágio da start-up: "Montar uma start-up é como montar uma bicicleta enquanto está andando nela." Sua empresa passará seqüencialmente por fases clássicas da onda de alta tecnologia. Tudo mudará muito. Seu plano de negócios precisará ser atualizado a cada seis meses. Em dois anos, você não vai reconhecê-lo quando comparado ao primeiro plano. Quando a onda mudar inesperadamente, você terá de reagir. Isso é chamado de "execução". Defina sua estratégia e depois passe para a tática. Modifique seu plano ao verificar o que funciona e o que não funciona. Os stakeholders estarão esperando que você altere continuamente a escolha de elementos para impulsionar o diferencial competitivo, criar ímpeto e emergir como líder da nova categoria de mercado.

COMO ESCOLHER AS FORÇAS QUE O IMPULSIONAM

Anteriormente expliquei como as diferentes fases alteram o que os investidores procuram nas equipes gerenciais centrais. Vamos analisar algumas das outras opções para aumentar a força de sua vantagem. Vou mostrar como alterá-las para atender às necessidades especiais de cada fase de um ciclo de ascensão e queda. Em cada fase, existem forças poderosas que podem ser criadas. O poder vem de fazer sábias escolhas dentre os muitos elementos utilizados para desenvolver um diferencial competitivo consistente.

Durante a fase inicial, sua capacidade visionária e de prova de conceito é essencial

Durante esta fase, o CEO capta recursos iniciais com base em um conceito. Não é fácil porque nada parece muito real ou concreto ainda.

- Os investidores de risco ficam intrigados, mas estão muito céticos nesta fase. Você precisa estabelecer vínculos com alguns parceiros das empresas de capital de risco de primeira linha que lhe darão o benefício da dúvida e abrirão uma brecha em suas agendas para ouvir sua apresentação.

- Os *angel investors* tornam-se especialmente atraentes nesta fase por conta de sua capacidade de domínio e paciência. Estão dispostos a gastar um tempo extra para ajudá-lo a encontrar a oportunidade certa no desenvolvimento de sua idéia, ou seja, descobrir como ganhar dinheiro com isso.

- A tecnologia é importante nesta fase, mas também é importante contar com uma equipe especial de engenharia. É preciso ter um pequeno grupo de especialistas práticos que sejam capazes de transformar seus sonhos em protótipos funcionais. Ainda não existe o produto. Ele está no brilho dos olhos do guru de tecnologia e do gênio de marketing de sua nova empresa. Seus engenheiros devem ter mais qualificação como cientistas que constroem protótipos do que técnicos que constroem produtos conforme as especificações. Muitos dos riscos da tecnologia são desconhecidos nesta fase.

- Seu pessoal de marketing deve estar apto a criar um primeiro produto que os clientes queiram muito consumir. Ainda não há clientes nesta fase.
- Os membros da equipe gerencial devem saber dialogar com clientes potenciais e analisá-los criando parcerias estratégicas fortes.
- A empresa trabalha muito para escolher uma estratégia de entrada inteligente.
- A maneira existente ("antiquada") de trabalhar é a concorrência e a líder do mercado.
- A comunicação de marketing funciona para posicionar a empresa como líder de um fascinante mas ainda desconhecido mercado. Escolhas de nomes e mensagens passaram a ser muito importantes porque preparam o terreno ao desenvolvimento de marcas e à definição de padrões no futuro.
- Os fundadores que prosperam nesta fase são empreendedores em série respeitados, mas incluem muitos promotores inteligentes e, muitas vezes, comunicadores altamente carismáticos. Os empreendedores inexperientes têm dificuldades em receber atenção.
- Juntas, essas habilidades contribuem com forças que agregam valor na fase inicial de uma nova empresa.

Habilidades de marketing de produtos aumentam de importância durante a segunda fase ou a fase de euforia

À medida que a nova oportunidade de mercado se torna mais clara e divulgada, a decisão de entrar na competição vai ficando mais fácil. No entanto os melhores elementos do diferencial competitivo são diferentes daqueles utilizados para o sucesso na fase de pioneirismo inicial.

- O capital inicial torna-se mais fácil de obter. Os fundadores verificam que têm opções de investidores. As melhores idéias para start-ups são disputadas por investidores de risco.

- A capacidade de contratar os primeiros 20 funcionários é especialmente importante nesta fase. O prazo até o lançamento do primeiro produto começa a se esgotar, aumentando o senso de urgência. Entretanto, as pessoas de talento ficam ansiosas para deixar seu empregador atual e entrar para a equipe gerencial de uma start-up. Enxergam a nova oportunidade de mercado e querem fazer parte de uma nova empresa promissora.

- Nesta fase, os líderes da empresa são construtores que atraem o dinheiro e um grupo de gerentes verdadeiros. Tiram o foco dos líderes visionários da fase anterior. Têm um excelente histórico como líderes que lançaram negócios de sucesso. São capazes de formar equipes gerenciais que convertem idéias em produtos reais e inovadores.

- A tecnologia tem papel secundário em relação a outras funções como marketing. Em comparação com a fase inicial, a tecnologia se torna um dos elementos do diferencial competitivo, não o elemento mais importante.

- Novos produtos são ajustados, a partir do usuário final, em vez da tecnologia. Os problemas de tecnologia são menores, reduzidos a um conjunto difícil mas gerenciável de desafios. Os primeiros produtos são construídos por engenheiros que observaram os pioneiros cometerem erros de produto. Os novos contratados são especialistas em criar um produto real a partir de um conjunto flexível de especificações definidas por pessoas de marketing práticas que ajustam um produto real com base nas conversas diárias com clientes potenciais.

- Os primeiros 20 funcionários formam uma equipe especialmente qualificada na rápida construção de uma infra-estrutura para receber encomendas, entregar novos produtos, dar atendimento aos clientes, fazer a cobrança de contas a receber, pagar fornecedores e manter o rápido crescimento do novo empreendimento.

- O marketing concentra-se em encontrar o segmento de mercado certo para tentar dominar. As cambaleantes empresas pioneiras mostraram o caminho ao descobrir onde o mercado não estava.

- As habilidades preliminares de venda aumentam de importância. Os clientes estão curiosos e dispostos a ouvir as apresentações antes que o produto esteja pronto para entrega. A equipe de desenvolvimento comercial ou de marketing assume a responsabilidade por este trabalho na fase inicial.
- A área de finanças tem um plano calculado para gerenciar os gastos para além da segunda rodada de financiamento. O plano de cinco anos está pronto e deve ser apoiado com muitos detalhes.

Pessoas de talento são seu trunfo durante a fase de mania

Nesta fase, todos estão correndo para não perder o trem. A corrida do ouro começou. Todos estão correndo o máximo possível para encontrar um mercado — qualquer mercado —, a fim de dominar antes que o *boom* chegue a seu inevitável fim. A ameaçadora horda de concorrentes ignora a realidade de que uma start-up é uma maratona e se comporta como se fosse uma corrida de velocidade.

- É fácil conseguir dinheiro. Difícil é conseguir as pessoas. Elas são absurdamente caras. Os CEOs devem ter muita coragem e capacidade para recrutar funcionários excepcionais da maneira mais rápida possível. Fazer concessões nesta fase é muito tentador. Escolha bem pessoas e investidores; você terá de conviver com elas durante pelo menos meia década.
- Nesta fase, a equipe gerencial é formada por equilibristas que correm muito. Tudo tem de ser feito instantaneamente.
- O marketing concentra-se na gestão das mensagens da mídia e da diferenciação. A equipe gerencial é especialmente talentosa em usar a comunicação de marketing para chamar a atenção da mídia. O objetivo é que sua empresa possa parecer muito diferente, muito inteligente e muito certa do sucesso. Brigar pela atenção da mídia domina as batalhas de marketing nesta fase.
- Os novos produtos são inventados nas mentes da equipe gerencial, em vez de começar com o usuário final ou com a tecnologia. O pri-

meiro produto já é conhecido, e os produtos seguintes são criados nas mentes de funcionários inovadores.

- Não há mais problemas de engenharia difíceis de superar. Os novos funcionários são bons em testes e controle de qualidade.
- A venda no mercado disputado se torna altamente agressiva, brigando para ganhar os clientes que ficam acuados pelo frenesi selvagem dos novos empreendimentos concorrentes.
- Novos modelos de negócios são utilizados para conquistar o diferencial competitivo e permitir acesso a segmentos de mercado subestimados.
- A equipe gerencial é muito habilidosa em fazer tudo de modo rápido e imediato.
- Parece que qualquer pessoa pode ser um fundador e obter financiamento para a empresa.
- A equipe financeira gera as primeiras previsões de vendas. As despesas aumentam para além do planejado e são ignoradas. Um experiente CFO é contratado e começa a instalar os primeiros sistemas e procedimentos.

Durante a fase de pico, os líderes mudam os modelos de negócios para garantir a lucratividade e o crescimento

Esta é uma fase perigosa para tentar entrar no jogo. Os empreendedores em série geralmente pulam esta fase. As equipes gerenciais dos novos empreendimentos existentes começam a ficar com medo. Sentem que grandes mudanças estão se aproximando de maneira rápida e imprevisível, e que serão inevitáveis. A confiança começa a derreter como neve no deserto. A parte mais difícil é prever quando o pico chegará e a queda começará. As pessoas começam a procurar a beira do precipício.

- O principal objetivo é confirmar que a empresa se tornou líder dominante de uma nova categoria de mercado antes que a próxima fase negra do mercado comece. Neste momento, a gerência terá feito de tudo para estabelecer a empresa como dona do território. Se vencerem, os primeiros sinais da vitória ficarão claros — a concorrência começa a definhar no calor da competição.

- Medidas fiscais de sucesso, incluindo lucros e fluxo de caixa positivo, tornam-se claras e gerenciáveis.

- O truque é já ter construído um diferencial competitivo sólido no momento em que a empresa chega a esta fase imprevisível. Sua meta é conseguir uma base sólida nos estágios anteriores de euforia e mania.

- Nesta fase, as melhores equipes gerenciais são aquelas que sabem desenvolver vendas, lucros e fluxo de caixa, apesar de sentirem que a bolha romperá e que o fim se aproxima. Elas criam mais novos produtos, aumentam as vendas em novos países e encontram novos segmentos de mercado. Muitas vezes, são chamados de gerentes profissionais.

- A liderança avança para preservar o caixa excedente. A empresa atraiu grandes somas captadas em múltiplas rodadas de financiamento. A gerência conquistou o respeito da mídia, da comunidade local e dos investidores.

- A área de finanças reduz os planos de contratação e gastos, preparando-se para a chegada da tempestade e planeja ajudar a empresa a sair da última fase como grande vitoriosa. Surgem os primeiros sonhos com a IPO.

Reservas de caixa imperam quando você entra na fase de queda

Sua empresa alcançou o tão almejado objetivo: tornou-se um gigante no segmento de mercado-alvo. Os atacantes estão enfraquecidos. O mercado continua a crescer, mas a um ritmo mais lento. Sua empresa é vencedora. Ninguém sensato o bastante tenta entrar na competição nesta fase.

- Não planeje captar novos recursos até que os funerais tenham encerrado. Talvez você tenha a sorte de conseguir uma nova rodada, mas não deve contar com isso. Seu custo de capital será muito alto, e você será forçado a conviver com os termos financeiros que invadiram sua empresa.

- Não espere cortar as despesas. Cortar tarde demais levará sua empresa à pira dos funerais. Sim, a empresa ainda precisa de caixa para competir. É por isso que, nesta fase, o pessoal de finanças tem muita habilidade na administração dos gastos.

- As pessoas que sabem gerenciar bem durante a fase da queda são os defensores. Elas mantêm a empresa no topo do mercado, com boa saúde fiscal e altamente respeitada. À medida que a onda arrebenta na praia, elas emergem como as poucas grandes vitoriosas e esperam encontrar pela frente anos de prosperidade.

Esses são alguns exemplos de habilidades que podem aumentar a força de seu diferencial competitivo, dependendo da fase da onda em que você esteja deslizando. Existem mais opções e oportunidades a serem usadas para ficar à frente da concorrência. Tente revisar seu plano e modificá-lo de acordo com o que você planejou em cada fase.

ANALISAR OS CONCORRENTES

Dedique algum tempo à análise de quem serão seus concorrentes mais difíceis. Descubra como o líder de mercado deverá pegar essa onda. Procure erros comuns, como, por exemplo, escolher os elementos errados a enfatizar durante cada fase. Estude a psicologia do CEO e da equipe gerencial, especialmente se o concorrente for outra empresa nova, e não uma gigante estabelecida. Analise as pessoas, a gerência e a concorrência bem para prever com confiança como reagirão à próxima mudança na onda que vocês estão tentando pegar para o sucesso. Um elemento muito forte e, ao mesmo tempo, subestimado de uma análise de diferencial competitivo é a perspectiva obtida com a análise da verdadeira essência de seu arqui-rival. Como o CEO responderá aos rigores competitivos (especialmente os causados por sua nova empresa)? Como ele costuma surfar nas ondas da alta tecnologia?

EXECUÇÃO DO PLANO

Quando você pegar a onda, estará executando seu plano de negócios. Você terá de seguir em frente, fazer acontecer e esperar por um bom desempenho. O mercado pode parecer maravilhoso e muito grande, e o momento, ideal para a sua empresa iniciante. No entanto a prancha não o levará sem esforço para a vitória. Você terá muito trabalho remando, lutando para permanecer equilibrado e tomando muitas decisões difíceis para conquistar e manter a liderança ao deslizar pela onda dessa nova categoria de mercado. Observe que este livro não trata da execução do plano. Este é um assunto a ser elaborado no futuro. Mas não deixe de usar a parte relativa à gerência de sua história para demonstrar como a equipe gerencial será excepcional na execução do plano de negócios em cada fase da onda. A equipe gerencial deve ser atraente aos stakeholders. O líder de cada equipe gerencial deve ter uma história contundente de excelência gerencial baseada em um registro histórico documentado. Em outras palavras, apresentar o motivo pelo qual sua equipe gerencial é ideal para esta fase da onda que você planeja pegar. Isso aumentará a vontade de cada stakeholder participar da jornada.

AS GIGANTES APARECEM NA PRAIA

Quando a onda quebrar na praia, uma empresa emergirá como vencedora e dominará a nova indústria. No começo, era uma pequena start-up e hoje é chamada de gigante. Não é da manada de elefantes brancos corporativos. Sim, algumas grandes empresas existentes decidirão — lentamente — tentar pegar a mais nova onda da tecnologia. Mas as páginas da história estão repletas de casos assim: a maioria chega tarde demais e bate nos rochedos ou desiste e foge.

Algumas empresas gigantes optam por manter certa distância, preferindo não tentar se aventurar. Em vez disso, investem em um negócio promissor de uma start-up. Tornam-se parceiros estratégicos ou acabam comprando a start-up. Esses acordos não geram gigantes. As gigantes são start-ups que dominaram o novo segmento de mercado. As gigantes do futuro aprendem o segredo com as gigantes do passado: você se torna gigante criando e desenvolvendo um sólido diferencial competitivo que impulsiona sua empresa e a transforma em uma gigante quando ela chegar à praia.

RESUMO DA VIAGEM

Para pegar a onda da tecnologia inovadora, crie um diferencial competitivo que permita que você se torne um gigante no novo segmento de mercado almejado. Sempre que possível, procure novas ondas, evitando cair na tentação de ser o concorrente "mais barato-mais rápido-melhor" de uma onda anterior. Empenhe-se em entrar no momento mais lucrativo — nem cedo nem tarde demais (os dois extremos são fatais). Cada onda tem fases distintas. Estude-as para saber em que fase você entrará na competição. Escolha os lances certos e os melhores elementos para desenvolver diferencial competitivo para a fase da onda na qual você está. Dedique muito tempo conversando com clientes reais. Eles são fundamentais para que você escolha suas próximas investidas. Opções equivocadas o levarão a bater nas rochas antes da hora. Torne-se especialista entendendo como seus concorrentes surfarão na onda, na tentativa de superar você e emergir como o novo gigante e senhor do novo território. Seja especialmente atencioso quanto ao comportamento dos CEOs concorrentes e como eles responderão às tensões da concorrência. Empenhe-se ao máximo para contratar uma equipe gerencial excepcional. Escolha seu time dos sonhos de acordo com a história anterior de cada um e como eles conseguiram vencer. Elabore sua história na forma de um diferencial competitivo consistente. Isso atrairá os stakeholders de que você precisa para surfar até a vitória da IPO como a gigante da próxima grande corrida do ouro, a próxima grande oportunidade.

24

COMO ALCANÇAR A CLASSE MUNDIAL

Em minhas viagens pelo mundo, encontrei dois lemas básicos que definem a personalidade dos empreendedores experientes: (1) "Só pense em nível de classe mundial." (2) "Nunca diga que você é uma empresa brasileira, chinesa ou americana; em vez disso, diga que é líder de uma nova categoria." Os veteranos fazem questão de administrar os novos empreendimentos de acordo com esses lemas. Deixe-me explicar os motivos. Você pode usá-los como parte do diferencial competitivo.

PENSANDO EM TERMOS DE CLASSE MUNDIAL

Veteranos marcados pelas batalhas incentivam as equipes gerenciais a pensar como campeões de classe mundial desde o dia do nascimento do novo negócio. Eles não pensam: "Vou começar bem pequeno e, algum dia, crescerei." Eles aprenderam da maneira mais difícil que, se você não começar pensando em termos de classe mundial, será logo superado por empresas com esse tipo de visão. Será o fim para você e a classe mundial para elas.

Nunca diga que é uma empresa brasileira, chinesa ou americana

Os tempos mudaram. Os dias em que o sucesso era garantido por meio de conchavos com políticos locais e conexões comerciais com amigos ficaram para trás. Esta era a maneira de conseguir benefícios especiais do governo para as novas empresas — subsídios financeiros e barreiras tarifárias que evitavam ataques prejudiciais por parte de concorrentes poderosos de primeira linha. Costumava ser a maneira como você obtinha o pedido de vendas. Mas, hoje em dia, esses métodos comerciais são considerados precários, verdadeiras "muletas". Mais importante, as forças do livre mercado da globalização são fortes demais; conseguem destruir quaisquer muletas. Os mercados significativos do mundo estão abertos à entrada de qualquer empreendimento concorrente de qualquer país. Você não pode esperar que sua empresa use muletas e aprenda a andar como uma concorrente de primeira linha. A empresa moderna precisa aprender rapidamente como lutar e vencer nos mercados globais abertos e grandes da América do Norte, Europa e Ásia.

Barreiras culturais não são fortes o suficiente para me proteger

"Mas nós somos chineses e entendemos a China. Nossos concorrentes, não." Eu tenho ouvido este argumento em todos os países que visitei. A falha é simples: assim que você mostrar que há um novo mercado na China para algum novo dispositivo, a concorrência de classe mundial correrá para a China, contratando seus primos chineses. Você perde a vantagem cultural. Não é mais possível tornar-se uma empresa significativa se a equipe gerencial acredita que a única vantagem de sua empresa é entender a cultura local.

Em vez disso, pense em você como o líder de uma nova categoria

Não seria ótimo ser conhecido como *o* líder de um novo e promissor mercado global? Como a Xerox ou a FedEx, o nome de sua empresa seria sinônimo de uma nova categoria (copiadoras de papel ou entregas expressas). Intel significa microprocessadores e Cisco significa roteadores. Isso é realmente ganhar. Você não chegará lá dizendo que é uma empresa brasileira. Você só chegará lá se conseguir se concentrar no domínio de uma nova categoria de mercado.

Os concorrentes descobrirão como superar barreiras

Este século está marcado por placas tectônicas de concorrentes industriais de grande intensidade e em rápida mudança. As mudanças são verificadas com o aumento de concorrência entre grupos de empresas agressivas, novas e antigas, com sedes em diferentes partes do mundo. Estão correndo atrás dos mesmos novos mercados mundiais que você: ondas disparadas pelas mais recentes tecnologias inovadoras. Assim que as novas empresas identificarem o novo segmento de mercado que surgiu em outro país, lá estarão elas. Elas encontram maneiras inteligentes de transpor fronteiras e barreiras comerciais. Logo começam a vender no novo país. Não podem parar.

Os novos mercados importantes são mundiais desde o início. É por isso que os fundadores das start-ups mantêm seus passaportes à mão e deixam as malas prontas, esperando para viajar de uma hora para outra para qualquer país onde haja um cliente potencial ávido. Eles pensam, conversam e agem como membros de uma classe mundial desde o primeiro dia.

LIÇÃO DO CASULO PROTETOR DA BORBOLETA

Lembre-se da lição da borboleta: os biólogos nos ensinam que se você tentar ajudar uma borboleta a evitar a luta violenta que ela trava para sair do casulo protetor, ela morrerá. Ela precisa lutar para fortalecer suas belas asas e, assim, ser capaz de voar. Evitar a luta não funciona.

Alguns empreendedores procuram muita ajuda de seu governo local. Acho que é um grande erro. Essas empresas crescem distorcidas e tornam-se concorrentes fracos. Assim que uma nova empresa se acostuma com as muletas do confortável apoio e subsídios governamentais, é muito difícil largá-las e correr tão rápido quanto o restante do mundo altamente competitivo. Os cingapurianos chamam isso de efeito do casulo. Ambientes comerciais seguros, confortáveis e protegidos geram empresas fracas. A segurança não expõe as start-ups ao duro mundo capitalista. Os empreendedores modernos concordam: as novas empresas devem aprender a enfrentar os grandes riscos. Precisam aprender como concorrer com os melhores em qualquer mercado do mundo. Isso deve começar no primeiro dia da vida da start-up.

LIÇÃO: ISRAEL 1-2-3

As novas empresas com visão global não estão apenas nos Estados Unidos. Vi exemplos extraordinários em outros países, grandes e pequenos. Proporcional à sua população, Israel é líder mundial em start-ups de alta tecnologia de sucesso. Este pequeno país de 6 milhões de habitantes tem mais de 150 novas empresas que abriram o capital na Bolsa de Valores Nasdaq nos últimos 50 anos. Só perde para o Canadá. Eles são mestres na criação de diferenciais competitivos.

Em oposição, os países europeus e asiáticos com populações de tamanho semelhante são considerados excepcionais se tiverem mais de duas start-ups que abriram o capital na Nasdaq. Na Europa, nas últimas décadas, o ímpeto para a criação de novas empresas chegou a quase zero nos países grandes e consolidados. Suas leis trabalhistas, tributação, sistemas sociais e culturas inibem a criação de novas empresas de qualquer tamanho. Entretanto os países menores na Europa Oriental estão iniciando avidamente novas empresas. Talvez consigam dar o tão necessário novo fôlego às start-ups de classe mundial com sede na Europa. Da mesma forma, existem muitos empresários ávidos na Ásia, especialmente em países enormes como a Índia e a China. O tempo dirá o grau de sucesso alcançado em função do número de IPOs na Nasdaq. O baixo número atual de empresas listadas na Nasdaq que foram criadas fora dos Estados Unidos reflete como a batalha é disputada. É muito difícil criar algo do nada e vencer a concorrência contra empresas de todos os tamanhos de qualquer país do mundo. As empresas que descobrem como pensar em termos de classe mundial desde o início têm as maiores chances de se tornar vencedoras de primeira linha. Esse pensamento converte uma idéia para um pequeno negócio local em uma nova empresa com saúde e diferencial competitivo.

Exemplo 24-1 Start-ups de classe mundial. Como Israel alcança seus objetivos

Nas últimas duas décadas, tive a maravilhosa oportunidade de observar e trabalhar com empreendedores de alta tecnologia de Israel. Eles contribuíram para uma onda de novos empreendimentos sem precedentes que devem inspirar os ávidos empreendedores de qualquer país. Mostraram como novos empreendimentos de um pequeno país podem criar um número incrível de start-ups de alta tecnologia de sucesso. Israel só perde para o Canadá. Durante décadas, seus empreendedores encontraram alternativas para construir diferenciais competitivos que transformam empresas iniciantes em gigantes competitivas que vendem em todo o mundo.

Israel não é um local atraente para começar uma nova empresa. Em nível doméstico, o tamanho do mercado local israelense para qualquer produto é minúsculo. As violentas hostilidades no Oriente Médio tornam o país pouco atraente para investidores, quando comparado com a Ásia, os Estados Unidos ou a Europa. Apesar dessas graves desvantagens, o governo não tentou proteger as start-ups locais ou fornecer crédito fácil. Em vez disso, criou incentivos aos empreendedores que desejassem começar novas empresas locais e se tornar concorrentes de classe mundial. O governo solicitou e estimulou os investidores de risco a estabelecer escritórios em Israel. Também há incentivos financeiros atraentes para empresas que gastam muito na fase inicial de pesquisa e desenvolvimento de produtos. Outras facilidades incluem leis trabalhistas competitivas e baixos impostos para ganhos de capital de longo prazo. As leis locais de títulos financeiros encorajam acordos de capital de risco semelhantes aos feitos por investidores norte-americanos. As universidades e os laboratórios governamentais estimulam a venda das tecnologias aplicadas para novas empresas. O grupo de peritos de alto nível consiste em pessoas com formação em universidades locais e instituições governamentais. Imigrantes ambiciosos com talentos especiais, um forte desejo de batalhar e recém-saídos dos centros de treinamento aumentam o número de talentos disponíveis para o trabalho. O serviço militar gera líderes que, mais tarde, adquirem experiência na indústria, muitas vezes trabalhando para empresas multinacionais, especialmente com sede nos Estados Unidos.

No nível empresarial, as novas empresas em Israel aprenderam a pôr em prática o que eu chamo de "start-up de Israel 1-2-3". As novas empresas de Israel repetem um caminho simples para o sucesso de nível mundial. A primeira etapa é (1) formar a equipe gerencial em Tel Aviv, preparar a rodada de capital inicial e fazer a equipe técnica terminar a prova de conceito. Em seguida, elas (2) viajam para os Estados Unidos e acabam de compor a equipe gerencial, escolhendo especialmente os vice-presidentes de vendas e marketing de empresas bem-sucedidas. Isso facilita atrair as próximas rodadas de capital que financiam o lançamento do primeiro produto nos Estados

Unidos. Em um ano ou mais, a start-up em crescente desenvolvimento provou para o mundo que pode competir com as melhores do planeta. Finalmente, a start-up em rápido crescimento terá sua (3) IPO na Nasdaq para sustentar o crescimento da empresa na expansão para os mercados de todo o mundo.

As start-ups de Israel seguem esse caminho simples do 1 ao 3 para alcançar o sucesso. É um processo que as empresas de outros países podem copiar. É altamente recomendável.

DE LOCAL PARA MUNDIAL

Alguns novos empreendimentos começam concentrando-se em seu mercado doméstico, porque é onde se sentem seguros para começar a competir. Logo, percebem que seus planos centrados no mercado local comprometem o potencial de longo prazo. Focar o mercado local não gera a grandeza de classe mundial que os fundadores sonham em alcançar.

Um exemplo interessante é a Li-Ning Sports Goods Co., uma nova empresa na China. Soube da empresa por meus alunos chineses e pesquisei suas raízes e progresso. O empreendedor de primeira viagem da nova empresa, Li Ning, começou seu negócio sonhando em se tornar uma grande empresa vendendo produtos esportivos de fabricação chinesa para o mercado de consumo na China. Afinal de contas, a economia em rápido crescimento da China será grande algum dia. E, mesmo que a economia chinesa seja hoje do tamanho da economia italiana, a China está crescendo ao dobro da taxa das economias do mundo ocidental. Grande parte dos cerca de 1,3 bilhão de camponeses um dia usarão calçados, trajes e acessórios esportivos.

Como a Li-Ning Sports Goods se saiu? Depois de um início de sucesso, o fundador concluiu que os resultados duramente alcançados estavam abaixo de suas expectativas. Para prosperar, ele decidiu que teria de mudar o modo de pensar de local para global. Eis uma breve descrição do que o altamente respeitado fundador descobriu e como ele mudou sua empresa.

Exemplo 24-2 Como alcançar a classe mundial:
Li-Ning Sports Goods Co. de Pequim

Após conquistar três medalhas de ouro na modalidade de ginástica olímpica nas Olimpíadas de 1984 em Los Angeles, Li Ning decidiu usar seu nome para começar um negócio. Ele fundou a Li-Ning Sports Goods Co. para produzir tênis para o mercado chinês. A Nike havia conseguido vencer como fornecedora estrangeira no país, e o mercado chinês estava crescendo aceleradamente.

No começo, os calçados venderam rapidamente, com base no nome do fundador. Li era muito conhecido na China, assim como Michael Jordan é nos Estados Unidos. A empresa vendia mais calçados na China do que qualquer outra, inclusive a Nike. No entanto logo mais marcas chinesas surgiram nas prateleiras das lojas, junto com outros nomes estrangeiros. A empresa não tinha como cobrar os mesmos altos preços que as outras marcas internacionais de tênis e vestuário esportivo. Os produtos de Li-Ning eram vendidos pela metade ou por dois terços do preço dos produtos de marca especial e posicionaram a empresa como fornecedora de calçados de baixa qualidade e fora de moda.

Os resultados levaram Li a fazer mudanças ousadas. Ele dispensou seus parentes que trabalhavam como funcionários e contratou gerentes profissionais. Adicionou mais estilo e sofisticação a seus produtos, contratando designers italianos. Divulgou as mudanças contratando uma empresa de publicidade francesa. Logo seus produtos esportivos apareceram nos pés do time espanhol campeão do mundo de basquete feminino, enquanto a equipe chinesa usava uniformes da Nike. Ele passou a investir pesado em publicidade para estabelecer a marca, um "L" estilizado, como rival das marcas estrangeiras. Sua meta era dominar a categoria de artigos esportivos de fabricação chinesa. Li Ning afirmou: "O mundo está globalizando. Se quisermos ser a nº 1 na China, precisamos ser internacionais também."

Ser considerada uma empresa de primeira linha desde o primeiro dia é mais fácil do que deixar de ser uma pequena empresa local em seu país. Acerte desde o princípio. Seu objetivo não deve ser tornar-se líder de mercado em seu próprio país. Em vez disso, deve ser tornar-se líder de uma nova categoria de mercado de classe mundial. Seu mercado doméstico estará incluído como parte do mercado global.

A MÃO-DE-OBRA CIRCULA ENTRE DIFERENTES PAÍSES

Aproveite a mobilidade da mão-de-obra em nível mundial. Enquanto você lê este livro, milhares de empreendedores estão correndo atrás de trabalho pelo mundo. Essa busca é liderada por jovens ambiciosos na casa dos trinta e poucos anos: eles, espontaneamente, partem para lugares como a Hungria e Xangai. Em 2002, as estimativas eram de que havia mais de 30 mil estrangeiros de língua inglesa em Xangai. Algumas pessoas estão deixando economias estagnadas e os mercados de trabalho saturados da Alemanha e da França, por exemplo, onde as culturas inibem e desencorajam empreendedores e é muito difícil para os jovens encontrarem um trabalho estimulante.

Outras oportunidades surgem na forma da onda dos expatriados que voltam para suas terras natais. Depois de deixar seu país de origem e de vencer em economias prósperas como a dos Estados Unidos, os empreendedores voltam para criar novos negócios que competem em escala mundial e beneficiam a economia local em desenvolvimento. A Índia tornou-se um núcleo para os centros terceirizados de atendimento a clientes e software relacionado. Muitos dos líderes das novas empresas da Índia aprenderam o que sabem hoje em outros países e voltaram para casa depois de identificar a próxima grande oportunidade. A China teve o mesmo movimento de retorno da diáspora mais recentemente. Jovens empresários chineses criaram empresas que fazem principalmente a montagem de produtos manufaturados leves, mas algumas incríveis start-ups de alta tecnologia relacionadas surgiram recentemente, e as empresas que desenvolvem marcas estão em alta. Existem inúmeras histórias semelhantes em outros países. Encontrei um ótimo exemplo de um empreendedor de telecomunicações em Nova York que viu uma oportunidade subestimada em seu país natal, o Afeganistão.

Exemplo 24-3 Diferencial competitivo afegão: Telephone Systems International

Fundada em 1998 na cidade de Nova York como revendedora internacional de serviços telefônicos, a Telephone Systems International cresceu em um mercado altamente competitivo. Com a abertura do Afeganistão alguns anos mais tarde, seu fundador, Ehsan Bayat, viu a oportunidade de entrar em um novo mercado para serviços de telefonia móvel em seu país, o Afeganistão. Ele é um exemplo de empreendedor que pensa em nível mundial. Aqui está um breve relato de como o site da empresa anunciou sua expansão para os mercados mundiais.[1]

Quem somos: A Telephone Systems International (TSI) é uma fornecedora de serviços de revenda com seu próprio gateway internacional nos Estados Unidos e está licenciada pela FCC dos EUA para fornecer serviço telefônico entre os Estados Unidos e pontos internacionais. A TSI, uma empresa privada, foi registrada em Nova Jersey, em junho de 1998, e tem sede em Nova York, NY. Seu fundador é um imigrante afegão, Ehsan Bayat. O Afeganistão tornou-se membro da GSM Association na sessão plenária de abril de 2002, realizada em Roma, na Itália.

Essas informações foram seguidas por um anúncio explicando a entrada da empresa no Afeganistão.

> Dez de dezembro de 2002. A Argent Networks fecha contrato convergente para atendimento ao cliente e cobrança no Afeganistão. A Argent Networks conseguiu fechar um cobiçado contrato que ajudará a reconectar o Afeganistão com o mundo, após décadas de separação por causa da guerra. O contrato de 2,25 milhões de dólares foi concedido pela AWCC, a Afghan Wireless Communication Company (uma *joint venture* entre a Telephone International Systems [TSI], com sede em Nova York, e o Ministério das Comunicações do Afeganistão).

Em seu parágrafo final, o anúncio revela a mente empreendedora de seu fundador:

> A AWCC será convertida em uma operadora móvel inteiramente integrada, capaz de se interligar com todas as principais redes do mundo. Os assinantes poderão usar o serviço quando viajarem para o exterior, da mesma forma que assinantes visitantes poderão usar o recurso de *roaming* no Afeganistão.

Da próxima vez que você viajar para o Afeganistão já sabe que estará usando o serviço de telefonia móvel desenvolvido por um empreendedor de classe mundial, Ehsan Bayat.

---

[1] Site da Telephone Systems International: www.telesysint.com, fevereiro de 2003.

25

POR QUE AS GIGANTES NÃO CONSEGUEM ACABAR COM AS NOVAS EMPRESAS

A história revela que, na maioria das vezes, as organizações gigantes perdem para as novas empresas. As gigantes têm um histórico desfavorável na competição em novos mercados que são criados com tecnologias inovadoras e explorados por novos empreendimentos. Raramente a gigante existente conquista a posição dominante em uma nova categoria. Em vez disso, as start-ups são vitoriosas, as primeiras a captar a maior parcela de encomendas dos novos clientes. Isso pode parecer surpreendente, mas as pesquisas comprovam que é verdade.

Por que as grandes e prósperas empresas de capital aberto, que reinam soberanas em seus domínios — com muito mais recursos, pessoal e caixa —, não esmagam cada uma das novas empresas que surgem? Eu observei vários motivos. Empreendedores em série e investidores de risco veteranos também. Muitos dos motivos já foram muito bem documentados na obra de Clayton Christensen *Dilema da inovação*.

ESPECIALIZAÇÃO DIFERENTE

As gigantes se tornaram especialistas em manter as grandes organizações vivas. Mas os empreendedores são especialistas em iniciar novos projetos do nada. Os líderes dos novos empreendimentos são especializados em criar rapidamente um diferencial competitivo que coloca a gigante em uma posição significativamente inferior. Os hábeis gerentes das start-ups descobrem maneiras inteligentes de usar suas vantagens à custa das trapalhadas das gigantes e se tornam vitoriosos.

"A LEI DO NADA" PREVALECE

A Lei do Nada é a seguinte: "Quando um mercado que ainda não existe hoje chega ao pico, as empresas que dominam nesta fase não estavam lá no início." Teste sua memória. Cite uma empresa gigante de uma categoria de alta tecnologia inovadora. Esta empresa começou como uma start-up ou uma gigante? A lista de exemplos é muito longa: microprocessadores Intel, roteadores Cisco, comércio eletrônico de livros da Amazon.com, mecanismos de busca da Internet como o Google e assim por diante. As start-ups vencem, tornando-se as gigantes do novo mercado. As gigantes de ontem não se tornam gigantes do novo espaço. Em vez disso, em geral, optam por observar os concorrentes novatos de longe.

"DEIXE-NOS EM PAZ!"

"Deixe-nos em paz!" é o grito da equipe da start-up que precisa lutar dentro de uma estrutura empresarial gigante. As grandes empresas financiam suas equipes internas, que estão direcionadas a responder a tecnologias inovadoras. Elas formam novas unidades de negócios dentro das empresas controladoras gigantes. Se a controladora deixa a empresa controlada em paz para seguir seu caminho ("Aqui estão 5 milhões de dólares. Volte rica ou falida."), a controlada tem a oportunidade de crescer de modo saudável e emergir como uma empresa nova e respeitada na forma de uma nova família de produtos, uma nova divisão ou uma nova subsidiária. Infelizmente, apesar das boas intenções, a controladora parece nunca querer abrir mão do controle. Em vez disso, ao primeiro sinal de que algo está errado, a controladora retira o controle das mãos dos empresários ("A experiência fala mais alto"). O resultado significa tipicamente o fim da nova empresa, um comunicado à imprensa sobre um encargo único especial sobre os lucros pelas "operações descontinuadas" e uma empresa controladora embaraçada com alguns subordinados frustrados e chateados.

INVEJA: INIMIGO NÚMERO 1

A inveja mostra seu poder negativo quando o CEO cria novas equipes e determina que coloquem em prática a próxima grande oportunidade de sua empresa gigante. A inveja é uma emoção negativa que se traduz em reação hostil. Considero este o principal perigo que as equipes gerenciais internas enfrentam. Os funcionários antigos preteridos reclamam: "A equipe da nova empresa fica com toda a diversão, fama e fortuna, enquanto o restante de nós fica como escravos, agüentando toda essa politicagem e suportando longas e maçantes horas, tentando fazer as vendas aumentarem dois por cento." Isso acontece em qualquer situação: uma nova unidade de negócios, um novo grupo ou divisão ou até mesmo uma subsidiária independente.

A inveja é um ímpeto poderoso que ofusca a sensatez e acaba com a generosidade. Já vi advogados na matriz levarem meses para responder a solicitações de aprovação de contratos por parte de equipes de start-ups internas que imploravam para que seus primeiros contratos de vendas fossem aprovados e assinados por clientes ansiosos. Vi gerentes de instalações de testes exigirem meses de aviso prévio antes de conferir e liberar os primeiros protótipos. Vi equipes financeiras exigindo imediatamente a remessa de documentos extras que só eram importantes para a matriz. Os pedidos de socorro da nova empresa foram negados em praticamente todos os casos. Mesmo a intervenção por parte do CEO da controladora pouco adiantou para aliviar a situação e mudar o comportamento das pessoas. Vejo que esse padrão de ações movidas pela inveja domina e inibe os líderes dos novos empreendimentos iniciados dentro das grandes empresas.

FIXAÇÃO

A fixação em atender bem aos clientes existentes fez a fama das grandes empresas. No entanto também é o motivo pelo qual as start-ups dominam o novo mercado. Muito tempo atrás, quando era uma empresa pequena, o foco em atender às necessidades dos clientes a levou ao sucesso. A empresa ascendeu e dominou sua categoria de mercado. É senhora do novo território. É vitoriosa. Está segura. Os concorrentes são fracos e não representam uma ameaça séria.

Depois de conseguir o sucesso, tudo vai bem durante alguns anos até a chegada de uma nova tecnologia inovadora. Nesse momento, o líder do mercado sente a aproximação das novas empresas. No começo, ele não fica preocupado porque seus clientes não estão muito interessados nas conseqüências da nova tecnologia. Mas, por fim, o líder decide que essa nova tecnologia veio para ficar e deve ser estudada e analisada. Uma força-tarefa especial é designada para explorar o fenômeno e apresentar um relatório. Em poucos meses o relatório é concluído: as ameaças são reais e graves, algo deve ser feito logo. Os altos executivos mantêm reuniões sombrias. Alguns meses mais tarde, tomam a decisão sobre como responder, mas, nesse momento, a horda de novas empresas já está longe do alcance.

MENTALIDADE DE DEFENSORA

A mentalidade ou a atitude é consistente com a estratégia defensora discutida anteriormente. Quando a gigante faz sua primeira investida em direção ao novo mercado, uma nova empresa já terá se tornado líder. Algumas gigantes identificam isso e decidem permanecer a distância. A Intel fixou-se em microprocessadores, mas investiu em novas empresas que ajudaram a desenvolver os mercados para os produtos da Intel. Outras gigantes optaram por formar parcerias estratégicas com uma das novas empresas mais fortes no novo espaço. A IBM apoiou o serviço por e-mail sem fio da Good Technology. Mas algumas gigantes escolhem atacar as novas empresas. A Siemens entrou no negócio de telefones celulares bem depois que a Nokia já era líder. Se uma das gigantes que entra no mercado mais tarde consegue atingir um nível significativo de sucesso (o que é raro), seu grau de sucesso é menor do que a maioria dos observadores esperam: a gigante de sucesso alcança uma parcela muito menor de um novo mercado do que a start-up líder. A nova empresa fica com a maior parcela; o restante fica para a gigante. A Nortel e a Lucent tentaram fazer roteadores, mas a Cisco dominou. Em casos raros, uma gigante pode conquistar uma parcela significativa do mercado, mas, ainda assim, a parte será muito menor do que da líder (start-up) dominante. A Nokia tornou-se a número 1 e detinha mais de 30 por cento de participação do mercado mundial de telefonia móvel, enquanto a Motorola detinha cerca de metade dessa participação de mercado. Gigantes como a Sony ficaram muito para trás. Dizem os rumores, inclusive, que essa empresa está gastando muito dinheiro para conquistar maior participação de mercado.

A mídia é especialmente cruel com as gigantes que não conseguem eliminar pequenas empresas iniciantes. Os repórteres parecem pensar que a gigante falhou se não conseguir superar a start-up líder e se tornar a nova e permanente empresa dominante. Eu discordo. Certamente, a empresa gigante que opta por competir e termina entre as cinco maiores empresas em relação a uma start-up dominante em uma nova categoria de mercado merece nosso respeito. É muito difícil conquistar essa posição e conseguir lucrar. Respeito qualquer empresa estabelecida que alcance este resultado e consiga obter um retorno positivo sobre o investimento.

FLEXIBILIDADE

Existe uma flexibilidade muito maior em uma nova empresa. O veterano das start-ups Daniel Wong observa que as gigantes têm vários níveis de gerência, e que todos eles devem ser informados sobre as decisões estratégicas. Ele e outros sabem que o processo de criar um plano anual para uma gigante é uma tarefa árdua, agonizante, demorada e que envolve milhares de mensagens com divisões diferentes distribuídas ao redor do mundo. O documento resultante de 300 páginas só é concluído depois de meses de muito trabalho. Depois disso, todo funcionário deverá seguir o plano pelos próximos 12 meses. Em oposição, uma start-up atualiza seu plano todos os meses. Ele é concluído em alguns dias e tem um décimo do número de páginas. Novas empresas respondem de modo muito mais rápido a mudanças repentinas no novo mercado.

ORGANIZAÇÕES SEM NÍVEIS HIERÁRQUICOS E O TEMPO DE RESPOSTA

A existência de poucos níveis hierárquicos permite que os gerentes da nova empresa tomem decisões imediatamente. As gigantes têm organizações complexas, em forma de matriz, que precisam deliberar em inúmeras reuniões, tornando o processo de tomada de decisões lento, o que faz arrastar durante semanas e até meses decisões simples e diretas.

PROCESSOS

Processos rígidos são estabelecidos e religiosamente seguidos pelos funcionários nas empresas gigantes. As decisões envolvem pessoas e tempo, e os gerentes se valem de métodos documentados em grandes manuais. Os processos se baseiam nos valores da própria cultura sólida da organização. As gigantes registraram em concreto "como as coisas acontecem na empresa". Em oposição, as start-ups empregam processos que são considerados úteis e descartam os que não são. Documentam esses processos no menor número de páginas possível. Agem rapidamente para se adaptar e mudar de acordo com o que faz o trabalho melhor e mais rápido. Com a chegada de novos funcionários, os novos processos são tentados e os outros são modificados. Uma start-up é um organismo vivo e em constante mudança.

VELOCIDADE

A taxa de velocidade para a tomada de decisões por empresas gigantes é a velocidade glacial — ou seja, parece levar uma eternidade. Mas acontece em nanossegundos nas start-ups. Com certeza, as gigantes avançam lentamente e são muito previsíveis. As novas empresas são cheias de surpresas. Avançam no mesmo dia em direção às oportunidades que identificam. Não perdem tempo. As gigantes começam a avaliar essas situações, emergindo meses depois com uma decisão para criar uma força-tarefa encarregada de estudar uma possível oportunidade.

DIVERSIFICAÇÃO

A diversificação é obrigatória para as gigantes e absolutamente proibida para as start-ups. As pesquisas feitas nos últimos 50 anos sobre os riscos e as recompensas dos negócios mostram que as gigantes têm um desempenho melhor quando se concentram na redução do risco. Por isso elas contratam especialistas com MBAs para fazer isso. Mas as start-ups têm um desempenho melhor quando maximizam o risco. Isso significa que a empresa se concentra em fazer algo melhor do que o concorrente e nada mais. Está ávida para entrar no novo mercado. As gigantes se escondem e não querem assumir riscos grandes e únicos. As novas empresas prosperam com isso. Adoram ambientes de alto risco. Para elas, a diversificação significa morrer de tédio.

EXCEÇÕES

Existem algumas raras exceções de start-ups internas que alcançaram o sucesso. São casos em que a controladora isolou a nova empresa e a deixou por conta própria, para que funcionasse como uma verdadeira start-up. Esta é uma realidade dura muito difícil para a cultura de uma gigante aceitar. Os CEOs que conseguem são corajosos. Art Money o fez na ESL, uma subsidiária da TRW. O programa empresarial que ele iniciou inspirou várias empresas, incluindo a Corsair, que, mais tarde, atraiu financiamento de risco de primeira linha e chegou à IPO.

26

INVESTIDORES DE RISCO APLICAM DIFERENCIAL COMPETITIVO

As empresas de capital de risco competem intensamente pelos melhores e — mais raros — negócios todos os anos. Os investidores veteranos costumam dizer: "Existem apenas 40 negócios por ano que valem a pena." São as start-ups com o maior potencial. Os parceiros das melhores empresas de capital de risco desejam avidamente ter o primeiro contato com os fundadores.

Para atrair os melhores negócios, os investidores de risco de primeira linha aprenderam a fazer o diferencial competitivo funcionar para si e suas empresas. Alguns são tão famosos que se tornaram marcas. O diferencial competitivo distingue as empresas reverenciadas das demais.

É muito difícil ganhar dinheiro no ramo de investimentos de risco. Por trás das belas histórias cheias de *glamour*, riqueza, poder e aventura está um lado sombrio. O setor é intensamente competitivo, mas fácil de entrar: quem quer que tenha dinheiro para investir pode considerar-se investidor de risco. E o risco é muito elevado. Um investidor, brincando, disse: "Estou nisso há seis anos e acho que precisarei de mais dez para finalmente dizer que aprendi as regras do jogo." Outro investidor de risco afirmou: "Acho que é preciso perder 20 milhões de dólares para que você se torne um verdadeiro investidor de risco. Cometemos muitos erros até alcançar a maturidade." É um jogo de longo prazo: os investidores esperam cerca de cinco anos ou mais antes de conhecer seus lucros.

QUATRO CLASSES DE EMPRESAS DE CAPITAL DE RISCO

As empresas de capital de risco se consolidam em quatro fases previsíveis ilustradas na Figura 26-1, na tentativa de alcançar a grandeza. Dependendo do estágio de consolidação de cada uma, as empresas oferecem diferentes recursos para as equipes centrais das start-ups. Da mesma forma, as reações das grandes empresas às chamadas dos capitalistas de risco dependem do status e do nível de consolidação da empresa de capital de risco. A empresa muda seu interesse nessas empresas dependendo do nível de consolidação.

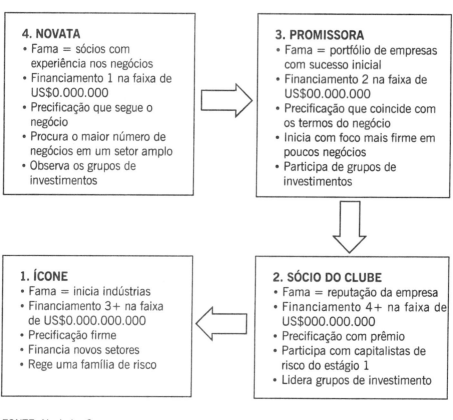

FONTE: Nesheim Group.

Figura 26-1 Quatro estágios de amadurecimento para as empresas de capital de risco

Empreendedores experientes recomendam escolher um investidor muito bem, levando outros fatores além do dinheiro em consideração. A experiência do investidor com start-ups, a sensatez na hora das decisões e as conexões com a indústria podem ser elementos mais valiosos do que dinheiro vivo. CEOs veteranos de novas empresas também defendem qual o melhor tipo de investidor de risco para uma start-up. Não encontrei um consenso ainda. Alguns aconselham os novos empreendimentos a escolher apenas dentre as principais empresas de capital de risco. Outros afirmam que os fundadores devem concentrar-se em um indivíduo, encontrar um parceiro famoso que participe do Conselho de Administração. Outros ainda escolhem uma empresa de risco pequena o suficiente para que sua empresa receba maior atenção e assistência de toda a equipe. O que se pode obter dos investidores de risco além de dinheiro constitui parte importante do diferencial competitivo. Vamos começar nosso processo de seleção classificando as empresas de risco e fornecendo exemplos de como empresas de verdade usam o diferencial competitivo para se distinguir de outras empresas de capital de risco concorrentes.

Estágio 4: Novata

A empresa de capital de risco iniciante é formada por dois ou três sócios. Eles foram gerentes gerais de empresas de alta tecnologia excepcionais. Os sócios tornam a empresa famosa. Chegam com um histórico de mais de dez anos de sucesso na indústria. Começam como homens da tecnologia que galgaram os degraus hierárquicos em empresas de capital aberto gigantes e depois assumiram os desafios das responsabilidades de mais alto nível em empresas menores. Muitas vezes, seu último cargo foi como CEO ou vice-presidente de uma start-up financiada por capital de risco que emergiu como vitoriosa e partiu para a IPO ou foi adquirida.

- Seu primeiro financiamento em geral é inferior a 10 milhões de dólares.
- As avaliações são definidas para cada negócio de acordo com os termos acordados pelas empresas de capital de risco mais maduras.
- As empresas em geral reagem aos negócios que batem à sua porta. São negócios em uma ampla gama de indústrias. Também usam seus con-

tatos na indústria para buscar novas idéias em setores que conhecem bem. Recém-saídos de suas empresas, podem identificar novas idéias antes que os parceiros mais maduros o façam. Tentam especialmente encontrar bons negócios nos primeiros estágios das start-ups usando tecnologia relacionada às habilidades intrínsecas que os sócios novatos adquiriram em seu trabalho nas empresas de capital aberto.

- As novatas são relegadas ao *status* de observadoras para a maior parte dos acordos importantes realizados entre as principais empresas de capital de risco.

Estágio 3: Promissora

A fama da empresa promissora cresce com base no sucesso dos investimentos de cada sócio em start-ups financiadas durante a fase inicial. Os primeiros investimentos resultaram em empresas bem-sucedidas. Algumas foram adquiridas em seus primeiros anos e pelo menos uma alcançou o IPO. Isso gera respeito pela empresa de capital de risco. A empresa começa a ser mencionada pelo nome com quase a mesma freqüência com que os sócios são mencionados. Os repórteres começam a ligar para alguns dos sócios das empresas promissoras em busca de entrevistas.

- Seu segundo financiamento geralmente é de 10 dólares a 50 milhões. Um sócio adicional costuma ser chamado para integrar a empresa, a fim de proporcionar maior especialização em determinado domínio.
- As avaliações são definidas para cada negócio conforme os termos e condições definidos por empresas de capital de risco mais consolidadas. Seu custo de capital é aproximadamente o mesmo que o de uma novata.
- Procuram negócios em uma gama de indústrias cada vez mais estreita. Procuram especialmente start-ups que usam a tecnologia em setores em que seus primeiros investimentos tiveram sucesso.
- As empresas promissoras foram convidadas pela primeira vez a fazer parte de grupos de investimentos por parceiros de risco de empresas mais maduras.

Estágio 2: Sócio do clube

O sócio do clube tornou-se uma empresa de capital de risco conhecida. A fama fez com que o nome da empresa se tornasse mais respeitado do que os sócios individuais. A imprensa escreve sobre "a chegada" da empresa. Os indivíduos são famosos por fazerem parte de uma empresa de capital de risco de renome. A fama da empresa baseia-se no sucesso dos vários sócios. Vários novos investimentos resultaram em IPOs e em aquisições valiosas. As start-ups tornaram-se líderes em seus mercados e são conhecidas em todo o mundo.

- Cada novo fundo do sócio do clube é rapidamente seguido por outros. O total aumenta para pelo menos quatro. Os investidores institucionais são cordiais e respondem imediatamente quando convidados a investir no próximo fundo. O tamanho total do portfólio, conforme medido pelo capital total captado, chega a nove dígitos, em geral em torno de 100 milhões de dólares, e às vezes excede esse valor. As primeiras distribuições começam à medida que os sócios limitados recebem ações em start-ups que chegam a uma IPO ou são adquiridas por uma empresa de capital aberto. Vários dos fundos do sócio do clube resultaram em excelentes retornos sobre o investimento. Os sócios do clube tornam-se multimilionários.

- As empresas dessa categoria definem preços com prêmio para cada negócio. Seu custo de capital subiu. Os fundadores das start-ups afirmam que eles são altos. A empresa negociará avaliações de modo agressivo com os fundadores, mas não gosta de abandonar um negócio atraente só por causa de desacordos de preços.

- Os sócios do clube sabem em que setores eles querem investir. Começaram a procurar líderes das equipes centrais e estão se preparando para dar início às novas empresas. Novos sócios são incluídos para criar uma especialização em um domínio especial na empresa.

- Os sócios do clube são convidados a participar de negócios liderados pelas empresas de capital de risco mais maduras, os ícones reverenciados do investimento de risco.

Estágio 1: Ícone

A fama colocou a empresa no topo. Agora ela se considera capaz de iniciar indústrais, não apenas empresas. O nome da empresa tornou-se uma marca própria e conhecida no mundo todo. Alguns dos sócios veteranos da empresa são chamados de "ícones" pela comunidade de risco e pela mídia, em sinal de admiração. Há uma hierarquia de muitos sócios, do sênior ao júnior. Associados foram contratados. Várias sedes para o escritório são comuns, algumas fora do país de origem.

- Às vezes, o portfólio ativo supera a faixa de 1 bilhão de dólares. Essas empresas podem captar tantos recursos para investir quanto quiserem.
- Definem preços firmes nas avaliações de cada negócio e não aprovam empresários que insistem em avaliações mais altas.
- Consideram-se como regentes de uma família de risco. A família consiste em empresas de capital de risco aliadas, executivos abastados, investidores corporativos, empresas de portfólio, universidades e até mesmo governos.
- São agressivos na tentativa de iniciar novos setores. Os sócios estão confiantes nos nomes e no momento certo da chegada de novas ondas de tecnologia inovadora.
- Os ícones criam seus próprios grupos de empresas de capital de risco para fechar grandes negócios. Os grupos de investimento em geral incluem grandes empresas multinacionais.

Existem quatro estágios de maturidade aos quais as empresas de risco aspiram alcançar. Poucas conseguiram chegar ao topo. Muitas estão tentando. É um mercado muito disputado e intensamente competitivo. Os distintos investidores de risco entendem o poder do diferencial competitivo. Procuram isso nas idéias para start-ups. São especialistas em usá-lo em suas empresas para fazer o primeiro contato com os melhores fundadores.

EMPRESAS DE CAPITAL DE RISCO APLICAM DIFERENCIAL COMPETITIVO

Alguns investidores de risco tornaram-se especialistas em usar o diferencial competitivo. Muitos não conseguiram. As principais empresas aprenderam a alcançar a vitória definitiva para uma empresa de capital de risco: ter o primeiro contato com o fundador ou principal investidor da próxima Cisco ou Amazon.

Um sócio veterano afirmou: "Tudo o que preciso para vencer é do primeiro contato. Para mim, isso significa que recebo a primeira mensagem por e-mail do fundador; ou o sócio investidor do negócio me liga imediatamente." Como os primeiros contatos oferecem uma vantagem competitiva consistente, as empresas de investimento empenham-se para abrir seus braços aos empresários. É tão importante que pode ser visto nas páginas da Web de empresas de investimento excepcionais. Por exemplo, em fevereiro de 2003, a página inicial da gigante Sequoia Capital citava Vani Kola, CEO da nthOrbit, dizendo o seguinte: "A Sequoia Capital foi minha primeira escolha na RightWorks e agora na nthOrbit. Temos as mesmas metas de construir ótimas empresas para durar."[1] Nomes novos aparecem todos os meses na página inicial da Sequoia. Esses depoimentos favoráveis foram conquistados por meio de muito trabalho que resultou em sucesso mútuo para o fundador e o investidor. Não é apenas um jogo de palavras. Deve haver empresas vitoriosas por trás das palavras. Os depoimentos devem ser verdadeiros, não apenas figuração de RP.

Os testemunhos são usados para posicionar as empresas em um mercado muito disputado de investidores. Cada investidor de risco deseja oferecer um motivo muito pessoal e especial para os empresários ligarem para ele em primeiro lugar. As declarações de posicionamento de cada empresa são escolhidas para estimular os fundadores a fazerem exatamente isso.

Cada empresa de capital de risco conta uma versão da mesma história: como o diferencial competitivo pode gerar mais do que dinheiro aos empreendedores excepcionais. É um jogo de marketing muito difícil. Algumas empresas de capital de risco aprenderam a jogar com sucesso excepcional. Vou esclarecer meu ponto com a Kleiner Perkins Caufield &

---

[1] Site da Sequoia Capital: www.sequoiacap.com, fevereiro de 2003.

Byers, uma empresa que tive o privilégio de conhecer desde os meus primeiros dias no Vale do Silício.

Exemplo 26-1 Diferencial competitivo da ícone:
Kleiner Perkins Caufield & Byers

> Quando se trata do mundo de investimentos de risco, a Kleiner Perkins Caufield & Byers detém o título de *relações públicas*. A KP, como a empresa é conhecida, começou nos primeiros dias do investimento de risco moderno. Ao longo de várias décadas, deixou de ser novata e inexperiente e tornou-se uma das melhores empresas de capital de risco. A KP conquistou uma reputação de tanto peso que a empresa tornou-se uma marca. Essa marca é promovida por meio de um sistema de relações públicas agressivo sobre o sucesso das atividades de investimento da empresa.
>
> Na página inicial do site da KP é possível identificar muitos dos elementos que contribuem para o diferencial competitivo dessa respeitada empresa de capital de risco.[2] Começou investindo em 1972 e ergueu mais de 350 empresas, incluindo nomes conhecidos como America Online, Amazon, Sun, Genentech, Compaq e Juniper. Cada uma delas tornou-se líder em um novo mercado e uma empresa com marca de peso.
>
> A especialização da KP é usar recursos do que ela chama de *keiretsu*. Com isso, a empresa quer dizer que gerencia um grupo variado de contatos, investidores, parceiros e empresas individuais. Os recursos dos *keiretsu* estão disponíveis para as empresas nas quais a KP investe. Esse posicionamento cria exclusividade para a Kleiner Perkins Caufield & Byers. É atraente para os fundadores que querem construir diferenciais competitivos. É difícil para outras empresas conseguirem superar a capacidade da KP de explicar por que você, como o próximo líder de uma grande start-up, deve contatar a KP em primeiro lugar. A KP sabe como desenvolver e usar o diferencial competitivo.

Esta é uma gigante da comunidade de capital de risco, um verdadeiro ícone. Existem outras, e elas concorrem com agressividade. Cada uma tem exclusividade em seu diferencial competitivo. Os concorrentes cres-

---

[2] Site da Kleiner Perkins Caufield & Byers: www.kpcb.com, fevereiro de 2003.

ceram gradualmente em número e qualidade à medida que o grupo de capital de risco cresceu, em particular durante o *boom* da Internet. É um negócio difícil, em que um diferencial competitivo sustentável se destaca.

Emergindo da era da Internet estão alguns exemplos excepcionais de novas empresas de capital de risco. Uma das empresas promissoras é a BlueRun Ventures. Em 1998, foi fundada como a Nokia Venture Partners, com uma visão para uma nova geração de empresa de risco. É financiada pelos recursos de vários investidores institucionais e corporativos especiais. Em seus poucos anos de existência, a BlueRun Ventures já se tornou uma investidora de sucesso em vários novos empreendimentos famosos. A empresa cresceu rapidamente, passando de novata à promissora. E em menos de uma década alcançou *status* de sócio do clube. Em 2002, a BlueRun Ventures tornou-se bem conhecida nos círculos de investimento de risco. É especialmente atraente para os empreendedores que atuam em mercados e tecnologias móveis e relacionados ao Protocolo de Internet (IP). Conheci a empresa em uma rodada de financiamento para um novo empreendimento que eu estava orientando.

Exemplo 26-2 De promissora a sócia do clube: BlueRun Ventures

Para marcar sua posição, a BlueRun Ventures combina o nome da Nokia com a demanda crescente por serviços sem fio globais. A página inicial da BlueRun deixa claro quem deve procurá-la em primeiro lugar: start-ups móveis e relacionados a IP.[3] A empresa se posicionou como "a maior empresa de capital de risco a investir exclusivamente em start-ups e tecnologias móveis e relacionadas a IP, com um âmbito de investimento global".

A empresa administra mais de 650 milhões de dólares. Está baseada em Menlo Park, na Califórnia, no coração do Vale do Silício, com escritórios satélites em Washington, D.C., Londres, Helsinque, Hong Kong, Seul e Tóquio.

A empresa procura especialmente capacidades de liderança das equipes centrais convidadas a apresentar suas idéias. "Coloca muita ênfase na experiência, no talento e no compromisso que a equipe gerencial da empresa leva para a mesa de negociações na hora de avaliar a capacidade de a gerência

---

[3] Site da Nokia Venture Partners: www.nokiaventurepartners.com, fevereiro de 2003.

liderar uma empresa de portfólio, pelas rigorosas etapas de tornar a empresa um sucesso e de atrair oportunidades de mercado. A equipe deve estar comprometida com o trabalho e ter a determinação necessária para fazer com que a empresa seja bem-sucedida." A BlueRun enfatiza também que trabalha para "desenvolver um relacionamento de confiança mútua a fim de apoiar a equipe gerencial da empresa. Esse apoio consiste em um valor adicional oferecido pelas empresas de capital de risco tradicionais, incluindo acesso à vasta rede de contatos da empresa, assistência para montar a equipe gerencial e orientação para a miríade de questões estratégicas e táticas enfrentadas pelas empresas empreendedoras. Além disso, as empresas de portfólio podem beneficiar-se do acesso do Fundo à imensa rede de indivíduos, recursos e especialização técnica de nossos sócios de valor agregado".

A BlueRun Ventures é um bom exemplo de como combinar os elementos para criar diferencial competitivo e usá-lo para gerar sucesso rapidamente em um mercado altamente competitivo. A tendência crescente da Internet ajudou, assim como os elos com a famosa Nokia, a maior gigante do mundo dos celulares. Ainda assim, não foi apenas sorte. Os fundadores de setembro de 1998, Peter Buhl, John Gardner, Antti Kokkinen e John Malloy, fizeram investimentos excepcionais, criaram uma organização com alcance global e ajudaram a construir algumas novas empresas significativas. Conseguiram desenvolver diferencial competitivo inicial de forma orgânica na última onda de tecnologias inovadoras. Emergiram com resultados que conquistaram o respeito das grandes na comunidade dos investidores de risco de peso.

Agora vamos mudar nosso foco da Califórnia para a Finlândia e para a Noruega, para ver um exemplo de uma novata que já estabeleceu seu diferencial competitivo. A empresa é a Alliance Venture, localizada em Oslo. Conheci os fundadores por meio de seu apoio a um programa de verão para novos empreendimentos de alunos noruegueses no Vale do Silício.

Exemplo 26-3 Novata: Alliance Venture, Oslo, Noruega

A Alliance Venture é sinônimo de conexões internacionais de e para start-ups escandinavas. A empresa é um nítido exemplo de pensamento cuidadoso realizado por seus sócios. A Alliance desenvolveu diferencial competitivo com base na experiência gerencial internacional e nas conexões comerciais de seus fundadores: Jan-Erik Hareid, Bjørn Christensen e Erling Maartmann-Moe. Está se beneficiando com o crescente interesse das empresas de capital de risco que procuram negócios na região escandinava da Europa. A Alliance evitou fazer parte da mania de investimentos da era da Internet. Aprendeu com os erros de seus predecessores. Eis o que aparece na página inicial do site da Alliance:[4]

> Apoiamos nossos investimentos com a força de nossa experiência e rede internacional. A Alliance Venture investe em empresas de tecnologia emergentes na Escandinávia e nos Estados Unidos em um estágio inicial e apóia sua expansão global por meio de alianças com empresas de tecnologia líderes e empresas de capital de risco internacionais.
>
> Investimos em empresas às quais podemos agregar valor com nossa experiência operacional e ampla rede internacional. Nossa principal vantagem competitiva é a competência da equipe gerencial, sua experiência e rede de contatos, usadas para as avaliações de investimento e o acompanhamento ativo dos processos. A experiência inclui um bom equilíbrio entre *backgrounds* de operações e negócios, pesquisa aplicada, finanças e empresariais.

Um exame mais atento do site revela também uma cuidadosa seleção de parceiros de negócios, consultores, recursos do Vale do Silício e Conselho de Administração de primeira linha. Cada um contribui com uma forte rede de pessoas, empresas de capital de risco, líderes de mercado e empresas acessíveis. Talvez ter sangue viking também seja parte de seu conjunto de habilidades internacionais. De qualquer maneira, se você precisar ou quiser contar com investidores de risco com conexões escandinavas, a Alliance Venture recomenda que ligue primeiro para lá.

Esses são alguns exemplos de diferencial competitivo em ação em empresas de capital de risco. Vamos examinar agora como as grandes empresas usam o diferencial competitivo.

---

[4] Site da Alliance Venture Partners: www.allianceventure.com, fevereiro de 2002.

27

AS EMPRESAS GIGANTES APLICAM DIFERENCIAL COMPETITIVO

As empresas gigantes atuais que dominam setores inteiros conquistaram essa posição tornando-se mestres na criação e no fortalecimento de diferencial competitivo desde o seu primeiro dia de existência. Passou a ser a paixão de uma vida. São as pequenas novas empresas de ontem. Começaram como crianças e cresceram até dominar seus respectivos mercados. Criaram novos padrões industriais e se tornaram as marcas que os consumidores conhecem tão bem em todo o globo. Esta é uma das tarefas mais difíceis de realizar no mundo dos negócios.

A INTEL TORNOU-SE A GIGANTE DOS MICROPROCESSADORES

A Intel é um exemplo extraordinário de como desenvolver diferencial competitivo inicial e se tornar um campeão global respeitado. O diferencial competitivo inicial estava centrado nas raras habilidades da equipe gerencial, afiada durante os primeiros dias da indústria de semicondutores. A equipe gerencial da empresa optou por deixar Fairchild porque queria liberdade para administrar uma empresa de semicondutores da maneira que considerava que deveria ser administrada, não como um pai controlador determinava.

Em 1968, seus co-fundadores, o guru da tecnologia Gordon Moore e Bob Noyce, co-inventor do circuito integrado, convenceram Art Rock, o grande nome do capital de risco moderno, a financiar sua start-up. Os microprocessadores ainda não haviam sido inventados. A empresa começaria projetando semicondutores de memória (o mercado estava aberto e em expansão) e fabricando os produtos em uma nova fábrica (para ganhar vantagens de tecnologia e custo). O momento da virada na história da Intel foi a invenção em 1971 do Intel 4004, o primeiro microprocessador do mundo.[1] A Intel disputou e perdeu algumas rodadas nas batalhas iniciais pelos microprocessadores, mas finalmente emergiu vitoriosa: líder mundial do setor. Desde então, deixou a concorrência para trás.

O diferencial competitivo da Intel estava profundamente enraizado nas extraordinárias capacidades de sua equipe gerencial. Gordon Moore orientava as escolhas de tecnologias e determinava a direção da pesquisa e do desenvolvimento. Les Vadasz, com uma mente estratégica, trabalhava nas modificações para manobrar a concorrência. Sob a liderança de Andy Grove, a Intel avançou em microprocessadores, quando conseguiu que a gigante IBM cooperasse no estabelecimento de padrões técnicos e na criação de novos produtos de computadores pessoais. Bill Davidow adotou métodos de trabalho criativos, incluindo a Operação Crush, para tirar do caminho a start-up Zilog e gigantes como a Motorola da guerra de marketing dos microprocessadores.

Os líderes da Intel são excepcionais em defender seu diferencial competitivo. O falecido Bob Noyce tinha uma surpreendente capacidade de prever qual a próxima ótima família de semicondutores que a Intel deveria produzir. Ele conduziu a mudança de paradigma das memórias, que deixaram de ser *commodities* para virar microprocessadores proprietários. Isso agregou muito mais valor, lucros e fluxo de caixa à empresa. O balanço patrimonial mais consistente financiou a próxima geração de instalações de fabricação de semicondutores muito caras e de altíssima tecnologia. Os concorrentes não podiam competir com essas instalações. O intenso investimento da Intel em pesquisa e desenvolvimento gerou uma equipe de fabricação de *wafers* admirada pelos concorrentes. A cultura técnica da empresa tornou-se ainda mais atraente para os melhores engenheiros de semicondutores do mundo. Em todo esse período, a alta diretoria da Intel conseguiu manter-se unida, desenvolvendo gerentes profis-

---

[1] Em novembro de 1971, a Intel anunciou publicamente o primeiro microprocessador de chip único do mundo, o Intel 4004, inventado pelos engenheiros da Intel Federico Faggin, Ted Hoff e Stan Mazor.

sionais cada vez mais competentes. Eles sempre foram altamente competitivos. Seu diferencial competitivo a manteve sempre em crescimento, e em 2004 não mostrava sinais de fraqueza.

A ADVANCED MICRO DEVICES SE DESTACA NA ERA DA INTEL

A empresa foi fundada com 100 mil dólares em 1969 por Jerry Sanders e sete outros ex-funcionários da Fairchild. Seu diferencial competitivo inicial era a liderança carismática de Jerry Sanders e suas excepcionais qualificações de vendas. Jerry, como é carinhosamente chamado, era respeitado como o melhor vendedor de semicondutores do mundo. Aumentando essa vantagem, estava a equipe gerencial que havia trabalhado na Fairchild. Jerry adorava comemorações e eventos animados e os usou para moldar a cultura de alta motivação da empresa.

Durante os primeiros anos da empresa, a AMD concentrou-se em vender dispositivos de fonte alternada, produtos obtidos de outras empresas que eram então redesenhados para maior velocidade e eficiência. "Superioridade paramétrica", a AMD o chamava. Para conferir uma vantagem competitiva ainda maior aos produtos, a empresa instituiu uma garantia da qualidade sem precedentes no setor: todos os produtos seriam fabricados e testados segundo rigorosas especificações de padrões militares, independentemente de quem era o cliente e sem custo adicional. Os concorrentes não conseguiram superar essa investida. A reputação de Jerry Sanders servia para ajudar a empresa a superar as adversidades de vendas. Ele se tornou famoso por ser capaz de pegar um avião para visitar o cliente e, literalmente, arrancar pedidos das mãos dos concorrentes que achavam que tinham conseguido tirar um pedido grande da AMD.

A AMD desenvolveu seu diferencial competitivo investindo agressivamente no design de produtos proprietários. Buscando mais diferenciação e ganhos financeiros, os engenheiros da empresa começaram a lançar produtos que eram realmente exclusivos. A AMD construiu fábricas modernas de semicondutores para produzi-los. As qualificações de operação de fábrica tornaram-se de classe mundial. Essas vantagens levaram a AMD para o próximo nível de força e tamanho. Em 1984, a empresa foi considerada uma das 100 melhores empresas para se trabalhar nos Estados Unidos e incluída no livro *The One Hundred Best Companies to Work For in America*.[2]

Em março de 1991, a AMD começou a atacar o monopólio que a Intel praticamente detinha do mercado de microprocessadores. Para isso, ela aplicou o mesmo know-how adquirido em seus primeiros dias como forte concorrente número 2: fornecer produtos de valor cujo desempenho era superior aos da líder de mercado. Mais força veio das excepcionais equipes de suporte a aplicativos de campo e grupos de vendas especializados. A empresa tornou-se um nome de primeira linha, só perdendo para a Intel em vendas de microprocessadores.

A SINGAPORE AIRLINES É CONSISTENTEMENTE CLASSIFICADA COMO A MELHOR EMPRESA AÉREA DO MUNDO

A desigualdade inicial da Singair era uma combinação de vantagem de campo doméstica e pensamento ousado e pouco convencional de sua inovadora equipe gerencial. Embora suas raízes possam ser traçadas no final da década de 1940, como uma empresa aérea promissora que voava com alguns poucos aviões antigos da cidade-estado de Cingapura para países vizinhos, a empresa que hoje conhecemos como Singapore Airlines nasceu três décadas mais tarde. No início da década de 1970 a liderança da empresa tomou uma decisão ousada que transformou para sempre a pequena empresa aérea e mudou o padrão mundial de viagem aérea de primeira classe. A gerência estava comprometida em se tornar a empresa aérea de maior qualidade em viagens na Ásia.

Para conquistar vantagem inicial, a Singapore Airlines usou a tecnologia para vencer os concorrentes. Comprou a melhor frota de novos jatos Boeing financiados pelo proprietário da empresa, o governo de Cingapura. Isso permitiu à Singair oferecer maior eficiência operacional e mais conforto aos passageiros, em comparação com os concorrentes da época. A gerência também decidiu não entrar para a Associação Internacional de Transporte Aéreo (Iata). A equipe gerencial queria liberdade para poder inovar, incluindo implementar ações que não seguiam as regras da época.

---
[2] Robert Levering, Milton Moskowitz e Michael Katz, *The One Hundred Best Companies to Work For in America*. Nova York: Addison-Wesley, 1984.

Por exemplo, a Singapore Airlines queria experimentar *layouts* criativos de assentos em cada avião e não ficar presa a regras rígidas sobre a posição exata de cada assento, conforme ditado pela Iata. Esse comportamento inovador e inconformado estabeleceu a Singair como um modelo a seguir. A empresa emergiu posicionada como capaz de oferecer serviço aéreo de primeira, sem rivais. A cultura da empresa passou a ser conhecida como um ótimo local para pessoas criativas.

A equipe gerencial desenvolveu seu diferencial competitivo ao criar novas alternativas de serviços aéreos focados em executivos com viagens internacionais. Os clientes ideais eram de empresas multinacionais de produtos eletrônicos norte-americanos, especialmente as do Vale do Silício, que haviam aberto sedes regionais na moderna Cingapura, de língua inglesa. A gerência visionária da Singair empenhou-se muito para transmitir aos funcionários sua paixão em ser a melhor empresa aérea do mundo. A atual líder prestou especial atenção à escolha dos funcionários; eram cuidadosamente selecionados e treinados. A equipe planejava minuciosamente os detalhes de cada vôo. O pessoal de bordo definiu o mais alto padrão para a perfeição do atendimento, da primeira classe à executiva e à econômica. Os funcionários em terra ofereciam o melhor atendimento da indústria aérea. Pronta para expandir-se internacionalmente, a Singapore Airlines sabiamente comunicou sua superioridade por meio de uma campanha de marketing baseada na exótica "Garota de Cingapura" — a aeromoça que representava o luxuoso serviço de primeira classe para todos os tipos de viajantes que escolhessem voar pela Singapore Airlines. A pequena empresa aérea de um pequeno país começou com um diferencial competitivo inovador e criativo e se tornou admirada por todas as empresas aéreas do mundo.

SOUTHWEST AIRLINES E RYAN AIR DOMINAM O SEGMENTO DAS EMPRESAS AÉREAS COM DESCONTO

Duas novas empresas aéreas, a Southwest e, mais recentemente, a Ryan Air, usaram praticamente o mesmo diferencial competitivo para se tornarem donas do mercado de viagens aéreas com desconto nos Estados Unidos e na Europa, respectivamente. Cada uma tinha um foco quase fanático em um modelo de negócios novo e altamente eficiente. Elas

AS EMPRESAS GIGANTES APLICAM DIFERENCIAL COMPETITIVO 311

combinavam isso com culturas empresariais que adoram a diversão para criar um diferencial competitivo poderoso. Decidiram fornecer viagens aéreas simples e de baixo custo a pessoas que desejam viajar da cidade A para a cidade B de maneira mais rápida e econômica do que duas pessoas viajando no mesmo carro. Seus fundadores texano (Southwest) e irlandês (Ryan) pensaram que tinham opções de criar vantagens econômicas que as distinguiriam das empresas aéreas caras e complexas, como a United Airlines e a British Air. As gigantes que tentaram competir com seus serviços de ponte-aérea acabaram tendo prejuízo. Concorrentes imitadores seguiram a cada ano, mas os poucos que sobreviveram são mais do que apenas imitadores. Várias empresas saíram do mapa, caindo no esquecimento das start-ups.

A Southwest e a Ryan enfocaram o aspecto desigual de sua vantagem. Evitaram a tentação de "finalmente se tornar uma empresa aérea de verdade", como as gigantes descapitalizadas. Cresceram enfocando oferecer um melhor desempenho em um número cada vez maior de cidades cuidadosamente selecionadas e atendidas de forma precária. A Southwest e a Ryan voavam com somente um modelo de jato. Isso simplificou a manutenção e permitiu que os custos fossem controlados. As refeições eram lanchinhos, eliminando o caro serviço de bordo e *catering*. Opções inteligentes de rotas (investidas de flanco em aeroportos vizinhos em cidades sobrecarregadas) exploraram a fraqueza dos concorrentes ("Atenção, passageiros de Boston! Voe pela Southwest Airlines: é mais rápido voar de Providence, em Rhode Island, do que dirigir em congestionamentos e um túnel apinhado até o Aeroporto de Logan, em Boston).[3] A gerência era especialmente atenciosa em relação às relações trabalhistas com os pilotos e comissários de bordo. Isso levou a acordos atraentes com os sindicatos para a remuneração dos trabalhadores, o que impulsionou a produtividade: todos os funcionários estavam comprometidos em fazer o que fosse necessário para lotar os aviões e mantê-los sempre operacionais. Por exemplo, quando necessário, os pilotos emitiam bilhetes e as aeromoças limpavam o interior das aeronaves. As culturas da Southwest e da Ryan são ricas e espirituosas (piloto no sistema de alto-falante: "Se alguém con-

---

[3] Lembre-se de como o diferencial competitivo deve ser dinâmico; depois que a nova entrada para o Aeroporto de Logan foi aberta, o gargalo desapareceu.

seguir enxergar a cidade de San Jose pela janela, avise, porque vamos pousar lá em dez minutos!"). Também foi dedicada uma atenção especial às entrevistas dos funcionários potenciais: os entrevistadores procuravam poucos novos funcionários que compartilhassem a paixão dos fundadores originais. A Southwest e a Ryan cresceram e permaneceram lucrativas, enquanto as gigantes do ramo e as empresas imitadoras estavam perdendo dinheiro. As duas start-ups permaneceram focadas em usar o diferencial competitivo, que foi responsável por seus êxitos iniciais e emergiram como líderes de seu território: viagens aéreas de baixo custo. Tornaram-se modelos a serem copiados em outras regiões do mundo.

A SAP É LÍDER DO MERCADO DE SOFTWARE DE SISTEMAS EMPRESARIAIS

O diferencial competitivo inicial da SAP foi uma perspicaz visão de seus fundadores alemães sobre um problema de um cliente especial: ineficiências gerenciais em empresas mundiais causadas por sistemas de software de tecnologia da informação deficientes. A equipe gerencial achou que já era hora de um novo sistema único de software unificado entrar em ação para impulsionar a eficiência de uma organização global inteira. A SAP foi fundada por veteranos consultores de tecnologia da informação alemães que entendiam os problemas das empresas gigantes: o sofrimento ao utilizar sistemas contábeis, módulos operacionais artesanais e softwares de gerenciamento da informação caros que não se comunicavam bem entre si. A SAP usou o contrato de um sistema de software personalizado para uma gigante química multinacional na Europa como base para concluir sua prova de conceito e protótipo. Tornou-se a gênese de um novo sistema SAP padronizado a ser vendido para qualquer empresa global. Os líderes tinham qualificação em tecnologia, vendas e execução. Haviam trabalhado juntos e compartilhado a mesma paixão pelo conceito, confiantes de que ele empolgaria os melhores gerentes das empresas multinacionais de todo o mundo. Seu entendimento acerca das necessidades fundamentais do cliente ideal foi a base sobre a qual a SAP construiu um diferencial competitivo que provou ser insuperável.

O primeiro sistema SAP foi posicionado como líder de uma nova categoria emergente, o mercado de software empresarial. A arquitetura baseava-se em um conceito de modelo proprietário. Tratava-se de um software que programadores especialmente treinados modificavam para atender às exigências exclusivas de cada cliente. Durante os primeiros anos de seu lançamento, a SAP descobriu que programadores de software independentes em busca de novos trabalhos estavam ávidos para aprender, instalar e personalizar o sistema SAP para grandes clientes. Isso era mais rápido e menos problemático do que criar o código a partir do nada. Codificadores ansiosos entraram para o curso de treinamento da SAP, aumentando o ímpeto da empresa, que acabou se tornando padrão da indústria.

A SAP desenvolveu seu diferencial competitivo fazendo escolhas inteligentes seqüenciais de setores (pinos de boliche). Isso permitiu que seus programadores criassem modelos de aplicativos adequados a indústrias relacionadas, sem fazer drásticas e demoradas mudanças no software fundamental da SAP. As vendas cresceram muito rapidamente. Poucos anos depois, a equipe gerencial partiu para uma investida praticamente perfeita para que o sistema SAP funcionasse em plataformas cliente-servidor. Isso deixou start-ups como a Baan para trás. A SAP continuou a aumentar seu ímpeto de vendas. A Oracle e outras gigantes do software começaram a responder à ameaça da SAP, mas já era tarde. A gerência da SAP expandiu as vendas para a Ásia e logo a empresa se tornou conhecida mundialmente. Na época, vários pequenos concorrentes imitadores haviam começado a surgir para pegar a enorme e crescente onda de sistemas de software empresarial. Algumas focaram empresas de pequeno a médio porte ainda não atendidas pelo SAP. Outras procuraram gigantes que ainda não estão usando os sistemas SAP. Entretanto, chegaram tarde, e a maioria tentou fazer muito com poucos recursos e acabou afundando. (A ambiciosa e agressiva Baan faliu.) A SAP chegou como vencedora, a start-up que emergiu como gigante de um novo mercado de classe mundial.

Esses são apenas alguns exemplos de como novas empresas se tornaram gigantes corporativas. Elas usaram o diferencial competitivo para começar, crescer e ganhar — muito.

28

ESCOLAS DE MBA APLICAM DIFERENCIAL COMPETITIVO

Algumas escolas importantes aprenderam a usar o diferencial competitivo para alcançar a classe mundial. Elas dominam segmentos de mercado. As batalhas para alcançar as melhores classificações de MBA geram bons exemplos para o estudo de como utilizar o diferencial competitivo onde menos se espera.

A HARVARD É DONA DA "BUSINESS SCHOOL"

A Harvard University chamou sua escola de administração de Harvard Business School. A HBS é reverenciada por seus ex-alunos, pois vários deles se tornaram gerentes de primeira linha em empresas de capital aberto ou em cargos administrativos de governo — quanto maior, melhor. Sua biblioteca de estudos de caso é a maior do mundo. A escola vende um grande número desses estudos de caso em todo o mundo, gerando receita considerável e divulgando o nome da Harvard Business School. Isso atrai os melhores estudantes, que, por sua vez, atraem os melhores professores. A HBS publica uma famosa revista de negócios e está associada a uma editora. Juntos, os elementos se combinam para se tornar um diferencial competitivo. As escolas concorrentes podem demonstrar perfis de alunos semelhantes, além de professores e publicações de nível similar, mas ainda é preciso superar a reputação da Harvard Business School como *a* escola de MBA. Por exemplo, na última década, muitas vezes pedi a empresários que tentassem classificar as dez melhores escolas de MBA de acordo com a mais recente classificação da *Business Week*. Raramente os entrevistados conseguiam acertar os dez primeiros, e a maioria colocava a Harvard em primeiro lugar da lista (embora a Harvard não fosse a primeira colocada em muitos casos).

A HBS concentra-se em se posicionar como o principal centro de ensino para os líderes mundiais. Não enfatiza uma das funções básicas de negócios, como marketing ou finanças. Em vez disso, considera-se líder do negócio de escolas de MBA porque forma os mais extraordinários líderes de negócios. A HBS está no topo dessa escala há décadas.

Durante o seu reinado, a HBS seguiu um dos princípios da estratégia defensiva: bloqueia investidas competitivas fortes. Isso pode ser observado em uma mudança ocorrida na era da Internet. Essa onda forçou a HBS a responder à onda empresarial. Foi uma abertura momentânea para qualquer uma das outras escolas de MBA bem conceituadas explorarem, mas nenhuma agiu de modo tão rápido ou bom o suficiente. Finalmente, a HBS reagiu e fechou a porta. Correu para acrescentar uma grande quantidade de estudos de caso e cursos relacionados à tecnologia e ao mundo empresarial, particularmente sobre empresas do Vale do Silício. Essa investida empregou o Princípio do Defensor: você deve atacar. Em 2001, a HBS havia conquistado novamente a liderança na geração de estudos de caso sobre a onda mais recente, dessa vez sobre o mundo das start-ups relacionado à era da Internet empresarial. A investida está refletida em suas declarações de posicionamento de marketing. O posicionamento está claramente expresso no site da escola, conforme demonstram minhas observações no seguinte exemplo.

Exemplo 28-1 Defensor: posicionando a Harvard Business School

> Ao abrir a página inicial do site da Harvard Business School, o observador é atraído para a imagem do reitor.[1] Ao clicar na imagem, uma mensagem gravada pelo próprio é ouvida: "A missão da Harvard Business School é educar líderes." Ele passa a recitar, confiantemente, as excepcionais qualidades do corpo docente e depois a experiência especial em sala de aula que muda as vidas dos alunos para sempre. A mensagem é curta e vai direto ao ponto.

---
[1] Site da Harvard Business School: www.hbs.edu, fevereiro de 2003.

O site expande a mensagem do reitor e acrescenta este parágrafo: "Mas a escola está evoluindo diante de um mundo com mudanças cada vez mais rápidas. Estamos preparando os alunos e construindo o conhecimento para uma comunidade global que é cada vez mais empreendedora e cada vez mais dependente da tecnologia — e, portanto, mais dependente de suas mudanças. Esses momentos exigem liderança criativa."

Sem alterar seu posicionamento principal, a escola incluiu pequenas empresas, alta tecnologia e espírito empresarial. A HBS comporta-se como a líder dos MBAs que efetivamente é.

A NATIONAL UNIVERSITY OF SINGAPORE É A "MELHOR ESCOLA DE ADMINISTRAÇÃO DE CINGAPURA"

A National University of Singapore (NUS) é a primeira escolha de muitos futuros universitários candidatos a uma vaga na Ásia, independentemente do país de origem. A NUS se posiciona como a principal universidade em uma cidade-estado respeitada de três milhões de pessoas. Informalmente, seus ex-alunos declaram orgulhosamente que sua instituição é a "Harvard de Cingapura", e alguns até alegam que é a Harvard da Ásia. Atuando como uma grande universidade tradicional do Ocidente, a escola oferece um grande número de cursos em muitas disciplinas. A população de alunos é superior a 23 mil, e os alunos de pós-graduação já somam mais de nove mil. A instituição tem vários laboratórios de alta tecnologia que atraem professores do mundo todo. Além do ótimo corpo docente, a NUS está envolvida com outras escolas de administração de peso em projetos de pesquisa e ensino conjuntos. Seus alunos fazem trabalhos de pós-graduação em ótimas universidades na América do Norte e na Europa. Os alunos que concluem seus estudos nessas universidades geralmente voltam a Cingapura para trabalhar durante alguns anos na liderança de um ramo do governo local. Em seguida, partem para posições mais lucrativas, tais como empresas multinacionais. A NUS é parte fundamental da malha social e econômica do país, cujos resultados econômicos têm sido incríveis: em menos de quatro décadas Cingapura se tornou o segundo país mais rico, medido em termos de renda *per capita* da Ásia (o Japão é o primeiro).

Na virada do ano 2000, os líderes da universidade começaram a mudar seu posicionamento para reter diferencial competitivo. Os líderes do país mudaram de direção quando o *boom* da Internet explodiu e o modelo de negócios do país entrou em recessão. Em meados do século, os líderes do país haviam procurado e conseguido atrair as sedes de administração e fabricação das grandes multinacionais norte-americanas e européias. No entanto os problemas econômicos asiáticos da década de 1990 levaram os líderes a tomar grandes decisões estratégicas. A China estava crescendo rapidamente, tornando Cingapura um país caro para a fabricação. A onda da globalização estava pressionando Cingapura a abrir seus serviços financeiros protegidos e outros negócios. E a falta de êxitos empresariais de Cingapura era uma preocupação constante de políticos, eleitores e jovens em busca de um futuro.

A NUS tornou-se parte significativa do plano inovador do país de fazer uma investida estratégica de primeira linha: o governo decidiu concentrar-se na criação de uma nova cultura em Cingapura que estimularia o aparecimento de novas empresas. Um dos desafios foi educar os líderes que poderiam começar novos negócios no país. A NUS recebeu um papel importante nessa mudança. A escola elaborou um novo posicionamento que combinava a educação de empreendedores com sua posição estabelecida como universidade de ensino e pesquisa de classe mundial. A mensagem de marketing foi cuidadosamente preparada para refletir os planos da universidade, a fim de deslizar pelas ondas crescentes da China, da globalização e do empreendedorismo. Desde 1998 tive a honra de trabalhar com líderes em Cingapura, assistindo a seu esforço no sentido de adicionar programas de ensino e estimular os empresários em sua ambiciosa cidade-estado. Alguns dos programas estão refletidos na seguinte nova visão para a National University of Singapore.

Exemplo 28-2 Mudança de posição: a nova visão do presidente da National University of Singapore

O site da National University of Singapore abre com a seguinte manchete: "Incentivando o espírito empreendedor."[2] Em seguida, está a mensagem de seu presidente, Shih Choon Fong:

---
[2] Site da National University of Singapore: www.nus.edu, fevereiro de 2003.

> Considero a NUS uma Empresa de Conhecimento Global, que cria sinergias entre o ensino, a pesquisa e o empreendedorismo.
> Gostaria de dar alguns exemplos de empresas de conhecimento bem-sucedidas, como Stanford, Berkeley, o MIT e a University of Pennsylvania. Por causa de sua cultura empresarial, as start-ups e as indústrias de alta tecnologia se desenvolveram a seu redor, gerando empregos e riquezas. Da mesma forma, Peking, Tsinghua e Fudan estão avançando nessa direção.
> Por isso, a NUS tomou medidas para desenvolver uma cultura empreendedora. Criamos a NUS Enterprise. Você talvez já tenha ouvido falar de duas de nossas faculdades no exterior — uma no Vale do Silício, em parceria com Stanford, e outra no Bio Valley, em parceria com a University of Pennsylvania. Nesses *hubs* empreendedores, nossos alunos trabalham e aprendem com colegas e empresários.
> Por ser uma universidade nacional, nossa missão é atender ao país e à sociedade. A experiência de ensino da NUS desenvolve o intelecto dos alunos, molda o caráter e incentiva elos duradouros com colegas, com a universidade e com o país.

A NUS investiu de forma significativa em resposta a uma necessidade e a mudanças de direção. O restante da Ásia vai observar de perto os novos acontecimentos.

A LONDON BUSINESS SCHOOL AFIRMA ESTAR "TRANSFORMANDO FUTUROS"

O site da London Business School (LBS) abre com um *banner* que diz: "TRANSFORMANDO FUTUROS." A saudação convida o leitor a clicar para descobrir o que a escola quer dizer com isso. Uma declaração de missão formal oferece uma noção do que se trata. A comparação das duas mensagens revela como a LBS está empenhada em ser diferente, mas mostra, ao mesmo tempo, como é difícil comunicar uma mensagem exclusiva. É muito difícil ser mais do que apenas uma escola de administração de sucesso com alunos de muitos países. O corpo docente e os ex-alunos da LBS que conheci empenham-se em torná-la uma das melhores escolas de administração do mundo.

Exemplo 28-3 Posicionamento: London Business School

Aqui está o texto da declaração de missão na página de abertura do site da LBS:[3]

> Queremos que a London Business School seja a escola de administração mais importante e mais respeitada do mundo, uma comunidade de acadêmicos, professores, colegas e alunos de renome cujo trabalho criativo tenha um impacto consistente, duradouro e de abrangência internacional no aprendizado e na prática gerencial de importantes líderes empresariais.
> Nossa Missão: Gerar novas idéias importantes, conhecimento e capacidade que transformem a prática empresarial; criar e executar oportunidades de aprendizado para líderes e gerentes atuais e futuros que transformarão seu futuro; comunicar nosso capital intelectual ao mundo inteiro.

Uma mensagem da nova reitora, Laura D'Andrea Tyson, reflete a tentativa de obter uma diferenciação focada sem perder o ímpeto de uma escola de MBA de ponta. Há um uso intensivo de números e outras citações de excelência. O longo rol é semelhante a uma lista de características usadas para um novo produto que está sendo posicionado para a batalha em um mercado muito disputado. O uso da ortografia inglesa realmente cria alguma exclusividade e um senso de estilo europeu, e a escola escolheu uma norte-americana como sua mais recente reitora.

A London Business School tem condições de transformar seu futuro. A instituição é consistentemente classificada entre as dez principais escolas de administração do mundo, refletindo a excelência de ensino e programas de pesquisa, a competência de seus alunos e a diversidade de alcance de sua comunidade intelectual.

O corpo docente, os alunos e a equipe representam uma miríade de culturas e formações diferentes. Mais de 70 por cento do corpo docente é internacional, vindo de 23 países diferentes. A diversidade do corpo discente é ainda maior. Oitenta por cento dos alunos são de outros 55 países. Essa rica comunidade étnica e cultural confere à London Business School um ambien-

---
[3] Site da London Business School: www.london.edu, fevereiro de 2003.

te de aprendizado empolgante, uma forte rede internacional de ex-alunos e sólidos elos com o negócio global.

A qualidade da pesquisa realizada pelo corpo docente na London Business School recebeu recentemente a maior avaliação de 6* do Conselho Financiador do Ensino Superior da Inglaterra, e a maior parte da pesquisa realizada na instituição é considerada de classe mundial. A escola recebeu essa distinção desde que começou o Research Assessment Exercise (RAE — o exercício de avaliação das pesquisas), refletindo seu compromisso inabalável para com a excelência acadêmica na pesquisa e no ensino.

A excelência da escola na pesquisa empresarial incentiva o ensino de alto nível, oferecendo aos alunos o pensamento mais atual disponível em termos de educação gerencial. A escola oferece programas de MBA executivo e integral, programas de Mestrado em Finanças integral ou parcial e um programa de dez meses de Master in Science Sloan para executivos experientes. Um dos programas de MBA executivo da instituição é oferecido em parceria com a Graduate School of Business na Columbia University e concede um diploma das duas instituições. A London Business School oferece mais opções de programas do que qualquer outra das dez melhores escolas de administração, permitindo aos alunos escolherem a melhor opção para atender a seus interesses, metas profissionais e preferências.

Independentemente do programa escolhido, os formandos da London Business School são muito bem recebidos quando chegam ao mercado global por conta de sua experiência de ensino, sua rede de colegas diversificada e bem colocada e o nível de experiência prática que recebem em nossos programas. A escola pode dizer que possui o mais alto retorno sobre o investimento nos programas de MBA de dois anos, conforme confirmado em uma recente pesquisa da revista *Forbes*.

A London Business School também é reconhecida como líder na oferta de Educação de Executivos e foi classificada em sétimo e em 11º lugar do mundo pela *Business Week* e pelo *Financial Times*, respectivamente. Todos os anos, a escola atrai mais de 1.100 executivos do mundo todo para seu portfólio chamado Open Programme e trabalha com mais de 40 empresas líderes em dez países diferentes, em seus Custom Programmes, ajudando a oferecer soluções sob medida para necessidades específicas dos clientes.

Tenho orgulho do que alcançamos na London Business School e acho que você ficará orgulhoso do que conseguirá alcançar conosco. Se estiver considerando fazer especialização em administração de empresas em algum momento de sua vida, recomendo que considere todas as ótimas opções que oferecemos.

A UNIVERSITY OF PHOENIX É LÍDER DA "EDUCAÇÃO CONTINUADA DE ADULTOS"

Essa universidade está centrada no ensino a pessoas motivadas pela necessidade econômica e pelo impulso pessoal, e que desejem adquirir rapidamente novas habilidades que as levem a novos trabalhos, melhores condições de vida e renda maior. Há mais de 20 anos Peter Drucker observou que esse mercado se tornaria enorme no século XXI. Os fundadores da University of Phoenix identificaram a oportunidade e se tornaram líderes do novo segmento. A universidade abriu o capital (Apol) e continua a crescer em momentos de alta e baixa. A maré está subindo, e a educação continuada de adultos não mostra sinais de queda. Gene Ziegler, um especialista em e-learning e fundador da Learning Technology Partners, contou-me como um novo empreendimento nos Estados Unidos conquistou a liderança no mercado para a educação de adultos on-line.[4]

Exemplo 28-4 Novo líder de mercado: University of Phoenix

O site da University of Phoenix abre com uma mensagem que é simples e clara: Esta é a "Universidade para Adultos que Trabalham".[5] Sua mensagem de posicionamento é simples, clara e significativa:

Na University of Phoenix o aluno pode fazer bacharelado, mestrado ou doutorado da maneira que achar mais conveniente — no *campus*, online ou, em certas áreas, usando uma combinação dos dois métodos, chamados FlexNet®. A instituição cresceu e se tornou a maior universidade privada do país, especializada na educação de adultos que trabalham oferecendo programas de formação que são altamente relevantes, acessíveis e eficientes. Com mais de 100 *campi* e centros de ensino nos

---

[4] http://www.geneziegler.com/contact.html
[5] Site da University of Phoenix: www.uopxonline.com, abril de 2003.

Estados Unidos, Porto Rico, Canadá e via Internet, é possível concluir seu curso onde quer que você more, independentemente do horário em que trabalha ou com que freqüência você viaja ou se muda.

Esta curta mensagem reflete o diferencial competitivo da empresa. Trata-se de uma mensagem muito difícil de redigir, mas vale a pena o esforço. Deixa a concorrência em uma posição muito mais fraca.

A educação é um mercado antigo e muito disputado. A concorrência é intensa e global. As escolas que apreciam o poder do diferencial competitivo o utilizam para se diferenciar e chegar à liderança das categorias de mercado nas quais atuam. E conseguem deixar a concorrência para trás, morrendo de inveja.

29

COMO OS PAÍSES APLICAM DIFERENCIAL COMPETITIVO

Os países aprenderam a construir e explorar o diferencial competitivo. Alguns perderam o seu recentemente, enquanto outros o estão fortalecendo, superando seus rivais. Muitos líderes governamentais não conseguem decidir qual é o diferencial competitivo de seu país.

Os países competem. Como novas empresas, eles buscam maneiras de usar os recursos locais para desenvolver economias saudáveis e prósperas. Isso funciona com mais freqüência quando empresários locais criam novas empresas. O sucesso governamental baseia-se na criação de um ambiente atraente para as novas empresas que se tornam de classe mundial. Os líderes empresariais e os governos aprendem a cooperar para fortalecer o diferencial competitivo dos negócios locais que criam emprego e aumentam as receitas tributárias. Os atrativos podem estar na forma de incentivos fiscais ou funcionários treinados, clima ou cultura, *resorts* ou cabines, *fjords* ou montanhas, cerveja ou kiwis, bondes ou gôndolas. Qualquer que seja o ramo, pacotes de elementos atraentes são oferecidos para potenciais negócios. Os Ministérios de Turismo e as agências de desenvolvimento comercial aprenderam a criar mensagens atraentes que divulgaram a boa-nova. Assim que um diferencial competitivo é estabelecido, o país utiliza as comunicações avançadas de marketing para divulgar a notícia, e o torna conhecido. Cada país tem algum diferencial competitivo que pode ser explorado para fins de diferenciação e benefícios econômicos. Os países que entenderem isso podem tornar-se gigantes econômicos.

OS PAÍSES DOMINAM SETORES ESPECÍFICOS

Todo país é conhecido por ser "o lugar" para fazer negócios em um ou mais setores, especialmente se você deseja começar um novo negócio relacionado à sua área de atuação. Hollywood é o centro cinematográfico do mundo. O paraíso da alta tecnologia está no Vale do Silício. A China é líder na fabricação leve por contrato, com uma economia que se expande em um dos mais rápidos ritmos da história. A Índia é líder em vários novos serviços terceirizados, como centros de atendimento a clientes e programação de software.[1] As empresas alemãs usam seu reverenciado *pool* de talentos formado por engenheiros de precisão para produzir automóveis cobiçados por seu desempenho automobilístico. O Japão usa sua paixão pela qualidade para produzir automóveis respeitados pela superioridade manufatureira. A Noruega utiliza tecnologia de pesca para dominar o mercado mundial de salmão domesticado. A lista é interminável.

Depois da concorrência para dominar novos setores, alguns poucos países emergem como gigantes

Como novas empresas, os países acabam classificados do mesmo modo: um gigante de classe mundial, um ou dois de nível intermediário e uma dúzia de outros menos gabaritados. Por isso é muito importante para os líderes dos diferentes países entenderem como desenvolver e usar o diferencial competitivo. Se não o fizerem, os países que ficarem para trás ficarão limitados à categoria dos seguidores; incapazes de se fortalecer econômica e culturalmente. São como *commodities*, sem qualquer diferenciação.

Como os empreendedores, os países que identificam novas oportunidades de mercado competem pela liderança do novo segmento

Os sagazes líderes governamentais permanecem alertas a novas oportunidades de mercado. Eles sabem que os primeiros a agir têm as maiores

---
[1] "Outsourcing to India: Backroom Deals", *Economist*, 22 de fevereiro de 2003.

chances de desenvolver os diferenciais competitivos que os levam ao domínio do novo mercado e a apreciar sua expansão. A meta dos países é igual à dos empreendedores: emergir como líder de uma nova categoria de mercado, não ser apenas um país imitador e esforçado. Taiwan rapidamente capitalizou a fabricação terceirizada de semicondutores para as novas empresas no Vale do Silício. Hong Kong perdeu a mesma oportunidade e hoje está em busca de um diferencial competitivo. O Japão assumiu a liderança na tecnologia avançada de celulares com o iMode da DoCoMo, mas a ambiciosa e menos favorecida Coréia usou a tecnologia CDMA para criar a civilização sem fio 3G mais avançada do mundo, superando o Japão e o resto do mundo.

O foco é importante para os países, assim como para as empresas

Cada país tem uma quantidade finita e muito limitada de recursos. Como uma nova empresa, um país não pode ser excepcional sendo medianamente bom em várias áreas ao mesmo tempo. Seus líderes devem escolher a área em que se concentrarão e recusar todo o resto. Os recursos são finitos. Devem ser concentrados. Isso é fundamental para se tornar excepcional. O truque é decidir qual será o papel do governo. Nos Estados Unidos, os líderes empresariais querem a menor quantidade de ajuda do governo na hora de decidir como conduzir seus negócios. Na China e em outros países asiáticos, o governo está orientando de perto onde os novos investimentos devem ser feitos. Os governos socialistas europeus exercem um rígido controle sobre praticamente todos os aspectos da condução de pequenas e grandes empresas. Israel encontrou alternativas de apoiar os novos negócios, procurando superar seu pequeno tamanho (mercado local) e sua localização pouco privilegiada e tornando-se qualificado na venda de produtos e serviços inovadores para um grande mercado: os Estados Unidos e o restante do mundo. Em todos os países, as forças da política pública e da iniciativa privada fazem parte de intensas batalhas pela liderança dos novos mercados emergentes em nível mundial. As questões políticas relacionadas não são tema deste livro. Gostaria apenas de defender a idéia de que os líderes governamentais que entendem como enfocar os recursos podem construir diferencial competitivo que agrega muito valor ao PIB e ao bem-estar dos cidadãos.

Um país líder continua a dominar atacando a si mesmo

É tentador para um país que domina uma indústria protegê-la quando surgem concorrentes de outros países. Os líderes empresariais entendem que isso não faz sentido. Em vez disso, sabem que, para continuar a vencer, precisam atacar a si mesmos, um dos princípios da estratégia do defensor. O país líder não deve se proteger; em vez disso, deve gerar mais inovações e avanços, a fim de manter a liderança de seu setor, sempre à frente dos concorrentes. Como um bom programa de preparação física, isso impede que as empresas acumulem gordura, ficando pesadas e não-competitivas, provendo crescimento saudável e resistência. Um dos truques de gerenciar o diferencial competitivo de um país é reconhecer que a inovação e a concorrência industrial estão mudando de forma implacável o *status quo* dos mercados do mundo. Os países que tentam ficar firmes, manter e defender setores locais, enfraquecem o diferencial competitivo. A concorrência e a inovação impulsionam seu jogo sem fim, que está constantemente em fluxo. À medida que as barreiras continuam a cair, a globalização se expande. Mais países entram na Organização Mundial do Comércio, e a concorrência aumenta. Os líderes governamentais são compelidos a mudar o diferencial competitivo que levou o país à sua atual grandeza, mas que poderá ser um obstáculo a seus cidadãos, caso não mude o mais rápido possível.

PAÍSES: TRANSFORME-SE OU PERCA

Os países que não desenvolveram de forma agressiva seu diferencial competitivo perderam o que os tornou grandes. Eles estão sofrendo.

Hong Kong inveja Xangai

Hong Kong tem um rico e vívido histórico de liberdade econômica que permitiu aos empresários fazer fortuna do nada. No final do último século, Hong Kong perdeu diferencial competitivo quando o Reino Unido saiu do país e Hong Kong voltou para as mãos da China. Xangai assumiu a liderança como o próximo grande centro financeiro da China.

Hong Kong fixou-se no *status quo*, na esperança de encontrar um caminho para competir, mas novos negócios de serviços financeiros continuaram a seguir para Xangai. Da mesma forma, Hong Kong perdeu sua exclusividade como a alternativa democrática à China comunista. Hong Kong voltou a ser governado pela China sob uma combinação de métodos democráticos e comunistas unipartidários de governo e gestão econômica. Não é mais um lugar que abrigava refugiados ambiciosos, que arriscavam suas vidas, cruzando fronteiras vigiadas para alcançar a liberdade. Não há mais mão-de-obra disponível, esforçada e barata, pessoas livres e determinadas a criar uma vida melhor para si e suas famílias. Com a mudança de governo, os empresários abastados de Hong Kong venderam suas propriedades e emigraram para Toronto e São Francisco. Hoje em dia os jovens qualificados de muitas nacionalidades não vêem grandes atrativos em se mudar para a cara Hong Kong. Em vez disso, encontram mais oportunidades em Xangai ou Pequim, onde novas empresas de sucesso e empresas multinacionais de renome estão ávidas para contratar indivíduos multiculturais experientes na faixa dos trinta e poucos anos. Turistas e compradores consideram Hong Kong relativamente cara. Muitos viajam para a China continental e para os países do Sudeste asiático em busca de barganha. Hong Kong tem um longo caminho a percorrer para recuperar e emergir como um concorrente revigorado com um diferencial competitivo consistente.

A Alemanha perdeu

A Alemanha perdeu seu antes inigualável zelo empreendedor durante os últimos 50 anos. Os capitalistas floresceram após 1945 na reconstrução do país devastado pela guerra. Entretanto, à medida que o país se recuperava e aumentava a abundância, formas sociais de governos cresceram em popularidade e emergiram vitoriosas. Os eleitores empenharam-se para se recuperar do estrago e queriam que os sucessos conquistados — emprego e riqueza, programas de saúde e aposentadoria — ficassem protegidos. No final da década de 1960, o movimento social-democrata havia reunido várias leis trabalhistas que protegiam o emprego e havia pago inúmeros benefícios sociais e de pensão com maior tributação. As liberdades econômicas começaram a desaparecer e o custo de demitir ou dispensar trabalhadores improdutivos tornou-se proibitivo. A Alemanha criava cada vez mais obstáculos para as grandes empresas que haviam tornado o país um dos mais ricos do mundo. A empresa familiar de porte médio, *Mittlestand*, da Alemanha, representa parte significativa das exportações alemãs (alguns cálculos afirmam que chega a 80 por cento) e, portanto, contribui com uma grande porção do PIB do país. Mas as pequenas empresas focadas, fundadas por empreendedores ambiciosos e trabalhadores, enfrentam um futuro sombrio. Os jovens estão deixando as empresas familiares mais antigas e cabe aos pais idosos venderem os ativos ou fecharem os pequenos negócios. Poucos jovens na Europa hoje vêem a Alemanha como a terra prometida para novos negócios. A França tem leis tributárias e trabalhistas semelhantes às da Alemanha. Nos dois países, os jovens estão fugindo em peso para procurar fazer fortuna em outros países. Alguns estão começando novos negócios na Europa Oriental, como na Polônia, na República Checa e na Hungria. Outros partem para os Estados Unidos ou Xangai.

Hoje, a Alemanha é um país administrado por tecnocratas de cunho socialista. Também é bem cotada na lista de países nos quais não é recomendado iniciar um novo negócio. O mesmo vale para a França. Não há previsão de grandes mudanças no futuro próximo, mas isso pode acontecer se os eleitores reconhecerem o poder de (perder) um diferencial competitivo.

Novo modelo de negócios do Japão cria novos problemas

O novo modelo de negócios do Japão foi bem-sucedido nos anos do pós-guerra, mas é crucial na profunda crise enfrentada hoje. Após a Segunda Guerra Mundial, os empresários japoneses criaram muitas novas empresas e ressuscitaram negócios destruídos pela guerra. Muitos se tornaram empresas de primeira linha. O governo orientou e apoiou a expansão corporativa japonesa por meio de organizações, como a MITI, e uma variedade de outros benefícios estruturais. O inovador modelo de negócios do governo de cooperação mútua tornou-se parte fundamental do diferencial competitivo do país. Muitas empresas japonesas chegaram ao topo de vários segmentos de mercado novos e se tornaram marcas de classe mundial. Durante a última década, os líderes japoneses constataram que o modelo, que antes era atraente, estava deixando o país congelado em uma recessão de mais de uma década, incapaz de se recuperar de uma série de profundos contratempos econômicos na década de 1990.

Hoje, o Japão está preso a um sistema de governo e cultura formador de um modelo de negócios que favorece conglomerados gigantes chamados *keiretsu*. Esse modelo de negócios inclui profundas raízes culturais que restringem a mudança rápida e inibem a experimentação com novos modelos de negócios. Os líderes japoneses compreendem os profundos problemas e a necessidade da mudança. As alterações de leis e regulamentações, assim como mudanças nas atitudes sociais, estão a caminho e são apoiadas e promovidas pelos governos federal e local. No entanto o ritmo da mudança tem sido muito lento, quando comparado com o de seus vizinhos asiáticos. Com a China crescendo tão rapidamente, o vizinho gigante que desperta para o sucesso pode logo superar o Japão como o segundo país mais rico do mundo. As taxas de crescimento anuais da China, entre seis a sete por cento, levarão seu PIB a um nível desafiador, chegando a superar o Japão em algum momento neste século. Esta mudança criará significativas alterações nos benefícios econômicos e no poder político. Mesmo antes do *boom* da Internet, os jovens japoneses procuravam fora do país oportunidades para começar seus novos negócios. O *pool* de capital de risco no Japão é muito pequeno. Jovens adultos que escolhem ser empreendedores no país, em vez de buscar um emprego tradicional em um *keiretzu* ou como tecnocratas, sofrem com o ostracismo social ou a rejeição da própria família.

As indústrias no Japão retêm a liderança em muitos mercados, mas as mudanças competitivas enfrentadas estão ocorrendo rápido demais. Existem alguns poucos sinais de mudanças significativas dentro do Japão que poderiam renovar rapidamente seu antes respeitado diferencial competitivo.

OS PAÍSES DISPUTAM PARA SE TORNAR CENTROS EMPRESARIAIS DE PRIMEIRA LINHA

Há muitos exemplos encorajadores de países que estão desenvolvendo os diferenciais competitivos e se beneficiando social e economicamente.

A *China está correndo* para criar empregos muito mais rápido do que o ritmo de demissões das fábricas estatais obsoletas e não-competitivas.

Os líderes estão correndo para modernizar e instalar a infra-estrutura de que os empresários precisam. Por exemplo, os tecnocratas estão elaborando leis de propriedade pessoal. Na economia marxista, essas leis não existiam. A lista de outras mudanças que já começaram a ser implementadas pela nova e ambiciosa liderança chinesa é muito longa. O governo proativo está inovando e mudando rapidamente. Cada vez mais liberdade está sendo concedida aos empreendedores para que prosperem em seus negócios. O tempo dirá se o futuro promissor da China se tornará realidade. Por ora, está claro que os líderes chineses entendem como construir diferencial competitivo.

A *Índia está começando* a destruir algumas das barreiras para as novas empresas que seu governo socialista criou. Após conquistar a liberdade do domínio colonial inglês, a Índia adotou um sistema econômico centralizado. Criou barreiras protecionistas para proteger as novas empresas. O resultado foi um crescimento econômico lento. Sinais encorajadores da mudança começaram a surgir na década de 1990. As barreiras à concorrência começaram a cair e os empresários locais trabalharam com o governo para atrair capital de risco e know-how de start-ups. Como na China, os emigrantes indianos começam a retornar ao país natal para mostrar como converter idéias em novas empresas de primeira linha e empregar técnicos de boa formação que se formavam todos os anos nas universidades locais. A Índia tem força na tecnologia da informação e nos serviços terceirizados de atendimento ao cliente, enquanto a China é forte na fabricação leve. O governo indiano está mostrando sinais encorajadores de respeito ao poder de criar diferenciais competitivos.

Cingapura "parou", como um corredor de longa distância. Parou depois de um recorde surpreendente de sucesso econômico durante os últimos 50 anos. Após quase 30 anos de expansão, a cidade-estado percebeu que era cada vez mais difícil encontrar novas oportunidades de crescimento. Poucas novas multinacionais escolhiam Cingapura como o país de preferência para instalar a sede asiática da empresa e começar a fabricação. Outros países na Ásia estavam mais baratos. A China era um mercado mais atraente. Cingapura vivia do sucesso conquistado no passado. Após serem atingidos pelo que ficou conhecido como a crise asiática da década de 1990, os tecnocratas de Cingapura partiram rapidamente para "redirecionar a metrópole e transformá-la em uma cidadela da 'economia do conhecimento'", adotando o empreendedorismo como elemento central do novo ímpeto por mais grandeza.[2] Sua meta era usar novas empresas para não perder o diferencial competitivo de atrair novas grandes empresas. Em 2000, os tecnocratas do governo haviam começado a fazer uma mudança mais agressiva para incentivar o empreendedorismo. As mudanças começaram com leis mais favoráveis para opções de ações, falências, residência e imigração. Mais mudanças foram acrescentadas a cada ano para atrair empresários de primeira linha. Em 2002, o governo de Cingapura havia decretado que era importante começar a educar todos os seus alunos sobre como iniciar e desenvolver novas empresas.

A *Coréia do Sul atuou* no sentido de encorajar novos empreendimentos como alternativas às grandes empresas industriais de base familiar, os *chaebols*, que levaram tanta riqueza ao país. O governo está encorajando os empreendedores, tendo a alta tecnologia como foco. Em 2000, a Coréia do Sul foi a quinta colocada do mundo em termos de cientistas e engenheiros treinados *per capita*. O governo estabeleceu mais de 200 incubadoras para novos negócios de todos os tamanhos. Há uma Bolsa de Valores local para empresas pequenas e emergentes. As leis estão sendo alteradas para estimular as start-ups. Há um *pool* de gerentes especializados em concorrência comercial em todo o mundo. As empresas automotivas e eletrônicas sul-coreanas vendem produtos na maioria dos mercados mundiais. Suas empresas de construção e engenharia industrial trabalham em várias cidades do globo. O país também está promovendo mudanças culturais. Entende que seus cidadãos também devem mudar socialmente, caso a Coréia do Sul pretenda competir nos cada vez mais abertos mercados mundiais. A proteção está sendo reduzida para negócios locais e sindicatos nos setores automobilístico e financeiro. Os subsídios para empresas de alta tecnologia estão diminuindo. O inglês vem sendo promovido como segundo idioma. Há muito mais por fazer, mas as mudanças mostram que os líderes da Coréia do Sul estão determinados a mudar para que os empreendedores locais possam competir com os melhores do mundo. Os líderes da Coréia do Sul entendem como reunir os elementos e combiná-los em um diferencial competitivo que fica cada vez mais forte ano após ano.

Esses são alguns exemplos de como os líderes de diferentes países responderam às ambições dos empresários. Os melhores entendem como

---

[2] "Face Value: Whither Singapore Inc?", *Economist*, 30 de novembro de 2002.

reunir os elementos dos recursos locais em um diferencial competitivo. Comparando os países entre si, existem consideráveis diferenças no grau de envolvimento de cada país. Os mais notáveis são experiências com modelos de negócios: diferem significativamente entre a Ásia, a Europa e as Américas. O tempo dirá quem ganha mais durante este século. Os Estados Unidos entram com uma grande liderança, mas outros países são ambiciosos e determinados. Minha aposta é que a China surpreenda a todos e imprima um ritmo intenso de crescimento ao entrarmos no que chamo de "Século Asiático". Também vale a pena observar o Brasil. Apertem os cintos. Vai ser uma viagem e tanto!

30

COMO IDENTIFICAR PONTOS FRACOS E ACRESCENTAR PONTOS FORTES

Chega-se a um diferencial competitivo a partir de um plano interessante, identificando os pontos fracos no que parece ser a idéia perfeita. A seguir estão alguns instrumentos práticos para descobrir pontos fracos que muitas vezes são comuns aos empreendedores inexperientes. Eu os reuni por conta de meus contatos com empresas excepcionais e seus investidores. Em primeiro lugar, vem uma lista que uso para avaliar as histórias dos empreendedores. Em seguida, está a lista de um investidor de risco experiente e respeitado no Vale do Silício, contendo exemplos de como ela pode ser aplicada em duas decisões de investimento reais.

MINHA LISTA DE VERIFICAÇÃO

Minha lista contém pontos fracos na seqüência em que são enumerados pelos stakeholders nas novas empresas. Use a lista para testar sua história. Tente se avaliar usando uma escala de 1 a 3 para cada pergunta, sendo 3 a maior medida de um ponto fraco.

Tabela 30-1 Lista de verificação dos pontos fracos em histórias de start-ups

1. A equipe gerencial não tem a experiência (conforme evidenciado por um histórico medíocre) necessária para preparar o terreno para a próxima fase da start-up.

2. Enriquecer é mais importante para a equipe gerencial que construir uma grande empresa capaz de resolver um problema significativo e ajudar muitos clientes em todo o mundo.

3. A equipe gerencial é incompleta. Os seguintes elementos estão ausentes: um líder com experiência administrativa, uma pessoa de marketing que tenha inventado e lançado novos produtos de sucesso e um líder técnico capaz de converter idéias em produtos de altas vendas.

4. Os membros da equipe gerencial confiaram mais na sorte que na habilidade em suas carreiras. Não têm exemplos em suas vidas de problemas recorrentes superados por meio de estratégias bem-sucedidas.

5. A experiência prática com a indústria e a tecnologia relacionadas é fraca ou ausente na equipe gerencial. A equipe não tem a experiência necessária.

6. A idéia não atende a um problema significativo. É uma alternativa mais rápida, melhor e mais barata às soluções existentes.

7. O segmento do mercado-alvo já está apinhado de concorrentes imitadores que lutam para sobreviver. Uma empresa já é a líder do mercado e está à frente da concorrência.

8. A idéia para o negócio baseia-se em um único elemento para vencer (isto é, tecnologia, ou primeira a ser comercializada, ou mais velocidade).

9. A idéia é para um único produto, não um negócio.

10. O modelo de negócios é um experimento. Aumenta o risco do novo empreendimento, em vez de reduzi-lo.

11. Não há plano para a melhor forma de competir com um corrente imitador.

12. A equipe gerencial acredita que ser o primeiro a entrar no mercado e ter muitas patentes são boas defesas.

13. O diferencial competitivo inicial não pode ser desenvolvido. Após o lançamento do primeiro produto, os que chegam depois podem facilmente copiar e superar o primeiro

14. Os primeiros produtos baseiam-se em recursos para vencer, em vez do posicionamento psicológico nas mentes dos clientes. Os concorrentes podem copiar rapidamente os produtos assim que são colocados no mercado.

15. A tecnologia está em busca de um mercado. Concorrentes sensatos vencerão a partir de uma necessidade premente e significativa do cliente e depois de tecnologia para atender a essa necessidade.

16. A estratégia equivocada é escolhida para superar a líder de mercado. A estratégia não é bem compreendida pelos líderes da empresa.

17. É uma idéia imitadora. Não há nada de exclusivo ou original nela.

18. Falta foco. O plano de marketing não está bem acabado. O mercado-alvo está definido de forma ampla demais.

19. Há pouca ou nenhuma evidência de que muitos clientes ficarão ansiosos por comprar o primeiro produto. A equipe gerencial não fez pesquisas abrangentes com os clientes.

20. Não há um entendimento detalhado de como o usuário final escolherá e usará o primeiro produto. As generalizações expõem a pesquisa de mercado fraca e o tempo inadequado dedicado ao diálogo com os clientes.

21. O problema é trivial ou difícil demais. Pode ser rapidamente copiado ou tende a desgastar a equipe técnica antes da conclusão do primeiro produto.

22. Para vencer, o negócio baseia-se no "QI" de quem indicou, e não no "QI" de quem desenvolveu o produto.

23. Os parceiros estratégicos são mencionados, mas não há um plano para utilizá-los. As grandes empresas e os outros novos empreendimentos não são mencionados pelo nome no plano.

24. O primeiro produto depende de um contrato ou permissão de uma grande empresa. Existem várias dependências ou obstáculos relacionados no plano.

25. Os canais de venda ao consumidor não são conhecidos ou não estão claros. Pior ainda: a nova empresa não pode acessá-los com facilidade.

26. Os segundos produtos não são óbvios. Depois do primeiro, há somente um vago plano para o que pode vir depois em uma longa linha de novos e empolgantes produtos.

27. As vendas estão planejadas apenas para o mercado local. Não há plano para vender produtos em todo o mundo. Os concorrentes podem vir de outros países e atacar diretamente.

28. As vendas são pequenas demais para fazer a empresa chegar a uma IPO na Nasdaq.

29. Só existe uma saída para os investidores. As alternativas de liquidez estão muito limitadas.

FONTE: Nesheim Group.

LISTA DE VERIFICAÇÃO DE ERIC: O QUE UMA EMPRESA DE CAPITAL DE RISCO DE PRIMEIRA LINHA PROCURA

Eric Young, da Canaan Partners, uma das mais antigas e respeitadas empresas de capital de risco dos Estados Unidos, observou o seguinte caso como exemplo do que ele e seus sócios procuram nas apresentações de empreendedores. Estão incluídos dois exemplos de como o critério será aplicado a duas start-ups reais.

Tabela 30-2 Lista de verificação do investidor de risco: sócios da Canaan

Características que a Canaan procura nos potenciais investimentos

Oportunidade de produto/mercado

    Proposição de valor atraente

    Fácil para os potenciais clientes reconhecerem e acreditarem

    Os clientes reagirão com senso de urgência

    Os canais para alcançar o cliente são definidos e de fácil acesso

    Exclusivo e diferente da concorrência, uma posição que pode ser mantida

    A oportunidade é escalonável após o sucesso no segmento-alvo inicial

Pessoas

    Conhecimento da área: conhecem o cliente e seus problemas ou soluções

    Empreendedorismo: agressividade e forte ímpeto para vencer

    Base tecnológica: exclusividade e barreiras para a concorrência

Experiência: superaram os desafios recorrentes no passado

Jogo em equipe: elo com investidores para benefício de longo prazo, ética

Modelo de negócios

A meta principal é alcançar valor empresarial de grande potencial: crescimento e lucratividade

Exigências de recursos e tempo: quantidades moderadas necessárias para atender aos marcos estabelecidos

Como o modelo pode demandar mudança estratégica (linha de produtos, canal, concorrência) à medida que o negócio cresce

Opções de escape (liquidez): IPO e/ou aquisição, quando e por quanto

Exemplos de como a Canaan aplicou essas características a empresas reais

Por que a Canaan investiu particularmente na NovaCiaUm?

Alto grau de conhecimento da área na equipe fundadora (finanças e controle no varejo)

Foco no atendimento a um centro de custos com uso intensivo de mão-de-obra em varejistas e fornecedores, antes não automatizados

Perspectiva de um ROI (concreto) mensurável em montantes significativos

Relacionamentos existentes entre a equipe gerencial com clientes potenciais; cliente beta impressionado e comprometido

Nenhuma experiência anterior com start-ups na equipe, mas altamente motivada para vencer

Nenhum concorrente atual; os esforços atuais por parte de start-ups e fornecedores existentes de sistemas de ERP não conseguiram sucesso

O sucesso com a funcionalidade inicial em um nível tático parece ser escalonável com o passar do tempo, passando para um conjunto estratégico de maior valor das capacidades dos produtos para gerenciamento de mais alto nível hierárquico

Equipe de engenharia intacta que já trabalha em conjunto há algum tempo

É possível identificar uma série de grandes compradores potenciais com um interesse estratégico ao longo do tempo, assim como IPO

Por que a Canaan investiu particularmente na NovaCiaDois?

A ansiedade do cliente com relação à privacidade das informações pessoais é um fenômeno recente, mas que cresce rapidamente, chamando a atenção da mídia; tornar-se-á um problema ainda maior antes de ser resolvido

O problema a ser resolvido é diferente da fraude do cartão de crédito; requer a colaboração entre os participantes do setor para que seja eficaz

A equipe é muito respeitada, com excelentes relações com clientes potenciais, baseadas na experiência da XYZoftware Inc.

O problema da fraude do cartão de crédito é análogo de muitas maneiras, que a equipe conhece bem da HNCorp.

A equipe teve experiência anterior com start-ups, boa capacidade de liderança

Potencial foco em um grupo de técnicos experientes importantes

Modelo de negócios muito atraente e promissor: venda de produtos e anuidades de longo prazo

Se bem-sucedido, o modelo de negócios oferece significativas barreiras à entrada

Necessidades de capital razoáveis são necessárias para executar o plano

FONTE: Canaan Partners.

O QUE UM EMPREENDEDOR EM SÉRIE PROCURA

Perguntei a Chao Lam, um empreendedor serial de Cingapura e do Vale do Silício, o que ele procura nas apresentações das idéias de novos empreendimentos. Ele respondeu após ouvir sete apresentações de planos de negócios de estudantes asiáticos. Os estudantes haviam sido desafiados a criar planos para negócios reais financiados por capital de risco, começando com uma idéia própria. O trabalho foi concluído em dez semanas. Os produtos foram realizados enquanto trabalhavam em tempo integral nas start-ups verdadeiras. Eis os comentários de um empreendedor inovador e experiente, que conhece o verdadeiro mundo dos novos empreendimentos.

Exemplo 30-1 Pontos fracos no plano das start-ups: o que o empreendedor em série observou

Apreciei muito ouvir as apresentações dos alunos. Obrigado por me envolver, embora eu tenha de admitir que fiquei bem impressionado com as apresentações finais! Tenho um pouco mais de simpatia pelos investidores de risco agora. Adorei a vibração, o humor e várias idéias inovadoras que os alunos apresentaram. Gostaria de compartilhar algumas observações. Não pretendem ser críticas, mas apenas uma forma de aperfeiçoamento.

Análise da concorrência

- A concorrência é acirrada em quase todas as áreas. Havia uma qualidade surreal na maioria das seções de análise competitiva, em que praticamente todas as apresentações alegavam ter uma posição única sem concorrentes. Isso não é realista. Em vários casos, uma simples busca no Google teria resultado em pelo menos cinco concorrentes.
- Em geral, prefiro ouvir uma breve descrição do cenário geral e buscar mais detalhes nos concorrentes mais próximos para encontrar a diferenciação.

Diferencial competitivo

- O diferencial competitivo é extremamente difícil. A apresentação o fez soar cavalheirescamente fácil. Eu me concentraria em uma vantagem e detalharia ao máximo as estratégias para alcançá-la.
- O diferencial competitivo leva tempo e evolui com o passar dos anos. Acho que esta é uma importante lição dos modelos. É muito difícil para as start-ups criarem marcas; é muito mais difícil mudar a rota de um avião cargueiro do que de um barco a motor. Somente uma equipe concentrou-se na natureza em evolução da vantagem estratégica e nenhuma tratou de como a vantagem muda ao longo do ciclo de vida de adoção de uma tecnologia.

Segmentos de mercado e a estratégia dos pinos de boliche

- Várias apresentações focaram em conquistar um por cento de um mercado inacreditavelmente grande. Este é certamente um sintoma de que o grupo não estudou adequadamente a segmentação do mercado. É muito

- melhor fazer a empresa concentrar-se em 20 a 50 por cento de um mercado modesto do que falar sem muito respaldo sobre estar neste mercado incrivelmente grande e emergente.
- Selecionar os pinos de boliche certos também é muito difícil. Os motivos para escolher o primeiro pino de boliche e como este irá criar um "efeito dominó" virtuoso no ataque a outros mercados de pinos de boliche devem ser explicitados em mais detalhes.

Finanças

- Talvez seja a realidade do mundo pós-bolha em que vivemos, mas acho que a análise financeira não é realista em linhas gerais. Talvez uma abordagem de baixo para cima para sustentar as estimativas financeiras pudesse ajudar.
- Uma descrição muito mais clara do modelo de preços e vendas também ajudaria.

Lições

- Quais são as lições aprendidas com a bolha das empresas pontocom? Vários planos parecem ter um sabor pré-bolha sem reconhecer os sentimentos atuais e por que esses planos têm pouca probabilidade de financiamento hoje em dia.

Essas observações são úteis para testar a qualidade de qualquer idéia para um novo empreendimento. Mostram como é difícil tentar criar um diferencial competitivo de primeira linha em poucas semanas.

31

OBSERVAÇÕES FINAIS E DESAFIOS

O diferencial competitivo é o Santo Graal das organizações de todos os tipos. É mais bem aprendido com a análise de novas empresas e a descoberta dos segredos de seus maravilhosos sucessos. Governos, organizações sem fins lucrativos e grandes empresas precisam do diferencial competitivo para vencer neste mundo de concorrência acirrada. Muitos aprenderam o segredo. Embora muito grandes, eles se comportam com uma leveza que reflete o pensamento de uma jovem empresa. Seus líderes superam a adversidade e a intensa concorrência com diferenciais competitivos que levam a benefícios de classe mundial.

As organizações que desejam se tornar líderes aprenderam a criar o diferencial competitivo a partir de elementos selecionados e, como uma casa bem construída com tijolos, a fortalecem a cada dia. Elas respeitam a noção de que a única coisa certa na vida é a mudança. É assim que conseguem vencer.

Os vencedores são apaixonados por uma meta singular: tornar-se a organização dominante em uma nova categoria de mercado. Eles permanecem focados nesse desejo singular enquanto passam pelo inevitável processo estressante de dar origem a novas idéias.

Converter uma idéia em uma nova empresa de primeira linha é um processo desafiador usado pelos líderes para alcançar uma meta singular: em cinco anos ou menos, fazer sua organização dominar um novo mercado. Determinação e paciência valem a pena: é preciso tempo — às vezes, anos — para estudar e entender os estágios envolvidos no desenvolvimento de uma nova empresa e como avançar por estágio. Quando você entender isso, estará pronto para começar a criar sua história sobre como dar origem a uma idéia de classe mundial.

Ótimas empresas novas começam com grandes histórias. São criadas com muito empenho. O trabalho é reunido em um plano de negócios excepcional. Torna-se um plano excelente quando consegue empolgar os stakeholders. Os líderes com ótimas histórias atraem os melhores investidores, os melhores funcionários, as melhores histórias da imprensa. Ótimas histórias empolgam as pessoas em poucos segundos.

Quando o empresário consegue resumir seu diferencial competitivo em 30 segundos, estará realmente em condições de participar da competição. Quanto mais curto, melhor. É difícil ser conciso. É o primeiro teste a ser feito.

Uma versão mais longa de sua história é respaldada por uma pesquisa sólida. Consegue superar o mais rigoroso escrutínio. Inclui palestras documentadas com pessoas de verdade que vão usar seus produtos ou serviços, e com os clientes potenciais, que pagarão por eles. Consegue superar o intenso questionamento dos investidores de risco quando eles conduzirem investigações de *due dilligence*, ou as dúvidas difíceis dos funcionários na hora da entrevista de admissão. Reflete a paciente e deliberada construção da história, com o objetivo de acertar de primeira, antes de lançar o novo empreendimento.

A paciência é uma marca que caracteriza uma ótima história. Ser o primeiro a tentar entrar no novo mercado é praticamente suicídio. É muito melhor ser o primeiro a acertar. Os pioneiros recebem muitas flechadas pelas costas. Não é uma situação muito confortável, mas é verdadeira.

Como criar uma bela escultura, o processo de elaborar uma história exige mais tempo do que a maioria dos empresários gostaria, requer muito mais recursos do que aqueles considerados necessários em um primeiro momento e exige muito mais criatividade do que se imagina. É muito difícil, mas o resultado final pode ser belo e animador. Ao terminá-lo, você terá descoberto a receita secreta da vovó: aquela coleção especial de ingredientes que gera elogios sempre que é saboreada. É o que empolga os stakeholders. É o que empolga você. Você sente como se estivesse voando como um pássaro.

As histórias de diferencial competitivo falam em como surfar pelas ondas rumo ao sucesso. Os líderes são excelentes surfistas das novas oportunidades. As ondas são criadas pelas tecnologias inovadoras que não param de chegar. Estude as ondas para conhecer suas fases. Para entrar na competição, modifique seu plano, a fim de aproveitar a fase da onda em que você se encontra no presente momento. Um só plano não será suficiente para todas as fases. Escolha sensatamente para aumentar suas chances de chegar à praia como um vencedor, em vez de bater nas pedras.

Grandes empresas mundiais nascem de novos empreendimentos cuja equipe gerencial fundadora construiu e desenvolveu um diferencial competitivo. Os países e grandes cidades também têm seus diferenciais competitivos, utilizados para atrair as melhores pessoas e negócios. As universidades e escolas reconhecem que estão competindo por stakeholders exatamente como as novas empresas: clientes (alunos de todas as idades), fornecedores (de praticamente qualquer produto), parceiros (da indústria e do governo), investidores (ex-alunos prósperos, indústria e governos), empregados (corpo docente, alunos e administração) e a mídia (repórteres, televisão, entre outros). Cada tipo de organização compete usando recursos exclusivos de forma inovadora. Os líderes que reconhecem isso são entusiastas quanto a alterar e desenvolver seus diferenciais competitivos. As organizações que não o fizerem travarão uma eterna batalha para fugir da mediocridade, pois não poderão se diferenciar. Essas empresas desperdiçam parcos recursos. Vivem frustradas, percebendo que há algo mais que poderiam e deveriam fazer com os recursos que possuem. Sabem intuitivamente que ainda não desenvolveram diferenciais que possam ser usados para transformá-las em vencedoras de classe mundial.

Lembro muito bem de Johannes Hoech, um empreendedor em série, contando as lições aprendidas na era da Internet. Ele exclamou: "O diferencial competitivo é tudo para um novo negócio. Se você não tiver um, desista. Nem entre no jogo!" Os investidores de risco das maiores empresas de capital de risco concordam. Danny Lui também. Lui é co-fundador do Legend Group, um dos maiores e mais ricos conglomerados da China. Os dois estão entre os poucos selecionados que aprenderam bem as duras lições da escola da vida de um novo empreendimento. Outros menos afortunados incluem os fundadores das extintas empresas pontocom e as inúmeras start-ups que sucumbiram tentando atravessar os traiçoeiros campos minados empresariais sem diferencial competitivo. Os empreendedores de primeira viagem em geral não o compreendem, mas os empreendedores em série vivem disso. Os investidores de risco inseguros procuram encontrá-lo. O diferencial competitivo tornou-se parte de suas almas.

PASSADO E FUTURO

Então, qual é nossa posição hoje? É simples: outra nova onda está se formando enquanto você está lendo este livro, e outras estão subindo e descendo. Escolha aquela na qual você quer deslizar usando seu diferencial competitivo. E depois, como diz a Nike, *"Just do it!"* (Vá em frente!). Ninguém tem todas as respostas sobre como criar um novo empreendimento. Dessa forma, por que não começar a estudar o assunto agora?

Durante a década de 1990, um novo capítulo do treinamento de negócios formal começou: o empreendedorismo. Em todo o mundo, um novo nível de análise cuidadosa por parte de estudiosos e profissionais está revelando mais e mais informações sobre o comportamento das novas empresas durante as ondas das três últimas décadas de start-ups de alta tecnologia. Em 2000, a London Business School começou um programa de Ph.D. em empreendedorismo. Em 2003, David BenDaniel observou que a Cornell University oferecia 46 cursos de empreendedorismo em oito faculdades, ministrados por 35 professores diferentes. O ritmo de publicação de estudos de caso sobre novas empresas é praticamente o mesmo das revistas.

Todos nós ainda temos muito a aprender. Esta é uma nova disciplina que é mais arte do que uma ciência bem estudada.

DE PURA SORTE A UM JOGO BEM ADMINISTRADO

Parece que todos estão agindo, ou tentando agir, como novas empresas. Os países querem novos negócios para gerar novos empregos, as empresas procuram encontrar o zelo empreendedor para crescer mais rápido e as instituições de ensino oferecem cursos sobre novas empresas para atrair os melhores estudantes. A cada dia, lemos e ouvimos mais sobre empreendedorismo.

Esta onda é parte de uma história emergente: como o mundo do empreendedor está mudando de um jogo de pura sorte para um jogo bem administrado. A mudança começou quase no final do século passado. Em 1985, Peter Drucker escreveu: "Chegou a hora de fazer para o empreendedorismo e para a inovação o que eu fiz para a administração em geral mais ou menos 30 anos atrás: desenvolver os princípios, a prática e a disciplina [da administração empreendedora]. (...) [O] empreendedor sempre busca mudanças, responde a elas e as explora como uma oportunidade. A inovação sistemática, portanto, consiste na busca objetiva e organizada por mudanças e na análise sistemática das oportunidades, como aquelas que as mudanças podem oferecer para a inovação econômica ou social. (...) Assim, a disciplina da inovação (e esta é a base de conhecimento do empreendedorismo) é uma disciplina diagnóstica: um exame sistemático das áreas de mudança que, em geral, oferecem oportunidades empreendedoras.[1] Com esse impulso inspirador, este livro foi criado para os líderes das novas empresas deste século que desejam gerenciar a mudança, e não serem gerenciados por ela.

PROGRESSO

Talvez seus esforços ajudem a desenvolver este campo criativo. Existem pendências ainda não-resolvidas que demandam muito exame e estudo. Eis alguns exemplos que os veteranos discutem freqüentemente com um rigor religioso:

- Como um engenheiro se exaure? Como o processo de desenvolvimento do primeiro produto pode ser mais bem administrado? Que ciclos renovadores são necessários para revigorar a inovação original e a energia criativa que permitiram o lançamento do primeiro produto? Como evitar que a equipe técnica fique entediada?

- O que pode ser feito para tornar as transições da alta gerência mais produtivas e menos estressantes? Como os fundadores, gerentes profissionais e executivos podem ser usados para aumentar a eficácia das mudanças de liderança?

---

[1] Peter Drucker, *Inovação e espírito empreendedor*. São Paulo: Thomson Pioneira, 1998.

- Durante as fases de *boom*, como os investidores devem jogar e ganhar no longo prazo? Que outras estratégias de investimento podem ser adotadas para permitir a participação na fase de mania, mas, ao mesmo tempo, evitar seus excessos?
- Como melhor transferir e modificar as lições do Vale de Silício em outros Estados geopolíticos e em diferentes culturas em todo o mundo? O que os novos empreendimentos locais podem fazer com essas modificações para que se desenvolvam como concorrentes de classe mundial e se transformem em marcas respeitadas?
- O que torna o diferencial competitivo especial para países e grandes cidades? Como seus líderes podem usar o diferencial competitivo a fim de contribuir para aumentar a concorrência saudável e levar mais bem-estar aos cidadãos?
- Como o custo do capital afeta o diferencial competitivo? O que os investidores fazem efetivamente que aumenta ou diminui o diferencial competitivo? Quais são os elementos especiais disponíveis aos investidores de risco que uma nova empresa pode usar em sua luta rumo ao sucesso? Quais são os inúteis e os que devem ser evitados?
- Qual é a importância da cultura da empresa para um diferencial competitivo forte? Que elementos da cultura de uma organização fazem a maior diferença para o crescimento ou a redução do diferencial competitivo?
- O que as organizações gigantes podem fazer para empregar melhor os métodos das novas empresas em seus planos para continuar a ter sucesso? Como podem participar melhor quando tecnologias inovadoras gerarem ondas de novas oportunidades?
- Qual deve ser o comportamento dos empreendedores no jogo da nova empresa quando a sorte (ou o azar) entrar em cena? O que deve ser feito para prever e administrar os resultados de eventos inesperados que afetarão o novo empreendimento?
- Como poderemos reunir um excelente grupo de pessoas talentosas para fazer parte dos Conselhos de Administração? De onde devem vir e como podem aprender a transferir seu conhecimento de grandes e bem estabelecidas organizações para novos empreendimentos?

Estas são apenas algumas questões que merecem ser exploradas. Tenho certeza de que você poderá acrescentar outras. É um mundo inteiramente novo, fascinante e repleto de oportunidades.

UMA PALAVRA DE ESTÍMULO

O melhor pode acontecer com você. Um escritor antigo com espírito empreendedor já disse isso há mais de dois mil anos. Ele escreveu na Bíblia no Eclesiastes 9:11 o seguinte (meus acréscimos estão entre parênteses: "Observei outra coisa debaixo do sol (no Vale do Silício): a corrida não depende dos mais ligeiros (microprocessadores), nem a batalha dos heróis (das start-ups), o pão não depende dos sábios (Ph.Ds.), nem a riqueza dos inteligentes (investidores de risco), nem o favor das pessoas cultas (líderes das novas empresas), pois oportunidade e chance acontecem a eles todos."

UMA DICA PARA O SUCESSO PESSOAL

Há uma hora certa para tentar uma start-up e uma hora certa para não fazê-lo. Novos empreendimentos podem ser muito gratificantes. Mas o custo pessoal pode ser alto demais. Como expliquei no Capítulo 8 de *High Tech Start Up*, constatei padrões e fases no amadurecimento das novas empresas que podem representar o momento certo para você se juntar a uma start-up (ou não). No entanto, quando você tiver se comprometido a criar ou a entrar para uma nova empresa, lembre-se sempre disso: transforme o processo em uma aventura! O que isso significa?

AVENTURA!

Desconhecido. Os ícones da comunidade de risco me dizem sempre: "Não sabemos como esse investimento vai se comportar." Eles são realistas. Sabem que o resultado mais provável é uma liquidação total. Respeitam as poucas chances de sucesso. Empenham-se em melhorar as oportunidades para as empresas nas quais investem. O mesmo acontece com os empreendedores em série e as equipes gerenciais que os acompanham.

Riscos. As start-ups têm poucas probabilidades de realizar todos os seus sonhos (ser a líder do segmento almejado e chegar a uma IPO). Isso é reconhecido pelos veteranos das novas empresas. Eles planejam e conduzem suas vidas pessoais dessa maneira.

Tesouro. Sim, são uma recompensa maravilhosa a ser conquistada depois de construir uma start-up. Mas ele está enterrado e é difícil de encontrar. Em sua busca, você encontrará muitas surpresas, boas e más. O tesouro é mais do que fama e fortuna, patentes e opções de ações. Inclui sua alma. Envolve o desenvolvimento de caráter, ética e moral, além de sabedoria. Inclui sua saúde e familiares. Quando você descobrir seu tesouro, este será um momento maravilhoso e inesquecível.

Diversão. Os empreendedores em série sabem que precisam se divertir ao criar uma nova empresa. O investidor de risco Don Valentine diz que as pessoas nos negócios precisam de senso de humor. Os sensatos e experientes veteranos do Vale do Silício afirmam: "Quando a start-up parar de ser divertida, caia fora. É hora de arranjar um emprego." Não tem a menor graça ficar preso a uma organização moribunda. A diversão é uma condição básica para fazer o negócio valer a pena.

Isso é tudo pessoal! Desejo a todos muito sucesso ao criar seu diferencial competitivo, onde quer que estejam!

APÊNDICES

- **Apêndice A:** Estrutura do plano de negócios
- **Apêndice B:** Planilha de avaliação do plano de negócios escrito
- **Apêndice C:** Folha de avaliação para a apresentação do plano de negócios
- **Apêndice D:** Tabelas de avaliação
- **Apêndice E:** Diferencial competitivo em um comunicado à imprensa
- **Apêndice F:** Necessidade e oportunidade da DataMed
- **Apêndice G:** Guerras de marketing famosas: exemplos estratégicos
- **Apêndice H:** Marketing comparado com vendas

Apêndice A

ESTRUTURA DO PLANO DE NEGÓCIOS

*E*sta é a estrutura clássica de um plano de negócios que se mostrou muito útil para os empreendedores com quem trabalhei. Toda história deve ser exclusiva, por isso fique à vontade para modificá-la a fim de atender às suas necessidades. Entretanto, tenha sempre um bom motivo para alterar a estrutura básica. Faça com que cada alteração aumente o impacto de sua história, seu diferencial competitivo.

Tabela A-1 Estrutura detalhada do plano de negócios

(1) Sumário executivo (máximo de quatro páginas)
    (a) Objetivo deste plano
        i. Valor do financiamento
        ii. Estágio da empresa
        iii. Marco/meta após o uso desta rodada de financiamento
    (b) Necessidade dos clientes e oportunidade de negócios
    (c) Solução: produto/serviço
    (d) Mercado: tamanho/crescimento
    (e) Concorrência
    (f) Estratégia
    (g) Modelo de negócios
    (h) Tecnologia e engenharia
    (i) Gerência e cultura corporativa

(j) Sumário financeiro
   Tabela: Resumo para cada um dos cinco anos:
   a. Vendas
   b. Lucro operacional em US$
   c. Lucro operacional em porcentual de vendas
   d. Número de funcionários
   e. Capital acumulado necessário

(2) Necessidade dos clientes e oportunidade de negócios
   (a) Necessidade básica/grande problema à espera de solução
   (b) Solução para atender à necessidade/corrigir o grande problema
      i. Produto/serviço
   (c) Quem se beneficia
   (d) Como funciona

(3) Comparação com soluções da concorrência

(4) Cliente ideal
   (a) Descrição: incluir números
      i. Usuário final que utiliza o produto
      ii. Cliente que paga pelo produto

(5) Proposição de valor (incluir números)

(6) Modelo de negócios
   (a) Como ganhar dinheiro
   (b) Representação gráfica do modelo de negócios

(7) Estratégia de negócios e principais marcos
   (a) Concorrência
      i. Descrição do líder de mercado
      ii. Outros concorrentes
      iii. Vantagem competitiva de cada empresa
      iv. Planeje superar a concorrência
   (b) Principais marcos
      i. Tabela ou gráfico de Gantt: mostrar cada marco principal com o número de funcionários e o caixa cumulativo necessário

(8) Marketing, vendas e plano de apoio
    (a) Tamanho do mercado básico:
        i. Mercado total disponível (MTD)
        ii. Mercado atendido disponível (MAD): o subconjunto em que você se concentrará
    (b) Segmentação de mercado: "pinos de boliche" (primeiros segmentos de mercado e os seguintes)
        i. Descrição do cliente ideal para cada pino de boliche
    (c) Concorrência, posicionamento e plano do diferencial competitivo
    (d) Plano de desenvolvimento da marca/definição de padrões
    (e) Plano de comunicação de marketing (relações públicas, propaganda e outros)

(9) Vendas
    (a) Modelo de vendas
        i. Tabela com detalhes para cinco anos de vendas
    (b) Tamanho dos mercados
        i. Tabela: previsão de vendas de cinco anos: MTD, MAD, PDM (participação de mercado)
            1. Unidades
            2. Preço por unidade
            3. US$ Vendas
                a. MAD como % de MTD
                b. PDM como % de MAD
    (c) Plano de vendas
        i. Estratégia e planos de venda
        ii. Canais de distribuição
    (d) Possível vantagem de $ de vendas

(10) Parceiros estratégicos
    (a) Nomes, proposições de valor

(11) Plano de suporte ao cliente

(12) Plano internacional/Global (vendas em países diferentes do mercado doméstico)

(13) Plano de operações
   (a) Plano de engenharia
   (b) Plano de fabricação e terceirização
   (c) Plano de tecnologia da informação e site
   (d) Instalações e plano de administração
   (e) Plano jurídico: propriedade intelectual
   (f) Gerência e principais funcionários
      i. Plano para a equipe gerencial e liderança (sucessor)
         1. Resumos da experiência da equipe gerencial
         2. (Currículos detalhados no apêndice)
   (g) Organograma
   (h) Plano de pessoal
      i. Tabela: projeções de número de funcionários para cinco anos
      ii. Plano de recrutamento
      iii. Suposições dos custos de recrutamento nas previsões financeiras
      iv. Programa de remuneração com incentivos
   (i) Plano de cultura da empresa

(14) Previsão financeira (palavras para explicar os números)
   (a) Visão geral escrita dos destaques financeiros
   (b) Declaração de renda
      i. Crescimento nas vendas
         1. Modelo de vendas
      ii. Despesas
      iii. Margens de lucro
         1. Data de ponto de equilíbrio
      iv. Número de funcionários
      v. Vendas por número de funcionários
      vi. Principais suposições para o balanço patrimonial
      vii. Fluxo de caixa e despesas
      viii. Data do fluxo de caixa positivo
      ix. Plano de financiamento: rodadas de financiamento e *leasing* e empréstimos bancários

(15) Avaliação
   (a) Avaliação de sua empresa (múltiplos de venda e renda líquida)
   (b) Empresas comparáveis para investidores
      i. Descrição

ii. Números (vendas, número de funcionários)
iii. Avaliações de empresas comparáveis (múltiplos de vendas e renda líquida)

(16) Páginas de números: previsões de cinco anos (US$)
   (a) Modelo de vendas (uma página)
   (b) Declaração de renda
   (c) Balanço
   (d) Fluxo de caixa
   (e) Propriedade
      i. Percentual dos participantes
      ii. ROI por ano para os investidores
      iii. *Pool* de opções de ações

(17) Gráficos de apoio
   (a) Vendas e vendas por número de funcionários
   (b) Vendas e lucro operacional
   (c) Fluxo de caixa das operações e financiamento
   (d) Propriedade (diluição) e retorno sobre o investimento para os investidores

(18) Apêndice
   (a) Currículos detalhados

FONTE: Nesheim Group.

Apêndice B

PLANILHA DE AVALIAÇÃO DO PLANO DE NEGÓCIOS ESCRITO

Um plano de negócios pode ser avaliado. A seguir está uma planilha de avaliação que utilizo para empresas e projetos reais de alunos. Para adequá-la a novas empresas de ciências, amplie os horizontes de tempo de cinco anos para dez.

Data:	Nome do avaliador:
Nome da empresa:	
Idéia básica:	

	= PONTUAÇÃO TOTAL
PONTUAÇÃO	PONTUAÇÃO: 0 a 3 pontos por critério: 1 é bom; 2 é muito bom; 3 é excepcional. O número máximo de pontos está entre parênteses.
	SUMÁRIO EXECUTIVO (2 x 3 = 6) Apresentou um sumário completo e interessante aos potenciais investidores
	✔ Completo: Um miniplano de negócios total com todos os parágrafos necessários, incluindo sumário financeiro completo
	✔ Inovador: Incluiu gráficos e texto atraentes que geraram emoções com base no diferencial competitivo

	IDÉIA DE NEGÓCIOS (5 x 3 = 15)
	✔ Explicação clara e detalhada
	✔ Oportunidade: Viu uma tendência em alta ou um problema básico sem solução no qual fundamentar um negócio viável. Há chance de dominar um novo segmento ou categoria de negócios
	✔ Necessidade: Explicou concisamente o que o cliente ideal precisa
	✔ Cliente ideal: Identificou uma meta nítida e centrada no primeiro cliente e explicou as possíveis nos clientes-alvos futuros plausíveis ("pinos de boliche")
	✔ Pesquisa com clientes: Concluiu e documentou uma pesquisa dos clientes ideais
	✔ Proposição de valor: Fez uma proposição de valor clara e atraente para o cliente ideal, incluindo justificativa quantificada (retorno sobre o investimento) pelo preço escolhido
	ESTRATÉGIA e Marcos (4 x 3 = 12)
	✔ Estratégia: Escolheu uma das quatro estratégias básicas e a aplicou com um plano convincente que sugere que pode vencer
	✔ Concorrência: Uma revisão abrangente de cada concorrente foi realizada, incluindo como superar o líder de mercado
	✔ Gráfico: Gráfico claro e detalhado de marcos identificados
	✔ Posicionamento: Escolheu o líder de mercado e criou uma posição competitiva clara
	MARKETING E VENDAS (10 x 3 = 30)
	✔ Marketing: Usou técnicas de marketing comprovadamente bem-sucedidas em empresas contemporâneas e as usou de forma inovadora para fortalecer o diferencial competitivo
	✔ Vendas: Deixou claros a estrutura de preços, as unidades e os canais de vendas para alcançar os clientes e por que foram escolhidos para impulsionar o diferencial competitivo

	✔ Atendimento ao cliente: Apresentou um plano de departamento capaz de apoiar a base de clientes com um nível específico de serviço de qualidade
	✔ Modelo de negócios: Gráficos e texto deixaram claro como o negócio poderia ser lucrativo, incluindo parceiros estratégicos
	✔ Parceiros estratégicos: Selecionou parceiros poderosos e atraentes e mostrou como usá-los para agregar diferencial competitivo
	✔ Precificação: Escolheu e sustentou um plano de precificação e a estratégia associada à proposição de valor e ao posicionamento de alternativas concorrentes
	✔ Posicionamento: Usou declarações de posicionamento claras e atraentes e um plano que apóia a liderança (desenvolvimento da marca e definição de valores) no mercado-alvo
	✔ RP, Anúncios e Comunicação de Marketing: Criou um plano prático para comunicar as mensagens; usou RP e outras comunicações de marketing corretamente, com uma função útil para qualquer tipo de propaganda; mostrou um cronograma de eventos e o orçamento de despesas
	✔ Tabela MTD, MAD e PDM: Incluiu esta tabela de cinco anos e a usou para explicar o tamanho do mercado-alvo e a participação de mercado para cada um dos cinco anos
	✔ Mercado mundial: Mostrou como entrar e se preparar para competir em um mercado global
	OPERAÇÕES (6 x 3 = 18)
	✔ Tecnologia: Aplicou e explicou como usar a tecnologia para construir um primeiro produto/serviço e usá-la para fortalecer o diferencial competitivo; incluiu o número de funcionários, tarefas e gráfico de marcos
	✔ Site: Explicou e mostrou simulações de como o site vai operar e como vai contribuir para o diferencial competitivo
	✔ Gerência: Explicou e apoiou a especialização de cada líder de equipe gerencial e incluiu um plano pragmático de sucessão. Explicou quem são as pessoas necessárias e as que estão fal-

tando, bem como deu exemplos de quem pode ser recrutado, citando pessoas e empresas pelo nome.

✔ Cultura: Demonstrou a aplicação de como criar e usar a cultura da empresa para atrair e reter funcionários

✔ Propriedade intelectual: Expôs como proteger e usar a propriedade intelectual em prol do diferencial competitivo da empresa

✔ Operações: Demonstrou um entendimento abrangente do que é necessário para administrar as operações de um negócio real em sua indústria

FINANCEIRO (4 x 3 = 12)

✔ Previsão: Usou o QuickUp™ ou outro modelo de planilha eletrônica para prever as demonstrações financeiras e a avaliação da empresa com antecedência e sem erros básicos

✔ Avaliação: Gerou um plano de participação nos lucros atraente para os funcionários e investidores para cada um dos cinco anos. A avaliação da IPO é apoiada por dados de empresas de capital aberto comparáveis

✔ Realismo: As demonstrações financeiras e o suporte foram realistas e viáveis e foram apoiados por anexos e gráficos úteis

✔ Modelo de vendas: Usou um modelo detalhado para prever unidades e preços e os valores para vários produtos e serviços, para cada um dos cinco anos

DIFERENCIAL COMPETITIVO (21)

✔ Demonstrou como gerar vantagem competitiva sustentável e plausível. Oportunidade convincente para dominar uma nova categoria de mercado.

✔ Idéia excepcional: 23 a 16; Boa = 15 a 10; Mais ou menos = 9 a 4; Ruim — 3 a 0.

ESFORÇO GERAL DO PLANO (3 x 7 = 21)

✔ Abrangência: Concluiu todas as seções da estrutura recomendada para um plano de negócios

	✔ Profundidade: Cada seção foi bem fundamentada sem sobreposições ou redundâncias desnecessárias
	✔ Qualidade: O documento está bem escrito e demonstrou cuidado com a integração entre as seções
	✔ Criatividade: Demonstrou aplicação inovadora das lições conhecidas pela comunidade de start-ups (isto é, de livros, revistas, oradores convidados e palestras universitárias)
	✔ Nomes: Usou nomes de forma criativa para fazer a distinção entre a empresa, a tecnologia, a família de produtos e a nova categoria de mercado
	✔ Líder: Apresentou um plano com boas chances de se tornar líder de uma nova categoria/segmento de mercado (ver a seção de Gerência a seguir para avaliar a Liderança)
	✔ Classe mundial: O plano apresenta um negócio com potencial de se tornar de primeira linha e chegar à oferta pública inicial de ações dentro de cinco anos
	= **PONTUAÇÃO TOTAL**
	COMENTÁRIOS

FONTE: Nesheim Group.

Apêndice C

FOLHA DE AVALIAÇÃO PARA A APRESENTAÇÃO DO PLANO DE NEGÓCIOS

A apresentação de um plano pode ser avaliada. As boas apresentações baseiam-se em um plano de negócios bem escrito. A seguinte planilha de avaliação foi usada com bons resultados.

Você deve ter três versões de sua apresentação prontas a qualquer momento:

- **Para a conversa de elevador:** Trinta segundos — tudo que for importante e atraente o suficiente para fazer o investidor (com quem você encontrou no elevador) ficar interessado e pedir a você que apresente mais detalhes.

- **Para a conversa de três minutos:** Comece de novo, dessa vez falando pausadamente. Sua meta é fazer com que o investidor fique tão interessado a ponto de convidá-lo para fazer uma apresentação de 30 minutos em seu escritório.

- **Para a conversa de 30 minutos:** Comece tudo de novo e agora leve cerca de sete minutos para explicar cada slide e contar sua empolgante história.

Tabela C-1 Planilha de avaliação da apresentação do plano de negócios

Data:　　　　　Hora de início:　　　　　Hora de fim:

Nome do avaliador:　　　*Nome da empresa:*

Idéia básica:

Resultado: 0 a 3; 3 = mais alto

		Pontos	Comentários
1. Conceito de negócios Apresentou claramente uma idéia de negócios viável. 3 pontos	Não é uma idéia de negócios viável (conforme apresentada). 0 ponto		
2. Concorrência e estratégia Claramente fez a pesquisa, conhece os principais concorrentes, entende basicamente o motivo pelo qual a idéia é melhor e criou uma estratégia com fortes vantagens que podem vencer. 3 pontos	Pesquisa inadequada, grandes lacunas no entendimento do negócio, parece ter se empenhado pouco. 0 ponto		

3. Demonstrou necessidade demanda do mercado Convenceu-me de que há uma real necessidade de mercado e que o plano pode explorá-la. Apresentou um plano que pode levar à dominação de um novo segmento de mercado. 3 pontos	Não está claro por que este produto ou serviço venderá; não considerou principais problemas do mercado; técnicas de marketing usadas no plano foram inadequadas. 0 ponto
4. Modelo de negócios, financeiro e de avaliação Apresentou claramente um meio viável para todos os stakeholders ganharem dinheiro. 3 pontos	Nenhuma maneira clara e viável para os stakeholders ganharem dinheiro foi apresentada. 0 ponto
5. A equipe Parecem altamente capazes de vencer como uma equipe gerencial nesta fase da empresa. Escolha sábia de pessoas para ocupar os cargos. Plano de sucessão de CEO realista. 3 pontos	Ninguém me convenceu de que pode administrar a primeira fase da empresa. Suas ambições como líderes são irrealistas. 0 ponto

(Continua na próxima página)

Tabela C-1 (Continuação)

		Pontos	Comentários
6. Apresentação Cada membro da equipe apresentou sua parte. Clara, eficaz, entusiasmada, causando boa impressão. Uso criativo das ferramentas de apresentação. 3 pontos	Apresentação dominada por alguns dos apresentadores. Confusa, deixou de fora áreas principais, não despertou meu interesse. 0 ponto		
7. Desigualdade competitiva Demonstrou que criou uma vantagem competitiva forte e sustentável. Aplicou as lições do mundo real, incluindo leituras, palestras e orientações de importantes palestrantes. 3 pontos	Não explicou direito como desenvolver o diferencial competitivo. Não aplicou as muitas lições do mundo real, incluindo leituras, palestras e importantes palestrantes. 0 ponto		

Total de pontos: (0-21)=

FONTE: Nesheim Group.

Apêndice D

TABELAS DE AVALIAÇÃO

A seguir estão exemplos de tabelas e gráficos usados para desenvolver um plano de negócios para avaliar sua empresa.

Tabela D-1 Tabela de avaliação da empresa

Avaliação da empresa

	Ano 1	Ano 2	Ano 3	Ano 4	Ano 5
Avaliação da empresa escolhida (US$ milhões)	$4	$20	$65	$155	$225
VENDAS (US$ mil)	$450	$7.500	$13.000	$25.200	$44.000
Múltiplo de vendas	4,0	4,0	4,0	4,0	4,0
Avaliação da empresa (US$ milhões)	$2	$30	$52	$101	$176
RENDA LÍQUIDA (US$ mil)	($4.190)	($888)	($2.776)	($821)	$3.093
Múltiplo de renda líquida	33	33	33	33	33
Avaliação da empresa (US$ milhões)	($138)	($29)	($92)	($27)	$102

FONTE: *QuickUp.*

| Tabela D-2 Tabela de propriedade |

Propriedade da empresa

	Ano 1	Ano 2	Ano 3	Ano 4	Ano 5
Número de ações					
Total de investidores	1.000	2.100	3.600	4.500	4.500
Total de não-investidores	2.015	3.380	3.930	4.430	5.130
Total de ações da empresa	3.015	5.480	7.530	8.930	9.630
Investidores					
Série preferencial A	1.000	1.000	1.000	1.000	1.000
Série preferencial B		1.100	1.100	1.100	1.100
Série preferencial C			1.500	1.500	1.500
Série preferencial D				900	900
Total de investidores	**1.000**	**2.100**	**3.600**	**4.500**	**4.500**
Não-investidores					
Fundadores	2.000	2.000	2.000	2.000	2.000
Vice-presidentes e outros executivos		900	1.100	1.200	1.300
Diretores		300	400	500	600
Gerentes		100	200	300	400
Funcionários		50	200	400	800
Total de gerentes e funcionários	2.000	3.350	3.900	4.400	5.100
Subcontratados	5	10	10	10	10
Serviços de apoio	5	10	10	10	10
Outros não-investidores	5	10	10	10	10
Total de funcionários e não-gerentes	5	10	10	10	10
Total de não-investidores	**2.015**	**3.380**	**3.930**	**4.430**	**5.130**

Parte de sua propriedade

Total de investidores	33,2%	38,3%	47,8%	50,4%	46,7%
Total de não-investidores	66,8%	61,7%	52,2%	49,6%	53,3%
Total da empresa	100,0%	100,0%	100,0%	100,0%	100,0%
Investidores					
Série preferencial A	33,2%	18,2%	13,3%	11,2%	10,4%
Série preferencial B	0,0%	20,1%	14,6%	12,3%	11,4%
Série preferencial C	0,0%	0,0%	19,9%	16,8%	15,6%
Série preferencial D	0,0%	0,0%	0,0%	10,1%	9,3%
Total de investidores	33,2%	38,3%	47,8%	50,4%	46,7%
Não-investidores					
Fundadores	66,3%	36,5%	26,6%	22,4%	20,8%
Vice-presidentes e outros executivos	0,0%	16,4%	14,6%	13,4%	13,5%
Diretores	0,0%	5,5%	5,3%	5,6%	6,2%
Gerentes	0,0%	1,8%	2,7%	3,4%	4,2%
Funcionários	0,0%	0,9%	2,7%	4,5%	8,3%
Total de gerentes e funcionários	66,3%	61,1%	51,8%	49,3%	53,0%
Subcontratados	0,2%	0,2%	0,1%	0,1%	0,1%
Serviços de apoio	0,2%	0,2%	0,1%	0,1%	0,1%
Outros não investidores	0,2%	0,2%	0,1%	0,1%	0,1%
Total de funcionários e não-gerentes	0,5%	0,5%	0,4%	0,3%	0,3%
Total de não-investidores	66,8%	61,7%	52,2%	49,6%	53,3%

FONTE: *QuickUp* do Nesheim Group.

Tabela D-3 Tabela de riqueza

	Ano 1	Ano 2	Ano 3	Ano 4	Ano 5
Avaliação da empresa escolhida (US$ milhões)	$4	$20	$65	$155	$225
Total de ações da empresa	3.015	5.480	7.530	8.930	9.630
Valor da empresa/ações inteiramente diluídas	$1,33	$3,65	$8,63	$17,36	$23,36
RIQUEZA					
Investidores	$1.327	$7.664	$31.076	$78.108	$105.140
Total de não-investidores	$2.673	$12.336	$33.924	$76.892	$119.860
Total de ações da empresa	$4.000	$20.000	$65.000	$155.000	$225.000
Investidores					
Série preferencial A	$1.327	$3.650	$8.632	$17.357	$23.364
Série preferencial B	$0	$4.015	$9.495	$19.093	$25.701
Série preferencial C	$0	$0	$12.948	$26.036	$35.047
Série preferencial D	$0	$0	$0	$15.622	$21.028
Total de investidores	$1.327	$7.664	$31.076	$78.108	$105.140
Não-investidores					
Fundadores	$2.653	$7.299	$17.264	$34.714	$46.729
Vice-presidentes e outros executivos	$0	$3.285	$9.495	$20.829	$30.374
Diretores	$0	$1.095	$3.453	$8.679	$14.019
Gerentes	$0	$365	$1.726	$5.207	$9.346
Funcionários	$0	$182	$1.726	$6.943	$18.692
Total de gerentes e funcionários	$2.653	$12.226	$33.665	$76.372	$119.159
Subcontratados	$7	$36	$86	$174	$234
Serviços de apoio	$7	$36	$86	$174	$234

Outros não-investidores	$7	$36	$86	$174	$234
Total de funcionários e não-gerentes	$20	$109	$259	$521	$701
Total de não-investidores	$2.673	$12.336	$33.924	$76.892	$119.860

FONTE: *QuickUp* do Nesheim Group.

Tabela D-4 Tabela de retorno sobre o investimento dos investidores

	Ano 1	Ano 2	Ano 3	Ano 4	Ano 5
Vendas (US$ 000)	$450	$7.500	$13.000	$25.200	$44.000
Capital acionário (US$ 000)	$500	$2.000	$6.000	$10.000	$0
Avaliação da empresa escolhida (US$ milhões)	$4	$20	$65	$155	$225
Total de ações da empresa	3.015	5.480	7.530	8.930	9.630
Valor da empresa/ações inteiramente diluídas	$1.33	$3.65	$8.63	$17.36	$23.36
Curva de risco e múltiplo dos investidores (múltiplo dos investidores = US$ de 5 anos/ação)/ (US$ deste ano/ação); US$1 investido este ano crescerá n vezes para = US$/ação no Ano 5)	17,6	6,4	2,7	1,3	1,0
ROI dos investidores (US$ 1 cresce para (US$ de 5 anos/ação a esta taxa de juros por ano)	105%	86%	65%	35%	

FONTE: *QuickUp* do Nesheim Group.

Apêndice E

DIFERENCIAL COMPETITIVO EM UM COMUNICADO À IMPRENSA

Observe como o seguinte comunicado à imprensa menciona vários elementos do diferencial competitivo. Quantos você consegue identificar?

Exemplo E-1 O comunicado à imprensa inclui o diferencial competitivo — ArcSight

2002, quarta-feira, 10 de abril, 8:04, horário da Costa Leste dos EUA
Comunicado à imprensa

FONTE: ArcSight.

FINANCIAMENTO DA KLEINER PERKINS MELHORA POSIÇÃO DA ARCSIGHT NA INDÚSTRIA

Segunda rodada de financiamento valida visão e valor para o mercado da fornecedora de software de gerenciamento de segurança empresarial

SUNNYVALE, Califórnia, 10 de abril/PRNewswire — A ArcSight, uma fornecedora líder de soluções de gerenciamento de segurança empresarial, anunciou hoje a segunda rodada de financiamento de 9,5 milhões de dólares, liderada pela principal empresa de capital de risco no mercado, a Kleiner Perkins Caufield & Byers. Além disso, a SVIC, que liderou a primeira rodada de financiamento, estará participando da segunda rodada, juntamente com a Integral Capital. Isso eleva o total captado pela ArcSight para 25,5 milhões de dólares.

A Kleiner Perkins tem muita experiência em ajudar a construir empresas de gerenciamento de redes e segurança e já investiu em várias empresas de sucesso, incluindo a Internet Security Systems, a Symantec, a VeriSign e a Tivoli. A nova rodada de financiamento da ArcSight permitirá que a empresa aumente sua presença, oferecendo a primeira solução abrangente em nível empresarial da indústria que permite que as grandes empresas administrem a segurança como um processo de negócios crítico, satisfazendo a necessidade da alta diretoria de proteger ativos e funções de informações vitais. Quando a segurança for administrada como um processo de negócios, a melhora contínua estará disponível e os gerentes de negócios poderão tomar melhores decisões em relação aos riscos e ao investimento.

O software da ArcSight aumenta a eficiência e a eficácia da segurança empresarial, integrando e automatizando o monitoramento, a correção, a investigação, a resolução e a geração de relatórios de ameaças e ataques. À medida que o mercado entra em sua nova fase de alto crescimento, a ArcSight usará os fundos para apoiar o desenvolvimento futuro dos produtos, aumentando sua base de talentos e expandindo seus esforços de vendas e marketing.

"A segurança empresarial agora é uma questão importante para a alta diretoria, e nossos clientes e parceiros estratégicos endossaram a visão e a tecnologia da ArSight. Agora, este investimento adicional oferece a validação e os recursos para atacar o mercado com agressividade", afirma Robert Shaw, CEO e presidente da ArcSight. "Ser agraciado com o investimento da Kleiner Perkins é muito gratificante e empolgante."

TED SCHLEIN ENTRA PARA O CONSELHO DE ADMINISTRAÇÃO DA ARCSIGHT

Como parte do compromisso da ArcSight, o sócio Ted Schlein entrou para o Conselho de Administração da empresa. As áreas de especialização de Schlein incluem segurança, aplicativos empresariais, infra-estrutura e serviços. Antes de entrar para a Kleiner Perkins, Schlein atuou como vice-presidente de Tecnologia de Redes e de Cliente Servidor na Symantec Corporation, e é conhecido por seu papel em estabelecer a empresa como líder dos mercados de utilitários e antivírus.

"Espero que o gerenciamento de segurança empresarial rapidamente se torne uma aplicação comercial de peso, com a ArcSight liderando o mercado. À medida que o número e o tipo de ameaças à segurança continuam a superar a capacidade de a maior parte das organizações proteger seus ativos, a solução da ArcSight leva enorme valor à suíte atual de soluções de TI empresariais", afirma Schlein. "A Kleiner Perkins escolheu investir na ArcSight com base na força de sua equipe, tecnologia superior e foco em um mercado grande e de alto crescimento. Espero colaborar com a empresa e levar para o mercado uma solução que possa erradicar muitos problemas associados com a segurança de informações corporativas."

SOBRE A ARCSIGHT

A ArcSight é uma fornecedora líder de soluções de software empresarial que integra e otimiza o gerenciamento de vários dispositivos de segurança implementados em uma rede. Oferecendo serviços completos de monitoração, correlação, investigação, resolução e geração de relatórios, tudo em uma única solução, a ArcSight fornece uma infra-estrutura coordenada que maximiza os resultados de segurança, diminuindo, ao mesmo tempo, os custos gerais. A inteligência e o fluxo de trabalho da ArcSight transformam a segurança da informação em um processo de negócios bem compreendido, eficaz e eficientemente administrado, diretamente vinculado às metas e aos objetivos da empresa. Mais informações podem ser obtidas em http://www.arcsight.com.

SOBRE A KLEINER PERKINS CAUFIELD & BYERS

A Kleiner Perkins Caufield & Byers (www.kpcb.com) é uma sociedade de capital de risco que lidera o mercado. Sua sede é em Menlo Park, na Califórnia. A empresa já financiou muitas empresas líderes de mercado, como AOL, Compaq, Genetech, Hybritech, IDEC, Intuit, Jupiter Networks, Netscape, Sun Microsystems e Verisign.

NOTA: ArcSight e a logomarca da ArcSight são marcas registradas da ArcSight. Todas as outras empresas, produtos e serviços mencionados neste texto são propriedade de seus respectivos donos e devem ser tratados como tal.

Quantos elementos do diferencial competitivo você identificou neste comunicado à imprensa? Existem muitos? Agora tente escrever um comunicado semelhante para a sua própria start-up, no momento em que a empresa anuncia a rodada inicial de seu primeiro financiamento. Isso vai revelar seu nível de vantagem competitiva.

Apêndice F

NECESSIDADE E OPORTUNIDADE DA DATAMED

O seguinte trecho foi extraído do plano de negócios da DataMed. É a seção que explica o que a empresa vai oferecer e identifica a necessidade e a oportunidade comercial.

Exemplo F-1 Necessidade e oportunidade da DataMed

DataMed Local Data Repository é um banco de dados local nos hospitais que armazena os prontuários dos pacientes, incluindo diagnósticos dados por médicos, observações feitas por enfermeiros, medicações usadas, relatórios de laboratório, relatórios radiológicos, histórico médico detalhado dos pacientes, informações de cobrança e de seguro.

DataMed Chart é o principal recurso dos produtos da DataMed. Ele agiliza o processo de fluxo de trabalho em um aplicativo para PC que fornece acesso às funções que dão suporte ao registro médico eletrônico. O DataMed Chart é uma solução para o clínico que exibe, ordena e documenta o registro médico eletrônico, que é mantido no repositório de dados local, o DataMed Local. Com a versão eletrônica, os médicos e enfermeiros usam PDAs (assistentes digitais pessoais) para dar entrada nos dados dos pacientes no local de assistência.

Para alcançar a meta de fornecer uma solução completa para os hospitais, a DataMed também oferece o DataMed Hospital Automation Plan. Esse plano é um recurso opcional na arquitetura da DataMed. É excepcionalmente flexível e compatível com programas anteriores. Os hospitais podem instalar só o recurso desejado ou todo o pacote integrado de registros médicos eletrônicos. Nosso sistema é imediatamente compatível com a maioria dos sistemas eletrônicos existentes; portanto, os hospitais não precisam se preocupar com a troca do sistema inteiro ao instalar nosso produto.

DataMed Hospital Automation Plan é um sistema de TI hospitalar interno. Automatiza os processos clínicos nos hospitais e a prática médica — coleta, ajusta, organiza e avalia dados clínicos e de gerenciamento detalhados. O sistema também permite que toda a equipe de assistência planeje e gerencie atividades e planos individuais, assim como monitore os resultados e as metas. Nosso plano está dividido em subpacotes específicos que podem ser instalados separadamente. A divisão específica em subpacotes inclui os seguintes pacotes: Laboratório, Radiologia, Sala de Emergência, Farmácia, Registro, além dos sistemas de gerenciamento financeiro e operacional, sistema de gerenciamento de materiais e pacote da unidade cirúrgica.

Além disso, a DataMed também oferece a opção de nossos clientes estabelecerem links com outros hospitais regionais para fins de referência e indicações e compartilhamento dos registros médicos. Isso é feito pelo DataMed Link, que conecta os médicos da comunidade com os sistemas de saúde para referências, autorizações, seguro, elegibilidade e geração de relatórios.

Após a configuração de dois ou mais repositórios de dados locais, a DataMed estabelecerá um banco de dados central chamado DataMed Central Data Repository (DCDR). Esse banco de dados centralizado fará a ligação do registro do paciente de todos os hospitais afiliados dentro do DataMed Medical Network. Esse sistema torna o registro do paciente recuperável em qualquer lugar e a qualquer hora.

DataMed Central Data Repository é um banco de dados periodicamente sincronizado com todos os repositórios de dados locais. Os DLDRs contêm seu próprio banco de dados hospitalar. Normalmente, quando um médico ou enfermeiro recupera informações do DLDR, só vai acessar informações disponíveis no DLDR. Não vai sincronizar dados automaticamente com o banco de dados centralizado. O banco de dados só será acessado mediante solicitação do médico e concordância do paciente, a fim de garantir privacidade. Assim que o médico solicitar informações do banco de dados central via DataMed Chart, o DLDR sincronizará os dados desse paciente específico com o DCDR. Isso foi configurado para garantir que todos os registros dos pacientes sejam os mais atualizados possível, mesmo quando o paciente tiver freqüentado outros hospitais. Os médicos e os hospitais não acessam diretamente esse banco de dados central; usam o DataMed Chart para ter acesso aos registros do paciente via DLDR.

Após configurar o DataMed Central Data Repository, a DataMed lançará o E-DataMed Chart. Trata-se de uma versão eletrônica do DataMed Chart. Via E-DataMed Chart, os pacientes poderão recuperar com segurança suas informações médicas on-line. Eles também poderão acessar e acompanhar as informações sobre sua saúde por meio de um registro que ajuda a organizar e construir um catálogo de saúde familiar completo. O sistema também permite que os usuários preencham pesquisas de avaliação de sua saúde e recebam acompanhamento por meio de programas de assistência preventiva e monitoramento de resultados, assim como acesso a um guia de medicamentos para promover o uso seguro de medicamentos com receita médica e outros em necessidade de prescrição. Além de tudo isso, os pacientes podem usar um calendário de saúde com lembretes para acompanhar e gerenciar compromissos e atividades relacionadas à saúde.

Finalmente, a DataMed desenvolverá um pacote de Análise Estatística que classifica os dados no DataMed Central Data Repository. Os únicos dados passíveis de análise serão específicos para as reações de cada paciente aos diferentes medicamentos.

As soluções da DataMed enfatizam a flexibilidade. Nossos produtos podem ser adquiridos individualmente ou como um sistema de informações sobre saúde totalmente integrado.

PROPOSIÇÃO DE VALOR

A DataMed cria valor para os profissionais de assistência médica, instituições de saúde, pacientes e empresas farmacêuticas.

Profissionais de assistência médica

Os profissionais de assistência médica, na vanguarda da mais sagrada das profissões, têm a responsabilidade de garantir que os pacientes recebam o melhor atendimento possível, da maneira mais eficiente. Especificamente, nosso produto oferece os seguintes valores:

APÊNDICE F: NECESSIDADE E OPORTUNIDADE DA DATAMED

Taxa de erro reduzida — a reputação do médico é protegida

O DataMed Chart, com sua interface amigável ao usuário, listas suspensas que utilizam itens de menu predefinidos e um corretor ortográfico que utiliza um dicionário médico abrangente, reduz significativamente a taxa de erro na entrada de dados. De acordo com estudos realizados, os hospitais em geral perdem de três a oito por cento das informações durante a transferência de informações por humanos. Instalar um sistema de registro médico inteiramente automatizado reduzirá em muito a quantidade de erro e a perda de informações; isso pode ser traduzido em uma economia de vários milhões de dólares em grandes hospitais. Isso protegerá a reputação do médico contra erros ou falhas nos dados.

Recuperação de informações conveniente — acabou o tempo de espera

Existem telas de exibição personalizadas que permitem que dados relacionados sejam exibidos em formato resumido. Nossos servidores do DataMed Local Database em cada hospital garantem conexão de alta velocidade.

Armazenamento seguro de informações — não há falsificação de dados

Nosso servidor do DataMed Local Database atua como um dispositivo de armazenamento reserva que garante que os registros médicos nunca serão perdidos. Junto com a tecnologia SSL empregada, nosso sistema é à prova de falsificação. Portanto, assim que o médico faz seu diagnóstico e prescrição, essas informações não serão alteradas nem visualizadas por pessoas não-autorizadas.

Indicações convenientes dos pacientes — utilização de recursos médicos locais

Com o DataMed Link os hospitais podem fazer referência aos pacientes de cada centro e sincronizar os dados do paciente usando o servidor do DataMed Central Database.

Também temos agentes inteligentes que podem oferecer sugestões de tratamento e avisos sobre os conflitos entre medicamentos e efeitos colaterais utilizando um banco de dados de informações sobre medicamentos e nosso pacote de análise estatística proprietário.

Administração hospitalar

Os administradores hospitalares desejam aumentar a eficiência, diminuir os custos operacionais e eliminar todos os erros envolvidos na transferência de informação entre indivíduos. A DataMed pode ajudar a alcançar essa meta automatizando o fluxo de trabalho e integrando os vários departamentos como faturamento, controle de estoque, laboratório etc. À medida que os processos se tornam automatizados, as equipes do hospital podem economizar tempo na transferência de informações, e os erros humanos são minimizados. Usando a tecnologia de PDAs, os médicos e enfermeiros podem tornar-se mais eficientes no registro dos dados do paciente. Dessa forma, a DataMed pode reduzir o número de óbitos de pacientes internados todos os anos em razão de assistência médica ineficiente e transferência de registros imprecisos aos médicos. Como observado anteriormente, um sistema de TI atualizado pode salvar cerca de 36 vidas por ano em cada hospital. O valor disso para o paciente e sua família é incalculável. Para os hospitais e médicos pode reduzir a taxa de erro médico e o prêmio de seguro.

Empresas farmacêuticas e instituições de pesquisa

Todos os anos, as empresas de medicamentos gastam elevadas somas de dinheiro para coletar dados médicos voltados a pesquisas sobre novos medicamentos. Boa parte das despesas envolve correção de dados. Atualmente, nenhuma empresa é especializada em coletar dados relativos à reação dos pacientes aos medicamentos. Como a DataMed automatiza a entrada e o armazenamento de dados médicos, garantimos informações precisas para as empresas farmacêuticas. Nosso pacote de análise estatística permite a identificação de tendências e relações entre medicamentos, tratamentos, sintomas e resultados. Dessa forma, as empresas economizarão milhões de dólares em termos de pesquisa. Além disso, como precisam de menos tempo para pesquisar os dados, podem lançar o novo medicamento no mercado muito mais cedo; esse aumento de eficiência gerará aumento nos lucros das empresas.

Pacientes individuais

Podemos oferecer aos pacientes a capacidade de ver seus registros a qualquer momento e em qualquer lugar. Também garantimos a confidencialidade das informações, enfatizando a segurança de nossos sistemas.

Apêndice G

GUERRAS DE MARKETING FAMOSAS: EXEMPLOS ESTRATÉGICOS

A seguir estão exemplos do uso de quatro estratégias básicas em guerras de marketing famosas.

Exemplo G-1 Guerra das planilhas de software

EXEMPLO: Estratégia de flanqueamento seguida de ofensiva

MERCADO: Planilhas eletrônicas

Quem é a líder de mercado? Visicalc = Visicalc Inc.

Quem são os atacantes? 1-2-3 = Lotus; Excel = Microsoft

Batalha 1: A primeira planilha eletrônica foi a Visicalc, inventada por Dan Bricklin e Bob Frankston em 1979. Funcionava no computador pessoal Apple II. Juntos, fizeram história. O Visicalc era um "aplicativo certeiro". Impulsionou as vendas do Apple II, que alcançou as primeiras posições em vendagem. A Visicalc tornou-se líder de mercado de um novo segmento: planilhas de software. A Visicalc Corp tornou-se senhora do território das planilhas eletrônicas.

Batalha 2: A IBM lança a própria versão de computador pessoal, o IBM PC. A Microsoft lança o sistema operacional DOS para funcionar com ele. Uma start-up de Boston chamada Lotus lança uma planilha eletrônica para PCs chamada 1-2-3. A gerência da Visicalc hesitou e esperou para ver se o

APÊNDICE G: GUERRAS DE MARKETING FAMOSAS 381

PC seria um sucesso. A empresa não respondeu rápido o suficiente. Deixou a base de PCs a descoberto. Não desenvolveu uma planilha para PCs. O 1-2-3 dispara para o sucesso juntamente com os PCs. A Lotus torna-se a nova líder do mercado de planilhas eletrônicas. Este é um exemplo clássico de um lance de flanco que criou — quase da noite para o dia — um novo líder do segmento de planilhas eletrônicas: a Lotus Corp., com seu produto 1-2-3.

Batalha 3: A Microsoft decide que é hora de lançar uma planilha eletrônica no mercado. Como se chama? Não, não é o Excel. É o Multiplan. Era um produto tão ruim, tão cheio de problemas e pouco amigável que chegou a receber nota zero em algumas revisões de produto. Era realmente ruim. Da mesma forma, a estratégia escolhida pela Microsoft também foi ruim. A empresa tentou adotar estratégia ofensiva, atacando prontamente o 1-2-3. Não funcionou. O prejuízo para a Microsoft foi grande. Depois de uma breve e sangrenta primeira tentativa, a Microsoft parou de vender o Multiplan e voltou para Redmond abalada, perdendo dinheiro e recursos no processo. O 1-2-3 facilmente ganhou esta batalha e continuou a ser o líder do segmento de planilhas eletrônicas para PCs. Enquanto isso, disputas pelo poder no Conselho de Administração da Visicalc estavam destruindo a empresa. O PC havia alcançado números muito superiores aos dos computadores Apple, deixando a Visicalc presa a um minúsculo mercado de usuários do Apple II.

Batalha 4: A Apple lança o computador Macintosh. Ele não tem planilha eletrônica. Quando o computador foi lançado, nenhuma empresa havia desenvolvido um produto de planilha eletrônica para ser usado com ele. Meses após o lançamento do Mac, a Visicalc, defensora do Apple II, ainda não havia respondido, tampouco a Lótus, com seu 1-2-3 para PCs. As duas defensoras escolheram não responder. Enquanto isso, a Microsoft está copiando o sistema operacional do Mac (software que, mais tarde, emergirá como o Windows). A Microsoft decide criar uma planilha eletrônica para o Mac e a chama de Excel. Entra, assim, em um segmento de mercado subestimado. O Excel funciona bem, obtém boas análises de produto. A investida de flanco funciona. O Excel se torna líder do segmento de planilhas eletrônicas para Mac. A Visicalc começa a sumir do mercado, juntamente com o Apple II. A Lotus concentra-se no PC.

Batalha 5: Nessa época, a Microsoft já fizera seu dever de casa. Desvendou a duras penas os pontos fracos do 1-2-3 e acrescentou o poder do conhecimento profundo que detinha do próximo sistema operacional para PCs (da Microsoft). Ao escolher cuidadosamente o momento certo para agir, a Microsoft lança o Excel para PCs. Esse lance ofensivo da Microsoft está direcionado aos pontos fracos da defensora (Lotus 1-2-3). Em poucos meses, as vendas do Excel para PCs começaram a crescer. Em alguns anos, o 1-2-3 passou a ser parte da história. O Excel se tornou o novo líder do segmento de planilhas eletrônicas para PCs e, assim, dominou o mercado de planilhas de software. Os lances de flanco são muito poderosos. Podem vencer, e bem.

Exemplo G-2 Depois do IBM PC, as start-ups Compaq e Dell

EXEMPLO: Flanqueamento

MERCADO: Computadores pessoais: as primeiras batalhas por um mercado novo

Quem são os novatos? A Compaq — "PC portátil" vendia apenas via revendedores no varejo; os PCs da Dell eram vendidos diretamente aos consumidores e às empresas

Batalha 1: A IBM lidera o mercado de PCs e utiliza seu vasto exército de vendas em todo o mundo para vender diretamente às empresas. Engenheiros de Austin e investidores de risco de Dallas, ambos no Texas, criam um plano para um novo PC portátil. Será vendido exclusivamente via um novo canal de vendas: lojas de computador no varejo. Surge a Compaq. Seu PC é portátil. Também tem um peso atraente e o tamanho de uma maleta. O mercado rapidamente adota o novo formato. A IBM, na defensiva, não responde. A Compaq torna-se líder do segmento de PCs portáteis.

Batalha 2: Um estudante empreendedor descobre que as novas lojas de varejo estão ávidas para vender PCs a preços de atacado. As lojas precisam encontrar compradores para as grandes quantidades de PCs em estoque (e, assim, obter descontos). O estudante, Michael Dell, começa a vender a preços atraentes a seus colegas de universidade com orçamentos apertados, em Austin, no Texas. Logo reconhece que nenhuma loja de PCs grande ou de varejo está organizada para vender diretamente aos consumidores. Ele larga a faculdade para concentrar seu novo negócio exatamente nisso. A IBM e a Compaq não respondem. A Dell se torna líder do segmento de PCs vendidos diretamente ao consumidor.

APÊNDICE G: GUERRAS DE MARKETING FAMOSAS

Exemplo G-3 Das estações de trabalho da Sun aos computadores em rede

EXEMPLO: Investida estratégica da Defensiva para o Flanqueamento

MERCADO: Computadores em rede: mexendo no campo de jogo

Quem é a líder de mercado? Sun Microsystems

Quem são os atacantes? IBM, DEC, HP em estações de trabalho de pequeno e médio porte; Silicon Graphics, em estações de trabalho de grande porte

Batalha 1: A start-up Sun Microsystems emerge como a gigante Defensora das estações de trabalho após terminarem as primeiras rodadas da guerra pelo novo mercado. Entretanto o sucesso da Sun com as revolucionárias estações de trabalho baseadas em UNIX rapidamente atrai gigantes de outros mercados (a IBM, do segmento de mainframes, ou computadores de grande porte, e a Digital Equipment Corporation [DEC], de minicomputadores). As grandes entram na batalha bem armadas e determinadas a superar a liderança da Sun. As empresas multinacionais consideram a pequena Sun uma desagradável empresa novata que perturbou o *status quo* e que deve ser eliminada rapidamente. A Hewlett-Packard (HP) responde silenciosamente com seu estilo previsível de seguidora: a Sun está cercada e enfrenta o ataque de três gigantes determinadas com amplos recursos. O que a pequena Sun vai fazer? Defender-se a todo custo, até o último centavo?

Batalha 2: O CEO e fundador da Sun, Scott McNealy, e sua equipe surpreendem a concorrência. "A rede é o computador" se torna seu novo grito de guerra. Eles redefinem o mercado e entram em posição como líderes de um novo segmento de mercado. A Sun se torna líder do segmento de computadores em rede. A diretoria da Sun conhece bem o poder deste adágio: "Quando estiver sendo atacado por gigantes, leve a batalha para um novo campo onde sua empresa menor poderá se defender com mais força." Este é outro exemplo de uma estratégia dinâmica: Ação 1 => Reação 2 => Re-Reação 3.

Batalha 3: Os atacantes da Sun ficam para trás, lutando entre si para conquistar a disputada posição de líder do mercado de estações de trabalho. As três gigantes — IBM, DEC e HP — confiam na lealdade de seus clientes. Gastam dezenas de milhões de dólares em ataques contínuos umas às outras para tentar conquistar uma pequena participação de mercado das mãos da concorrente.

Batalha 4: A Silicon Graphics, que se tornou líder do mercado de estações de trabalho de alto custo, começa a ser atacada de frente em seu ponto fraco: estações de trabalho a preços baixos e médios e cada vez menores e com maior capacidade. Como uma baleia lenta que é atacada por um grupo de tubarões assassinos por baixo, a Silicon Graphics responde repetindo suas ações: defende sua reverenciada tecnologia inovadora em uma tentativa desesperada de se manter à frente da horda de gigantes em debandada que se aproxima. A Silicon Graphics muda sua mensagem de marketing para tentar diferenciar-se ainda mais das massas de estações de trabalho: "Computação tridimensional para usos exóticos." A Silicon Graphics sofre sérias baixas e se torna uma segunda opção.

No final das contas, a Sun sobrevive e até mesmo prospera no início da década de 1990. Suas investidas, conforme observado acima, incluem um dos princípios da estratégia de guerrilha: "Esteja preparado para sair a qualquer momento." Mudar o campo de batalha representa uma inovação brilhante.

Exemplo G-4 RealWorks, a start-up

EXEMPLO: Guerrilha

MERCADO: Áudio via Internet

Quem é a líder de mercado? Ninguém (ainda)

Quem são os atacantes? Novo setor = não há líder de mercado (ainda)

Batalha 1: O *boom* da Internet na década de 1990 é intenso, com milhares de novas empresas tentando criar produtos para vender a novas e interessantes empresas de comércio eletrônico. A Microsoft está florescendo, transformando muitos funcionários em milionários. Alguns saem da empresa para formar novos empreendimentos. Muitas vezes, esses negócios são financiados com a riqueza obtida com as próprias opções de ações. Um grupo decide formar uma empresa chamada RealNetworks. Seu modelo de negócios envolve a oferta gratuita de tocadores de áudio proprietários via Internet para consumidores, ganhando dinheiro com a venda de servidores RealNetworks para empresas de comércio eletrônico.

Quem é líder de mercado (quando ainda não existe um mercado consolidado)? Nesse caso, é "como as coisas estão sendo feitas". Como ainda não existe um segmento de servidores de tocadores para Internet, não há reprodução de áudio via Internet. Isso cria um campo para a entrada da RealNetworks. Isso é uma boa notícia porque a líder ainda não havia sido definida. Mas também é má notícia porque, assim que a RealNetworks lançasse seu primeiro produto, o mundo inteiro despertaria e o ataque teria início, primeiro, das start-ups imitadoras, e, depois, de empresas estabelecidas.

A RealNetworks é lançada e rapidamente se torna a líder do segmento de áudio via Internet.

Exemplo G-5 RealNetworks atacada pela Microsoft

EXEMPLO: Defesa

MERCADO: Áudio via Internet

Quem é a líder de mercado? RealNetworks

Quem são os atacantes? Start-ups imitadoras; Microsoft

Batalha 2: A RealNetworks rapidamente consegue se estabelecer e se tornar um padrão da indústria. Os produtos da empresa tornam-se o "formato de tocador de áudio de escolha". Logo, a RealNetworks domina o novo segmento de mercado. A mídia reconhece que a empresa se tornou a líder do segmento de áudio via Internet.

Start-ups imitadoras tentam atacar a RealNetworks de frente, mas são destruídas em uma batalha sangrenta.

Em seguida, quando a luta parece ter chegado ao fim e a Real parece ter vencido, surge do nada o que alguns chamam de "Império do Mal", a Microsoft. A gerência da Real recebe uma mensagem da Microsoft: "Queremos conversar." O pessoal da Real de Redmond, no estado norte-americano de Washington, sente que uma nuvem negra e carregada de chuva forte se aproxima da RealNetworks. Afinal de contas, eles são veteranos da Microsoft e sabem como a gigante atua no jogo competitivo.

Ao chegar às instalações de seu ex-empregador, eles sentam e ouvem a proposta da gigante. Não se surpreendem ao ouvir que a Microsoft quer comprar uma licença de um ano da RealNetworks, mas que, em um ano, a empresa pretende lançar a própria versão de um sistema de servidor de tocador de áudio para Internet não-compatível com o da RealNetworks. É aceitar ou largar.

A RealNetworks aceita a licença (e o dinheiro da Microsoft) e volta para casa a fim de alterar seus planos imediatos. Os líderes percebem que são os Defensores. Cabe a eles elaborar a melhor resposta possível para a atacante Ofensiva, a Microsoft. A resposta vem na forma de uma série de rápidos lançamentos de novos produtos, seguidos por investidas de parceiros estratégicos. A RealNetworks encerra sua posição neutra nas práticas monopolistas da Microsoft e rapidamente entra para a coalizão antitruste da Microsoft. A RealNetworks continua líder do segmento, mas sob o ataque de uma gigante Ofensiva que está disposta a perder muito dinheiro para conquistar a liderança do negócio de áudio via Internet.

Em 2003, a Apple lança um serviço cobrado para ouvir música com muitos dos recursos de Internet que a RealNetworks oferece e, em seguida, o iPod. Preste atenção para ver o que acontecerá neste segmento em expansão do mercado de áudio via Internet. A RealNetworks tem uma longa batalha pela frente, pois essa empolgante saga ainda não terminou.

Exemplo G-6 Solectron lidera a fabricação terceirizada de produtos eletrônicos

EXEMPLO: Guerrilha — Flanqueamento — Defensora

MERCADO: A fabricação terceirizada de computadores (também chamada de serviços de fabricação de produtos eletrônicos — EMS)

Quem é a líder de mercado? Departamentos de fabricação interna; não existe mercado ainda

Quem são os atacantes? Defensores = Departamentos de fabricação interna; start-ups imitadoras

Batalha 1: Um matemático da IBM, Winston H. Chen, apaixonado pela qualidade, compra uma pequena empresa de placas de circuito impresso e a chama de Solectron. A primeira onda começa com a Solectron criando uma forma de "marcar um território que podemos defender". A empresa cria um diferencial competitivo centrado, combinando uma série de providências: (1) oferecer menor custo de componentes (comprar em quantidades maiores com mais descontos do que os departamentos de fabricação interna dos clientes); (2) fornecer melhor qualidade; (3) garantir mais entregas dentro do prazo (do que a fabricação interna) e (4) concentrar-se em fazer os irritantes trabalhos urgentes referentes a baixo volume de montagem de protótipos de computadores de alto desempenho e alto giro (chamadas versões *beta*). Os departamentos de fabricação interna detestam esse tipo de trabalho ("Interrompe nossas longas rodadas de produção e aumenta os custos por unidade!"). A Solectron torna-se líder desse segmento especial (indesejado e pequeno).

Enfrentando a corrente de opiniões negativas dos céticos, o plano da Solectron para a primeira onda tem êxito! O negócio floresce, assim como os mercados novos para estações de trabalho e computadores pessoais. Evidentemente, o *boom* atrai os primeiros concorrentes imitadores, que tentam copiar o sucesso da Solectron.

Batalha 2: O que a Solectron faz agora? A segunda onda é colocada em ação. A Solectron anuncia que vai competir no campeonato nacional de qualidade dos Estados Unidos, o novo e cobiçado Prêmio de Qualidade Baldrige. A start-up em crescimento acredita que só o fato de competir a separará dos concorrentes imitadores, que não têm imagens tão favoráveis. A empresa está tentando obter uma parcela do mercado de serviços de fabricação simplesmente cortando os custos. Mais uma vez, os observadores duvidam da Solectron e, novamente, ela faz o impossível: a pequena empresa conquista o reverenciado Prêmio Baldrige em sua classe! A dúvida se transforma em respeito. Os novos crentes começam a contratar avidamente os serviços especiais oferecidos pela Solectron. A segunda onda termina. A Solectron emerge como líder de um agora bem conhecido (e crescente) segmento.

Batalha 3: Chegam ainda mais concorrentes. Eles tentam avidamente copiar a Solectron. A empresa implementa a terceira onda. Já se imagina o que está para se tornar o próximo avanço na fabricação eletrônica. Uma revolução: semicondutores montados em superfícies que requerem um enorme investimento em novos equipamentos de fabricação (controle de processo numérico), um amplo sistema de tecnologia da informação (para monitorar todos os passos, a fim de que a qualidade possa ser controlada nos ínfimos detalhes) e treinamento intenso e caro dos funcionários encarregados da produção.

Essa investida da Solectron acaba com a concorrência de muitos grandes departamentos de fabricação interna. "Deixe isso para a Solectron", é a resposta dos presidentes de muitas empresas. A "terceirização" começa a aparecer nos noticiários. Enquanto isso, os pequenos contratos para a fabricação de protótipos se converteram em longas rodadas de produção de itens padrão que agora estão sendo entregues em grandes quantidades pela Solectron, que está crescendo a cada dia. A concorrência imitadora está ficando para trás.

Batalha 4: A Solectron não pára e coloca em ação a quarta onda. Atuando como Defensora, a Solectron concorre novamente ao Prêmio Baldrige e ganha pela segunda vez! A concorrência pára de tentar competir pelo prêmio, aceitando, em vez disso, cumprir as normas ISO. A Solectron expande-se geograficamente para a Ásia e a Europa. Conquista os benefícios das grandes economias de escala. Agrega ainda mais descontos por volume à sua vantagem competitiva. Agora, consegue obter a primeira escolha dos raros processadores eletrônicos e escassos componentes novos. A Solectron começa a comprar fábricas que estão prestes a ser abandonadas por sua crescente lista de clientes gigantes. A Solectron torna-se a primeira do mundo. Abre o capital. Torna-se líder inquestionável do segmento de serviços de fabricação de produtos eletrônicos.

Apêndice H

MARKETING COMPARADO COM VENDAS

Marketing e vendas das start-ups em geral são áreas que se confundem nas mentes dos empreendedores inexperientes. Nas start-ups, os setores de marketing e vendas têm funções diferentes das desempenhadas nas grandes empresas de capital aberto. Aqui estão algumas maneiras de evitar confusão, quando você precisar usar essas funções para desenvolver diferencial competitivo. *Marketing* é a função que cria os *clientes*. A função de *vendas* converte os clientes em *notas fiscais*.

O marketing faz perguntas como estas:

- O que está acontecendo no mercado?
- O que nós (a empresa) devemos fazer a respeito?
- Quem são nossos prováveis clientes?
- Quantos existem em cada categoria?
- Como se comportam?
- O que interessa a eles?
- Como poderemos alcançá-los, chamar sua atenção, fazer com que a mensagem sobre nossos produtos chegue até eles?
- O que mais poderemos vender a esses clientes?
- Com quem estaremos competindo?
- Como venceremos a concorrência?

Estas são as principais perguntas que o vice-presidente de marketing deve ser capaz de responder. Também são questões muito boas para usar durante as entrevistas com os candidatos a emprego.

O pessoal de vendas concentra-se em perguntas como estas:

- Como poderemos vender mais?
- Como poderemos obter mais pedidos?
- Como explicaremos nossas vantagens para expor as desvantagens dos concorrentes?
- Que passos estão envolvidos no processo de vendas?
- Como encontraremos um argumento válido para justificar um preço mais elevado?
- Como poderemos nos qualificar de forma rápida e precisa caso um cliente represente uma real oportunidade de negócios?
- Quem tem o poder de decisão na organização do cliente?
- O que faremos para impulsionar a percepção do cliente do atendimento e do serviço que oferecemos?

O MARKETING DESENVOLVE PLANOS E TRABALHA COM MANOBRAS COMPETITIVAS

O objetivo do marketing é conquistar maior participação de mercado, um percentual do segmento de mercado-alvo. Sua ferramenta é um plano de batalha estratégico, um roteiro de como as pessoas pensam, trabalham e escolhem novos produtos. O marketing acredita que a ação significa superar a concorrência no campo de batalha. Seus líderes se consideram comandantes estratégicos em uma sala de guerra — pessoas que planejam, da forma mais deliberada possível, os lances competitivos da empresa, de modo que os vendedores consigam fechar o maior número de negócios. O marketing obtém suas informações do trabalho de pesquisa de mercado externo e de fluxos de fatos e rumores das linhas de frente, especialmente via mensagens eletrônicas e chamadas telefônicas do pessoal de vendas no campo. A pessoa de marketing tem um horizonte de tempo de três a cinco anos.

A ÁREA DE VENDAS CONSTRÓI OS CANAIS E TRABALHA PARA FECHAR PEDIDOS

Quem atua em vendas deseja alcançar o cliente (via canais de venda) e fechar um pedido (obter uma ordem de compra assinada) no menor prazo possível. Sua ferramenta é o plano de vendas, um mapa tático dos clientes (pessoas reais com nomes, endereços, informações de contato, comportamentos, preferências e antipatias). Pensam que a ação envolve percorrer o canal para alcançar o cliente e fechar o negócio (fechar a ordem de compra) da forma mais rápida possível. Seus líderes se consideram comandantes táticos na linha de frente, oferecendo informações para a base. Seu horizonte de tempo é de algumas a várias semanas (12 meses, no máximo).

MARKETING E VENDAS ATUAM JUNTOS, MAS TAMBÉM ENTRAM EM CONFLITO CONSTRUTIVO

Ambos querem que a start-up cresça e vença. Mas, como irmãos rivais, cada qual encontra pontos fracos no outro e não tem medo de criticar a outra função. Marketing reclama: "O pessoal de vendas pensa mais em suas comissões." Enquanto isso, vendas diz que "o marketing não consegue criar um produto pronto para venda". Ambos acreditam poder realizar o trabalho do outro de forma muito melhor. Os CEOs aprenderam que isso não é possível e, portanto, eles precisam trabalhar constantemente para fazer com que os dois departamentos fiquem concentrados em executar suas funções especializadas em harmonia.

A seguir vamos examinar novas ferramentas de marketing empresarial e como usá-las para construir diferencial competitivo para uma nova empresa como a sua.

O QUE ESTÁ INCLUÍDO NO MARKETING

O *marketing* envolve um *processo complexo* que usa muitas ferramentas, inclusive estas:

- Nomes da empresa, tecnologia, segmento de mercado e negócio
- Escolha do produto ou serviço a ser vendido
- Métodos de fabricação ou atendimento
- Cores, tamanhos e formas
- Embalagens
- Local de operação
- Propaganda
- Relações públicas
- Pesquisa de mercado e análise
- Medida do tamanho do mercado e crescimento projetado
- Modelo de negócios para ganhar dinheiro
- Treinamento em vendas
- Soluções para os problemas que os clientes enfrentam
- Listas e análises dos concorrentes
- Planos para trabalhar com parceiros estratégicos
- Plano de crescimento para três a cinco anos
- Follow-up e feedback dos clientes
- Declaração de renda e lucro

O marketing é um jogo para quem pensa. É uma função cerebral. O pessoal de marketing está sempre em reunião, coordenando os muitos departamentos da empresa que trabalham em novos produtos. Conversam muito com pessoas de fora da empresa sobre mercados emergentes, rumores sobre os concorrentes e guerras de marketing. É uma função muito poderosa. Os funcionários, em geral, sentem-se mais motivados pelas mensagens enviadas pelo departamento de marketing e ficam deprimidos quando as mensagens são fracas e pouco inspiradoras. O sucesso é medido pelo tamanho do segmento de mercado detido pela empresa. O pessoal de marketing se considera o cérebro da empresa, sendo estrategicamente críticos. O pessoal bom de marketing tem grande paixão competitiva e inspira outros departamentos.

O QUE ESTÁ INCLUÍDO EM VENDAS

As vendas incluem tudo que você precisa para fechar pedidos para o seu negócio. As *vendas* são um *processo intensivo* com muitas ferramentas, incluindo estas:

- Materiais de vendas (folhetos, brochuras)
- Previsão mensal do resultado provável de vendas nos próximos 12 meses
- Contato intensivo com pessoas
- Negociação e persuasão
- Desejo de fechar pedidos
- Remuneração motivacional, como cotas e metas
- Conhecimento organizacional
- Apresentações de vendas
- Reuniões com grupos de vendas
- Consultas telefônicas
- Cobrança dos clientes
- Qualificação de clientes
- Preparação de cotações
- Planejamento de atividades de vendas com base nas previsões

Vendas é um jogo para pessoas que precisam "agir". Detestam reuniões (a menos que estejam relacionadas ao fechamento de um negócio). É uma função muito emocional. Os funcionários ficam empolgados quando os pedidos chegam à sede e ficam deprimidos quando isso não ocorre. A mídia normalmente mede o crescimento de um novo empreendimento pelo tamanho das vendas. O pessoal de vendas em geral se considera como o centro de energia da empresa, o ritmo que faz todo o corpo vibrar, um elemento vital. O pessoal bom em vendas tem muita energia e empolga os outros departamentos.

Tente não confundir marketing com vendas. Estas funções são relacionadas, mas não são iguais. É por isso que a maioria dos novos empreendimentos com os quais tenho contato tem um vice-presidente para cada uma das duas funções. O marketing ajuda a criar oportunidades de negócios. A função de vendas escolhe possíveis alvos (chamados no jargão de *suspects*) e os qualifica como clientes potenciais (chamados de *prospects*), conduzindo-os ao longo do processo de vendas. Quanto antes você souber quais são os padrões de compra de seus clientes, mais cedo será capaz de fazer o seu processo coincidir com o processo de vendas para atender a esses padrões de compras.

BIBLIOGRAFIA

BLANCHARD, Kenneth H., JOHNSON, Spencer. *O gerente-minuto*. Rio de Janeiro: Record, 2004.

CHRISTENSEN, Clayton M. *Dilema da inovação*. São Paulo: Makron Books, 2001.

CLAUSEWITZ, Carl von. *Da guerra*. Rio de Janeiro: Martins Fontes, 1996.

CRINGELY, Robert X. *Impérios acidentais*. Rio de Janeiro: Ediouro, 1995.

DRUCKER, Peter. *Inovação e espírito empreendedor*. São Paulo: Thomson Pioneira, 1998.

KAWASAKI, Guy. *A arte do começo*. Rio de Janeiro: Best*Seller*, 2005.

KINDLEBERGER, Charles P. *Manias, pânico e crashes*. Rio de Janeiro: Nova Fronteira, 2002.

MOORE, Geoffrey A. *Crossing The Chasm — And Beyond*, ed. revista Nova York: Harper Business, 2002.

_____. *The Gorilla Game*. Nova York: Harper Business, 1999.

_____. *Dentro do furacão*. São Paulo: Futura, 1996.

NELSON, Bob. *1001 Ways to Reward Employees*. Nova York: Workman Publishing, 1994.

RIES, Al, RIES, Laura. *A queda da propaganda*. Rio de Janeiro: Campus, 2002.

RIES, Al, TROUT, Jack. *Marketing de guerra*. São Paulo: M.Books, 2006.

ÍNDICE

Abreviações: t = tabela; f = figura.

A

abordagem "sangue e coragem", 145
abordagem dinâmica, 33, 130, 132
Impérios acidentais (Cringely), 95
acionistas, tipos de, 251t
Advanced Micro Devices (AMD), 25, 101, 148, 308
Afeganistão, 287
Afghan Wireless Communication Company (AWCC), 287
África, 118
Alchemy Semiconductor, 101
Alemanha, 36, 86, 286, 324, 327-328
Alliance Venture, 304
Altair, 60
AltaVista, 60
Amazon.com, 16, 129, 146, 152, 159, 218, 223, 289, 301, 302
diferenciação pela, 23
história de sucesso da, 63-65
America Online (AOL), 302, 372
American Airlines, 238
análise de sensibilidade, 181, 242
Apple Computer, 18, 60, 157
Applied Biosystems, 191
Applied Materials, 22
apresentação dos planos de negócios
  escrevendo a, 108-109
  planilha de avaliação, 361-317
ArcSight, 370-372
Argent Networks, 287
armadilha dos recursos, 13, 148, 158, 202-203
arrogância, 134
Ásia, 37, 282
aspectos jurídicos, 216-220
assistentes digitais pessoais (PDAs), 76, 105, 143, 157, 172, 210, 225
atração de vendas, 30, 31
áudio via Internet, 384, 385
Austin Ventures, 78, 101

avaliação, 250-257, 354
aventura, 347-348

B

Baan, 313
balanço patrimonial, 244
banco de dados Edgar, 252
Barnes & Noble, 64, 152, 218
barreiras culturais, 280
Bayat, Ehsan, 286-287
Beckham Coulter, 191
Benchmark Capital, 150
BenDaniel, David, 118, 344
Benjamin Group, 240-241
Bezos, Jeff, 63
BioKo Labs (empresa fictícia), 184
BlackBerry, 41-42, 149
Blanchard, Ken, 80
BlueRun Ventures, 40, 99, 303-305
BMW, 36, 85
Boost Mobile, 228-229
Brasil, 332
Bricklin, Dan, 380
British Air, 311
Buhl, Peter, 304
Business Week, 315, 320

C

Cadence Design, 101
Canaan Partners, 336-338
Canadá, 282
capacidade de ampliação do diferencial competitivo, 30-32
capitalização, 67, 72-75. *Ver também* financiamento
Casa Bidwell (local fictício), 70-72
CelPay, 118
celulares, 118, 144, 157, 228-229, 287, 291, 325
CEO, 69, 200, 201, 276. *Ver também* gerência
Chaebols, 331
chamada de resgate, 229
Chao Lam, 338-340
Chen, Winston H., 386
China, 37, 282, 284-285, 286, 317, 318, 326, 332
  corrida para vencer na, 329-330
  líderes superados pela, 38
  papel do governo na, 325
  setores dominados pela, 325
Christensen, Bjørn, 305
Christensen, Clayton, 142
Cingapura, 38, 91-92, 330
Cirrus Logic, 68
Cisco, 16, 32, 51, 98, 100, 146, 161, 164, 173, 280, 289, 291, 301
  diferencial competitivo na, 37
  entrevista com um importante investidor, 17-19
  vendas na, 182
Clark, Jim, 73
Clausewitz, Carl von, 141, 142, 145

cliente(s). *Ver também*
  clientes ideais
    apelo do produto ao(s), 34
    conhecimento sobre, 68
    conversando com potenciais, 173
    desejos subestimados dos, 158
    fixação nos existentes, 290
    marketing *vs.* vendas para, 389
    segmentos de acompanhamento, 168
    valor para, 28
clientes ideais, 166, 167-168, 169, 179, 310, 353
  mensagem de posicionamento para, 173-174
  modelagem de mercado e, 181
Colligan, Ed, 105
Compaq, 77, 152, 157, 159, 302, 372, 382
competências essenciais, 24, 142
computadores Apple II, 60, 152, 380, 381
computadores Apple Macintosh, 60, 85, 152, 381
computadores em rede, 383
computadores pessoais (PCs), 31, 60, 77, 157, 261, 381, 382
comunicados à imprensa, 149, 172, 370-372
conceito "quanto mais curto, melhor", 47-48
conceito de sistemas abertos, 194
concentração do princípio da força, 139, 164

concorrência. *Ver também*
  concorrentes imitadores
    análise da, 276, 339
    barreiras culturais cruzadas pela, 280
    característica da relatividade e, 22
    como parceiros estratégicos, 194
    conhecimento sobre, 67t, 68-72
    diferencial competitivo dos principais concorrentes, 67t, 82
    identificando, 143-145
    inevitabilidade da, 23
    ondas de tecnologia inovadoras e a, 276
    posicionamento e, 166, 169
    superar a, 183
    vencer a, 129
concorrentes imitadores, 21, 22, 24, 37, 129, 131, 264, 311, 335
    China e, 38
    estratégia ofensiva e, 148
    para áudio via Internet, 385
    para EMS terceirizado, 386-387
    posicionamento e, 169
contratos, 216, 219
conversa
  de elevador, 44-49, 361
  de três minutos, 361
  de trinta minutos, 361
Coréia, 38, 325, 331
Cornell University, 36, 86, 118, 344

Corsair, 294
crescimento, 31, 274-275
Cringely, Robert X., 95
crise asiática, 325
cultura da empresa, 67t, 79, 209, 236, 238, 346
cursos de empreendedorismo, 344
curva de aprendizado, 223
Cushing, Kim, 19
custo
    da troca, 157
    dos bens vendidos, 222, 223

D

DataMed, 119, 124-125, 374-378
Davidow, Bill, 307
declaração de fluxo de caixa, 244
declaração de renda, 244
declarações de posicionamento, 173-174, 301, 315
definição de padrões, 163-164, 166
Dell Computer, 16, 22, 69, 152, 158, 196, 228
    guerra de marketing da, 382
    modelo de negócios do, 243
    vantagem do primeiro a agir, 75-77
Dell, Michael, 69, 77, 382
desconhecido, 347
desenvolvimento de marcas, 163, 166
de empresas de capital de risco, 295, 299, 301, 302
de organizações, 24
desenvolvimento de negócios, 161, 187-188
(des)vantagem do primeiro a agir, 59-62, 75-76, 98, 104, 132, 342
diferenciação, 22-23, 37-39, 197, 273
diferencial competitivo
    características do, 20-35
    definição, 19
    exemplos de empresas com, 36-37
    ingredientes para desenvolver, 66-85
    níveis de, 85-86
    perguntas de teste, 35-36
    procurando o, 39-40
Digital Equipment Corporation (DEC), 152, 383
Dilema da inovação, (Christensen), 288
direitos autorais, 216, 219
distribuidores, 184, 185
diversão, 79, 348
diversificação, 138-139, 293
DoCoMo, 325
DOD (Departamento da Diversão), 79
Dolby Laboratories, 36, 155
Dolby, Ray, 36, 155
Dr. Reddy's Laboratories, 29
Drucker, Peter, 79, 81, 142, 321, 345

Dubinsky, Donna, 105
due diligence, 58
duplicação, dificuldade de, 21

E

eBay, 16
elegância, 43
Ellison, Larry, 25, 69
em busca do tesouro, 348
eMachines, 31
empolgação, 49-55, 89-90, 136, 341-352
empreendedores seriais
    coleta de informações por, 69
    estratégia dos, 130
    execução por, 25
    foco e, 137
    funcionários dos, 79
    importância da tecnologia para, 199
    importância das pessoas, 23
    na gestão de engenharia, 200
    pontos fracos observados por, 339-340
empresas de biológicas, 29, 99, 201, 217, 219, 228
empresas de capital de risco, 295-305. *Ver também* investidores
    em mudança, 34-35
    foco e, 137
empresas de ciência da informação, 28, 99, 227
empresas de Internet, 100, 101, 106, 142, 177, 261, 267, 344
empresas de servidores Linux, 194
empresas farmacêuticas, 26-27, 39, 201, 218, 219
empresas sem fábricas, 243
engenharia assistida por computador (CAE), 122-123, 159
engenharia, 199-215, 239
    desenvolvendo uma metodologia de trabalho, 213
    elementos do diferencial competitivo na, 204-215
    gerenciamento da, 200
    marketing e, 162, 214
    parceiros estratégicos na, 190
    posicionamento e, 166
entrega. *Ver* execução
EpicCare Corporation, 120
equipe de IPO, 96, 97
equipe gerencial, 96, 97, 230
    características desejadas na, 231-232
    criação avançada da, 78
    da Intel, 306, 307
    da SAP, 312
    da Singapore Airlines, 309, 310
    diferencial competitivo da, 68, 82
    ondas de tecnologia inovadora e a, 265, 267, 270, 272, 273, 275, 276
    planos de negócios da, 114
    pontos fracos na, 333, 334
escassez, 23

Escola de Administração da
  Universidade de Michigan, 24
escolas de MBA, 314-322
escolas, 343. *Ver também* escolas
  de MBA
escravidão do salário, 236
ESL, 294
estratégia, 127-132, 141-160,
  352. *Ver também* estratégia
  defensiva; estratégia de
  flanqueamento; estratégia de
  guerrilha; estratégia ofensiva
    ação após a, 132-134
    capciosa, 131
    em guerras de marketing, 380-388
    empolgante e criativa, 136
    esperteza da, 67t, 74
    natureza responsiva da, 132
    planos de emergência na, 134-135
    pontos fracos em, 127-129
estratégias de saída, 99-101, 336
estratégia de flanqueamento, 63, 154
    exemplos de, 380-381, 382-383, 386-388
    princípios da, 151-153
estratégia de guerrilha, 153-157, 384, 386-387
estratégia defensiva, 154, 158, 291, 315
    exemplos de, 383, 385, 386-387

ondas de tecnologia
  inovadora e, 275
países que usam, 326
princípios de, 146
estratégia ofensiva, 158
  exemplo de, 380-381
  princípios da, 146-150
evento de liquidez, 29, 335
Excel, 152, 380-381
exclusividade, 21
execução, 25-27, 42, 269, 277
expansão do mercado, 98-99

F

fabricação, 221-222
Fairchild Semiconductor, 185, 306, 308
Family Practice Management Magazine, 120
Far Eastern Economic Review, 39
fase "Pista de boliche", 95
fase "Rua principal", 95
fase de deslocamento, 263, 264, 271
fase de estresse financeiro, 26, 265t
fase de euforia, 263, 265t, 271-272
fase de excesso de crédito, 263, 265t
fase de mania, 105, 267
  captação de recursos durante a, 267
  características da, 263

funcionários durante a, 268, 273-274
gastos durante a, 269
identificando, 265t
fase de reação, 263, 265t
fase "Furacão", 32, 95
fase "Mercado inicial", 95
FedEx, 280
50's Team, 97
Filipinas, 38
Financial Times, 320
financiamento. *Ver também* capitalização
  aspectos jurídicos, 220
  de empresas de Internet, 106
  desenvolvimento comercial e, 188
  marcos de engenharia e, 207
  números de idéias que conseguem, 15
  ondas de tecnologia inovadora e, 267, 272, 273, 275
flexibilidade, 292
FlexNet®, 321
Flextronics, 224-225
Foco, 137-139, 148, 335
  mercado, 164-166
  no líder de mercado, 143
  por países, 325
Forbes, 320
fórmula secreta, 102
fracasso, 83-84, 97
França, 286, 328
Frankston, Bob, 380
funcionários. *Ver também* remuneração
  equipe gerencial

atraindo talentos, 77-79
  compartilhando a riqueza com, 81
  critérios das empresas de capital de risco para, 336
  da Southwest e da Ryan, 311
  de empresas de classe mundial, 286-287
  defasagem de capacidade, 23
  fase de mania e, 268, 273-274
  principais, 230-238
  recrutamento de, 78, 233-236, 268
  técnicos, 208-210
fundadores, 139, 271, 299
  importância dos, 26
  percentagem da empresa de propriedade dos, 253
  sonhos irrealistas evitados pelos, 135

G

Gardner, John, 304
Gates, Bill, 16, 36, 69, 94, 144
Genentech, 16, 190, 302, 372
Gerência. *Ver também* CEO
  da engenharia, 200
  filosofia da, 230-231
  mau comportamento na, 237-238
  ondas de tecnologia inovadora e, 266
  planos de negócios na, 94-98, 113
  sucessão, 94-98

Gerente-minuto, O (Blanchard), 80
Gianos, Flip, 50
Gigantes
    desvantagens das, 288-294
    diferencial competitivo das, 306-313
    diversificação e, 139
    estratégia de guerrilha contra, 154
    estratégias das, 135, 141-142
    ondas de tecnologia inovadora e, 265t, 277
    países como, 325, 326-327
    participação de mercado das, 180
    perguntas para, 345
    trabalhando com, 74
Good Technology, 149-150, 159, 190, 291
Google, 16, 60, 289
gráficos de Gantt, 204, 206
gráficos e tabelas, 115, 246-249, 355, 365-369
Grove, Andy, 25, 307

H

habilidades de prova de conceito, 270
Handspring, 210, 224
Hareid, Jan-Erik, 305
Harvard Business School (HBS), 314-315
Harvard University, 86, 314

Hawkins, Jeff, 78, 105, 210, 232
Health Dialog, 196-197
Hertz, 163
Hewlett-Packard (HP), 17, 162, 383
High Tech Start Up (Nesheim), 95, 247, 252, 347
Hoech, Johannes, 343
Hong Kong, 38, 325, 326
Hungria, 328
Hybritech, 372
Hyseq, 27

I

IBM, 60, 77, 150, 152, 157, 183, 190, 291, 307, 380
    guerras de marketing da, 383
    vendas na, 182
IDEC, 372
iMode, 325
Índia, 38, 39, 221, 282, 286, 324, 330
Indonésia, 38
indústria de microprocessadores, 163, 291, 306-307, 309
indústria de semicondutores, 100-101, 185, 218, 243, 306, 325
instalações e administração, 239-241
Integral Capital, 371
Intel, 43, 60, 73, 100, 148, 162, 164, 280, 291, 309
    ascensão da, 255-56
    Intel 4004, 307
    desenvolvimento de marca da, 24

inteligência artificial, 200
Intellicorp, 200
Interwest Partners, 50
Interwoven, 23-25
Intuit, 372
invasão dos termos financeiros, 276
inveja, 290
investidores de risco ícone, 296f, 300, 301-302
investidores. *Ver também* planos de negócios; financiamento; empresas de capital de risco
   angel, 270
   avaliação e questões de propriedade, 253, 256
   estratégias de saída para, 99-102, 336
   interesse em lances estratégicos, 132
   ondas de tecnologia inovadora e, 270, 271
   processo de decisão dos, 49-62
   seleção sensata dos, 67t, 72-75
IPO. *Ver* oferta pública inicial
Israel, 282-284, 325

J

Japão, 36, 86, 316, 324, 328-329
JDS Uniphase, 161
Jobs, Steve, 18
Juniper Networks, 302, 372

K

Kawasaki, Guy, 118
keiretsu, 302, 329
Khosla, Vinod, 106
Kindgren, Gert, 144, 165, 186
Kindleberger, Charles, 262-263
Kleiner Perkins Caufield & Byers, 73, 106, 150, 301-302, 370-372
Kokkinen, Antti, 304
Kola, Vani, 301
Kramlich, Dick, 82

L

Learning Technology Partners, 321
Legend Group, 343
Lei de Seguro-saúde e Responsabilidade, 120
Lei do Nada, 289
licenças cruzadas, 218
licenciamento de patentes, 202, 218
líder de mercado
   como identificar, 144, 156-157
   foco no, 144
   identificando pontos fracos do, 158-159
   posicionamento contra o, 169
Li-Ning Sports Goods Co, 284-285
lista de materiais (BOM), 222
localização da empresa, 239
London Business School (LBS), 318-320, 344

Lucent, 291
lucratividade, 268, 274-275
Lui, Dann, 343

M

Maartmann-Moe, Erling, 305
MacMillan, David, 99, 134
MAD (mercado atendido disponível), 179, 180
Malásia, 38
Malloy, John, 40, 304
Manias, pânico e crashes (Kindleberger), 263
máquinas de karaoke, 117, 151
marcas registradas, 217, 218-219
marcos, 352
    apoiando, 205
    ausentes, 208
    coordenação do financiamento e, 207
    documentando, 204
Marketing de guerra (Ries & Trout), 129, 141, 145
"Marketing Is Everything" (McKenna), 162
marketing, 28, 161-181, 296
    calendário para, 177-178
    engenharia e, 162, 214
    ferramentas incluídas no, 391-392
    foco no, 164-166
    guerras famosas de, 380-388
    ondas de tecnologia inovadora e, 270-272
    parceiros estratégicos no, 190
    proposição de valor no, 170-174, 175, 181
    tamanho do mercado e, 178-181
    vendas *vs.*, 389-394
McKenna, Regis, 162
McNealy, Scott, 94, 383
mecanismos de busca, 18, 60
meio-termo, 250, 251-254
Mentor Graphics, 60
mercado de IP (protocolo de Internet), 303
mercados de nicho, 153-156
Mercedes-Benz Chrysler, 36, 85
meta (do novo empreendimento), 40, 43
Microsoft Windows, 85
Microsoft, 43, 60, 69, 76, 100, 144, 150, 190
    diferencial competitivo da, 36
    guerras de marketing, 380-381, 384, 385
MID (medo, incerteza, dúvida), 23
mídia, 25, 26, 90, 149, 217, 226, 292, 343, 344
    marketing e, 166, 175-176
    na fase de mania, 273
    perguntas embaraçosas da, 84
    planos de negócios e, 111-112
    sobre empresas de capital de risco, 297, 298, 299
    sobre os principais investidores, 72-73
    tecnologia e, 205
1001 Ways to Reward Employees (Nelson), 80
MIT, 36

Mittlestand, 328
modelos
    ciclo de vendas, 185
    de custos de produção, 222
    de entrega sob demanda, 190
    de operações de Internet, 223
    de mercado, 181
    de recrutamento, 234
    do pino de boliche, 32, 33, 64, 167, 313, 339
modelos de negócios
    critérios das empresas de capital de risco para, 337
    japoneses, 328-329
    ondas de tecnologia inovadora e, 265t, 274-275
    parceiros estratégicos e, 193-194
    plano financeiro e, 243, 246
Money, Art, 294
Moore, Geoffrey, 32, 95
Moore, Gordon, 306, 307
Morgridge, John, 19
Moritz, Michael, 98
Motorola, 60, 144, 161, 291, 307
MSI Cellular Holdings, 119
MTV, 152, 229
mudança
    desenvolvimento comercial e, 188
    dificuldade de implementar, 157
    do diferencial competitivo, 34
Multiplan, 381

N

NanInc, 191-192
nanotecnologia, 191-192, 201
Nasdaq, 29, 180, 282, 284, 336
National Semiconductor, 185
National University of Singapore (NUS), 192, 316-317
necessidade dos clientes e oportunidade comercial (plano de negócios), 117-126, 352, 374-379
Nelson, Bob, 80
Nesheim, John L.
    entrevista por, 16-20
    lista de verificação de, 333-336
Netscape, 60, 372
New Enterprise Associates, 73, 82
Nice2Kids (produto fictício), 46-49, 53-55
Nickelodeon, 152
Nike, 285, 344
Nokia Venture Partners, 40, 73, 144, 146, 157, 291, 303, 304
    desigualdade competitiva da, 37
    expansão da, 32
Nortel, 291
North Venture Capital Partners (empresa fictícia), 256
Noruega, 304, 324
Notiva, 174
novata, 296f, 297, 299, 303, 304
novo empreendimento, definição, 21
Noyce, Bob, 306, 307
nthOrbit, 301

números
  mercado, 178-181
  no plano financeiro, 244, 245t, 246t
  para proposição de valor, 123-124, 171

O

obsessão em ser o primeiro, 128
oferta pública inicial de ações (IPO), 15, 29, 100-101, 196, 252, 253, 297, 299, 336
  da eMachines, 30
  em Israel, 282, 283
  número médio de anos até, 30t
  para negócios de Internet, 107
  tamanho do mercado na, 60-61
ondas de tecnologia inovadora, 261-278, 342. *Ver também* fase de deslocamento; fase de euforia; fase de estresse financeiro; fase de mania; fase de excesso de crédito; fase de reação
  análise da concorrência durante, 276
  características da, 262-263
  identificando, 265t
  lances apropriados para, 266-269
  tempo de entrada nas, 266
One Hundred Best Companies to Work For in America, The, 309
Ong, Pen, 24

opções de ações, 81, 234, 252, 254
Operação Crush, 307
Operação Orange Crush, 60
operações de Internet, 221, 222-223, 228
operações. *Ver* engenharia; instalações e administração; planos financeiros; serviços de informação; propriedade intelectual; operações de Internet; principais funcionário; aspectos jurídicos; gerência; fabricação; terceirização; propriedade; tecnologia; avaliação
Oracle, 25, 69, 182, 313
organizações sem níveis hierárquicos, 292
organogramas, 233
otimismo, 135

P

paciência, 104-107, 342
Packard, David, 162
países, 323-332, 342
Palm, 76, 77, 104-105, 143, 157, 210, 224, 232
paralisia da análise, 139
parceiros estratégicos, 190-195, 353
  em vendas, 183-185
  fracasso em usar, 336
  modelos de negócios e, 192-195

selecionar para ter poder,
  67t, 74
 terceirização e, 223-226
patentes, 64, 217-219, 334
 alardeando direitos de, 217
 cumprimento das, 39
 licenciamento de, 202, 218
 limitações das, 34-35, 217
Patton, George, 145
"PC portátil", 382
PDM (participação de mercado),
 179, 180
pensamento estratégico
 aplicando, 156-159
 características do, 131-136
Pentium, 164
Perkin Elmer, 191
pesquisas com clientes, 35, 121,
 335
planejamento único de eventos,
 127-129
planos de negócios, 89-102, 130-
 112, 341. Ver também
 desenvolvimento comercial;
 necessidade dos clientes e
 oportunidade comercial; suporte
 ao cliente; engenharia; sumário
 executivo; instalações e
 administração; planos
 financeiros; serviços de
 informação; propriedade
 intelectual; operações de
 Internet; principais
 funcionários; aspectos jurídicos;
 gerência; fabricação; marketing;
 terceirização; propriedade;
 vendas; parcerias estratégicas;
 estratégia; tecnologia; avaliação
 como escrever, 112
 dicas de veteranos, 107-112
 em que os investidores se
  concentram em, 92-102
 estrutura dos, 111, 351-355
 o que os investidores
  procuram em, 90-93
 perguntas freqüentes sobre, 93
 planilha de avaliação da
  apresentação, 361-364
 planilha de avaliação, escrita,
  356-360
 sobre expansão do mercado,
  98-99
planos de participação nos lucros,
 81
planos financeiros, 242-249, 354
 gráficos nos, 246-249
 números de longo prazo em,
  246t
 números importantes nos, 244,
  246t
 pontos fracos nos, 340
 previsão não-exigida pelos,
  242-243
planos operacionais, 89, 109, 354
planos táticos, 128
Playstation2, 164
Polônia, 328
PolyFuel, 207
pontocoms, 99, 343
Porter, Michael, 142
posicionamento, 28,
 166-170

da Harvard Business School,
   314-315
da London Business School,
   318-320
da National University of
   Singapore, 316-317
Prahalad, C. K., 24, 142
Prasad, G. V., 39
preço de exercício, 252
previsão financeira de cinco anos,
   235, 253-254, 354
primeiro produto
   documentação da
      metodologia de projeto, 210
   fabricação de, 221-222
   plano financeiro sobre,
      246-247
   primeiras três versões do,
      205t, 206
   testes do, 212
   vendas mundiais do, 183
principais funcionários, 230-238
principal objetivo, 40-43
processos, rigidez dos, 293
produto de lançamento (Produto
   3), 205t, 206
produto demo (Produto 2), 205t,
   206
produtos mais baratos, mais
   rápidos e melhores, 28, 37, 99,
   150, 158, 334
programa de planilha eletrônica
   Lotus 1-2-3, 381
programas de planilhas
   eletrônicas, 152, 380-381
progresso, 67t, 76-77, 345-347
promissoras, 296t, 298, 303
propaganda, 174-177
proposição de valor, 352
   características da, 122-125
   da DataMed, 376-379
   no marketing, 170-173, 174,
      181
   tecnologia e, 203, 204
propriedade intelectual, 19, 35,
   39, 216-220. *Ver também*
   direitos autorais; patentes;
   marcas registradas
propriedade, 250-256
prospects, 394
prova de conceito (Produto 1),
   205t, 206

Q

Qualcomm, 190
Queda da propaganda, A (Ries &
   Ries), 129

R

RakSaw Engineering (empresa
   fictícia), 211
Rambus, Inc., 202
Real Audio, 384, 385
recrutadores (Fase de
   recrutamento 2), 234
recrutamento dos funcionários,
   78, 233-236, 268
recrutamento na empresa (Fase de
   recrutamento 3), 235
recurso de encomenda
   1-Click^{tm}, 64, 218

redução do risco, 138-139, 294
relações públicas, 172-177, 302
relatividade do diferencial competitivo, 22
remuneração, 67, 80, 236
representantes de vendas, 183
República Checa, 328
Research in Motion (RIM), 40-43, 149-150, 159
reservas de caixa, 269, 275
Retorno sobre o investimento (ROI), 253, 254t, 320
Rex, David, 237
Ries, Al, 129, 141, 142, 146
Ries, Laura, 129
RightWorks, 301
risco, 56-57, 348
Rock, Art, 306
rodada A. *Ver* rodada de capital inicial
rodada B, 96, 205, 207
rodada C, 96, 205
rodada de capital inicial (rodada A), 96, 205t, 253
rumores e boatos, 70, 90, 131, 170
Ryan Air, 310-311

S

saber contra a história, 55-56, 103-104, 342
salário. *Ver* remuneração
Salesforce.com, 193
Samsung, 144

Sanders, Jerry, 25, 308
SAP, 164, 312-313
Schlein, Ted, 371-372
Schwarzenegger, Arnold, 9
século dos asiáticos, 332
segmentos de mercado, 339-340
segredo, 75, 131, 150-151
segredos comerciais, 35, 217
Sequoia Capital, 17, 36, 98, 301
serviços de informação, 227-229
Shaw, Robert, 371
Shih Choon Fong, 317
Siebel Systems, 196-197
Siemens, 291
Silicon Graphics, 236, 383
sindicatos trabalhistas, 310, 331
Singapore Airlines, 309
Singing Machine Co., 117, 151
sistema de amizade (Fase de recrutamento 1), 234
sistema de computador Star, 60
sistema operacional UNIX, 152, 164, 194, 383
sócios do clube, 296f, 299, 303
software de sistemas empresariais, 164, 312-313
Solectron, 386-387
Sony, 164, 172, 292
South San Francisco Fork Lift, 76
Southwest Airlines, 238, 311
SowE Corporation (empresa fictícia), 203
SPARC, 164
Stanford University, 192
start-ups secretas, 70, 76, 130,

131, 169, 170
Steele, Edward, 117, 151
sumário executivo (plano de negócios), 108, 113-116, 351-352
Sun Microsystems, 152, 164, 372, 383
suporte ao cliente, 184, 191, 196-198, 353
surpresas, 67t, 82-85, 131, 133
suspects, 394
SVIC, 371
Sybase, 182
Symantec Corporation, 371
Symphony Technology Group, 78

T

tabela de propriedade, 366-367t
tabela de resumo financeiro, 115
tabela de retorno sobre o investimento (ROI), 369t
tabelas de avaliação, 255t, 365-369t
Tailândia, 38
Taiwan, 38, 325
tarefa (do novo empreendimento), 40
taxas de despesas, 248, 269, 273, 274
tecnologia da informação (TI), 186, 228, 330
tecnologia, 163, 199-215
　apresentação aos investidores, 59-63
　brilhante e comercial, 99
　na estratégia ofensiva, 148
　ondas de tecnologia inovadora e, 270, 271
　para além, 199
　para vendas, 186
　possíveis armadilhas da, 200-201
　procurando um mercado, 334
　simples, 202
Telephone Systems International (TSI), 286-287
Telos Ventures, 101
tempo de deslocamento, 239
tempo
　perspectiva curta em, 127
　planejamento e, 105-107
　recrutamento e, 234
　sobrevivência ao longo do, 28-31
tempos de resposta, 292-293
terceirização de serviços de fabricação de produtos eletrônicos de consumo (EMS), 386-387
terceirização, 19, 221-226, 330
　das vendas, 183, 184
　parceiros estratégicos e, 223-226
testemunhos, 176, 301
Texas Instruments, 185
tigres asiáticos, 38
Trout, Jack, 129, 141, 142, 145
TRW, 294
Twain, Mark, 48
Tyson, Laura D'Andrea, 319

U

U.S. Venture Partners, 101
United Airlines, 311
Univac, 60, 182
University of Phoenix, 321

V

Vadasz, Les, 307
Valentine, Don, 17-19, 85, 348
Valid Logic, 60
valor, 28
Vanguard Ventures, 207
vantagem competitiva sustentável, 31
vantagem do primeiro, 75-77, 324
vantagem do segundo a agir, 132, 159, 266

Varagenics, 27
velocidade da tomada de decisões, 293
vendas, 161, 182-185, 353
    ferramentas incluídas nas, 393
    marketing comparado com, 389-393
    ondas de tecnologia inovadora e, 273, 274
    parceiros estratégicos em, 184, 190
    treinamento em, 186

X

Xangai, 326, 327

AGRADECIMENTOS

Minha missão neste livro — aumentar as chances de sucesso de seus novos empreendimentos — baseia-se nas experiências de pessoas que assumiram riscos em todo o mundo. Essas pessoas incluem muitas das que enviaram e-mails e compartilharam suas experiências de vida. Eu também fiquei fascinado e fui inspirado por:

- Dick Barker, por partilhar seu exemplo de vida de como continuar sendo um concorrente de classe mundial e manter a integridade e a sagacidade;
- David BenDaniel, cuja mente empreendedora especial continua a contribuir com perspectivas inovadoras para muitos de nós no mundo real;
- Clayton Christensen, que finalmente expressou o que nós não sabíamos como explicar: por que as pequenas empresas vencem as gigantes;
- Kim Cushing, por seus comentários francos e perspicazes sobre como o Vale do Silício pensa e se comporta;
- Peter Drucker, que abriu o caminho neste século para novas empresas e desafiou empreendedores e estudiosos a segui-lo;
- Gert Kindgren, por sua visão especial sobre o mais recente pensamento empresarial na Europa;

- Danny Lui, por suas pacientes explicações sobre como funciona a mente empresarial asiática, particularmente na China;
- David MacMillan, por mostrar como define a estratégia a ser seguida pela nova empresa para alcançar níveis de classe mundial;
- Geoffrey Moore, por sua documentação pioneira sobre o processo de desenvolvimento dos novos empreendimentos de alta tecnologia;
- Shannon Murray, por sua perspectiva especial sobre como empreendedores inexperientes interpretam as lições dos empreendedores seriais;
- David Rex, por sua visão aguçada sobre como o processo empresarial real está funcionando além do Vale do Silício;
- Al Ries, por suas corajosas e inovadoras explicações sobre o que faz com que algumas idéias de marketing de consumo sejam excepcionais e as demais, perdedoras;
- Ken Tidwell, por partilhar sua história sobre como realmente funciona a mente do técnico empreendedor;
- Don Valentine, por seu senso de humor e sensatez sobre o que é preciso para fazer empresas de classe mundial crescerem do nada;
- Bob Wallace, cujo afiado senso empresarial e editorial me ajudou a chegar ao final deste livro;
- Minha esposa, Gisela, cuja visão especial de mundo torna minha vida um deleite.

John L. Nesheim
john@nesheimgroup.com

Outros títulos publicados pela
Editora BestSeller

A Arte do Começo
Guy Kawasaki

Em *A arte do começo*, Guy Kawasaki, um dos estrategistas mais originais e irreverentes do mundo empresarial, apresenta um guia indispensável para qualquer pessoa começando qualquer negócio, seja uma multinacional ou uma ONG. Levantar dinheiro, contratar as pessoas certas, definir seu posicionamento, promover uma marca, gerar entusiasmo, tirar os concorrentes da jogada, gerir uma diretoria, incentivar a comunidade — tudo isso é abordado no livro num passo a passo que irá ajudá-lo a desenvolver habilidades para lidar com essa arte: a arte do começo.

O Empreendedor
Peter B. Kyne

"Um clássico mais atual que nunca", segundo a revista *Publishers Weekly*, esta fábula apresenta a história de um veterano de guerra que convence um empresário a testá-lo em uma missão impossível — inspiração para a vida profissional que destaca a importância de valores como a honestidade, a determinação, a paixão e a responsabilidade.

Você pode adquirir os títulos da Editora Best*Seller*
por Reembolso Postal e se cadastrar para
receber nossos informativos de lançamentos
e promoções. Entre em contato conosco:

mdireto@record.com.br

Tel.: (21) 2585-2002
Fax.: (21) 2585-2085
*De segunda a sexta-feira,
das 8h30 às 18h.*

Caixa Postal 23.052
Rio de Janeiro, RJ
CEP 20922-970

Válido somente no Brasil.

Este livro foi composto na tipologia Classical Garamond,
em corpo 11/15, impresso em papel off-white 80g/m²,
no Sistema Cameron da Divisão Gráfica da Distribuidora Record.